高校职业生涯教育与就业指导理论及实践

主　编　屈文谦
副主编　龙　滔　朱　炜　吴蓉芳

WUHAN UNIVERSITY PRESS
武汉大学出版社

图书在版编目(CIP)数据

高校职业生涯教育与就业指导理论及实践/屈文谦主编.—武汉:武汉大学出版社,2023.12

ISBN 978-7-307-24202-9

Ⅰ.高… Ⅱ.屈… Ⅲ.高等学校—职业选择—教学研究—中国

Ⅳ.G647.38

中国国家版本馆 CIP 数据核字(2023)第 240191 号

责任编辑:李 玚　　　责任校对:汪欣怡　　　版式设计:马 佳

出版发行:**武汉大学出版社**　　(430072　武昌　珞珈山)

(电子邮箱:cbs22@ whu.edu.cn 网址:www.wdp.com.cn)

印刷:湖北云景数字印刷有限公司

开本:787×1092　1/16　印张:21.75　字数:434 千字　插页:1

版次:2023 年 12 月第 1 版　　2023 年 12 月第 1 次印刷

ISBN 978-7-307-24202-9　　定价:68.00 元

序

就业是最基本的民生。党的二十大报告对实施就业优先战略作出新的全面部署，明确就业优先的战略任务，提出一系列新要求。习近平总书记指出，就业是永恒的课题，牵动着千家万户的生活，任何时候都要抓好；要把做好就业工作摆到突出位置。

当前我国已转向高质量发展阶段，以国内大循环为主体、国内国际双循环相互促进的新发展格局加快构建，新一轮科技革命和产业变革深入发展，新产业、新业态、新模式、新职业不断涌现，对劳动者能力和素质提出了更高的要求，对学校人才培养提出了新的挑战。为推动高质量发展、全面建设社会主义现代化国家，实现更加充分更高质量就业，促进高校"双一流"建设，高质量、本土化的职业生涯教育与就业指导理论与实践探索变得尤为重要。

在理论研究方面，中国大学生职业生涯教育还处在对西方早期经典理论的移植借鉴阶段，与中国历史文化、现实国情社情和职业发展形态存在差异，在工作实践中有针对性的指引作用明显不足。近年来，"慢就业"、求稳定、考研"二战"等现象比较突出，只有深入开展本土化、校本化的理论研究才能从根本上触及学生所思、了解学生所需，进而引导学生把"小我"融入"大我"，树立科学的择业观、就业观、职业观和创业观，积极理性就业创业，助力学生成长发展。

在实践工作中，大部分高校职业生涯教育与就业指导服务还没有形成完整体系，主要局限于就业指导课程和活动等形式。如何开展具有中国特色和学校特点、有针对性和实效性的指导与服务，如何将职业生涯教育与就业引导价值引领相结合，如何引导大学生将个人发展与国家发展结合起来，去祖国需要的地方建功立业、解决"卡脖子"科技攻关难题，这些问题需要就业工作战线全面系统开展实践探索、模式创新。

新时代大学生呈现出崭新面貌和时代特点，特别是职业价值观正在发生着悄然变化，我们在近年全校学生工作队伍广泛开展就业创业理论研究和职业生涯教育体系构建的基础上，汇集了高校就业指导理论前沿、新时代大学生就业专题研究、职业生涯教育实践动态、职业生涯教育与就业指导案例分析四个方面的内容，既有行业发展对高校就业育人的影响、工作体制机制的构建、人才培养新模式探究等工作理论研究，也有法律保护、就业引导、实习实践、"慢就业"现象、考研群体群像分析等专题性研究，还有医学、工学、法学、信息科学、社会科学等不同学科的职业生涯教育实践探索，更有生涯课程、职业咨询、团体辅导、学院工作等多方面的真实案例，通过理论前沿、实践动态、专题研究、案例分析等多种形式，从不同层面展示阶段性的研究成果。希望能够为高校职业生涯教育与就业创业领域的研究人员、就业工作老师、在校大学生、学生家长和其他各界人士等提供一些新的视角和参考。

本书编写历时近一年时间，感谢各位老师的理论探索和实践创新，感谢出版社工作人员的大力支持，希望本书的出版能够为高校大学生职业生涯教育与就业创业工作贡献绵薄之力。

屈文谦

2023 年 9 月

目　录

1

第三篇　高校职业生涯教育实践动态

第四篇　职业生涯教育与就业指导案例分析

第一篇　高校就业指导工作理论前沿

水利与生态环保行业发展态势对高校就业育人影响探究

屈文谦[*]

屈文谦^{*}

（武汉大学）

摘要 水利与生态环保行业发展随着经济社会发展正发生重大变化，大规模的水利建设已经放缓，现发展热点集中在流域管理和水资源综合利用层面，同时生态文明建设由粗放阶段转向以减污降碳协同增效的全面绿色生态文明阶段。行业发展影响就业形势，水利与生态环保行业校园招聘需求总量稳中有增，集中需求技术类专业人才，拓展类岗位需求成新趋势，对高校人才培养提出新要求，就业育人需贯穿人才培养全过程，本硕博贯通式人才培养方式聚焦战略性紧缺人才培养，分年级阶梯化主题教育推进全过程就业育人，多渠道打通生涯教育与专业教育师资壁垒。

关键词 水利与生态环保；行业发展；就业育人

一、前言

就业是最大的民生。2021 年 8 月，国务院印发《"十四五"就业促进规划》，明确了"十四五"时期促进就业的各项要求，以推动就业高质量发展。当前和今后一段时期，我国发展仍然处于重要战略机遇期[1]，且目前已转向高质量发展阶段，以国内大循环为主体、国内国际双循环相互促进的新发展格局加快构建，新一轮科技革命和产业变革深入发展[2]，各行业也处在转型关键期，这些都对高校大学生群体就业有着至关重要的影响。水利与生态环保行业进入新发展机遇期，人才需求发生重大变化，传统水利与生态环保类高校毕业

---

* 作者简介：屈文谦，研究生学历，博士，研究员，武汉大学党委副书记，研究领域：河流工程、思想政治教育、创新创业教育。

生已无法满足用人单位需求，这对高校就业育人提出了新的挑战。

二、水利与生态环保行业发展态势

(一)大规模水利建设转向流域管理和水资源综合开发利用阶段

水利行业的发展随着经济社会发展正发生重大变化，大规模的水利建设已经放缓，现发展热点集中在流域管理和水资源综合利用层面。中国工业水利工程时代已日渐发展成熟和饱和，水资源综合开发时代正加速到来，加上水资源开发周期较长、国家政策倾斜等因素，未来5~10年或是中国水利工程建设的综合增长期，迎来另一个发展高峰。2022年1—10月，全国累计新开工水利项目2.4万个，新增投资规模1.15万亿元，较去年同期多开工5200余项、多增加投资规模7235亿元[3]。水利行业迎来新的发展关键期。

(二)粗放生态文明转向以减污降碳协同增效的全面绿色生态文明阶段

"十四五"时期，我国生态文明建设进入了以降碳为重点战略方向、推动减污降碳协同增效、促进经济社会发展全面绿色转型、实现生态环境质量改善由量变到质变的关键时期[4]。2022年，工信部印发的《"十四五"工业绿色发展规划》提出，到2025年，工业产业结构、生产方式绿色低碳转型取得显著成效，绿色低碳技术装备广泛应用，能源资源利用效率大幅提高，绿色制造水平全面提升[5]。在新时代中国特色社会主义"五位一体"总体布局中，生态文明建设理念聚焦绿色发展，贯穿社会发展始终。近年来，我国在绿色发展理念引领下相继出台并实施了《生态文明体制改革总体方案》《大气污染防治行动计划》等相关政策，生态文明体制改革加快推进，全面绿色生态文明阶段加速到来，我国的环保行业和用人单位迎来了发展的黄金时期。

三、水利与生态环保行业校园招聘人才供需分析

(一)近年水利与生态环保相关专业毕业生情况

根据相关数据统计，水利与生态环保行业2023届预计毕业生人数为362377人(含科研院所)①，其中研究生87696人，占24.20%；本科生177526人，占48.99%；专科生

---

① 本文定稿于2023年5月，定稿时尚未有2023届毕业生人数的相关准确数据。

97255 人，占 26.81%。比 2022 年毕业生增加约 45982 人，增长 14.53%，2021 届毕业生人数为 277366 人(含科研院所)，2022 届比 2021 届增长 14.07%，近 3 年，水利与生态环保行业毕业生每年增幅均超 14%。具体如表 1 所示。

表 1　　　　　　　　　　　　水利与生态环保行业近 3 年毕业生情况

毕业届次	人数(人)	同比增幅
2023 届	362377	14.53%
2022 届	316395	14.07%
2021 届	277366	——

资料来源：本研究整理。

(二) 水利与生态环保行业校园招聘人才需求情况

1. 用人单位校园招聘需求总量稳中有增

通过对水利与生态环保行业代表性用人单位调研，我们发现，2023 年行业内占比 55.32% 的用人单位招聘需求较 2022 年有增加，其中增幅 30% 的企业占 17.02%、增幅 20% 的企业占 21.28%、增幅 10% 的企业占 17.02%。占 42.55% 的用人单位招聘需求较 2022 年基本持平。具体如表 2 所示。

表 2　　　　　　　水利与生态环保行业用人单位 2023 年招聘需求情况

招聘需求变化情况	占	比
增幅 30% 及以上	17.02%	
增幅 20%~30%	21.28%	55.32%
增幅 10%~20%	17.02%	
基本持平	42.55%	
需求减少	2.13%	

资料来源：本研究整理。

总体来看，水利与生态环保行业招聘规模略有扩大，其中水利行业用人单位招聘岗位规模与往年相比略有扩大，用人单位对工程类技术人员的需求有所增加，相关设计院招聘单位规模持续扩大，较往年有不同程度增长，施工单位情况相对稳定，主要招聘对象为本科生，且招聘规模较大，进校招聘较积极。全国生态环保行业总体招聘岗位规模基本持平，国有企业招聘人数略有下降，每年会引进定量人才，总部岗位和梯队基本平衡；其他企业招聘人数略有上升，发展态势较好的企业招聘人数明显增加。生态环保行业就业形势总体向好。

2. 不同性质用人单位招聘需求变化差别较大

水利与生态环保行业因受政策、技术和资金等各方面因素影响，目前国内用人单位招聘需求主要以体制内大规模用人单位为主，部分民营企业和合资企业需求量也较大。整体来看，用人单位招聘需求以及增长幅度主要还是集中在大型央企、国企。具体如表 3 所示。我们发现央企、国企 2023 届毕业生计划招聘人数明显比私营、民营企业多，大中型央企、国企增幅 10% 以上的占 40.43%。

表3　　　　　　　水利与生态环保行业不同性质用人单位招聘需求情况

增幅	单位性质	所占比例
30%及以上	央企	8.51%
	国企	6.38%
	民营、合资企业	2.13%
20%	国企	12.77%
	央企	6.38%
	党政机关/事业单位	2.13%
10%	民营、合资企业	6.38%
	党政机关/事业单位	4.26%
	国企	4.26%
	央企	2.13%
基本持平	国企	14.89%
	央企	12.77%
	民营、合资企业	10.64%
	党政机关/事业单位	2.13%
	其他(民办非企业)	2.13%

资料来源：本研究整理。

3. 用人单位集中需求技术类岗位和专业

我们对水利与生态环保行业用人单位的招聘岗位以及招聘专业需求进行了调研，发现用人单位2023届毕业生招聘岗位主要集中在工程技术岗，占72.34%，同时我们也分析了用人单位招聘专业需求，排名前五的分别是水利类、水利工程、环境科学与工程类、水利工程与管理类、资源环境科学，具体如表4所示。

表4　　　　　　　　水利与生态环保行业用人单位2023年招聘专业分布

招聘专业	占比
水利类	59.57%
水利工程	53.19%
环境科学与工程类	51.06%
水利工程与管理类	25.53%
资源环境科学	21.28%

资料来源：本研究整理。

具体在生态环保行业表现明显，不管是国有大中型企业还是中小企业，除了需求环保管理人才，更紧缺生态环保类关键技术人才，特别是"三废"处理设施和新的环境治理设施。近年环保设备生产、环保技术开发、环保治理工程设计等领域的民营企业大量涌现，对生态环保类技术人才的需求也在不断增加。

4. 用人单位拓展类岗位需求成新趋势

行业发展新趋势必然带来人才需求新变化，我国水利企业已日渐走出国门，不断为全球命运共同体贡献智慧和力量，境外业务已经成为众多企业重要部分，对于具有国际视野的综合治理类人才、专业技术人才、职能管理类人才、专业翻译人才需求量正不断增大。在经济新常态、供给侧结构性改革、大力创建生态文明和"大众创业、万众创新"的背景下，生态环保行业是一个世纪性的"朝阳产业"，社会对环保类技术技能型人才需求量越来越大，除一线的生态环保技术人才之外，更需要在生态环保领域能够利用化学、生物学、管理学和信息科学等跨学科综合能力解决环境问题的复合型人才。

(三)水利与生态环保行业校园招聘结构化矛盾

1. 用人单位各类隐性条件致部分用人单位"招人难"

水利与生态环保行业大部分用人单位的整体工作环境相对比较艰苦，或者是在偏远地区项目地，或者是在废污技术处理第一线，这对应聘者的身体素质和心理素质都有较高要求，加上以往招聘惯性，更多用人单位会在校园招聘时隐性倾向于要男性，但是目前各大高校水利与生态环保相关专业毕业生中女性人数越来越多，供需变化会导致部分用人单位招聘困难。加上各大流域管理机构、电建八大院、各省院等水利行业就业单位普遍把招聘门槛提升至硕士研究生及以上学历，本科生在就业市场中的竞争力相对减弱，导致越来越多的用人单位出现"招人难"的情况。

2. 毕业生职业价值观变化致部分毕业生"就业难"

随着职业生涯教育与就业指导服务日渐深入，更多的毕业生更加清晰自己的职业价值追求，他们在就业选择时也更加理性和现实，更多追求生活质量与生活满意。加上目前越来越多的高校就业主体是研究生，在就业择业时会更多考虑家庭和情感因素，近年在水利与生态环保相关专业毕业生身上表现更加明显，他们出于工作环境和工作性质等多方考虑，更加倾向于进入设计院工作，或准备通过公务员、选调生招考进入体制内工作，这种选择将导致一方面部分基础建设类单位难以吸引到毕业生，另一方面本就人才吸纳能力有限的体制内单位岗位竞争更加激烈。

3. 用人单位实际需求与学校专业培养错位致"匹配难"

水利与生态环保行业正经历关键变革发展时期，对于毕业生的专业结构需求相应也发生了较大变化。一方面，国家政策和社会形势的变化导致用人单位实际需求变化，但高校人才培养进行结构性调整效果不可能短期内实现。如水利行业内部水利类专业的毕业生的专业结构需求发生变化，此前水利行业重点就业领域主要集中在水电能源企业，随着国家在水利方面投资重点的变化，对水电能源方向毕业生的需求下降，对水利、水资源等方向毕业生和综合性人才需求在增长。另一方面，国内国际双循环相互促进的发展新格局对人才也提出了新要求，国际视野、综合治理、关键技术、融合管理等方面的人才需求成为趋势，高校在这些领域人才培养数量有限，短时间内也无法快速增长。

四、水利与生态环保行业发展对高校就业育人的影响

(一)就业育人应贯穿人才培养全过程

随着社会经济形势快速变化，水利与生态环保行业进入新的发展关键期，对高校毕业生的需求已经从单纯的基础建设类人才转为综合治理类人才，特别是急缺战略性技术人才，对人才的职业能力与素质也有全新的要求，脱离社会发展实际需求的人才培养已不能

满足时代需要。行业发展影响就业形势，就业形势影响就业质量，而就业质量反馈人才培养，人才培养离不开就业教育。就业育人正在成为"三全育人"的重要内容，贯穿高校人才培养全过程，与社会发展紧密结合，在培养环节引入行业和用人单位资源，加强实践教学、就业实习、职业体验，培养出满足社会行业发展需要的高素质人才。

(二) 就业育人需与就业引导相结合

水利与生态环保行业关系国民经济的基础设施和基础产业，关系国计民生的重大工程、重大项目和关键领域，工作环境和工作性质相对比较艰苦。近年毕业生求职更多追求生活质量和生活满意度，愿意到行业内基础施工岗位就业的高校毕业生越来越少，长此以往不利于国家和社会发展。高校承担着为国家为社会培养人才的重任，特别是关键领域更应大力攻关。如何才能让更多的高校毕业生投身到祖国需要的地方，培养学生具有坚定民族精神和开阔国际视野，培养学生强烈的社会责任感和使命感，就需要将就业育人与就业引导相结合，在专业培养环节融入家国情怀，加强专业认同和职业认同感，特别是行业重大工程、重大项目，应该加深实地体验感受，并结合就业典型宣传，引导大学生从思想上认同，进而从行动上落实。

(三) 就业育人需融入学生生活

水利与生态环保行业正在发生较大变化，学生获取行业信息的主要途径来源于互联网，除了生产实习，深入接触行业机会不多，对行业发展认知感受比较有限。水利与生态环保行业专业人才培养除了专业知识技能之外，应将职业生涯教育、职业能力提升融入学生日常学习生活，在不同年级根据学科特色和学生发展特点，结合年级大会、班团建设、党日活动等多种形式，针对性开展就业育人主题教育活动，将就业育人贯穿学生成长成才全过程。

五、高校适应行业发展变化就业育人新模式

(一) 本硕博贯通式人才培养方式聚焦战略性紧缺人才培养

水利与生态环保行业新发展对人才需求提出新要求，关键领域、重大工程、重大项目对战略性紧缺人才需求越来越大，培养具有坚定民族精神和开阔国际视野、强烈社会责任感和使命感，人格健全、知识宽厚、能力全面，能够引领未来社会进步、文明发展的杰出人才，是高校义不容辞的责任。高校需要根据社会经济形势变化、行业发展变化等适时调

整专业设置、人才培养方式等，以培养出符合国家和社会需要的高质量人才。

以武汉大学为例，学校为加强碳达峰碳中和高等教育人才培养，开创水文与水资源工程(碳中和试验班)本硕博贯通式人才培养模式，4+1+4学制，培养出掌握面向碳中和目标的水利工程、生态环境、经济管理、法律等交叉学科坚实宽厚的基础理论和系统深入的专业知识，了解本学科领域的前沿动态，具有独立从事科学研究工作的能力和素养，在碳中和相关科学或专门技术上做出创造性的成果的专门人才。

(二) 分年级阶梯化主题教育推进全过程就业育人

就业育人需要从大学一年级开始的理念已被广泛接受，将就业育人深入落实到学生成长成才全过程却比较困难。水利与生态环保类专业人才培养应将行业发展趋势、人才需求、就业典型、发展路径等相关就业教育和引导内容，以年级大会、班团建设、党日活动、团体辅导、职业咨询等多种形式开展就业育人主题教育活动，助力大学生形成科学的职业观、就业观、择业观，提高生涯成熟度。

武汉大学分年级打造"立鸿鹄志、展骐骥跃、成经纬才"就业育人主题教育活动，每个年级分设10余项主题活动，不同年级根据学科特色和学生发展特点针对性开展，将就业育人贯穿学生成长成才全过程。同时分专业分年级开展大学生职业规划路径分析，为每名新生制作发放《大学生职业规划路径矩阵图》，分别从大学生校园适应、专业认同、职业规划、学科能力、研究潜质、综合素养、实习实践、求职准备、毕业衔接、职场发展等任务主题出发，多角度菜单式提供不同年级阶段能力要求与资源清单。打造分专业典型岗位及胜任力模型，分析不同年级和阶段职业生涯教育与人才培养重点，分阶段多角度提供不同年级阶段的能力要求与资源清单，让学生知晓每个阶段的任务要求，并结合往届就业典型，为学生生涯发展提供全方位参考与指导，将就业育人与专业成长相结合。

(三) 多渠道集结多方资源打通生涯教育与专业教育师资壁垒

长期以来职业生涯教育的主要依靠力量是学生工作队伍，与专业培养教育教学相对脱节。要培养适应水利与生态环保行业发展新形势新变化的专业人才，专业教师与学工队伍应形成共识，鼓励学生积极参与实习实践、职业体验，不要以学生学业或研究任务为由设置障碍。学校学院还要将院系领导、专业教师、行业组织、用人单位专业人员吸纳到职业生涯教育师资队伍中，全程化、多角度、全方位培养符合社会发展需要的高质量人才。

武汉大学通过在各院系和培养单位设置职业生涯咨询室的方式，充分落实全员育人、就业育人，部分学院由分党委书记、院长两个一把手牵头，充分吸纳用人单位、行业组织专业人员，打造专业教师与行政人员共同参与、校内外人士充分互补、专兼职结合的职业生涯教育与就业指导教师队伍，打通生涯教育与专业教育壁垒，将职业生涯教育落实到学生培养全过程，助力学生全方位生涯发展。

参考文献

［1］中共中央关于制定国民经济和社会发展第十四个五年规划和二〇三五年远景目标的建议［EB/OL］.（2020-11-03）［2022-12-07］. http：//www. gov. cn/zhengce/2020-11/03/content_5556991.htm.

［2］国务院关于印发"十四五"就业促进规划的通知［EB/OL］.（2021-8-23）［2022-12-07］. http：//www.gov.cn/zhengce/content/2021-08/27/content_5633714.htm.

［3］水利部召开水利基础设施建设进展和成效新闻发布会：前10个月完成水利建设投资9211亿元［EB/OL］.（2022-11-16）［2022-12-07］. http：//www. mwr. gov. cn/xw/slyw/202211/t20221116_1604733.html.

［4］推动减污降碳协同增效、促进经济社会发展全面绿色转型——共建人与自然和谐共生的美丽家园［EB/OL］.（2021-12-09）［2022-12-07］. http：//www. gov. cn/xinwen/2021-12/09/content_5659489.htm.

［5］工业和信息化部关于印发《"十四五"工业绿色发展规划》的通知［EB/OL］.（2021-11-15）［2022-12-07］. http：//www. gov. cn/zhengce/zhengceku/2021-12/03/content_5655701.htm.

大学生心理资本对求职绩效的影响：
专业承诺与职业认同的中介作用

朱　炜*

(武汉大学学生就业指导与服务中心)

摘要　本文基于社会身份认同理论探讨了心理资本与大学生求职绩效的关系，以专业承诺与职业认同的中介效应为视角，采用大学生心理资本量表、专业承诺量表、职业认同量表和大学生求职绩效量表对 740 名大学应届毕业生进行研究。结果表明：(1)心理资本对大学生求职满意度和起薪水平的影响受到了专业承诺的中介作用；(2)专业承诺对求职满意度和起薪水平的影响受到了职业认同的中介作用；(3)心理资本对求职满意度和起薪水平的影响受到了职业认同的中介作用。因此，专业承诺和职业认同在心理资本和大学生求职绩效之间产生链式中介作用，心理资本不仅直接影响大学生求职绩效，还通过专业承诺和职业认同间接影响求职绩效；(4)心理资本与求职绩效中的录用函数量关系不显著。

关键词　心理资本；专业承诺；职业认同；求职绩效

一、引言

高校扩招以后，"史上最难"或"更难"就业季的描述频频出现。"就业是最大的民生"，今年的政府工作报告中指出，"必须把就业摆在更加突出位置"。一方面是毕业生求职难，另一方面用人单位也在感慨"招人难"，如何提升大学毕业生的求职绩效，以往学者们聚焦在人力资本和社会资本的视角上，研究两者对求职绩效的作用机理，并认为人力资本与社会资本之间还有一定的互补性(孟大虎等，2012)。随着 2004 年美国管理学会前任主席

---

　* 作者简介：朱炜，研究生学历，硕士，武汉大学学生就业指导与服务中心副主任，研究领域：大学生职业规划、大学生就业能力、创新创业教育。

Luthans 等人提出心理资本理论，心理资本因素成为新的研究热点。我国学者也进行了本土化概念的研究，并认为心理资本对求职过程满意度、是否找到工作和工作满意度都有积极作用(柯江林、孙健敏等，2014)。

尽管已有研究对心理资本与求职绩效两者关系进行了较多分析，但较少研究深入探析心理资本通过何种机制对求职绩效产生作用，中介效应能够回答心理资本具体如何对求职绩效发挥作用的问题(温忠麟、叶宝娟，2014)，本研究即进行探讨。在相关经典理论和文献回顾的基础上，以及通过质性访谈归纳影响因素，本研究认为专业承诺和职业认同是需要考虑的中介变量。根据社会身份认同(social identity)理论，社会身份认同是指个体意识到自己归属社会群体的知识及因此群体身份具有的情感和价值意义。社会身份认同告诉其成员应该如何思考、感觉及如何行事(Hogg，Terry&White，1995)，当一种特定社会身份凸显时，其自我知觉、思维、情感和行动会根据群体成员典型规范、榜样示范和模式化看法产生。积极的社会身份认同感会引发积极的员工态度和行为。当员工认同其组织时，将拥有更高水平的自豪感、承诺、忠诚度、绩效和更积极的态度。大学生专业承诺和职业认同是在其学习成长与求职过程中非常重要的两种身份认同因素。

大学生专业承诺是指大学生认同所学专业并愿意付出相应努力的积极态度和行为(连榕等，2005)。专业承诺对大学生学业成就具有正向预测作用(廖友国、陈敏，2014)，而学业成就对大学生就业能力产生正向影响，拥有较高专业素质的毕业生在工作机会的获得方面占有绝对性优势(张瑞，2017)。同时，心理资本对专业承诺的影响呈现显著相关，提高大学生专业承诺，对大学生择业、职业决策以及职业生涯定向都有着积极作用(朱俊华、罗浩准，2015)。综上，心理资本可能会通过增强专业承诺来提高毕业生求职绩效，因此，本研究提出假设 H1：专业承诺中介了心理资本对大学生求职绩效的影响，具体而言：

H1a：专业承诺中介了心理资本对大学生求职绩效(求职满意度)的影响

H1b：专业承诺中介了心理资本对大学生求职绩效(offer 数量)的影响

H1c：专业承诺中介了心理资本对大学生求职绩效(年收入)的影响

专业承诺又是怎样影响求职绩效的呢？本研究继续探讨了专业承诺对大学生求职绩效的影响机制。通过回顾文献，本研究认为职业认同可能在专业承诺与求职绩效之间起到"桥梁"作用，即职业认同可能中介了专业承诺对求职绩效的影响。在与毕业生访谈的过程中发现，专业承诺和学习投入度高，并且对自己所学专业对口职业有较高认同的大学生，就有动力进行更深入的职业生涯探索和实习实践，对职业的理解也更客观全面，其思维方式、行为方式、气质举止更接近目标职业要求，在求职时更容易受到招聘单位的青睐。实证研究也证明，职业认同可影响求职结果，职业认同与求职结果满意度、获得录取通知数量均显著正相关(刘艳华、乔志宏，2011)。同时，专业承诺也可能会正向影响职业认同，一项针对社会工作人员的实证研究证明，专业认同会对其职业认同产生影响，工作与专业对口的社会工作人才职业认同水平更高（孙晓宇，2018）。专业认同是指学习者对所学专业的接受与认可，并愿意以积极的态度和主动的行为去学习和探究（王顶明，2008），专业承诺是对某种专业的认同和卷入程度（Morrow & Wirth，1989），多数研究结果证明这两者之间是正相关关系（刘晓丽，2018）。因此，专业承诺可能会增加职业认同进而促进大学生求职绩效，据此，本研究提出假设 H2：职业认同会中介专业承诺对大学生求职绩效的影响，具体而言：

H2a：职业认同会中介专业承诺对大学生求职绩效（求职满意度）的影响

H2b：职业认同会中介专业承诺对大学生求职绩效（offer 数量）的影响

H2c：职业认同会中介专业承诺对大学生求职绩效（年收入）的影响

此外，心理资本理论认为，心理资本强调人的积极心理力量，是将潜力转化为现实能力的工具（蒋建武、赵曙明，2007）。一项干预实验研究证实，心理资本会正向预测求职绩效。通过基于职业认同和心理资本的就业能力提升干预方案，对就业结果带来了积极影响（高艳、乔志宏等，2017）。同时，心理资本及其各维度与职业认同呈显著正相关，其中乐观与职业认同的相关性最强，（r=0.350），越乐观则职业认同水平越高（万娅姣、王英，2013）。另外，研究表明，职业认同对大学生获得就业机会、起薪水平、就业满意度、人职匹配度等有显著的正向影响（岳德军、田远，2015）。综上，心理资本可能会通过提高职业认同进而促进其求职绩效，据此，本研究提出假设 H3：职业认同会中介心理资本对大学生求职绩效的影响，具体而言：

H3a：职业认同会中介心理资本对大学生求职绩效（求职满意度）的影响

H3b：职业认同会中介心理资本对大学生求职绩效（offer 数量）的影响

H3c：职业认同会中介心理资本对大学生求职绩效（年收入）的影响

综上，通过构建链式中介模型，本研究不仅考察了心理资本对大学生求职绩效的直接影响，同时还考察了心理资本是否会通过影响专业承诺进而影响职业认同从而对大学生求职绩效产生影响，即心理资本→专业承诺→职业认同→求职绩效这一链式中介模型（见图1）。通过检验该模型，能够更深入地探索心理资本"如何（怎样）"影响大学生求职绩效，有助于深化对心理资本和大学生求职绩效关系的认识。

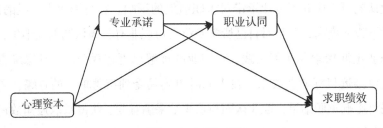

图 1　概念框架图

二、方法

（一）被试

本研究选取武汉地区 5 所本科院校 740 名应届毕业生作为被试，实际回收 713 份问卷，并已考虑人文社科专业为主的综合性院校和以理工科为主的院校被试样本量的数量平衡，剔除恶意作答和数据缺失 10% 以上问卷 63 份，获得有效问卷 650 份，问卷有效率为被试中男生 326 人，占比 50.15%，女生 324 人，占比 49.85%；人文社科专业毕业生人数 261 人，占比 40.15%，理工医科专业毕业生人数 389 人，占比 59.85%；本科毕业生人数 217 人，占比 33.38%，硕士毕业生人数 378 人，占比 58.15%，博士毕业生人数 55 人，占比 8.46%。毕业生生源地为村、乡、镇的人数为 328，占比 50.46%，生源地为县、区、市的人数为 322，占比 49.54%。

（二）工具

1. 大学生心理资本量表

采用许海元在 Luthans，Avolio 等（2005）的心理资本量表的基础上，运用层次分析法开发的大学生心理资本量表（2016），该量表共 33 个项目，包括自我效能、希望、乐观、韧性 4 个因素。采用 5 级计分，从"1 = 很不同意"到"5 = 很同意"，本研究中量表的克伦巴赫系数 α 为 0.863。

2. 专业承诺量表

采用许长勇（2013）在连榕、吴兰花等（2005）编制的大学生专业承诺问卷基础上的改编问卷，包括情感承诺、经济承诺、规范承诺、持续承诺 4 个因素。该量表共 15 个项目，采用 5 级计分，从"1 = 很不同意"到"5 = 很同意"，量表总信度系数为 0.870。

3. 职业认同量表

采用 VIS（Vocational Identity Scale）量表，该量表经袁丽丽（2008）修订为大学生职业认同问卷，包括职业兴趣、能力评价、职业决策、职业目标稳定性 4 个因素，按二值计分"是" = 1 分，"否" = 2 分，总分 36 分。得分越高说明被试的职业认同越高。该量表的内部一致性信度为 0.824。

4. 求职绩效量表

求职绩效分为主观求职绩效和客观求职绩效，主观求职绩效用自评求职满意度来衡量，从"1＝很不满意"到"5＝很满意"。很多文献使用录用函的数量衡量客观就业绩效。在以录用函数量作为客观求职绩效的类似研究中，于海波等(2014)认为大学生可就业能力与offer数量呈显著的倒U形关系，该研究将这种现象解释为对于可就业能力超出岗位要求的求职者，用人单位的看法存在"过犹不及效应"(Baron，1989)，也与中国传统文化"中庸之道"有关(Grant & Schwartz，2011)。本研究则认为，使用求职成功率这个构念(offer数量除以投递简历次数的比率)比offer数量更能反映客观求职绩效。故本研究使用求职成功率和签约年收入来衡量客观求职绩效。

(三)数据分析

采用SPSS24.0检验共同方法偏差、进行描述性统计分析并得出相关系数，并使用PROCESS软件进行结构方程模型分析检验专业承诺与职业认同在大学生心理资本与求职绩效之间的中介效应。

三、结果

(一)共同方法偏差控制与检验

本研究采用自我报告法收集数据，可能存在共同方法偏差。故在数据分析时，采用主成分分析法检验共同方法偏差，结果如表1所示，12个因子累计解释了变异的63.873%，最大的因子累计解释了变异的38.439，不超过40%的临界值，因此本研究不存在严重的同源方法偏差。

表1 同源方法偏差检验

元件	起始特征值			提取平方和载入		
	总计	变异的%	累加%	总计	变异的%	累加%
1	25.754	38.439	38.439	25.754	38.439	38.439
2	2.990	4.463	42.903	2.990	4.463	42.903
3	1.974	2.947	45.849	1.974	2.947	45.849

续表

元件	起始特征值			提取平方和载入		
	总计	变异的%	累加%	总计	变异的%	累加%
4	1.783	2.661	48.510	1.783	2.661	48.510
5	1.728	2.580	51.090	1.728	2.580	51.090
6	1.579	2.356	53.446	1.579	2.356	53.446
7	1.343	2.005	55.451	1.343	2.005	55.451
8	1.293	1.930	57.381	1.293	1.930	57.381
9	1.162	1.734	59.115	1.162	1.734	59.115
10	1.100	1.642	60.756	1.100	1.642	60.756
11	1.053	1.571	62.328	1.053	1.571	62.328
12	1.035	1.545	63.873	1.035	1.545	63.873

（二）各变量描述性统计

各变量描述统计见表2，皮尔逊相关分析表明，心理资本、专业承诺、职业认同都与大学生求职绩效显著正相关；心理资本与职业认同显著正相关；专业承诺与职业认同显著正相关；心理资本与专业承诺显著正相关。因此，本研究各变量之间存在较好的关联性，相关性质与研究假设相符。

表2   各变量描述统计

	M	SD	1	2	3	4	5	6
心理资本	3.845	0.604	1					
专业承诺	3.514	0.611	0.853***	1				
职业认同	8.880	4.560	0.665**	0.698**	1			
求职满意度	3.703	0.953	0.432**	0.446**	0.514**	1		
offer 数量	2.925	2.043	0.273**	0.254**	0.236**	0.197**	1	
年收入	13.237	6.883	0.234**	0.247**	0.259**	0.292**	0.298**	1

注："*"表示 $p<0.05$，"**"表示 $p<0.01$，"***"表示 $p<0.001$。

(三)链式中介模型检验

根据方杰等人(2014)推荐的中介效应检验步骤,中介效应若显著需要满足以下三个条件:(1)自变量(如心理资本)对因变量(如求职绩效)的作用显著;(2)自变量(如心理资本)对中介变量(如专业承诺)预测显著;(3)中介变量(如专业承诺)对因变量(如求职绩效)的预测显著。本研究采用结构方程模型检验专业承诺和职业认同在心理资本与大学生求职绩效之间的中介效应。

首先,检验心理资本对大学生求职绩效的影响,由回归结果可知:心理资本对求职满意度($b = 0.432$,$p < 0.001$)、offer 数量($b = 0.273$,$p < 0.001$)、年收入($b = 0.234$,$p < 0.001$)有显著正向影响,结果支持 H1 和 H3。

其次,对链式中介效应进行分析,本研究采用学术界普遍认可并广泛使用的 Bootstrap 法抽样 5000 次来进行检验。

如表 3 所示,心理资本通过专业承诺影响求职绩效(自评满意度)的中介效应为 0.383,95%的置信区间为[0.217,0.571],不包括 0,说明专业承诺在心理资本和自评满意度之间起到中介效应显著;心理资本通过专业承诺影响求职绩效(offer 数量)的中介效应为 0.227,95%的置信区间为[−0.346,0.685],包括 0,说明专业承诺在心理资本和 offer 数量之间起到中介效应不显著;心理资本通过专业承诺影响求职绩效(年收入)的中介效应为 1.680,95%的置信区间为[0.315,3.185],不包括 0,说明专业承诺在心理资本和年收入之间起到中介效应显著。因此,假设 H1a,H1c 被验证成立,H1b 被验证不成立。

表3　　　　　　　　　　　　　专业承诺的中介作用检验

路　　径	效应值	95%的偏差校正置信区间	
		下限	上限
心理资本→专业承诺→自评满意度	0.383	0.217	0.571
心理资本→专业承诺→offer 数量	0.227	−0.346	0.685
心理资本→专业承诺→年收入	1.680	0.315	3.185

如表 4 所示,专业承诺通过职业认同影响求职绩效(自评满意度)的中介效应为 0.430,95%的置信区间为[0.331,0.536],不包括 0,说明职业认同在专业承诺和自评满意度之间起到中介效应显著;专业承诺通过职业认同影响求职绩效(offer 数量)的中介效应为 0.266,95%的置信区间为[0.035,0.527],不包括 0,说明职业认同在专业承诺和 offer 数量之间起到中介效应显著;专业承诺通过职业认同影响求职绩效(年收入)的中介效

应为 1.333，95% 的置信区间为 [0.574，2.204]，不包括 0，说明职业认同在专业承诺和年收入之间起到中介效应显著。因此，假设 H2a，H2b，H2C 被验证成立。

表 4   职业认同在专业承诺和就业绩效之间的中介作用检验

路　径	效应值	95% 的偏差校正置信区间	
		下限	上限
专业承诺→职业认同→自评满意度	0.430	0.331	0.536
专业承诺→职业认同→offer 数量	0.266	0.035	0.527
专业承诺→职业认同→年收入	1.333	0.574	2.204

如表 5 所示，心理资本通过职业认同影响求职绩效（自评满意度）的中介效应为 0.426，95% 的置信区间为 [0.327，0.523]，不包括 0，说明职业认同在心理资本和自评满意度之间起到中介效应显著；心理资本通过职业认同影响求职绩效（offer 数量）的中介效应为 0.220，95% 的置信区间为 [0.007，0.438]，不包括 0，说明职业认同在心理资本和 offer 数量之间起到中介效应显著；心理资本通过职业认同影响求职绩效（年收入）的中介效应为 1.405，95% 的置信区间为 [0.675，2.214]，不包括 0，说明职业认同在心理资本和年收入之间起到中介效应显著。因此，假设 H3（H3a，H3b，H3C）均被验证成立。

表 5   职业认同的中介作用检验

路　径	效应值	95% 的偏差校正置信区间	
		下限	上限
心理资本→职业认同→自评满意度	0.426	0.327	0.523
心理资本→职业认同→offer 数量	0.220	0.007	0.438
心理资本→职业认同→年收入	1.405	0.675	2.214

如表 6 所示，心理资本通过专业承诺、职业认同影响自评满意度的中介效应为 0.248，95% 的置信区间为 [0.176，0.337]，不包括 0，说明中介效应显著；心理资本通过专业承诺、职业认同影响 offer 数量的中介效应为 0.124，95% 的置信区间为 [-0.010，0.292]，包括 0，说明中介效应不显著；心理资本通过专业承诺、职业认同影响年收入的中介效应为 0.764，95% 的置信区间为 [0.288，1.349]，不包括 0，说明中介效应显著。综上可知，专业承诺和职业认同在心理资本与大学生求职绩效（自评满意度，年收入）之间起链式中介

作用，而与大学生求职绩效（offer 数量）之间的中介作用不显著。

表 6　　　　　　　　　　　　　　链式中介作用检验

路　径	效应值	95%的偏差校正置信区间	
		下限	上限
心理资本→专业承诺→职业认同→自评满意度	0.248	0.176	0.337
心理资本→专业承诺→职业认同→offer 数量	0.124	−0.010	0.292
心理资本→专业承诺→职业认同→年收入	0.764	0.288	1.349

四、研究讨论

(一)心理资本可正向预测求职绩效

心理资本水平越高的大学生，求职绩效往往也会更高；反之，心理资本水平低的大学生，其求职绩效也会相对较低，该结果与其他学者研究是一致的(王聪，2019)。可见，心理资本是提升大学生求职绩效的重要因素，乐观、有韧性、对未来充满希望、自我效能感高的学生，往往对求职自评满意度及年收入更高。因此，通过为大学生开设心理健康、团体辅导生涯发展、职业规划等课程以及加强实习实训、素质拓展等各种形式的教育活动，着重开发和培养大学生心理资本是各高校需要加强的方向。

(二)专业承诺中介了心理资本对大学生求职绩效的影响

一方面，心理资本会促进大学生专业承诺，即心理资本越高的大学生，往往更容易克服专业学习中的障碍，产生更大的专业兴趣，从而获得专业学习的成就感和更高的专业承诺。另一方面，专业承诺会促进大学生对求职自评满意度及年收入的提升，专业承诺越高的大学生，学习投入度就会越大，学习绩效也更好，有助于获得更高薪的岗位，获得更高的求职满意度。

(三)职业认同中介了专业承诺对大学生求职绩效的影响

专业承诺会正向预测大学生职业认同，大学生如果喜欢自己所学专业并且增加学习投入，会增加对该专业对应职业的认同感。同时，随着职业认同的提升，大学生更倾向于形成从事该职业所需具有的个性特征或胜任力，从而更容易获得招聘单位的认可，获得更高的求职绩效。

(四)职业认同中介了心理资本对大学生求职绩效的影响

一方面，心理资本会促进大学生职业认同，即心理资本越强的大学生会有更高的职业认同，另一方面，职业认同会促进大学生求职绩效。

综合以上统计结果，可以发现假设 H1a，H2a，H3a 和 H1c，H2c，H3c 得到验证，假设 H1b，H2b，H3b 得到了部分验证，即专业承诺和职业认同在心理资本与大学生求职绩效的自评满意度和年收入两个维度之间起链式中介作用得到验证。这说明专业承诺和职业认同在心理资本和大学生求职绩效之间起到了"桥梁"作用，即心理资本会通过增加大学生的专业承诺进而提升职业认同，最后促进大学生求职绩效。这个模型给我们的启示是，不仅要开发大学生的心理资本，增加专业承诺和职业认同均可以提升大学生求职绩效的自评满意度及年收入。

而未能得到验证的假设 H1b，H2b，说明专业承诺和职业认同在心理资本与大学生求职绩效 offer 数量这一维度之间的中介作用不显著，可能表明将 offer 数量作为大学生求职绩效的一个维度，合理性有待进一步验证。offer 数量与心理资本、专业承诺、职业认同均相关，但其变化趋势并不是简单的正相关线性关系。这可能是因为专业承诺和职业认同越高的求职者，有着更高的求职清晰度和更集中的求职目标，可能会在较少的求职次数中即可获得满意 offer 从而签约，offer 的数值不大但是求职成功率较高。而专业承诺与职业认同较低的求职者，因为没有明确的求职目标和职业规划，可能会盲目投递更多的简历，从而降低求职成功率。

五、结论与研究建议

在理论中，本研究的构建链式中介模型探究了心理资本"如何"影响大学生求职绩效，发现专业承诺与职业认同在心理资本与求职绩效之间起到链式中介，链式中介模型心理资本→专业承诺→职业认同→求职绩效被验证，这一模型丰富了心理资本与大学生求职绩效的研究，以往研究一般单独考察两者之间的关系，本研究在梳理文献的基础上同时考虑多个变量，更真实全面验证了变量之间的复杂关系，加深了对心理资本与求职绩效关系的认识。

在实践上，2023 届全国普通高校应届毕业生人数超过 1158 万，就业形势十分严峻，大学生就业市场出现的新趋势，一方面是就业市场供需双方学历层次、专业需求、能力经验结构性失衡，另一方面不少 95 后毕业生"缓就业""慢就业""不就业"的现象更加突出（郑东，2019），研究影响高校毕业生就业绩效的因素和作用机制显得尤为必要。本研究在相关理论和实证研究的基础上，构建了链式中介模型，不仅验证了大学生心理资本对求职绩效的直接影响，还考察了专业承诺与职业认同在两者之间的中介作用，有助于进一步深入了解心理资本对求职绩效的影响机制与过程。

本研究模型全面揭示了专业承诺和职业认同在心理资本和大学生求职绩效之间是链式中介效应，心理资本不但直接影响大学生求职绩效，还通过专业承诺和职业认同间接影响大学生求职绩效。这给实务工作的启示是：(1)大学教育在提高专业课程质量的同时，应重视心理资本的培养。各高校就业中心通过增加心理学、生涯指导等课程设置或生涯大讲堂等各种体验式教育途径全方位开发和培养大学生心理资本。(2)学校和学生应该采取有效途径提升学生的专业承诺。学生对于所学专业的认同度并非与生俱来，而是在学习过程中，通过对专业认知的不断深入而变化的，专业课老师要在教学过程中不断强化专业的成功案例，教务部门对于学生的转换专业的考核也要通过验证专业承诺度来辨识。(3)学校和学生应该采取有效途径提升学生的职业认同。建议大学生在寒暑假走出书本世界，多参与实践实习，在实践中提升职业认同，学校也多鼓励实践。

所以，为增强大学生职业认同，应该提高大学生专业承诺水平，通过巩固专业思想，积极探索对口的职业，不断澄清其在准职业情境下的自我概念("我想成为谁")，从而提升求职满意度及年收入。

局限和展望：(1)受限于毕业生完成求职行为到毕业入职中间间隔时间较短，故本研究采用的是横断研究，今后研究可结合纵向研究从大学低年级开始跟踪被试的心理资本、专业承诺与职业认同的动态变化关系，求职满意度的自评结果可能会更加客观。(2)本研究将 offer 数量作为大学生就业绩效的一个维度，合理性有待进一步验证，今后研究可考虑将求职成功率(求职成功率 = offer 数量/求职次数)作为求职绩效的评价指标之一。(3)如何在大学教育中提升大学生专业承诺和职业认同本研究并未得出有效结论，后续研究可进一步研究探讨。

参考文献

[1]柯江林，孙健敏，韩瑛．大学生心理资本对求职绩效的影响：积极求职行为的中介效应[J]．心理学探新，2014，34(5)：468-473．

[2]孟大虎，苏丽锋，施璐璐．人力资本、社会资本与大学生就业研究综述[J]．经济学动态，2012，611(1)：86-90．

[3]郑东，潘聪聪．大学生提速"慢就业"的服务策略[J]．江苏高教，2019，216(2)：81-84．

[4]温忠麟，叶宝娟．中介效应分析：方法和模型发展[J]．心理科学进展，2014，22(5)：731-745．

[5]连榕，杨丽娴，吴兰花．大学生的专业承诺、学习倦怠的关系与量表编制[J]．心理学报，2005(5)：632-636．

[6]严瑜，龙立荣．大学生专业承诺的心理结构及影响因素研究[J]．高等教育研究，2008，160(6)：90-97．

[7]廖友国，陈敏．大学生专业承诺、学习投入与学业成就关系的研究[J]．西南交通大学学报(社会科学版)，2014，15(4)：73-77．

[8]张瑞．学习投入对大学生就业能力的影响研究[D]．太原：山西财经大学，2017．

[9]朱俊华，罗浩准．大学生心理资本对专业承诺的影响研究——基于多元非线性回归优化模型和 Markov 预测模型[J]．中国教育学刊，2015(S2)：334-335．

[10]刘艳华，乔志宏．大学生职业认同、实习经历与求职结果的关系研究[J]．北京教育(高教)，2011，570(6)：67-68．

[11]万娅姣，王英，夏添．护士心理资本和职业认同的关系研究[J]．护理学杂志，2013，28(3)：56-58．

[12]孙晓宇．社工专业认同和社会认同对其职业认同的影响研究[D]．北京：首都经济贸易大学，2018．

[13]刘晓丽．大学生专业认同、专业承诺与学习倦怠的关系[D]．济南：山东师范大学，2013．

[14]高艳，乔志宏，武晓伟．基于职业认同和心理资本的大学生就业能力提升实证研究[J]．高教探索，2017，167(3)：107-112．

[15]蒋建武，赵曙明．心理资本与战略人力资源管理[J]．经济管理，2007，417(9)：55-58．

[16]岳德军，田远．职业认同对大学毕业生就业影响的实证分析[J]．国家教育行政学院学报，2015，210(6)：76-81．

[17]许长勇．大学生专业承诺对学习投入和学习收获影响机制的研究[D]．天津：河北工业大学，2013．

[18]许海元．大学生心理资本积累及其教育管理对策研究[D]．徐州：中国矿业大学，2016．

[19]王聪．大学生心理资本对就业绩效的影响研究[D]．太原：山西财经大学，2019．

[20]方杰，温忠麟，张敏强等．基于结构方程模型的多重中介效应分析[J]．心理科学，2014，37(3)：735-741．

大思政格局下大学生精准化就业指导
服务体系构建研究

廖　婧[*]

（武汉大学党政办公室）

摘要　高校毕业生是劳动力市场主体的重要群体之一，关系民生改善、经济发展和国家未来。当前，高校毕业生"慢就业""缓就业"现象突出，一方面就业大环境形势严峻，另一方面高校毕业生的求职心态愈加求稳求优，高校毕业生求职压力和就业焦虑普遍存在。如何有效缓解高校毕业生就业压力和焦虑，为大学生提供更为精细的就业指导和服务是做好大学生就业工作的重中之重。本文基于大思政育人格局，探讨高校毕业生就业过程中存在的问题，并以此提出提升大学生精准化就业指导服务的有效策略，积极构建大学生精准化就业指导服务体系。

关键词　大思政；高校毕业生；就业指导服务

就业是大学生踏入社会的根本保障，是关系家庭、学校和社会的大事，是最基本的民生。习近平总书记在党的二十大报告中指出，强化就业优先政策，健全就业促进机制，促进高质量充分就业。[1] 2022 年 12 月召开的中央经济工作会议在部署 2023 年工作时强调"落实落细就业优先政策，把促进青年特别是高校毕业生就业工作摆在更加突出的位置"。过去 10 年，高校毕业生人数不断攀升，2022 年毕业生人数多达 1076 万人，2023 届高校毕业生规模预计达 1158 万人，规模和人数再创新高。[2]

一、高校毕业生就业过程中存在的问题

（一）就业形势更严峻

近年来，应届高校毕业生人数和规模逐年递增，就业形势也趋于严峻。一方面，毕业

---

* 作者简介：廖婧，法学硕士，武汉大学党政办公室，讲师，研究方向：思想政治教育、法学。

生人数增多意味着同一岗位的竞争愈加激烈，招聘单位对毕业生的招聘要求越来越高；另一方面，全球疫情反复，世界经济复苏动力不强，外部环境严峻复杂，我国经济社会发展亦受影响，对就业市场的影响非常突出，短期内劳动力市场需求减少。[3]受不稳定不确定的因素影响，新情况和新问题不断涌现，如不少企业缩减招聘岗位，已确定岗位因企业经营不景气而被取消，求职周期因疫情原因拉长等。[4]

（二）大学生就业"不着急"

"不就业拟升学"成为大多数本科毕业生的主要选择。近两年的高校毕业生普遍为"00后"，以独生子女为主，成长于中国移动网络时代，生活水平较前人更高，拥有更好的物质条件，鲜少受到生存或生活压力的困扰。在父辈的支持和鼓励下，在同辈的竞争压力促使下，这一代年轻人选择继续求学深造的比例不断升高，尤其是坚持考研"二战"的人数不少。自2017年开始，考研报名人数上涨趋势明显，2022年报名人数突破450万。[5]《2022年中国本科生就业报告》（就业蓝皮书）的数据显示，近五年来，应届本科毕业生国内读研比例从2017届的14.1%上升至2021届的17.2%。麦克思的数据显示，应届本科毕业生首次考研失利的情况增加，二次考研的群体不断扩大。以2021届本科毕业生为例，准备考研的比例为6.1%，其中二次考研的比例达到了4.9%，较前两届有所上升（2019届3.4%，2020届4.3%），而"增强竞争力"是大学生选择继续深造的主要原因，大学生普遍认为提升学历能有效帮助自己竞聘心仪岗位、提升薪酬待遇。[6]

就业学生求稳求优心态明显。在就业大环境呈现稳、缓、慢的趋势下，尤其是受到疫情等不稳定因素的影响，高校毕业生们备战公务员考试人数在不断增多，国有企业、机关事业单位以及高校科研院所等体制内单位也成了毕业生心目中的"大热门"。[7]2022年国家公务员考试总报名人数突破了202万，创国家公务员考试人数新高，平均竞争比超过60：1，最热职位竞争比超过20000：1。[8]较为突出的是，近两年前往基层就业的毕业生比例也在攀升，通过各高校就业报告了解到，双一流高校的毕业生西部就业和基层选调生人数普遍增加。

大学生的求职过程中理想化和自我化较为突出。从当代大学生角度，就业不仅仅是为了谋求个人生存、获取劳动报酬，更多的是为了匹配个人喜好和人生追求。通过报考研究生以及公务员的热度反映出，大学生越来越重视工作满意度、工作发展前景和行业发展前景，更重视个人优势凸显和长处发挥。正是这种对理想职业的期待与自身能力提升，进一步刺激了大学生"慢就业""缓就业"现象的产生与发展。从个人认知方面，当代大学生越来越期待高质量就业，非常重视对个人能力和综合素质的提升。但是，大学生对自我定位、岗位的认知与社会需求、用人单位的要求匹配度不够。以本科生为例，低年级本科生重心更多地放在了升学深造，因为低年级本科生多数认为求职、就业是毕业年级的任务，甚至是研究生阶段再重点考虑的目标。只有顺利升学，才有机会更好地就业，这样一种观念在低年级本科生中非常流行。正是这样一种观念和心态让多数低年级本科生认为，大学期间的任务就是认真学习专业知识，一心一意备战考研。找工作是大学毕业实在没有出路的选择。因此学生们在大二大三阶段忽视了相应的求职能力的积累与培养，面向低年级阶段的就业指导公共课效果不佳。部分本科毕业生实则为因考研失利而"临时""突击"找工作，以至于在求职时表现不尽如人意，错失优势岗位和机会，从而再次回到考研"二战"这样的循环中。

（三）就业指导与服务体系不健全

思政教育与就业工作协同融合的顶层设计不够。就业指导与服务是一项系统性的工程，需要校内各部门协同配合，形成工作合力才能切实有效做好就业指导与服务工作。大思政教育格局背景下，思政教育和就业教育未能有效融合，就业教育更多是注重对学生自我认知、求职技能等专业指导，从就业育人角度的思想教育、价值观引领谋划不够，未能充分发挥思政教育在大学生就业观价值观养成过程中的引领作用。

就业指导与服务师资队伍建设有待加强。目前高校从事就业指导工作的专业老师较少，就业指导队伍主要以辅导员为主，而辅导员队伍偏年轻化，多数情况下参加短期就业指导培训后即刻上岗指导学生就业，缺乏足够的专业积累和实践经验，对学生的就业指导和服务很难做到"一人一策"。而从事就业指导的专业教师受个人精力、队伍人数等限制，很难做到分类指导、分人指导，以至于就业指导与服务很难面向全体学生展开。

就业指导与服务的精准度、精细化有待提高。当前高校的就业指导与服务工作往往只能附带到"面"，很难聚焦到个体学生的"点"上。就业指导形式较为单一，不能满足和匹配大学生对就业指导和服务多样化、灵活性的需求。高校的就业指导课程虽然已经作为公共必修课纳入人才培养方案，课程主要通过主题授课、专题讲座这种单一化的形式展开，涵盖面广、时效性强，能够及时将有关就业数据和政策导向传达给同学们，但是这种集中式、输出式的教育方式难以匹配学生的个性化需求，很难根据学生的个体优势、学习背景和专业特点给予分类指导和专门服务，多数学生们很难通过这种课堂来获得个性化帮助。高校就业教育指导和服务的质量决定了就业工作的质量，也直接影响到高校毕业生的就业选择，例如选择继续深造是否必要？"二战"考研是否真正符合预期？工作岗位选择是否符合性格特点？求职简历是否能凸显个体优势、匹配岗位需求？所有的合适就业选择必须基于学生对自己、对岗位、对预期等综合因素的考量和个性化的分析，而如何考量和分析则更大程度需要借助和依靠专业的就业指导和服务。从学校的角度，针对不同类别的学生群体，例如选择深造的学生群体、选择毕业后直接求职的学生群体、选择自由职业的学生群体、求职困难的学生群体，等等，需要进行分类指导，必要时一对一地指导，在学生与就业目标之间搭建起桥梁，引导学生更好地进行自我认知，从而帮助学生制定适宜的职业目标，明确职业生涯路径，并走好离开学校的第一步。

就业指导与服务工作的专业化有待增强。当前高校的就业指导和服务主要是主题式的、输出式的，从大学生群体的共性出发，为他们提供基础的、必要的就业指导与服务，更多的是将就业信息输出给学生们，很难做到从学生身上获取信息，并以此展开个性化、针对性的指导和帮扶。同时，高校的就业指导工作主要集中在毕业年级，通过"毕业季"开展一系列专题式的、集训式的职业指导与生涯咨询培训，就业指导与服务的长效机制未能完全建立，面向低年级的就业辅导、专业测评、职业规划以及个性化咨询工作未能全面普及和展开，就业工作整体呈现局限性、阶段性和零散性。

二、大思政格局下构建大学生精准化就业指导服务体系的重要性

(一)构建就业指导与服务体系是落实立德树人根本任务的内在要求

就业指导与服务是落实立德树人根本任务的内在要求，是构建"大思政"格局的重要方面，具有非常重要的时代价值。习近平总书记指出："要坚持社会主义办学方向，把立德树人作为教育的根本任务。"落实立德树人根本任务，需要不断深化"三全育人"，就业育人就是"三全育人"的重要方面，高校在就业育人方面发挥实效，构建就业指导与服务体系，并以此推动"三全育人"教育理念的落地落实，是落实立德树人根本任务的关键举措。"大思政"教育格局下，思想政治教育不仅仅局限于思想政治理论课程教育，更要与学生就业、社会实践等内容相结合，从而发挥思想政治教育的合力。

(二)就业工作质量是学校人才培养质量检验的重要标准

就业是高校人才培养的出口，毕业生的就业质量是检验"为谁培养人、培养什么样的人"的重要途径。大学生是新时代最具活力、最富朝气、最有潜力的高素质青年群体，促进高校毕业生更充分、更高质量就业是高校人才培养的应有之义，也是评价高校人才培养质量的重要方面。就业指导与服务是就业育人，实现高校毕业生高质量就业的重要环节和重要抓手。通过就业指导与服务，一方面增强学生自我认知，一方面提升学生对专业和行业的熟悉度，帮助学生在多元化自主择业的阶段清晰定位、精准就业。

(三) 就业育人实效关系到国家长远发展和社会和谐稳定

习近平总书记指出，就业是永恒的课题，牵动着千家万户的生活，任何时候都要抓好；要把做好就业工作摆到突出位置。一系列重要论述，深刻阐述了做好就业工作在党和国家事业发展全局中的重要地位和作用。高校作为人才培养的摇篮，肩负着为祖国各行各业输送人才的使命。高校的就业指导与服务质量是大学生树立正确就业观的关键，也是大学生就业能力提升的关键。高校要充分重视就业育人的时代价值，更好地承担育人职责，做好就业指导工作的统筹，做好与学生家庭的沟通，更好地与企业联动，精准匹配学生与用人单位的需求，为学生创造更好更多的就业机会，为社会输送更优质的人才。

三、大思政格局下构建大学生精准化就业指导服务体系的路径选择

(一) 强化顶层设计，坚持思想引领，厚植家国情怀

1. 强化顶层设计

健全促进就业领导体制机制，严格落实就业工作"一把手"工程，明确职责与任务，压实工作责任，形成校内外联动、齐抓共管的大就业工作格局。在"大思政"背景下，以课程思政为切入点，在就业指导与服务的过程中充分重视培养学生的思想品质和价值观念，引导学生树立正确的就业观和择业观，引导学生将自我的专业学习和个人发展融入行业需求和国家发展需要。就业指导和服务的目标不能局限在短期内实现求职素养和技能的提升，而是要切实把就业育人理念纳入大学生思想政治教育体系，融入课程、科研、实践、心理健康、资助等人才培养全过程全环节，推动建设全员参与、全方位推动、全要素协同的就业指导服务体系。

2. 结合社会需求调整学科专业设置

高校要树立系统观念，高校毕业生的就业状况和质量更大程度上也反映出学校专业设置、人才培养与社会需求的匹配度。要进一步做好各学科门类的就业研究分析，客观系统地分析不同专业的就业质量，并据此建立专业预警体系。如，部分专业毕业生就业质量偏低，一定程度上反映出高校专业设置与市场需求脱钩。针对此类情况，必要情况下则需要逐渐减少招生比例，甚至是取消专业设置。通过就业质量和就业状况实时调整教学培养方案和学科专业设置，不仅可以避免学生结构性失业，也可以帮助学校在招生、培养等育人

全过程精准施策，保持学生、学校和社会之间的供需平衡，从根本上解决学生就业难的问题。

3. 坚持思想引领，厚植家国情怀

帮助学生树立正确的就业价值观，引导学生自觉将自己的事业发展同国家的前途命运结合在一起。[9]大学生能否树立正确的理想信念，具备正确的择业观和就业价值观，不仅关系到学生个人的事业发展，更关系到国家和民族的前途命运，也关系到中国特色社会主义事业的成败。筑牢大学生思想阵地，培育学生勇于承担社会责任，立大志、明大德、担大任，投身到重点区域、基层建设、国际组织等领域，培育年轻一代心怀祖国、感恩家庭，积极实践、认真锻炼，将深刻影响着国家和社会的未来发展。

(二)健全就业指导与服务体系

1. 不断完善就业指导与服务规章制度体系建设，在制度上支持就业优先

高度重视就业指导与服务工作，建立学生就业工作领导小组，对学生就业指导与服务提供全面的制度支持。近年，国家及有关部门推出一系列政策举措，促进高校毕业生就业。学校要打造全校就业"一盘棋"，在校内制度上落细落实中央关于就业的决策部署，同时为学生就业提供积极的制度支持，如持续加大力度鼓励西部就业和基层就业，支持学生依托灵活就业的形式选择新业态的就业，等等。制度的不断健全，让学生更加清晰地了解和学习国家的政策导向和战略部署，同时让学生可以更加放心从容地去合理择业，让学生在就业择业的过程中没有后顾之忧，营造良好的就业育人环境。

2. 持续加强就业指导与服务队伍建设，构建全员参与的就业指导与服务体系

充足、专业的教师队伍是就业指导与服务精细化、精准化的重要保证，持续加强和补充就业师资队伍非常必要；要牢固树立就业"一盘棋"的工作理念，强化部门协同，统筹学工、研工、本科生院、研究生院、团委等职能部门，打造全链条管理育人体系，实现学生数据的实时互通与反馈；在就业专职教师数量受限的情况下，充分挖掘、提升专任教师、研究生导师、辅导员、班级导师的就业育人功能，打造一支以就业指导中心为主体，包括学校领导、职能部门和院系教师组成的就业指导与服务体系，打造一支人数充足、素质过硬，有温度、有经验的就业指导与服务工作队伍。同时，高校要不断加强对就业指导与服务工作队伍的技能培训，定期组织思政教师与就业指导老师开展教育研讨交流活动，及时

更新大学生就业指导师资团队的知识储备，让这支队伍能够采用价值引领、同辈教育、课堂学习等多种方法帮助学生更好就业。[10]

3. 建立科学、可持续的就业考评机制，营造良好的就业育人氛围

就业指导与服务精细化、精准化需要广大专任教师、研究生导师、辅导员、班级导师等师资队伍努力奋进，积极作为。要改进完善就业指导与服务的考核评价体系，全面均衡设计考核内容，激励教师队伍愿作为、能作为、善作为，凝聚形成就业育人良好氛围。及时引入第三方评估，尽可能全面科学地反映就业质量内容，以社会需求为导向，引入毕业生、用人单位、行业评价等相关方，共同组建第三方就业评价体系，为高校提供准确的参考信息，为学校决策提供科学的参考依据。

4. 加强就业服务信息化建设

推进大数据在就业统计、日常监测预警领域的作用，全面、准确、及时统计学生就业信息，深入开展毕业生就业状况跟踪调查，为制定政策措施、提供就业帮扶提供有力支持。不断完善就业与招生、人才培养联动有效机制，将就业信息与学生基本信息、学业情况、身体素质、综合表现等信息整合联动，绘制学生就业"肖像图"，为学生精准推送就业指导服务，为就业单位精准匹配人才需求，为学校专业设置、招生政策提供决策服务。综合发挥网站、微信公众号、视频号、抖音号等官方融媒体的信息传播和育人引导功能，让就业指导与服务的形式更受学生欢迎，实现育人信息渠道畅通。

（三）完善重点学生群体就业支持体系

不断完善重点学生群体的就业支持体系，加强对就业困难学生群体的就业兜底帮扶，聚焦家庭困难、学业困难、心理困难学生群体，促进多渠道就业，帮助走好离校第一步。

1. 积极做好就业困难学生群体帮扶工作

全方位关心关爱学生，完善就业困难人员帮扶政策，对就业困难学生提供"一人一档""一人一策"精细化服务，就业工作与心理健康工作、资助工作充分联动，统筹做好就业困难学生的求职、升学等工作。

2. 突出做好求学深造毕业生的就业指导与服务工作

在拟升学深造的这部分学生群体中，有部分求职目标不明确，有部分升学目标不科学，有部分因考试失利而坚持"二战""三战"，等等。准备升学考试的时间区间正好与校

招高峰期重叠，备考的学生几乎没有机会和时间参与同期的校招。以本科生考研为例，全国硕士研究生报名人数逐年递增，考取的压力也随之增大，应届本科毕业生中接近80%的同学希望能继续深造，由此，活跃在秋招高峰期的本科毕业生并不多。而在硕士研究生考试结束后，春招期间招聘的岗位和需求量减少，求职的学生数量反而增大。一部分学生因坚持"二战"放弃求职，一部分学生因错失最佳求职机会而出现求职困难等问题。突出做好这一部分学生的就业指导与服务工作是提升学校就业工作质量的重点和难点。

3. 做好自主创业、灵活就业学生群体的就业指导与服务工作

根据全国高等学校学生信息咨询与就业指导中心数据统计，2021届高校毕业生灵活就业占比超过16%。灵活就业不再是传统意义上的"打零工"，是一种新的就业趋势和渠道，选择灵活就业的学生群体思维更加活跃、创新能力更强，不少学生在上学期间就有了创业的打算，甚至不少人上学期间就开始接"私活"了，例如兼职编剧、兼职博主、视频剪辑师，等等。当然也不是所有的学生都适合灵活就业，例如家庭经济困难的学生，则更适合从事稳定的职业。因此，高校要给予灵活就业学生更全面的制度支持，同时需要引导这部分学生对灵活就业有更清醒的认知，给予学生更好的保障和关爱。

毕业生就业是高校人才培养的出口，是检验高校人才培养质量的重要指标，关系到学生个人的事业起步，关系到千万家庭的和谐稳定，更深刻地影响着国家的前途命运。就业指导与服务是系统性的工作，要服务大学全程，服务学生个性化需求，服务国家和社会发展。大思政教育格局下，就业要与思政教育充分融合，做好顶层设计，建立健全就业指导与服务体系，做好重点人群的就业指导与帮扶工作，实现全员参与就业，校内各部门高校联动，打通就业服务与思政教育，有重点、有层次，分类别、出成效地落实就业育人这一目标任务，建立贯穿学生成长全阶段的长效育人机制。

参考文献

[1]李心萍.落实落细就业优先政策[N].人民日报，2023-02-20(003).

[2]中华人民共和国教育部.教育部：2022届高校毕业生规模预计1076万人，同比增加167万[EB/OL].[2021-12-28].http://www.moe.gov.cn/fbh/live/2021/53931/mtbd/202112/t20211229_591046.html.

[3]冯君莲，李小艳，刘琼.疫情影响下国内顶尖高校毕业生就业状况变化——基于8所高校2017—2021年毕业生就业质量报告的调查[J].大学教育科学，2022(6)：87-97.

[4]蔡红建.当求职季遇上疫情期2020年高校毕业生就业，怎么看怎么办[J].人民论坛，

2020(Z2)：124-127.

[5]陈鹏.2022考研有哪些新趋势[N].光明日报，2021-12-24(008).

[6]麦可思研究院.就业蓝皮书.2022年中国本科生就业报告[M].北京：中国文献出版社，2022.

[7]岳昌君，邱文琪.疫情防控常态化背景下高等学校毕业生就业状况及影响因素[J].教育研究，2022,43(6)：28-44.

[8]超202万人报考2022年国家公务员 最热职位竞争比超2万比1[EB/OL].[2021-10-26].http://news.cctv.com/2021/10/26/ARTIzHbj7pPrtGN0ZaCdnWC6211026.shtml.

[9]金立乔.就业观视域下当代大学生家国情怀的现状及提升对策研究[J].教育观察，2018,7(23)：12-15.

[10]崔鹏.以大思政理念引领大学生就业指导创新[N].中国社会科学报，2022-03-01(007).

新时代高校就业指导工作的问题与对策研究

唐 羽*

（武汉大学弘毅学堂）

摘要 高校毕业生是党和国家事业改革发展的重要资源，是实现经济持续健康发展、民生改善和社会大局稳定的重要保障。就业指导工作是一项立体化、系统性的综合工程，开展多层次、全覆盖的高校就业指导工作帮助学生树立正确的就业观、提升职业能力、适应社会需求有着重要的作用和意义。本文从论述新时代加强和改进高校就业指导工作的重要意义出发，分析了当前就业指导工作中存在的问题和不足，并提出了新时代加强和改进高校就业指导工作的对策。

关键词 新时代；高等学校；就业指导；问题与对策

党的二十大明确指出，人才是第一资源，实施就业优先战略，强化就业优先政策，健全就业促进机制，促进高质量充分就业。高校毕业生是国家宝贵的人才资源，是促进就业的重要群体。推进学生高质量就业是高校落实好立德树人根本任务的内在要求，高校要将学生就业工作纳入人才培养和思想政治教育工作的重要环节，发挥"三全育人"的优势作用，切实加强指导、培训和帮扶，推动高校就业指导工作适应新时代"立德树人"新要求，推动高校毕业生更高质量、更加充分地就业创业。

一、新时代加强和改进高校就业指导工作的重要意义

就业是最大的民生，高校毕业生就业工作事关广大高校学生和背后家庭的切身利益，也关系到社会和谐稳定。尤其是进入新时代，面对"两个大局"，新的历史机遇和发展挑战共存，社会经济发展带来的就业形势严峻、不确定性增多等，都对高校就业指导工作提出

---

* 作者简介：唐羽，硕士研究生，武汉大学弘毅学堂，研究方向：大学生思想政治教育。

了新的更高要求。

(一) 落实习近平新时代中国特色社会主义思想的必然要求

习近平总书记在党的二十大报告中指出:"实施就业优先战略。就业是最基本的民生。强化就业优先政策,健全就业促进机制,促进高质量充分就业。健全就业公共服务体系,完善重点群体就业支持体系,加强困难群体就业兜底帮扶。健全终身职业技能培训制度,推动解决结构性就业矛盾。完善促进创业带动就业的保障制度,完善劳动者权益保障制度,加强灵活就业和新就业形态劳动者权益保障。"这些重要论述既阐明了就业工作的重要作用,更为做好新时代就业工作提供了根本遵循。高校作为人才培养的高地,肩负着为国家培养德智体美劳全面发展的时代新人的重任,高校毕业生实现更加充分、更高质量就业不仅关系到个人的成长与发展、家庭的安定与幸福,更深刻影响着社会的和谐与稳定,以及国家的建设与发展。因此,加强就业指导服务,精准施策抓好高校毕业生就业创业,在习近平新时代中国特色社会主义思想指引下找准大学生就业指导工作的政治站位,着力提高人才供给质量,显得尤为重要。

(二) 高校落实立德树人根本任务、提高人才培养质量的必然要求

高校的就业指导工作承担着引导毕业生树立正确的就业观,激励大学生围绕国家发展大局进行职业选择,与国家发展同向同行的重要使命。高校学生就业指导工作是做好高校毕业生就业创业工作的重要保障,是高校人才培养工作的重要组成部分,也是高校思想政治教育工作的重要内容,更是实现立德树人根本任务的重要渠道。作为人才培养的组成部分,高校学生就业指导工作本身就蕴含着育人职能,无论是就业服务、生涯教育还是就业管理,在就业工作的各个环节中需要始终贯彻育人的理念、起到育人的效果。毕业生的就业状况更是检验高校人才培养质量最直接、最直观的试金石,新时代,毕业生就业情况更是作为人才培养成效的重要反馈指标而受到广泛重视。高校更应该肩负起培养优秀人才的责任和重任,想方设法提升大学生就业创业指导效率,帮助学生更快适应当前的就业环境,凭借自己的能力为企业和国家作出应有的贡献。

(三) 帮助大学生提高核心竞争力、提升综合素质的必然要求

青年大学生正处在价值观形成和确立的关键时期,是一个人成长成才的关键起点。帮助大学生在社会主义事业建设的需要中实现自己的人生梦想,更是促进大学生全面成长成才的有效途径。有效的高校就业指导应该贯穿学生的整个大学生涯,从大一的适应到大四的择业全过程,能够有效促进学生树立正确的择业观、就业观,不仅能帮助大学生对今后

职业工作有一个较清晰的认识，能为大学生释疑解惑，提前做好职业生涯规划，而且能给大学生传授择业方法和就业技能，帮助提升大学生的专业能力、职业能力、综合能力，帮助大学生尽快了解职场、适应职场、把握职场，做好身份与角色转变，更好地适应社会需要和时代要求。有助于大学生更好地辨析自身所学专业与社会工作岗位的关系，更好地了解不同行业岗位的就业竞争情况，更好地结合就业形势和社会需求找准就业方向，促进人职匹配，平衡求职和用人关系，实现大学生就业率和满意率的双提升。

二、当前高校就业指导工作的问题和不足

受经济、社会多重因素影响，就业形势、环境等都面临着新的挑战和问题，"稳就业""保就业"的任务非常艰巨。从分析各高校发布的就业质量报告中，虽然各高校就业数据、就业工作都呈现持续向好的态势。但综合来看，当前高校就业指导工作的问题和不足主要有以下几点：

(一)学生就业心理变化较大，就业指导的针对性还不足

新形势下，大学生多是"00后"的独生子女，家庭经济压力较小，社会责任意识淡薄，缺乏对自身兴趣爱好和社会发展就业需求的认识及判断。大学生群体存在认知偏差，无法正视当前人才市场的激烈竞争，缺少对行业发展形势的认识和社会实践经验的了解，自身就业核心竞争力不强，片面追求高薪、高待遇、低付出等，导致部分学生产生"懒就业"的心理和"等、靠、要"思想。在当前多元社会环境的冲击下，学生仍存在盲目从众心理。在选择职业时依赖外在环境，根据他人的标准做出判断，而不是依据自身的需求进行选择，最终导致盲目签约和随性解约现象。全球疫情形势大背景下，影响了学生出国深造的积极性，近两年学生出国人数急剧减少，比例降低，一些具备出国条件的学生，比如托福雅思成绩都通过，专业能力很好的学生，在权衡利弊，家长建议参与下，相当一部分选择"追求稳定"，争取国内保研和考研，"内卷"更严重了。从全国研究生入学考试的报考人数来看，2022年总计457万人报考硕士研究生，2023年预计考研人数将突破520万人，但每年录取人数变化浮动较低，部分学生为了逃避就业而盲目地选择"二战"或"三战"，尤其是部分家庭条件优越的学生更愿意听从家里的安排，延长就业年限，一心备战考研，错过就业的"黄金时期"。各种不确定因素给毕业生带来了不安全感，毕业生的求职心态逐渐发生变化，这些变化影响了毕业生就业的主动性，从而增加了毕业生高质量就业的难度。

(二)学生个性化需求增多，就业指导队伍的能力有待提升

当前高校就业指导工作的主力军是辅导员队伍，在我国高等教育的发展历程中，职业生涯规划与就业创业指导也是辅导员的工作职责。近年来，辅导员队伍不断朝着专业化、职业化、专家化的方向发展，是学校就业指导教师队伍的主力军。一方面，辅导员与学生沟通较多，了解学生的家庭背景、就业意愿与生活的方方面面，是学生的知心朋友与人生导师，能够较好地把握学生的思想动态；另一方面，辅导员所接触的专业对口的企业较多，能充分发挥企业力量，开展"一行十企""访企拓岗"等活动，把握企业用人需求，帮助学生了解当前的就业市场。辅导员在开展就业指导工作中也面临着一些困难，辅导员由于自身专业的差异、求职经历较为单一、日常事务繁杂等原因，在工作中无法"点对点"地帮助学生将理论和实践相结合，因此在参与就业指导工作时深度受限，当面临差异较大的学生们时，很难做到个性化差异辅导。目前，大学生辅导员在课堂上主要是从理论入手进行就业指导，实践中实操性、指导性不强，缺少实际操作性指导手册或者指导指南，学生无法运用固定的范式去解决就业过程中的一些差异化问题，为此需要不断完善就业指导工作科学体系，包括大学生职业生涯辅导、就业指导能力培养、就业心理咨询、就业创业指导等，加强辅导员专业技能培训，提升辅导员就业指导效果。

(三)基于全过程工作理念，高校就业指导协同机制有待完善

高校毕业生就业工作是一项系统工程，要全面贯彻落实习近平总书记关于做好高校毕业生就业工作的重要指示，以生为本、凝心聚力，需要秉持全员、全程、全方位"三全育人"的理念，加强各方力量的协同。大学生就业指导应包括大学生思想道德教育、职业生涯规划教育、形势与政策教育、就业指导教育、就业心理教育、创新创业教育和理想信念教育等多个方面，是一个长期连续的教学指导过程。而在此过程中，许多高校缺少体系化的就业指导教师队伍和科学有效的就业制度保障机制，就业指导评价体系也较单一。且高校开设的就业指导课程主要是在大一和大三两个学年，与学生就业时间段不符，很难对大学生就业时的问题进行针对性指导。

三、新时代加强和改进高校就业指导工作的对策建议

(一)要加强组织领导，推动工作责任落实落细

高校要高度重视就业指导工作，强化顶层设计，认识到就业创业指导工作的重要作

用，在教育教学过程中、战略布局中，将开展学生就业指导工作作为重中之重。高校要充分调动各方力量、整合校内外资源，积极做好就业指导工作。学校层面成立由校党委书记、校长任组长的毕业生就业工作领导小组，学院层面成立由院党委(党总支)书记、院长任组长的学院毕业生就业工作领导小组，上下联动、统筹推进毕业生就业工作。充分发挥校、院两级"一把手"责任制，定期召开就业工作推进会，分析实时就业状况，根据形势变化采取及时、准确、有效的就业举措。就业动员会议不是"一次性"的，而是不间断的、实时的，充分动员毕业生就业，鼓励毕业生到基层去、到西部去、到祖国最需要的地方去，保证"就业工作不打烊""就业服务不断线"，营造浓厚就业氛围。就业辅导员可用线上线下结合的方式对毕业生进行就业形势分析、就业政策宣讲和就业发展指导，将教育部和学校的相关政策准确传达给每一位毕业生。

(二)完善工作机制，凝聚做好就业指导工作的合力

高校毕业生就业指导工作是一项系统而繁杂的工程，贯穿学生自入校到毕业的每一个阶段，不能简单而孤立地对待，应该采用系统的理论进行科学的规划设计。建立和完善与就业指导工作体制机制，创新思维和方法。要统筹高校各方面资源，尊重育人规律，形成完整的高校就业指导与服务体系，发挥"三全育人"的优势作用，学院领导、专业教师、学工干部、班导师分工负责、挂图作战，建立就业工作台账，确保毕业生各项就业政策落地落实。形成学校统一部署、学院组织落实、辅导员和班导师重点推进、学生协同配合的"四级联动"就业工作机制。切实提高育人能力和育人水平，充分发挥辅导员、专业教师、优秀校友、学生家长的力量，全面提供就业帮扶，通过心理疏导、岗位推送、面对面沟通、职业生涯咨询等方式，动态掌握未落实就业去向毕业生的思想动态、择业诉求和实际困难，切实提升就业能力。实行特殊群体毕业生"一对一"结对帮扶制度，实行就业状况周报制度，将院系就业工作尤其是就业率和就业质量作为目标管理指标进行年度考核。调动全员的力量，合力推进，努力稳定毕业生就业大局。

(三)强化精准指导，形成贯通人才培养全过程的链条

注重就业育人全程化。把就业教育、就业指导作为就业思政的重要内容，分年级、分阶段开展全程化就业指导课程，加强大学生生涯规划教育，分阶段帮助学生尽早认清定位，树立目标，落实行动。面向低年级，请专业人士做好职业生涯规划指导。在"一年级计划"中，按学科大类开展学科认知和学业指导会，指导学生认识自我，制定生涯规划；针对大二、大三年级学生，充分调动学业导师和班级导师力量，以午餐会或主题班会的形式开展就业出路规划指导工作，帮助同学们认清就业形势，明晰专业发展、尽快明确目

标。面向毕业生，采用毕业生专题座谈会、毕业去向专题分享会等主题活动，针对宣讲会向线上迁移的特点，在信息服务、政策咨询、面试技巧、心理调适等方面进行具体指导，帮助学生把握每个就业机会，引导毕业生确定合理预期，培养健康、积极、理性的就业心态。针对毕业生不同特点进行多形式帮扶。为毕业生建立个人档案，包括少数民族、特殊省市、西部城市生源、沿海城市需求等，按照读研、工作、出国、创业等方向为同学们建立个人档案，并定期更新，全面掌握生源信息。将大会宣讲与个别指导相结合，对学生进行一对一谈话和就业指导，帮助学生提升就业能力，开展线上线下就业能力培训，帮助毕业生提高在简历撰写、求职面试等方面的综合竞争力，努力帮助学生快就业、就好业。

（四）拓宽就业渠道，丰富就业创业的新行业新领域

主动开拓就业市场，扎实做好就业市场开拓，加大就业对口信息搜集整理力度，建立"就业工作群"，主动收集、发布就业信息。认真落实教育部及教育厅有关基层就业项目文件精神，积极组织动员毕业生参加"选调生""三支一扶计划""特岗计划""资教行动计划""西部计划""大学生村官"及公务员选拔，动员毕业生应征入伍。面向毕业生就业意向做好定向推荐。（1）个性化匹配资源，个人自荐。学院根据前期了解的就业困难学生的实际难处，有意识地帮学生匹配现有就业资源，特别是校友企业，安排就业困难学生对口联系相关校友，建立好的联系和印象，加强学生自我推荐能力。（2）学院重点推荐。负责就业的辅导员老师与招聘单位领导和人力资源部门加强工作联系，增进情感交流，进行重点推荐。（3）院领导个别推荐。对于有特别困难的学生，通过就业专题会建立一对一帮扶计划。（4）要发挥学科优势带动就业创业，积极和专业学院联动，利用学科影响力组织行业类专场招聘会和宣讲会，开拓和稳固行业重点单位的就业渠道，并在未来进一步做好引导毕业生克服择业功利化和择业目标短期化的倾向，鼓励毕业生诚信签约，到西部、基层、军队等地方去建功立业，应该响应国家号召，服务国家战略需求。

参考文献

[1]段耀婷.高校辅导员就业指导能力满意度调查研究[J].教师，2022（4）：87-89.

[2]李军，刘海昊.辅导员应对大学生"慢就业"现象举措研究[J].北京教育（德育），2021（6）：79-82.

[3]李旭.全面落实立德树人根本任务，办公平而有质量的教育[J].天津教育，2019（7）：8.

[4]樊宇真.新时期高校辅导员就业指导工作路径探析[J].陕西教育（高教），2022（5）：

66-67.

[5] 赵伟烨，宋洁，杨青青. 对新时代高校辅导员的认知[J]. 中国多媒体与网络教学学报（上旬刊），2019(4)：121-122.

[6] 周红梅，王云梅. 与时俱进推进新媒体环境下高校政治理论课创新[J]. 黑河学刊，2013(2)：153-155.

[7] 李婵. 谈高校辅导员就业指导工作存在的问题与策略[J]. 传播力研究，2020，4(17)：144-145.

[8] 胡瑞安. 大学生就业形势及辅导员就业指导策略[J]. 衡水学院学报，2019(2)：110-114.

[9] 高健，刘海洋，魏佳佳. 高校辅导员就业指导工作存在的问题与对策研究[J]. 教育教学论坛，2019(1)：34-35.

高校精准化就业指导体系构建分析

蒋艺润*

（武汉大学遥感信息工程学院）

摘要 就业是最基本的民生，做好精准化就业指导工作是高校育人工作的重中之重。当前就业形势复杂严峻，大学生就业面临着选择难题、观念难题和能力难题。因此高校要针对大学生就业的三个实际难题，进行精准化就业指导，把握好指导方向，明确育人宗旨、引导就业观念、提升就业能力，同时做好"三全育人"协同指导，做好全员齐心、全程贯通、全面发力，强化队伍、建立体系、整合资源。在精准化就业指导体系构建中，做好全流程培养，搭建多层面队伍，实行个性化指导。

关键词 高校；精准化就业指导体系；就业工作；就业教育

国家发展进入社会主义现代化国家建设开局起步的关键时期，人才是基础性、战略性支撑，是第一资源，高校在人才培养方面起着重要的作用。党的二十大报告指出要实施就业优先战略，落实好就业这一最基本的民生，使人人都有通过勤奋劳动实现自身发展的机会[1]。近年来，就业形势严峻，2022届高校毕业生规模已突破历史新高[2]。高校如何做好就业困难时期的就业指导，是当前的关键问题。高校要围绕着国家发展建设、社会人才需要和学生成长成才等多个层面，建立精准化就业指导体系，方可破题[3]。

一、当前高校毕业生面临的就业难题

近年来，受多重因素的影响，大学生就业形势严峻，复杂的环境对学生就业提出了更高的要求。当前大学生在就业方面存在着自我认知不准确、社会认知不全面、就业观念不健全、就业能力不充足等问题，"慢就业"的现象也层出不穷。如何对大学生就业所面临的

---

* 作者简介：蒋艺润，硕士研究生，武汉大学遥感信息工程学院，助教，研究方向：高校党的建设、高校就业指导服务。

选择难题、观念难题和能力难题进行卓有成效的提升是高校就业指导工作的重点。

(一)选择难题:提升学历与及时就业选择困难的矛盾

随着国家对人才需要的要求逐步提高、高等教育的逐步完善与发展,学历贬值的现象越加凸显。促成学历贬值现象主要有以下三点原因:一是国家对人才的需求在提高,需要更多高层次、研究型人才进行科研创新;二是各行业在高校招聘时片面追求高学历学生,更倾向于在高层次大学中招聘高学历学生,存在着重学历、轻实力的现象;三是学生和家长对高学历的光环有所仰慕,希望通过考研提升学历层次,满足自身的成就感。

多重因素导致学历贬值的现象发生,因此存在着不想就业的本科生扎堆考研、想就业的本科生就业困难的难题。在这样的就业环境下,本科生通常存在两方面的顾虑。一方面,越来越多学生希望通过考取研究生学历来获得更高水平的工作,或以考研为契机拖延就业。在高校中,大学生对于保研、考研的重视程度远高于就业,尤其是毕业年级学生,大多数选择考研,为集中精力备战考试,多数学生不会为就业做准备。在考研失败后,仍有许多学生选择"二战";另一方面,本科学历在就业市场的含金量下滑,本科生就业越发困难。行业用工以研究生为先,本科生与研究生一同竞争,需要更强的个人条件和能力,能力突出的本科生依旧在学历面前失去了竞争优势。这样的现象形成了恶性循环,使更多学生面临着选择的难题。

(二)观念难题:就业行情与学生期望不一致的矛盾

就业观念决定着学生的就业选择。然而,当前学生们普遍存在就业观念不当的问题,如何引导学生树立正确的就业观则成为一大难题。观念不当会导致学生面临就业时发现行情与自身期望不一致,从而严重影响学生的就业。观念不当体现在多个方面[4]。

1. 规划意识不足

一方面是学生未能意识到规划的重要性,认为就业是大四的事情,浪费了大一至大三的宝贵时间,在面临就业时才发现各方面准备均不充足,仓促进入就业竞争中,实力足够的行业不一定满意,非常向往的行业又不具备相关工作经历;另一方面是考虑因素短浅,就业规划缺乏长期性,在职业选择时片面看重当下薪资待遇水平,而忽略了对长期发展的规划。

2. 行业认知不准

信息渠道有限,导致学生对行业的认知与实际不符合。大学生受到互联网平台上各类信息的影响，对社会认知不全面。互联网上的信息存在着片面化和虚拟化的问题，许多不真实的信息充斥着网络世界，尤其是部分行业的过高薪资让学生的择业观发生变化，使学生认为月入过万、年入百万才是正常的待遇，形成了眼高手低的心理，对于基础性工作的兴致不高[5]。

3. 就业思路局限

就业思路影响就业选择，许多大学生就业思路不够开阔，只看重某一领域，没有尝试其他行业的意识和魄力，拘泥于某一个行业、某一个岗位，在就业选择中可选余地较少，机会也随之减少。

4. 脱离自身情况

一方面体现在就业选择的从众心理，盲目跟风"随大流"，没有从自身对工作的实际需求角度出发，选择符合自身情况的职业。另一方面体现在就业选择忽略了个人的优势和特长，在不擅长、无经验的行业竞争，没有发挥个人的最大价值。

（三）能力难题：行业需求与社会能力不匹配的矛盾

世界进入信息服务时代，科技的发展速度飞快，各行各业发展迅猛。社会需要的已经不仅仅是具有某一方面能力的人，而是宽领域的全面型、通用型人才。社会用工需求提高，而多数学生的社会能力不具备，这就导致了企业难以招到满意的员工，求职学生难以找到理想的工作。另一方面，企业为了招聘到最优秀、最满意的人，简历、笔试、面试层层选拔，考核方式越发丰富，难度不断提高，许多学生专业能力过硬，但应聘技巧有限，在就业选拔方面无法展现自身的实力。

当代大学生出生在"Z 时代"，呈现着许多新的特点。在就业意识方面不够积极，大学生活较为"宅"，网络上活跃、现实中"社恐"。学生们的社会化技能不足，没能得到全方位的锻炼，在面临就业时显现出许多短板。在就业考核面试中，简历、笔试、面试的能力不足，演讲能力、表达能力不足，很难在考核中脱颖而出，导致优秀的人手拿很多 offer，而其他人"颗粒无收"的情况。自身能力无法与社会需求相匹配，是当前毕业生面临的一大问题。

二、高校精准化就业指导体系的核心要义

高校要聚集大学生就业面临的主要问题，从主要矛盾入手，进行针对性指导。把准方

向是第一要义，要明确育人宗旨，引导学生的就业观，提升就业能力。"三全育人"协同指导是重中之重，高校要做好全员齐心、全程贯通、全面发力，强化队伍、建立体系、整合资源。

（一）把准方向是第一要义

把准方向，首先要明确育人宗旨，坚持为党育人、为国育才，培育学生建功立业的勇气担当，紧跟国家和社会对人才的需要，培养学生适应现代化建设的能力和素养；其次要引导学生树立正确的就业观，建立规划意识，端正就业观念，拓展就业思路；最后是提升学生各方面就业能力，注重培养学生综合素养提升、锻炼就业选拔能力、拓宽信息渠道。

1. 明确育人宗旨

人才是第一资源，培育党和国家发展建设需要的人才是高校的重要任务。习近平总书记在全国教育大会上提出"九个坚持"，明确指出教育工作要在党的坚强领导下，培养德智体美劳全面发展的社会主义建设者和接班人。高校要明确育人宗旨，坚持为党育人、为国育才，培养社会主义现代化建设所需要的优秀人才。在就业指导方面既要加强理想信念教育，也要紧密围绕党和国家对人才的需要。一方面要加强思想引领，引导学生树立远大理想，厚植爱国情怀，培养学生建功立业的思想觉悟，坚定为国家发展建设贡献力量的决心和信心，引导学生主动作为，勇于担当，丰富学识，增强本领，积极投身到党和国家需要的地方和行业。另一方面，要紧跟社会发展需求，培养社会所需要的人才，在专业设置、人才培养方案方面，及时调整，淘汰落后的培养模式，培养学生适应现代化建设的能力和素养，使学生在校园所学知识能够为社会所用，有用武之地。

2. 引导学生观念

思想是行动的先导，高校在就业指导方面要加强观念引导，提前开展职业规划，端正就业观念，拓宽就业思路[6]。一是要建立规划意识。就业规划、职业规划、人生规划是一条长线，应提前规划、尽早准备，高校要帮助学生明确大学各个阶段的任务和重点，循序渐进地做好就业准备。利用好多种渠道，在新生入学教育、年级大会、班会和一对一谈心谈话过程中，提醒学生及时思考职业发展问题；利用好各类职业性格测试、职业心理测试、职业价值观测试等方法，帮助学生了解自身职业兴趣和倾向；利用多类人群，从学生身边的专任老师、班级导帅、辅导员、家长入手，帮助学生做好大学各个阶段的针对性规划；二是要端正就业观念。当前毕业生有更高的就业压力，既源于就业环境的复杂性，也源于学生就业观念和就业心理。就业是人谋求生存和发展的关键途径，既是通过工作获取生存的资源，确保物质条件的满足，更是获取社会价值、进而实现个人价值的方式。

高校要帮助学生明确就业目标，端正学生就业观念。(1)引导学生降低就业期望值，进行职业选择时不仅要看薪资待遇，更要看重工作的社会价值、发展前景，以及个人在工作中的成长。要看到工作的发展性，而不局限于眼前短暂的待遇，学会从基础性工作做起，在提升个人能力的基础上获取职业的晋升。(2)引导学生平衡就业心理，不与其他行业、其他地区、其他求职者做对比，认识到不同行业和地区在薪资待遇水平上的差距，在自己选择的行业和地区，发挥自身的社会价值。(3)要拓宽就业思路。许多学生在进行就业选择时拘泥于某一个领域、某一个地区或某一个岗位，为了得到一碗水而忽略了整片海洋。高校要引导学生拓宽就业思路，多尝试不同的领域，多渠道就业。部分学生在专业行业内没有竞争力，但有其他特长和优势，可以考虑到其他行业；部分学生盲目从众，没有明确的就业倾向，在找工作时"随大流"，跟着大部队走。这类学生应认清自身的工作需要和工作能力，多尝试并找到真正适合自己的工作。就业的领域非常之多，但学生们出于多种原因，往往只看到了少部分的行业和岗位，尤其是近些年来随着高校不断扩招、疫情的常态化趋势，毕业生就业选择受到很大影响，许多学生紧盯考研、考公、考编等领域，造成了"考研热""考公热"情况，加剧了"慢就业""不就业"现象[7]。在此，高校应加强宽领域的就业指导，引导学生向其他行业拓展。

3. 提升就业能力

就业市场的竞争非常残酷，对求职者的各方面素养要求极高，就业能力培养是高校就业指导工作的关键。第一是综合素养的培养。就业能力的培养要贯穿大学四年的培养过程，充分利用好各种渠道、各种资源，加强对学生各方面能力的培养，在人际沟通、应急处理、组织协调、实践调研、气质谈吐等多方面提供锻炼的平台，提高学生的综合素养；第二是选拔能力的锻炼。许多学生在做某一项具体工作时具有很高的专业能力，但在应对就业选拔的层层考核时感到力不从心，无法体现出个人的专业素养和工作能力。就业选拔能力的培养至关重要，能够帮助学生提高个人竞争力，最大限度地展现学生的实际能力。对简历的修改，笔试、面试的应对技巧，面试礼仪等各种就业选拔技能进行锻炼[8]；第三是信息渠道的拓展。信息来源十分重要，许多学生受到信息茧房的影响，掌握的信息不够全面准确，要帮助学生提高信息获取能力，拓展信息渠道。利用好大数据平台、新媒体阵地，提供更加全面的就业信息，让学生了解到就业行情、社会对人才的需求，建立更加全面、客观、准确的认知[9]。

(二)"三全育人"协同指导是重中之重

"三全育人"协同指导，要做到全员齐心、全程贯通、全面发力，高校要强化就业指导队伍，发挥好人的关键作用，齐心协力指导学生就业；建立长期性、系统性就业指导体系，贯穿大学生活的各个阶段；整合就业指导资源，利用好多种渠道，全面发力。

1. 全员齐心

高校育人工作是一盘大棋，做好就业指导工作，就要全员协同参与，齐心协力下好一盘棋。在全校层面协调好各类资源，在全院范围内充分利用好学院专职教师、辅导员、班级导师的力量，搭建好家校联络平台，发挥好家长的作用。专任教师在专业学习和专业领域的就业发展方面做好引导，帮助学生建立好专业就业的思想认识。班级导师利用好寒暑假组织学生到行业相关企事业单位进行参观实践，通过班会、谈话的方式端正学生观念。辅导员是学生大学生活中最紧密的人，帮助学生规划职业发展也是辅导员工作的职责所在，辅导员可以在学生就业指导教育中发挥更大的价值，搭建起环绕式的就业队伍，组织优秀的往届毕业生分享就业求职经验，分析学院近年来就业数据和实际情况，在学生中组建就业工作队伍，为学生就业指导提供各方面的服务。家长对于学生的就业选择有很大的影响，做好家长的工作至关重要，在就业指导过程中，可以通过家长课堂、辅导员与家长定向联络等方式，对家长进行指导，与家长保持沟通，全面做好学生的就业指导[10]。

2. 全程贯通

就业指导工作是一条长线，毕业生的就业工作是其中一端，自新生入学起，就业指导工作就应起步。高校应建立起自大一至大四的全过程就业指导体系，根据各个年级的学习任务，把握学生成长成才的规律，规划好每个阶段的就业指导重点，循序渐进，让学生做足准备。大一阶段帮助学生建立规划意识，丰富大学生活，注重个人能力的培养。大二阶段为学生提供机会和平台，在实践中增强认识，端正观念，逐步明确就业的方向。大三阶段丰富工作经历，到实际的工作中接受历练，提高应对实际工作的能力。大四阶段聚焦于提升选拔能力，在就业的选拔中提高竞争力，更大程度上展现个人的真实实力。

3. 全面发力

就业指导工作要全面入手，在全过程指导的长线下，整合全校的资源，从各个层面着手，全面发力。利用好课程教育，既要有专业应用性教育，提高学生的专业知识储备和专业能力，使所学能够为社会所用，同时也要建立起就业指导规划课堂，帮助学生系统了解职业生涯规划，作出更加科学、准确的规划；利用好第二课堂，组织校园活动，为学生提供更大的舞台，提高综合能力和素养，开阔眼界，增强见识，利用学生组织中的就业实践类部门开展就业能力竞赛，全面锻炼学生就业选拔能力，开展优秀学长学姐就业分享和交流类活动，提供交流渠道；利用好创新创业基地，举办学术科技和创业计划等竞赛，开展"三创"成果展示交流会，组织优秀创业典型返校开展讲座，搭建创业孵化平台，全面激发学生创新、创造、创业的激情和活力，培养学生的创新意识和创造能力；利用好新媒体阵地，正面宣传引导学生为国家建功立业，宣传就业正面典型，端正就业观念，激发创新创业活力；利用好大数据平台，做好就业信息的传递，帮助企业和学生搭建一个信息互通的渠道。

三、高校精准化就业指导体系的构建

高校应建立精准化的就业指导体系，做好全流程培养，从新生入学教育起步，做好大学四年的就业指导体系，从而实现大学生职业生涯规划的系统性和长期性；搭建多层面的就业指导队伍，发挥好专业职业生涯规划师、专任教师、辅导员、班级导师的作用，构建起环绕式指导队伍；实行个性化指导，实行"一人一策"，尤其对重点关注对象加强引导和帮助。

（一）就业指导工作要贯穿全流程

就业指导工作的精准化首先体现在时间流程的精确化。就业指导工作是一项系统性、长期性工程，要从新生入学教育起步，贯穿整个大学生活，做好全流程培养。

大一阶段要建立规划意识。大一新生刚刚进入大学校门，还保留着高中时代的思维，对大学还处于适应和探索的阶段，要抓住关键时期，培养学生的就业规划意识，让学生认识到全面发展的重要性、职业生涯规划的重要性，注重个人能力的培养，打破思维的局限，在认真学习的基础上多参与各类活动。

大二阶段要增强社会实践。大二学生在学习部分专业课程后，对本专业的学科特点、实际应用和就业方向有了一定的了解，这个时期要通过多种渠道为学生提供社会实践的机会，让学生在实际工作中提升个人的工作能力，丰富和完善经验，更重要的是及时认识到社会对人才的需要、薪资待遇水平、工作内容和工作性质，及时了解个人的就业需求。多尝试其他行业，拓宽就业的选择，提前为目标就业方向做相应准备。

大三阶段要丰富工作经历。大三是丰富个人工作经历、完善简历和提高工作竞争力的关键时期，要让学生逐步明确就业方向，提早进行相应行业的就业准备，为学生提供就业实习机会，组织学生参观各类行业的工作场景，帮助学生积累工作经验，完善简历，提高个人的就业竞争力。

大四阶段要提升选拔能力。大四是就业的关键一年，毕业生要进入就业竞争的战场中，在这一时期要注重对学生就业选拔能力的培养，既要根据不同行业的选拔要求提供针对性指导，开展针对公务员考试、国企招聘、互联网企业招聘等各行业笔试和面试的培训，也要根据选拔方式提供专业性培训，指导学生制作和修改简历，组织学生开展无领导小组讨论、半结构化面试、结构化面试的训练，为学生提供对应的指导，帮助提高其竞争力。

（二）就业指导队伍要涉及多层面

1. 就业指导工作的精准化还体现在就业指导队伍的多层面

就业指导队伍是做好就业指导工作的主要抓手，搭建队伍要涉及多个层面，形成完善的体系。在全员协同育人的前提下，组建一支结构完善的就业指导队伍非常必要。

2. 专业的就业指导咨询师提供科学化指导

高校职业生涯规划师可以从更加专业的层面为学生提供科学化指导。通过职业规划量表、人格分析等多种方式帮助学生了解自我；举行就业指导讲座，普及职业生涯规划的知识；开通一对一就业咨询，为遇到就业困惑的学生进行面对面的指导。

3. 提升辅导员队伍的就业指导能力

辅导员作为高校思想政治教育工作的组织者和管理者，与学生接触最多、对学生了解最多，因此发挥好辅导员的指导作用，提高辅导员的就业指导专业性十分重要。高校应组织辅导员学习就业指导规划课程，培养辅导员的指导能力，组建起辅导员指导队伍，针对不同年级的学生提供更适合的就业指导。同时，辅导员更了解各个学院的就业工作，整合并分析学院历年来学生就业去向，追踪就业学生的发展情况，为学生提供更清晰的行业需求和发展信息。

4. 专业教师参与就业指导工作

学生的就业离不开各个专业，专业教师对于本学科的实际应用和行业发展具有更全面的认识，发挥好学院专业教师的指导作用必不可少。学院开设专业导论、学科应用类课程，由专任教师讲解学科实际应用情况和就业去向，带领学生走访学科相关行业基地，多方面拓宽学生对本学科发展的了解渠道，可以更大程度上激发专业学习的兴趣、提高应对实际工作的能力。

(三)就业指导方式要注重个性化

就业指导工作的精准化体现在面向对象时注重个性化。就业指导工作要面向广大学生,更要精准到每一个人,既要注重人才培养的个性化,让每一个学生都找到理想的工作,也要注重对特殊学生的关注,保障每个学生不掉队。

一方面是注重人才培养的个性化。高校教育不是流水线作业,不能用某几种模子塑造某几类人,在就业指导工作中,要注重对学生的个性化培养,帮助学生认知自我,准确认识个人的优势、兴趣爱好、就业需要,有的放矢地做好引导,真正让学生在日后的工作岗位上有动力、有激情、能奋斗。做到"一人一策",通过谈心谈话、家长沟通等方式,与学生进行深入交流,了解学生的就业需求。

另一方面是注重对特殊学生的重点关注。要重点关注家庭经济困难学生、单亲家庭学生、父母有一方或双方残疾的学生、学业困难学生、心理问题学生、身患残疾学生等,既要关注其实际生活困难,也要帮助他们建立更好的就业观,针对学生的特殊情况,提供更关怀、更细致、更有效的就业指导。

教育是一个民族兴旺发达的基础和源泉,高校应坚持立德树人根本,在人才培养上下功夫,紧密围绕党和国家建设发展的需要、社会进步的需要,为国家培养社会主义现代化建设所需要的全面型、创新型人才,着力增强学生建功新时代的理想信念,培养学生堪当时代重任的综合素养[4]。在就业指导教育方面,要把握好育人方向,做好协同育人,建立精准化就业指导体系,为学生提供全流程、个性化、科学化的专业指导,助力学生造梦、逐梦、圆梦。

参考文献

[1]习近平.高举中国特色社会主义伟大旗帜为全面建设社会主义现代化国家而团结奋斗——习近平同志代表第十九届中央委员会向大会作的报告摘登[N].人民日报,2022-10-17.

[2]教育部.2022届高校毕业生预计1076万人规模和增量均创历史新高[EB/OL].[2021-12-28].http://www.moe.gov.cn/fbh/live/2021/53931/mtbd/202112/t20211228_590924.html.

[3]教育部.教育部办公厅关于开展全国普通高校毕业生精准就业服务工作的通知[EB/OL].[2016-03-18].http://www.moe.gov.cn/srcsite/A15/s3265/201604/t20160401_236231.html.

[4]教育部.加快教育高质量发展 2022 年全国教育工作会议召开[EB/OL].[2022-01-17].
　　http://www.moe.gov.cn/jyb_xwfb/gzdt_gzdt/moe_1485/202201/t20220117_594937.html.

[5]董世洪,胡顺顺,李明岳.当代大学生的就业观及其教育引导——以浙江大学为例
　　[J].浙江社会科学,2022(10):149-154,160.

[6]袁璨.后疫情时代高校就业指导的困境与对策探析[J].中国大学生就业,2022(15):
　　37-42.

[7]时筱淞.刍议高校毕业生"慢就业"现象、成因与对策[J].中国大学生就业,2019
　　(19):46-50.

[8]黄洁.高校精准化就业指导服务工作的内涵、价值及路径[J].教育与职业,2022
　　(13):108-111.

[9]肖友平,于嘉豪.新媒体视角下高校就业信息化现状、价值与路径研究[J].中国大学
　　生就业,2022(14):33-38.

[10]左文敬.新时代高校"观念驱动型"就业指导模式研究[J].中国大学生就业,2022
　　(20):28-37.

新形势下高校就业工作路径探索

李　照*

（武汉大学测绘学院）

摘要　高校就业工作的稳定对国民经济稳步增长和民生基础保障具有至关重要的作用。然而，近三年受到新冠病毒疫情和国民经济下行压力的双重影响，高校人才培养供需结构的矛盾日益凸显，就业市场的供需关系也发生了结构性变化，高校毕业生求职所面临的困难也显著增加，形成了毕业生求职难、用人单位招聘难的两难局面，高校就业工作也面临着新的压力。新形势下，本研究聚焦提升高校就业工作效能，探索建立健全就业工作机制、拓展思想政治教育工作途径、全方位提升大学生就业能力、全过程强化就业服务保障等方面的工作举措，旨在进一步提升高校就业满意度。

关键词　就业形势；高校就业工作；大学生就业指导

2020 年初至今，新型冠状病毒导致的疫情在全球范围流行，反复冲击着各个国家的政治经济发展和社会民生保障。全国人民在党的领导下，坚持人民至上、生命至上的原则，采取了一系列有效防控措施，最大限度保护了人民生命安全和身体健康。在近三年的疫情常态化防控期间，社会生活各方面均发生了一些变化，而在当前疫情防控政策调整后，这些变化产生的次生影响依旧存在。对于近三年的高校毕业生而言，最为直观的变化就是就业市场和就业形势的变化，这对高校开展毕业生就业创业工作也提出了新的挑战。

一、新形势下应届毕业生就业创业的现状及特点

（一）就业形势更严峻

2020 年初，突如其来的疫情对我国经济造成了严重冲击，虽然我国积极采取科学有效

---

* 作者简介：李照，研究生学历，硕士，武汉大学测绘学院本科生辅导员。

的疫情防控措施，疫情防控阻击战也取得了阶段性的胜利，但是疫情呈现多点散发的态势，防控的难度和不确定性对民生保障造成了严重的影响。国家相应地就高校毕业生就业工作做出了一系列"稳就业""保就业"的决策和部署，先后印发了《关于应对新冠肺炎疫情影响强化稳就业举措的实施意见》《关于应对新冠肺炎疫情做好 2020 届全国普通高等学校毕业生就业创业工作的通知》《关于做好 2021 届全国普通高校毕业生就业创业工作的通知》，充分说明了当前形势下高校毕业生就业形势复杂严峻，就业工作任务艰巨，相关就业促进工作的部署也是为了能够降低新冠疫情对毕业生求职就业的影响[1]。

然而，受新冠疫情的影响，我国经济下行压力加剧，各大企业运营压力加剧，企业用工成本提升，特别是作为我国经济重要支柱、吸纳就业人员较多的第三产业受到的影响尤为显著，大型企业有裁员计划，中小型企业的招聘计划也在紧缩，疫情对于企业发展的种种冲击直接影响到毕业生的就业环境，致使应届毕业生丧失了诸多就业机会。同时，近年高校研究生扩招，在一定程度上缓解了高校毕业生的就业压力，但是高学历层次毕业生的数量增加，用人单位招聘门槛也会相应提升，对应聘者的能力要求也会越来越高，这势必会在一定程度上压缩低学历层次毕业生的就业空间，增大低学历层次毕业生的就业竞争压力[2]。

新冠疫情对于就业环境的次生影响并没有随着管控政策的调整而直接消退，各企业的运营压力仍不轻松，用人单位招聘的标准和指标并没有出现明显利好毕业生的情况，毕业生们的求职压力随疫情防控政策调整和就业环境转变并未得到明显的缓解。

(二) 求职形式发生变化

出于常态化疫情防控的需要，高校由于人员过于密集，对于校园管理普遍会较为严格，会采取限制校内学生随意进出校、严格审批校外人员进校等措施。出于安全管控的要求，近三年，在校园内举行的线下招聘双选会、企业宣讲会等招聘活动数量大幅度减少，学生们外出参加校外线下招聘活动和求职面试的机会也越来越少，以往的招聘活动和求职面试形式相应地也发生了变化，招聘阵地由"线下"转战"云端"，越来越多的企业选择将其宣讲活动和招聘面试转为线上模式。招聘求职的过程本就是毕业生和招聘单位之间反复交流沟通，加深彼此了解，相互选择的过程，线上的招聘活动往往会简化面试流程，直观体现就是时间较短、交流有限，看似节省了时间和物力成本，但是导致求职者没有足够的机会和招聘人员进行充分的交流，用人单位对于应聘者的了解有限，难以建立清晰准确的认知，在一定程度上加大了用人单位的招聘难度，降低了毕业生的求职成功率。

当前疫情防控政策调整后，虽然部分企业恢复了线下的招聘形式，但是疫情的反复还是给毕业生求职增添了较多的不确定性，身体状态不佳或较大的感染风险也使得毕业生在面对许多就业机会时无法像疫情前那样从容地进行选择。

(三) 就业观念存在偏差

由于生涯规划教育缺失等原因，部分大学生存在自我认识不清晰、定位不明确，对自己职业能力缺乏全面客观的分析认识和长远的职业思考，未能树立正确的就业观念、没有明确的职业发展目标。外加近年来大学生家庭经济情况好转，生活水平提高，大部分毕业生普遍不具有较强的来自家庭的就业压力，这就造成了当前部分毕业生在毕业后相当一段时间内不会主动选择去找工作落实就业单位，而是在观望和考虑，希望通过实习、游学或其他方式来尝试不同的生活方式，明确人生目标。同时，新冠疫情导致我国经济增长放缓，一些热门行业也都遭遇了不小的冲击甚至是危机，就业市场短期内出现了劳动力需求减弱的情况，这种就业市场的供需变化和行业发展的现状都使得毕业生不得不重新考虑自己的职业选择和生涯规划，在一定程度上也造成了当前部分毕业生就业不积极，选择"慢就业""缓就业"，甚至是"不就业"的情况。

受到新冠疫情影响，诸多企业采取了降薪、裁员、缩招等方式来降低企业用工成本、缓解企业运行压力。面对不确定性越发显著的行业发展态势，选择直接就业的毕业生特别是低学历层次的毕业生越来越少。而在求职的毕业生中，越来越多的毕业生对于稳定工作的意向更加强烈，毕业生们"扎堆"式地进行职业选择，导致教师、选调生、公务员等方向求职的热度越来越高，竞争压力也越来越大，也有部分低学历层次的毕业生通过选择升学来逃避就业，但是招聘计划和招生指标毕竟是有限的，于是部分的毕业生会通过选择多次报考来提升自己的上岸率。即使是在当前疫情防控政策有所调整的情况下，毕业生们的就业意向和求职观念仍没有较大的转变，追求所谓的"稳定"依旧是大多数学生的主流选择。

在择业认识上，部分毕业生有着较高标准的心理预期，把初次择业看得过重，盲目跟风地选择大城市、大企业或事业单位，对中小型、初创型企业了解不多、认识片面，不愿到合资企业或私企工作，更不愿选择基层或其他边远地区就业，缺乏艰苦创业的奉献精神。

二、新形势下高校就业工作存在的问题

(一) 新冠疫情对毕业生培养质量有所影响

近三年，新冠疫情对高校教育及人才培养造成了不小的冲击。疫情呈现多点散发的态势，而高校内的人员过于密集，疫情防控的压力较大，出于疫情防控的需要，高校的教学

安排需要结合疫情的形势适时做出调整和改变，有时候会采取推迟开学、线上教学、线上考试等措施来应对突发疫情对高校教学的影响，虽然基本的教学环节能够得以正常的开展，但是据任课老师及课堂学生们的反馈，线上教学的效果远不及线下教学。同时，对于一些无法向线上转移的实习、实训、实践、实验等教学环节以及校外的实习活动只能够推迟、减少教学任务甚至是取消。以上情况对于当前部分大学生的专业能力培养造成了一定的影响，使得他们在毕业时的专业能力不够突出、核心竞争力不够，有的甚至会出现毕业困难的情况。

在疫情常态化防控形势下，大学生们与社会及外界接触的机会有所减少，部分大学生在学习的过程中仅仅重视课程理论的学习，忽视了自我基本素养和非专业技能的提升，缺乏实践动手能力，在成长过程中更是呈现出个性过分突出、为人过于自我、缺乏宽容理解、合作精神不强等特点，这与目前许多用人单位在招聘过程中不仅考察应聘者专业能力外，还十分看重应聘者的职业热情、人际交往与沟通能力、学习迁移能力、工作态度等"软实力"的要求不匹配，导致其就业竞争力不强。同时，较长时间的封控管理使得当前的大学生们心理压力过大，更容易产生焦虑、抑郁等负面情绪，应对求职失败等挫折的心理调适能力不强，这个影响是深远的，并没有随着疫情防控的调整而直接消亡。

（二）高校就业指导工作师资力量有待加强

当前大多数高校的就业指导工作团队力量薄弱。大多数高校的学生就业指导工作主要由校级就业指导中心和院级学生工作团队来组织开展，其主要的工作职责在于就业信息的发布、用人单位的联络与接待、毕业生求职过程的跟踪与保障、大学生职业生涯规划教育等。不论是校级就业中心的专职工作人员们还是院级学生工作团队中的书记和辅导员们，较为庞杂的事务性工作占据了其较多的工作精力和工作时间，使得他们在大学生生涯规划教育和就业指导方面的投入较为有限，且在日常开展有关工作的过程中，也是更加侧重于就业政策的宣讲和就业形势的分析，面对数量庞大的学生群体及差异化较大的不同需求，他们更多地只能被动地接受学生们的有关咨询，很难通过主动作为将个性化的就业咨询和就业指导覆盖到大多数的学生[3]。并且，当前大多数高校的就业指导教师团队的师资力量均主要来源于就业指导中心老师、各院系负责学生工作的书记、辅导员等，以上教师团队大多数可能并不具备相应的专业背景，且其大多数均为毕业后直接入职高校，没有社会职场经历，在理论和实践上的专业素养都有待提升。

当前大多数高校的就业指导教育缺乏实践性和创新性。大多数高校的生涯规划教育和就业指导活动均以传统的课堂讲授、主题讲座为主，辅以视频教学、案例分析等形式，该教学模式均以任课老师为教学主导，学生们的参与感不够，很难激发出他们的学习兴趣，帮助他们解决实际的困难。同时，高校的就业指导教育也缺乏优质的社会资源的支持，对于就业市场的调研只能通过已就业毕业生的问卷调研等形式，与政府企业、人才市场、行业龙头企业等单位的长期互动交流不够，难以精确把握就业指导教育的时效性和有效性，对于优质的校外职业生涯规划讲师、人力资源讲师以及优秀校友等的教学资源的引入也不够。

(三) 毕业生就业工作信息化建设不够完善

当前，部分高校的大学生就业指导工作信息化建设仅仅聚焦于就业招聘信息网的维护、招聘活动信息的发布、毕业生就业毕业流程的操作系统维护(包含毕业生去向的登记、三方协议及就业合同的签订、就业数据统计等事务性工作)，大多数都停留在事务性工作的处理上，缺乏面向学生个性化职业发展规划需求的就业指导工作信息化建设的创新性和针对性[4]。

大部分高校招聘信息发布的渠道较单一。目前大多数高校对于就业信息的发布，普遍采用招聘信息网站和微信公众号等渠道，发布的信息数量较大，且基本为招聘单位自行发布，对于毕业生们来说，自行挖掘对他们本人有效的招聘信息的成本和难度较大，大部分高校对于招聘信息的汇总和分类做得不够好，未能通过新媒体等载体将优质的招聘信息及时有效地传递给毕业生[5]。

大部分高校未能建立完整的信息化体系和系统，充分发挥信息化技术在学生培养过程中的指导作用。各高校掌握了大量学生成长发展的过程信息，但是对于上述数据的价值未能通过大数据分析等技术手段进行充分的挖掘和使用；同时，各高校还拥有庞大的校友群体，但是缺乏完善的跟踪调查工作体系来反馈毕业生们的最新动态、挖掘分析毕业生就业质量等有用信息，使得高校在开展大学生生涯规划教育、毕业生的就业求职指导的过程中缺乏最切实有效的信息数据来支持教育引导工作。

三、新形势下高校本科就业工作路径的思考与探索

(一) 建立健全就业工作机制

1. 建立科学有效的工作机制

各高校需要认真贯彻落实就业工作"一把手工程"，形成党政领导一把手负责，分管负责领导具体抓，相关部门和院系单位组织实施，全体教职员工共同参与支持、分工协作，

全员抓就业、全力促就业的工作格局；组建以学校领导、学院领导、辅导员、班级导师、学生骨干等多位协同的就业工作小组；搭建"学校-院系-企业-家庭"四位一体的沟通体系，全员、全过程、全方位地为毕业生提供完善、和谐的就业支撑环境和保障。同时，建立合理有效的就业工作考评机制，注重工作实效考察，避免片面化的评价机制引发的工作侧重偏差。

2. 提升工作队伍的服务水平

开展职业生涯规划和就业指导活动需要较强的理论涵养和实践经验，而目前许多高校的一线就业指导工作人员较年轻，且专业背景与就业工作匹配度不高，就业工作相关经验并不多，所以提升高校就业指导工作队伍的专业化水平和工作能力十分迫切。一方面，可以通过业务技能培训、新兴技术赋能提升高校就业指导工作队伍自身的专业化、职业化水平和工作实操能力；另一方面，高校可以通过吸纳优秀的校友、校外知名的职业规划师、人力资源讲师、各优质企业的人力资源业务领导或招聘负责人等作为兼职教师，来扩充自身的就业指导教育工作师资力量，提升就业指导教育效能。

(二)拓展思想政治教育工作途径

1. 强化思想引领教育，引导学生树立正确的就业观念

解决毕业生"慢就业"的问题，最主要的就是摆正毕业生们就业观念的偏差，引导毕业生端正态度，摒弃"等、靠、要"的思想。通过针对职业生涯规划、职业方向导航、招聘信息服务、就业政策咨询、求职面试技巧、心理调适等方面进行具体指导，通过以主题讲座、团体辅导、个体咨询等方式进行分类指导，激发大学生对自我的反复探索、认真思考和精确评估，促使大学生爱专业、思学业、善择业、敢创业，引导大学生正确认识自我、提升就业意愿、摆正求职心态，不断坚定就业信心，积极转变就业观念，合理调整就业预期。

2. 强化理想信念教育，引导学生到基层地区建功立业

充分发挥思政课程和课程思政的理想信念教育作用，通过新生第一课、形势政策课、思政类课程等，帮助大学生深刻理解自身所肩负的国家富强、民族复兴的责任与使命，牢固树立崇高理想，克服功利化和短视化的就业目标，培养大学生艰苦创业的奉献精神和"功成不必有我、功成必定有我"的境界意识。积极做好"西部计划""三支一扶""大学生村官"以及"特岗计划"等基层服务项目和大学毕业生参军入伍工作的政策宣传，引导毕业生

将小我融入大我，自觉将个人自身前途和国家命运紧密相连，将自身发展融入国家发展大局，积极响应国家号召，服务国家战略发展需求，到国家重点地区、行业和领域就业创业。

3. 强化典型示范教育，充分发挥先进榜样的引领作用

在大学生成长发展的过程中，朋辈影响和朋辈作用是至关重要的。因此，在大学生就业指导工作中，高校应该重视不同类型先进就业典型的选树和培育，特别是基层地区、重点行业的优秀校友资源，充分挖掘他们的成长发展故事，并以大学生们喜闻乐见的形式进行广泛宣传，充分发挥先进典型的领头作用，在生涯规划、职业选择、基层服务、政策宣讲等方面分享成功经验，引导大学生们树立良好的就业观念，做出适合自己的职业选择。

(三) 全方位提升大学生就业能力

1. 规划好培养方案，将生涯规划贯穿人培养的全过程

在高校人才培养过程中，不以就业结果为导向的人才培养会导致人才培养目标与社会发展及市场需求脱节，造成就业满意度下降。因此，将就业市场人才需求、学生个性化发展需求等内容融入高校人才培养目标具有战略意义，将职业生涯规划教育和就业指导教育贯穿高校人才培养全过程也是十分必要的。首先，应当充分把握课程育人主阵地，主动将行业认知、职业探索等内容有机融合到专业课程教育的过程中，帮助大学生建立职业生涯规划意识和有效的职业发展信息。然后，把握好创新创业和实习实践对于大学生就业创业能力提升发挥的促进作用，开展好大学生创新创业活动，孵化一批好的项目，提升大学生"双创"能力，组织好大学生专业实习实训、企业见习实训、社会实践锻炼等方面的活动，丰富大学生阅历，提高大学生就业认知。

2. 设计好教学内容，创新开展就业指导课程教学改革

当前，许多高校建设的生涯规划教育和就业指导课程不成体系，教学内容更新不及时，教学形式单一，难以满足当代大学生们的个性化和发展性的需求。因此，当前高校在生涯规划、就业指导类课程设计的过程中，应该更贴合人才培养目标、行业市场需求、学生个性需求，可以通过定期开展院系师生调研座谈、企业及市场问卷调研、毕业生问卷调研等方式，提取调研过程中的有效信息，及时更新调整相关生涯规划教育和就业指导课程内容。

3. 把握好活动载体，以喜闻乐见的形式提升就业能力

除了传统的课程、讲座教育，高校在开展职业生涯规划和就业指导工作的过程中，还应注重校园内就业文化氛围的营造和烘托，以当代大学生们喜闻乐见的团学活动形式，开展大学生求职大赛、大学生职业规划大赛、实习招聘大赛、简历大赛、生涯人物访谈大赛等内容丰富的就业活动，以赛促练，提升大学生的职业规划和求职能力。通过勤工助学、社区实践、学生干部任职等方式，帮助大学生丰富求职技能和工作经验，提升大学生的就业竞争力"软实力"。

(四)全过程强化就业服务保障

1. 强化校企沟通合作，拓宽实习就业渠道

高校应当发挥学科优势，不断深化同各大企业的沟通合作，不断探索在社会生产、人才培养、科研项目、实习就业等方面的合作机会，共建"产、学、研、就"紧密结合的实习实践基地，开拓和稳固行业重点单位的就业渠道，从而带动大学生就业创业。同时，各高校也可以利用优势学科的影响力，在特定范围内组织行业类专场招聘会和宣讲会，将用人单位的招聘资源有效集中，更高效地投放给目标学生，节省学生们求职过程中收集招聘信息的成本。

2. 强化重点群体帮扶，落实就业服务保障

高校应当进一步加强对就业困难、低收入家庭、少数民族、身体残疾等重点群体的关心关爱，采用多样式帮扶手段解决重点群体的就业创业需求。针对重点群体学生，需要详细了解其各方面的实际情况，按照"一人一档""一人一策"的要求，做好工作台账和文字资料记录。通过加强谈心谈话、个体咨询，从心态上帮助重点群体学生提升就业信心，指导学生调节求职心态，明确恰当的求职目标，帮助学生提高求职主动性和积极性；通过专场培训、团体辅导，强化重点群体学生的就业能力，提升求职竞争力，积极争取就业机会；通过"党员先锋岗""党员一帮一"，动态跟踪帮扶效果，密切联系就业困难学生，时时关注学生动态，落实帮扶成效；对离校未就业学生加强就业指导和就业推荐，促进学生就业。

3. 强化信息系统建设，提升就业服务效能

高校具有丰富的学生成长发展信息和用人单位信息及招聘需求信息，在通过大数据分

析、"互联网+"等信息化技术手段，建立好这两大基础信息数据库的基础上，打造"生涯教育-能力培养-求职就业-跟踪调查"多位一体的大学生智慧就业服务智能化信息平台，在集成当前各高校主流信息化建设工作(招聘信息发布、就业流程管理等)的同时，构建根据学生个人发展智能匹配就业目标和就业指导、根据学生就业意向智能推送用人单位和招聘信息、根据学生就业质量智能反馈人才培养方向等机制的智能化就业工作服务系统，为高校的就业工作精准赋能。

参考文献

[1]许曦铿，华绪庚，林维杰.后疫情时代高校就业指导现状与精准服务路径探析[J].佳木斯职业学院学报，2022，38(12)：143-145.

[2]袁璨.后疫情时代高校就业指导的困境与对策探析[J].中国大学生就业，2022(15)：37-42.

[3]吴绚，严笑.高校就业指导教学师资队伍"一本三化"模式建设的探析[J].中国大学生就业，2022(15)：43-49.

[4]周斌.信息化视角下高校就业指导工作的优化创新[J].甘肃教育研究，2022(8)：11-13.

[5]李雨恒.新媒体视阈下大学生就业指导工作的信息化建设[J].产业与科技论坛，2022，21(14)：249-250.

[6]吴薇，梁宏亮，苏振兴.做实做细高校就业指导服务的实践方略[J].青年学报，2022(5)：94-100.

[7]张万钰.以学生为中心的高校就业指导创新工作[J].就业与保障，2022(9)：178-180.

大学生就业指导服务体系建设路径探析

赵文强*

（武汉大学遥感信息工程学院）

摘要 大学是大学生职业生涯最重要的积累期和准备期，高校就业指导服务体系在大学生全面发展中发挥的作用日益凸显。完善分阶段、全覆盖、分类别的大学生就业指导服务体系，可以确保有需要的学生都能获得有效的就业指导服务，提升就业指导的质量和实效，促进高校毕业生多渠道、多方式就业，开创高校毕业生就业工作的新局面。本文通过分析大学生就业指导服务体系的建设目标、当前存在的问题和就业指导服务体系建设的路径，为大学生就业指导服务体系的建设提出建议和参考。

关键词 就业指导；服务体系；建设

就业是最大的民生工程、民心工程、根基工程。高校毕业生是国家宝贵的人才资源，是促进就业的重要群体。近年来，随着全国高校毕业生人数不断增加，就业形势日益复杂严峻，就业压力日益增大。《国务院关于印发"十四五"就业促进规划的通知》要求，应对学生就业工作面临的新形势、新任务、新挑战，实现毕业生更加充分高质量就业，是推动高质量发展、全面建设社会主义现代化国家的内在要求，是践行以人民为中心的发展思想、扎实推进共同富裕的重要基础[1]。目前，我国高校的大学生职业生涯规划发展和就业指导服务体系还不够完善，在指导大学生就业、帮助大学生规划职业生涯、促进毕业生更好就业方面还未达到预期的效果。要实现大学生充分的合理就业，需要高校提供多样性、高质量、全覆盖、分层分类的就业指导服务。高校就业指导服务应根据当代大学生的特点、大学生职业生涯发展需要、社会经济发展需要，全面开展科学、精准、精细、有效的就业指导服务，完善就业指导课程标准、打造就业指导队伍、创新就业指导教材、建设就业指导服务信息平台，通过多种形式为大学生提供个性化分层分类的就业指导和服务，将

---

* 作者简介：赵文强，硕士研究生，武汉大学遥感信息工程学院本科生辅导员，讲师，研究方向：网络思想政治教育。

就业指导服务贯穿学校的教育教学、管理服务的各方面，贯穿学生成长的始终，引导大学生树立正确的职业观、就业观和择业观[2]。

一、大学生就业指导服务体系的建设目标

大学生就业指导服务体系的建设是提高大学生就业能力和就业质量的必由之路。为大学生提供更优质的就业指导服务，积极引导大学生学会规划自己的生活，鼓励大学生多层次、全方位地进行深入思考和实践，从性格、兴趣、职业匹配等方面帮助大学生进行自我评估和总结，能够帮助大学生加深对自我的认识，明确未来成长和发展的目标，有针对性地进行能力培养，促进自我发展，切实提高学生的就业能力[3]。通过就业指导服务对大学生进行就业引导，能够帮助大学生正确把握目前就业市场的需求形势和就业方面的制度和政策，进一步了解所学专业行业及职业的发展方向和趋势，积极转变自己的职业角色，了解和对接就业市场，认识从学校到职业的转变过程，确立自己职业生涯目标，树立正确的职业观、就业观和择业观。

高校毕业生人数逐年增多，通过就业指导服务体系的建设，可以进一步优化高校就业指导课程建设和学生的个性化分层分类指导服务，在就业指导服务中进行生涯规划、就业技巧、就业心理、职业认识、职业倾向等方面的辅导，对有需求的学生开展精细化和个性化的辅导，帮助学生了解自己的就业需求和就业目标，以便能更好地对接就业单位，更好地就业，提高毕业生的就业质量。高校作为人才培养的摇篮，也需要不断推进就业指导服务工作的建设，这既是新时代赋予高等教育的崭新课题，还是培养大学生就业能力和实践本领的重要途径，也是高校承担好"为党育人、为国育才"的神圣使命，办好人民满意的大学，为国家深入实施创新驱动发展战略提供重要人才支撑，促进大学生全面发展，实现大学生更充分、更高质量的就业要求。

二、大学生就业指导服务体系存在的问题

（一）就业指导课程体系不够健全

要构建高质量的大学生就业指导服务体系，首先要构建高质量的就业指导课程体系，通过就业指导课程引导就业指导体系的形成。高校的就业指导课程的目标首先要考虑受教育者本身的特点，当代大学生生活富裕、生活丰富、视野开阔、个性鲜明、自信自尊，同时压力也大。处于信息爆炸的时代，随时随地了解并接受各种新事物，但同时他们阅历不

广，容易从自身角度、理想状态角度来理解世界，难免会有局限性[4]。在大学生活中，专业课程的学习是大学学习中最为重要的一部分，是帮助学生掌握专业的基本理论、专业知识和专业技巧、了解本专业前沿科学技术和发展趋势，培养分析解决一般实际问题能力的有效组成。无论学校还是院系，都将学生的专业课程学习看成重中之重，在学生遇到问题的时候，优先解决学生学习方面的问题，其次才会考虑到其他方面问题，尤其对于在学习方面存在困难的同学，就更加忽略了他们其他方面的指导。

当前部分高校大学生就业指导课程只覆盖某一个年级或者某一部分学生，且未将就业指导课程纳入必修课程，对于大学生的职业发展缺乏连续性的指导，导致就业指导课程的作用微乎其微。部分就业指导课程内容形式比较单一，基本上以课程的讲授为主，且讲授的都是理论性的知识，缺乏针对不同学院、不同专业就业指导的个性化内容。在就业实践中，学生缺乏将理论应用于实践的机会，就业指导课程没有精准对接市场需求，无法将就业指导课程的内容应用于实际的职业生涯规划和就业之中。

(二)就业指导师资水平比较薄弱

大学生就业指导服务的课程是集多学科知识为一体的、应用性较强的一门课程，就业指导服务的咨询师需要具备就业指导、心理咨询等多方面的知识和能力。就业服务课程和咨询的建设，需要一批知识能力过硬、实践经验丰富的师资队伍，授课老师和咨询师不但需要有思想政治教育、就业指导、心理学等方面丰富的理论知识，同时需要具体的实际且丰富的就业实践经验，还要对人才需求和就业市场的发展有宏观的把握和具体的了解，才能更好地做好就业指导服务工作[5]。

目前我国高校就业指导课程教师的组成基本上为学校就业指导与服务中心的行政人员、学校各院系的辅导员以及部分思想政治教育课程老师。这些人员大部分没有经过专业的教学培训和就业指导服务专业课程体系的学习，且非专门为大学生就业指导工作而培养，部分人员也没有经历具体的就业过程，在专业背景、社会阅历、就业实践等方面积累不足，无法向学生提供有效的就业指导服务。并且高校的辅导员流动比较快，影响依靠辅导员建设起来的就业指导课程和队伍的持续性[6]。

(三)就业指导服务个性化缺乏

高校在进行就业指导服务工作时，会按照固有的模式，将更多的关注点放在就业指导课程、就业知识讲座、就业宣讲会、带领学生参加招聘会等共性的就业指导服务工作中，通过这些方式帮助学生了解就业市场。这些就业指导服务方式固然非常重要，能够起到指导学生的作用，但在一定程度上却造成了就业指导工作的同质化，在一定程度上降低了学生对于就业指导服务的兴趣，分散了学生在就业指导服务方面的精力和时间。高校为学生提供的就业指导服务与学生对于就业指导服务的期待存在较大的偏差，在部分同学看来，学校对于学生的就业指导服务仅仅只是帮助学生找到工作而已。

高校不同院系专业的学生特点不同，学生的成长环境、兴趣爱好、能力特长、性格气质、自我期待都是有差异的，这些差异性对于学生在学校的生活学习、就业选择有着十分重要的影响。因此，在就业指导服务过程中，应该在遵循就业指导工作普遍性的前提下，关注不同院系专业、不同成长阶段、不同就业意向学生、不同层次的学生的需求，分层分类精细化指导，关注学生在就业工作中的特殊性，以培养学生可持续发展的就业能力为就业指导服务的目标，根据学生的个性化需求进行针对性就业指导服务。

(四)就业信息分析精准性不足

在全球化经济、信息化社会盛行的今天，对于数据的收集和分析的数量都呈爆炸式增长。当前各学校在就业信息数据收集、发布、应用方面，只是简单地收集整理和分类，并未对其价值进行更加深入的探究，且没有根据就业的信息和学生对于就业信息的反馈进行进一步研究和分析，也未能将学校就业指导服务体系与大数据信息平台对接起来，没有将课程实践的信息发布、学生信息的反馈、学生的发展等信息集合起来。在毕业生信息收集方面，也存在欠缺，在不了解学生毕业之后发展的前提下，无法对于在校学生提供有效的指导。

高校是育人的主阵地，更需走在科技发展的最前沿。高校需要融会社会大众及企业乃至国家对人才的需求，结合人工智能技术的发展，汇总了解分析当前就业的总体形势、预测就业的发展，及时形成对于高校就业指导工作、学生发展和学生就业的参考。高校需要根据就业指导服务工作的发展，完善就业信息平台，推动就业工作的科技含量，通过信息的分析，更加高效、智能地为学生提供更好的就业指导服务，满足学生就业指导服务的需要。

三、大学生就业指导服务体系的建设路径

(一)建设完善的就业指导课程体系

持续性的职业生涯规划教育能够及时关注到学生的个性发展和职业目标，有助于学生制定阶段性的计划和目标，根据自身的发展和环境的变化做出调整。对于就业课程来说，需要将课程设置为必修课程，根据学生的不同层次、不同阶段、不同方向的需要，实施全

程化、精准化、差异化、系统化的教育指导服务，且在每个学年根据学生的发展设置进阶式的就业指导课程，如大一大二年级开展专业适应、职业探索、自我探索的就业指导课程，大三大四年级开展职业能力培养、心态调整、角色转换、职业礼仪、未来发展规划等方面的就业指导课程，保证就业指导课程的连续性，将就业指导服务贯穿学生的大学成长发展中[8]。在分类指导方面，根据学生对于自身发展的期待，开展出国出境、保研考研、就业创业方面的就业指导课程，帮助学生提前规划，为未来发展做好准备。充分发挥互联网的优势，将线上课程与 MOOC、线上讨论、微视频、网游等学生日常接触较多的方式联系起来，确保学生能够在线下上课，线上随时补充学习了解。在就业指导课程学习的基础上，增加一定的课外实习实践环节。学生前往企业进行实习实践，可以近距离感受职场，了解所学专业所对应的行业的发展趋势和就业市场对于人才的需求，帮助学生进一步做好自己的职业生涯规划。根据不同院系专业的学生特点，学校与学院协同开发针对不同院系专业的模块的课程，构建就业"线上+线下""实习+实践""模块差异化"的课程体系，真正将职业生涯教育融入学生日常生活和学习。

(二)建设高水平的就业指导服务队伍

高校要建设一支高水平的就业指导服务队伍，培养汇集专业指导老师、辅导员、校友等方面力量的就业指导服务团队，促进高校就业指导服务体系的高效发展。一是培养专职的就业指导老师，专职就业指导老师需要具备就业指导服务的专业知识，能够为学生讲授就业指导知识和技能，能够紧跟时代的变化，根据当前经济社会的发展和就业市场的调整及时更新就业指导的理论知识，为学生提供强有力的指导。二是调动辅导员、行政人员的力量，加强他们就业指导能力方面的培训，提高他们的授课水平和就业指导服务水平，在专职就业指导老师的基础上，在学院建立以辅导员、学院专业课老师为主要力量的就业指导服务队伍，负责行业及专业发展方面的指导服务，促进学校就业指导服务和学院就业指导服务的协同发展，打通学校就业指导服务的"最后一公里"。三是邀请具备一定就业实践经验的校友、企业一线人力资源专家参与学校的就业指导服务，在就业指导课堂上为学生解读当前社会发展、就业市场的需求、就业能力的培养，帮助学生提高自我的自豪感和专业认同，在就业指导咨询中能够解答学生的困惑，为学生提供一线的就业信息和就业参考。四是培养一批能够帮助同学们成长成才的学长学姐就业指导团队，从学生成长阶段方面指导团队应有本科高年级学生、硕士研究生、博士研究生，从学生发展方向方面应有考研保研、出国出境、创新创业突出的学生，通过学长学姐指导团队的经验分享和相互交流，帮助学生及时了解相关信息。

(三)推进融合的创新创业教育

高校作为创新创业教育的前沿阵地，毕业生是国家宝贵的人才储蓄资源，是社会发展的重要力量。推进创新创业教育与就业教育的融合，构建完善的创新创业教育和就业教育融合的体系，强化新时代大学生创新创业教育和就业教育的协同发展，是促进大学生全面发展，实现大学生更加充分更高质量的就业的重要方式。在创新创业教育中，通过学校的大学生创新创业训练计划、"众创空间"等实习实训平台、中国国际"互联网+"大学生创新创业大赛等各级各类创新创业竞赛、创新创业讲座、论坛、模拟实践等方式，丰富学生的创新创业知识和体验，培养学生的创新意识和创新能力，促使学生参与到自主创业的大潮中来。在高校科技机构的科技成果转化和产业化过程中，高校应注重学生的创新创业能力的培养，加强教师在指导学生科学研究方面的要求，通过科研能力的培养，提升学生的创新精神和创业能力，培养创新创业高水平优秀人才，为企业的创新发展贡献力量，为推动毕业生充分创业就业起到积极作用，也为我国完成创新型国家建设目标贡献力量。

(四)建设精准的就业指导服务平台

在大数据技术发展的过程中，大学生的就业指导服务也应该顺势而为，用科技的力量帮助高校构建精准的就业指导服务体系。紧跟科技的发展，尤其以深度学习为代表的人工智能技术取得了突破性的进展，在计算机视觉、机器学习、自然语言处理、机器人技术方面取得了巨大的进步，深刻改变了我们的生活。在学生就业指导服务中，应该建立学生就业指导服务的信息化平台和相关的信息数据库，达到资源优化共享与再应用的目的。在就业指导服务平台中，应包括学生的职业测评、个人简历、职业分析，就业单位的岗位信息、薪资区间、能力要求，高校职业生涯规划的课程简介、课程计划、实习实践计划等。在学生求职的时候，可以通过平台了解适合自己的就业单位和岗位，帮助学生更好地规划自己的职业。平台也可以用于为学生提供近些年来学校招聘的单位的整体分析情况，帮助学生了解就业市场和就业机会；统计大学生就业困难情况，通过数据分析帮助学生推荐工作岗位，了解学生投递简历、面试等情况，进一步进行就业帮扶；收集学生对于学校学院就业工作、就业单位招聘工作、毕业后在就业单位工作情况等方面的内容，让平台成为学生信息交流汇总的平台。建立已毕业学生联系机制，及时统计汇总他们毕业之后的就业和发展情况，分析统计建立学生职业生涯发展模型，为在校学生提供职业生涯发展参考。在建立更加完善的信息收集与分析平台之后，需要对收集到的信息进行更专业的分析和整合，针对不同层次、不同阶段、不同方向的学生，提供差异化、精准性的信息服务，为学校的就业指导服务体系注入科技的力量。

四、总结

随着社会经济的不断发展，高校大学毕业生的就业工作会面临诸多挑战，对大学生就业指导服务体系提出了更高的要求。分阶段、全覆盖、分类别的大学生职业生涯规划与就业指导服务体系的建设，直接影响大学生的就业质量。如何构建时代所需、学生所需的就业指导服务体系，推进就业育人主题教育，构建高质量的就业指导课程、就业指导队伍、创新创业教育与就业教育的融合、信息化的就业指导服务体系，是高校就业指导服务工作者所需要思考的问题。高校要加强对大学生就业指导服务体系的重视，增强责任感使命感，紧密结合实际，创新思路举措，不断为大学生提供高质量的就业指导服务，推动就业创业工作提质增效，促进高校毕业生更加充分、更高质量就业。

参考文献

[1]国务院关于印发"十四五"就业促进规划的通知[EB/OL].[2021-08-27].http://www.gov.cn/zhengce/content/2021-08/27/content_5633714.htm.

[2]秦莉.大学生就业指导路径的思考[J].科教导刊：电子版，2021，000(003)：30-31.

[3]赵欢.大学生就业指导课程与服务体系建设研究[J].贵州农机化，2022(3)：4.

[4]尹兆华.职业生涯规划与就业指导课程建设探索和实践[J].中国大学教学，2021(2019-7)：88-92.

[5]刘旭虹.浅议高校就业指导课程改革[J].才智，2017(33)：126.

[6]石可.高校大学生就业指导工作存在的问题及对策研究[J].劳动保障世界，2020.

[7]范巍.大数据时代大学生就业创业面临的困境与指导思路[J].投资与创业，2021.

[8]杜斌.分层分级分类的高校就业指导服务体系研究[J].重庆科技学院学报(社会科学版)，2017(7)：102-104.

国内高校国际组织人才培养模式初探[*]

周　烨[1]　杨依晨[2]　黄雅涵[3]

（武汉大学国际交流部[1]　武汉大学经济与管理学院[2]　武汉大学经济与管理学院[3]）

摘要　近年来国家重点支持高校的国际组织人才培养工作，高校在政策的支持与鼓励下，积极推出系列培养措施，进行人才培养体系建设。本文通过调研的方式对国内 142 所高校 2015—2021 年实施的 1024 项措施与 16 份政策文件进行收集整理，从学校支撑保障、学位课程培养、课外高效培训、实地实践访问四个层面对国内高校国际组织人才培养模式进行初步探索。

关键词　国际组织人才；人才培养；培养体系

一、引言

2022 年 2 月，国家留学基金委员会颁布《2022 年国际组织后备人才培养项目实施办法》，提出"重点支持有关高校的国际组织基地班、教改试点项目或针对国际组织急需和紧缺专业精准培养的项目"的立项工作，并对项目的实施管理以及人才的选拔录取提出明确要求。在国家的支持与号召下，各高校积极开展国际组织人才培养工作，努力培养一批具有国际视野、国际竞争力和家国情怀的全球治理后备人才。

本文主要采用网络调研的方法，以教育部第二轮"双一流"建设高校为主要对象进行调研，调研高校范围涵盖国内 31 个省级行政区，对"985、211 工程"院校、一般本科、专科等不同类型院校进行调研，既涉及综合性大学，又囊括财经类、外语类、农林类等行业特

---

　*　基金项目：本文系"武汉大学就业研究课题：国内高校国际组织人才培养与推送政策及培养模式研究"武汉大学"351 人才"配套项目研究成果。

　1　作者简介：周烨，硕士研究生，武汉大学国际交流部，讲师，国际组织人才。

　2　杨依晨，武汉大学经济与管理学院，硕士研究生在读。

　3　黄雅涵，武汉大学经济与管理学院，硕士研究生在读。

色型大学。通过调研，共计获得国内 142 所高校于 2015—2021 年实施的 1024 项与国际组织人才培养相关的措施(含规划文件)与 16 份规划文件。

二、国内高校国际组织人才培养体系建设

本文将收集整理到的 1024 项措施按照主题与特性进行分类整理。以相关规划文件及措施的形式为分类标准，将所有措施分成：短期培训、长期培养、规划文件、讲座报告、国际组织实习、课程设置、特色活动、专项资助、组织机构、国际组织参访等十类。若某一高校采取了某一类型的措施，则将其计数为 1，若无则将其计数为 0，则可得如表 1 所示高校措施分类计数表。

表 1　　　　　　　　**国内高校国际组织人才培养措施分类计数表**

举措	短期培训	学位项目	规划文件	讲座报告	国际组织实习
调研学校总数(142)	127	111	33	349	39
举措	课程设置	特色活动	专项资助	组织机构	国际组织参访
调研学校总数(142)	62	75	11	163	54

(一)学校支撑保障

国内高校主要从相关组织机构设置、规划文件出台、专项经费资助三个方面对国际组织人才培养工作给予支撑与保障。

1. 组织机构设置

在组织机构设置方面，各高校由就业部门、国际交流部门、学生培养管理部门等不同责任主体牵头负责国际组织人才培养工作。在相关部门的组织领导下，各高校建设校属国际科研机构或特设相关学院、机构、社团，构建就业、学工、教学、外事等多部门联动的工作机制。

在国家大力推行国际组织与全球治理人才培养前，部分高校就已建设了以国际问题研究、国际人才培养为方向的科研机构。如复旦大学联合国与国际组织研究中心、西北工业大学联合国研究与教学中心、中国传媒大学国际组织研究中心、广东外语外贸大学国际治理创新研究院等科研机构。部分高校在已有研究成果与资源的基础上，整合校内外优质资源，特设国际组织培养相关学院。如北京外国语大学与中国人民大学分别于 2017 年和

2019 年成立"国际组织学院"，实施本、硕、博贯通式培养，成为专门、稳定的国际组织人才培养的依托主体；苏州大学和中国农业大学根据自身办学优势，分别于 2019 年和 2020 年组建"红十字国际学院"和"国际发展与全球农业学院"，成为围绕各自优势学科进行国际科研和人才培养的校级新学科建设平台。

部分高校直接参与国际组织在华机构建设，搭建起更直接有效的合作渠道。2015 年，哈尔滨工程大学组织联合国内外船海领域顶尖的公司、院校和研究所，牵头建立"船舶与海洋工程创新与合作国际组织"；2017 年，联合国教科文组织大会决定依托上海师范大学国际与比较教育研究院成立二类机构"联合国教科文组织教师教育中心"；2018 年，中国科学院提出建设"联合国教科文组织国际理论物理中心（亚太地区）"（International Centre for Theoretical Physics Asia-Pacific，ICTP-AP），成为联合国教科文组织在国内基础科学方面设立的第一个二类中心。

除学校机构设置外，各高校积极鼓励和支持国际组织学生社团建设与发展。在国际组织人才培养兴起前各高校就已广泛设立模拟联合国协会，而调研中共有 21 所高校成立专门的学生国际组织发展协会。这两类社团作为学生参与主体，集合校内国际组织兴趣与实习社群，为学生提供更多与同好结识与交流的机会，成为国际组织岗位信息、活动信息、课程信息等的主要发布平台。

2. 规划文件出台

为响应国家政府政策号召，将国际组织人才培养打造成一项系统性工程，国内部分高校制订推出本校国际组织人才培养相关文件。根据现有统计，共有 27 所高校发布相关文件，占比约为 17%，其文件类型包含发展战略、实施意见、实施方案、管理办法、工作规定等形式，主要为培养目标、培养路径、推送渠道、机制保障、经费资助等内容进行规划并提供保障。

国内高校规划文件呈现出两种形态：一种是作为独立文件出台，结合高校实际就人才培养及推送不同环节制订具体工作方案与管理办法，明确国际组织人才培养工作各重要事项，如某高校在其文件中提出要求充分认识国际组织人才培养推送工作的重要意义，切实做好国际组织人才培养推送工作，加大支持与保障力度和引导更多学生到国际组织实习实训，并就组织领导、宣传引导等具体事项做出部署；另一种是作为高校国际化战略或就业工作文件的部分内容出现，高校将国际组织人才培养推送工作作为其国际化发展和就业指导服务的新兴内容，将"国际胜任力"人才培养成效作为其国际化水平和就业质量的参考指标，如北京师范大学《全球发展战略规划（2020—2025）》鼓励师生积极参与"一带一路"建设，加强与国际组织的机制性合作，完善资源培养，促进国际性综合平台可持续发展；中央财经大学《关于做好我校 2018 年就业创业工作的通知》提出推送学生到国际组织实习任职的工作举措，提及指导课程、指导手册、信息平台、合作项目等具体事项。

3. 专项经费资助

专项基金资助既包括对赴国际组织实习或任职学生的个人资助，也包括对学校国际组织人才培育项目的经费支持。

《2022 年国际组织实习项目选派管理办法》指出国家留学基金委可为已获得国际组织实地(在岗)全职实习录用通知的申请人提供资助，这也成为在校生赴国际组织实习所获得的主要专项资助。除此之外，只有少数国内高校为本校全日制在校学生提供额外的国际组织专项实习资助或课程资助，如南京大学提供国际组织人才奖学金、武汉大学提供第三学期交流奖学金和国际组织实习专项奖学金、外交学院提供"翔宇奖学金"国际组织实习专项奖学金等。整体上看，高校国际组织专项资助工作有待进一步提高，而以复旦大学为代表的部分高校已做出了开创性的尝试。复旦大学与上海荣昶公益基金会于 2018 年联合设立"荣昶学者"全球治理人才培养项目，通过提供奖学金、实习补贴、入职奖励等方式专项支持以培养中国籍国际公务员为核心的全球治理人才建设工作，"荣昶奖学金"面向上海市高校及长三角地区其他 985 高校开放。通过高校与社会公益基金会合作，覆盖本校与外校，"荣昶奖学金"为全国高校设立国际组织专项资助提供借鉴。

部分国内高校国际组织人才联合培养项目入选"国家留学基金委国际组织后备人才培养项目""国家留学基金委创新型人才国际合作培养项目"等，得到国家留学基金管理委员会的成建制资助。此外，个别高校为国际组织人才培育项目提供专项经费支持。如江南大学设立国际组织人才培育基金，面向社会接受捐赠，主要用于本校国际组织人才后备队伍建设，同时起到提高学校人才培养质量、实现毕业生更宽领域和更高质量就业的作用；浙江大学为研究生"国际组织与全球治理线上国际工作坊"项目提供资助，为项目的顺利进行提供资金保障，同时激发学生参与线上活动的热情。

(二)学位课程培养

国际组织优秀后备人才培养是各高校的主要责任，国内各高校主要从学位项目建设以及课程体系设置着手进行人才培养体系的建设。

1. 学位项目建设

(1)国内学位项目。据调研结果可知，国内目前有 30 余所高校开展国际胜任力相关学位项目的建设工作。从其发展脉络来看，外语类高校率先开展国内学位项目的建设工作，如上海外国语大学于 2007 年开设国际组织人才培养实验班，北京外国语大学于 2011 年开设跨学科国际组织理论与实务硕士研究生培养项目。2015 年以后，以北京大学和浙江大学为代表的其他高校开始加入国际胜任力人才学位项目培养的行列：北京大学于 2015 年开设"国际公共政策"专业硕士项目，至 2020 年其国际胜任力人才培养学位项目已覆盖本、硕、博三个层次；浙江大学于 2015 年开设国际组织精英人才班，2019 年开设"国际组织与全球治理"硕士专业，覆盖本硕两个层次。国内学位项目的建设于 2019 年和 2020 年达到高峰，新增国际胜任力相关学位项目 20 余个。

从学位类型上看，国内学位项目建设多以本科阶段"试验班"等双学位或辅修专业形式开展，主要通过校内二次选拔招生；也有部分高校直接开设独立本科学士学位，如外交学院国际组织与全球治理专业直接通过高考招生。从学位学科门类上看，国内相关学位项目大部分颁发文学、法学、管理学学位，与其外语、国际法、国际政治等课程内容相匹配；也存在少部分高校根据项目依托优势学科颁发其他学科门类学位，如山东大学电气工程学院组建"全球能源互联网"新工科专业，为毕业生颁发工学学士学位。

（2）中外学位项目。据调研结果可知，在国家政府的高度重视和资金支持下，国内开展国际组织领域中外联合培养的高校已达到 27 所，覆盖本、硕、博全阶段。此类项目多从已有联培项目的基础上发展而来，将拓宽国际视野、投入全球治理等"国际胜任力"培养目标提升到与专业学习并重的高度。如武汉大学"地理信息国际化创新型人才联合培养项目"的目标是将遥感专业中外联培经验与"为国际组织服务、讲好中国故事"的战略需求相结合，提出借助国际组织加强国际传播能力，培养一批精通国际事务遥感应用的综合性遥感高科技人才。国家政府为此类学位项目提供持续性和实质性的支持。

从院校构成上看，开设中外学位项目的中方院校多为综合实力或特色学科实力强劲、国际声望和影响力较突出、具有丰富国际联合培养项目经验的院校。多以综合类"985 工程"高校（如北京大学、清华大学、武汉大学等）和行业特色型"211 工程"高校（如北京外国语大学、中国政法大学、上海财经大学等）为主，但也不乏本科办学历史相对较短的新高校（如中国科学院大学、南方科技大学等）。从外方合作机构看，国内高校国际组织人才联合培养的外方合作对象多分布于西欧和美国，以高校（如日内瓦高级国际关系及发展学院、慕尼黑大学等）为主，兼有研究院所（如阿根廷劳工调查研究中心）和国际组织（如联合国及其下属机构、欧盟等）。

2. 课程体系设置

国内高校国际组织人才培养主要落脚于课程讲授，这也是各学位项目与联合培养项目的主体内容。目前，国内各高校整合校内资源、打通院系壁垒，构建外语和专业相融合的人才培养模式，打造多维度、复合型人才培养体系。以国内高校本科阶段"试验班"等双学位/辅修专业的课程设置为例，其通常包括外语、国际研究理论、国际实务技能三部分。

外语部分培养目标通常为加强学生第一外语(多为英语)能力，并在此基础上拓展第二外语(多为法语、德语、西班牙语等欧洲国家语言)教学。其推出的课程设置以第二外语为主，包括语法基础、视听说、阅读、实用写作、实用互译等具体课程。如浙江大学在其"国际组织精英人才计划特色辅修班"开设"国际组织外语能力拓展(英语/小语种)"与法语或西班牙语教学课程；武汉大学"国际组织与全球治理人才试验班"要求修完法语双学位(或辅修)学分；中国人民大学国际组织学院"全球治理与国际组织人才培养计划"2021—2022学年秋季学期课程安排"基础法语教学"。

国际研究理论部分包括国际政治、国际关系、国际法、国际金融、国际组织、世界史、国际礼仪与习俗等全球治理所需课程，横跨众多学科领域。课程设置目的在于增进学生对国际组织和全球治理认知，针对性增加学生知识储备，使其更能适应国际组织的工作需要。

国际实务技能部分课程主要对国际组织实际工作所需技能进行培训锻炼，通过课程学习，要求学生具备沟通能力、协作能力、组织能力等基本能力，精通国际公文写作、国际会议管理、国际礼仪与习俗、国际谈判、跨文化交际、公开演讲等实务技能，从而提高学生参与国际组织工作的能力和业务水平。

另外，部分高校还将讲座报告、国际组织参访与实习等内容搬进课堂，搭建更系统、全面的培养体系。部分高校将国际组织主题的品牌系列讲座设置为独立课程，在课程安排上邀请相关领域专家、学者以及国际组织职员为学生进行专题式讲解，兼顾课程内容的广度和深度，给学生别开生面的课程体验，如北京大学国际关系学院国际组织与国际公共政策专业开设"国际组织与全球治理前沿名家系列讲座"必修课。国际组织参访与实习也成为各高校课程设置的重要补充部分，为学生提供实地理解和运用所学的机会。

(三)课外高效培训

除课堂体系建设外，各高校开设各色课外活动，通过短期培训项目、讲座报告分享以及主题特色活动等方式，对学生进行短期高效培训，着重从实践与应用层面提升学生的各方面素养，与课堂教学形成互补体系。

1. 短期培训项目

绝大部分调研所涉高校会开展国际组织主题培训、集训等短期培训项目。此类项目最早开始于2010年前后，以北京大学"全球卫生外交高级培训班"(2009年)和广东外语外贸大学"中国国际公务员能力建设项目"（2011 年）为代表，且都延续至今。大部分高校从 2018 年开始大量开展此类项目，并呈现出连续性、系统性的开展趋势。

从培训项目时间安排上看，大部分项目多期多届开展，具有一定的举办周期，形成了长期活跃的国际组织主题品牌活动。各项目时长不一，长则半年，短则 1~2 天，49% 的培训项目时长为 1~4 周。

从培训项目对象上看，大部分高校的国际组织主题培训项目以本校在籍学生为主，主要面向校内宣传推广，但近期在新冠疫情、国家政策等因素影响下开始呈现受众多样化的趋势。新冠疫情期间，各大高校的部分培训项目以线上线下相结合或仅线上的形式开展，受众可拓展的空间增加，从在籍学生到毕业校友，从本校到外校，从大学生到社会公众，参与各大高校的国际组织主题培训项目的机会日益增加。2021 年，教育部印发《教育部办公厅关于实施国际组织青年人才培训项目的通知》，确定北京大学等 30 所高校为国际组织青年人才培训项目高校，要求项目高校除了培训本校学生，要提供一定培训名额给本区域其他高校大学生，推动资源共享。

从培训项目内容上看，各大高校培训项目内容丰富多样，培训主题涵盖国际组织概况、国家相关政策和项目资源、外语技能培训、面试技能培训等内容，因时长较短的特点，其对世界知识与全球议题等认知普及内容涉猎较多，对外语学习、专业知识等长期研习内容较少，成为学位项目和联合培养项目的重要补充。项目形式多为邀请国际组织专家、职员等进行授课，以同其他院校、机构合作进行实地考察为补充。

2. 讲座报告分享

为加强对高校学生到国际组织实习工作的指导服务，广泛宣传发动，各大高校踊跃开展国际组织相关的讲座、报告、论坛、会议等分享性质的活动，此类活动是国内高校国际组织人才培养措施中数量最多的一类。

此类活动以组织灵活自由为特点。分享嘉宾从具有丰富国际组织工作经验的专家官员，到对国际组织展开深入研究的教授学者，再到年龄相仿初入职场的朋辈校友，覆盖了不同身份的"IOer"，从而有效增进学生对国际组织的全面认识。既有线下形式的小规模交流会，让学生与分享嘉宾进行充分的针对性交流；也有线上形式的大规模宣讲会，对尽可能多的受众宣传普及国际组织任职情况，提高国际组织作为一条职业道路的知名度。因其开展难度较低、活动时间较短，调研中的绝大部分高校对此类活动进行了丰富的实践，打造了持续性、相对固定性的品牌系列讲座，如清华大学学生全球治理与国际组织发展协会推出"IO 微沙龙"系列活动，邀请具有国际组织经历的同学校友、国际会议中的青年代表等进行分享沟通，旨在拓宽学生对国际组织与全球治理的认知，已有 UNDP、UNESCO、

IFRC 等多期实践；除举办以国际组织为主题的独立品牌系列讲座外，部分高校也采取了基于已有的校级讲堂活动，设置国际组织特别主题的开展形式，实现已有讲堂主题的开拓创新和国际组织内容的广泛宣传的双赢，如北京理工大学"百家大讲堂"第 145 期：宋允孚主讲《培育家国情怀，筑梦国际组织》；南方科技大学"南科大讲堂"第 258 期：唐虔主讲《我在国际组织的 25 年》。

高校通过大量举办此类时长较短的讲座报告，吸引在校生充分利用课余时间参与了解赴国际组织任职，使得这类活动成为众多在校生了解国际组织与全球治理、培养自身"国际胜任力"、走出探索国际组织职业生涯的第一步的开始。

3. 主题特色活动

特色活动是指为宣传推广国际组织与全球治理、培养学生"国际胜任力"和融通国际多元文化，国内高校开展的内容、形式丰富的各类主题活动，此类活动大多融入了高校社团活动风格，充分鼓励学生自创自发，给予学生充足的自我展示、自发提问的空间，是各高校积极自主创新国际组织人才培养的重要体现。代表性活动包括：国际组织月/国际组织周、模拟联合国、国际文化节、征稿征文、时政研讨、知识竞赛等。

国际组织月、国际组织周等活动在特定时间段内集成了讲座报告、研讨会议、机构宣讲、实地参访等一系列举措，让学生在此期间能全方位地了解国际组织与全球治理，获得多层次的活动体验。东华大学首届"学生国际组织任职宣传月"涵盖了社团建设、专家讲座、分享沙龙、知识竞赛等多项活动，学生们自由选择中意的活动，开展国际组织任职心得深层次交流和国际组织职业发展沉浸式学习。与之相类似的国际文化节、国际项目宣传周等活动，也在广泛意义上推动学生全球视野、有效沟通能力、协同合作能力、文化适应能力等的培养，例如燕山大学国际文化节鼓励各国学生进行文化展示，打造校内跨文化交流平台；大连海事大学举办国际项目宣传周，结合了学校特色国际项目宣讲、新生演讲等活动，提供丰富的国际交流信息，搭建以国际化为主题的自由展示和交流平台。

征稿征文、时政研讨等活动鼓励学生积极发表对国际组织与全球治理的见解，促进同学之间交换想法与取长补短，乃至为相关学术成果产出奠基。在征稿征文活动中，既有如"第一届北京大学国际组织学青年论坛"征稿、广东外语外贸大学第二届"中国国际治理高峰论坛"征文等面向青年学者与硕博研究生的专业学术会议征稿征文，为其提供国际组织与全球治理学术交流平台并提供现场指导；也有如武汉大学"国际组织实习生活"主题征稿、中央财经大学"我眼中的国际组织与全球治理"主题征文等面向本硕博全体学生的非学术类分享活动，充分展示学生视角下的国际组织与全球治理。时政研讨等活动旨在激发学生对国际政治与国际事务的思考，学生全面参与活动策划与开展，例如华中科技大学学生全球治理与可持续发展协会已举办新能源汽车产业发展的新挑战、全球新冠疫苗公平分配等多期圆桌论坛，提高同学们对国际议题的关注和全球意识。

此外，此类特色活动也充分结合开展历史已久的模拟联合国、模拟外交官等活动，借助其文件写作、代表发言、自由讨论等内容锻炼学生的"国际胜任力"，各高校的学生模拟联合国社团也成为国际组织主题活动的重要组织平台。

4. 实地实践访问

除理论知识学习外，各高校充分利用国家留学基金委提供的资源，主动加强与国际组织的联系，争取为学生提供实地实习实践的机会。

此类措施包括赴国际组织参观、实地调研、短期访学、实习、志愿服务等。赴国际组织开展实习实践的特点在于提供实地体验，有助于学生对所学的国际组织和全球治理知识进行更具体、形象的理解，促进学生了解和思考不同学科专业知识在国际组织工作中的运用，是国际组织人才培养和人才输送的重要过渡和衔接环节。其中国际组织实习、志愿服务等措施更是能为学生提供真实的国际组织工作体验，助推高校与国际组织相互了解和实质性合作。

因此，如表 2 所示，由部分实力较强、国际化办学水平较高的院校领衔，积极拓展学生到国际组织实习任职渠道，主动加强与国际组织的沟通交流，争取与对口国际组织签订合作协议或人才输送合作备忘录，形成持续性推送学生到国际组织实习任职的长效机制。通过此类措施，高校应国际组织所需，与国际组织接轨，关注人才培养的针对性和实效性，从而最终提高学生国际组织任职水平。

表 2　　　　　　　　部分高校在国际组织人才培养领域与国际组织合作情况

高校	合作国际组织	合作情况
北京大学	联合国教科文组织 （United Nations Educational, Scientific and Cultural Organization, UNESCO）	签署实习生培养合作协议
清华大学	国际农业发展基金 （International Fund for Agriculture Development, IFAD）	面向清华大学正式注册全日制在校生招募实习生
浙江大学	联合国粮农组织 （Food and Agriculture Organization of the United Nations, FAO）	面向浙江大学正式注册在校生招募实习生
	国际劳工组织 （International Labor Organization, ILO）	招募暑期实习生及实习助理

高校	合作国际组织	合作情况
武汉大学	国际民航组织 （International Civil Aviation Organization, ICAO）	人才培训及实习生选派
	联合国训练研究所 （U. N. Institute for Training and Research, UNITAR）	签署谅解备忘录，每年派驻实习生
南开大学	联合国工业发展组织 （United Nations Industrial Development Organization, UNIDO）	签署《联合国工业发展组织与南开大学框架合作协议》
吉林大学	联合国教科文组织 国际创意与可持续发展中心 （International Center for Creativity and Sustainable Development, UNESCO-ICCSD）	定期选送学生进行实习工作
西北工业大学	亚太空间合作组织 （Asia-Pacific Space Cooperation Organization, APSCO）	签署学生实习实践合作协议
中国政法大学	海牙国际私法会议 （The Hague Conference on Private International Law, HCCH）	签署《合作协议》
	世界银行国际金融公司 （The international finance corporation, IFC）	签署人才培养实习项目合作备忘录

此外，国家政府与社会组织积极与国际组织展开合作，联合有关高校选派优秀大学生到联合国有关机构开展实习工作或国际志愿服务。国家留学基金委与联合国教科文组织、国际民航组织、国际电信联盟等十余个国际组织签署合作协议，在全国范围内选派和资助优秀学子赴国际组织实习任职，其项目申请通知广泛出现在各高校信息网站上。自 2019 年起，中国青年志愿者协会与"联合国志愿人员组织"（The United Nations Volunteers, UNV）联合实施"中国青年志愿者海外服务计划——服务联合国机构"项目，第一批项目由国内 7 所高校选派了 8 名联合国国际志愿者，第二批项目有分别来自国内 15 所高校的 24 名志愿者入选，分赴全球各地的 14 个联合国机构展开志愿服务。此种多方参与的措施让国内高校与国际组织的合作更为广泛、密切，为更多来自不同高校的学子提供国际组织工作机会，助推更大范围内的高校搭建与国际组织的合作机制。

三、结语

本文通过对国内 31 个省、自治区、直辖市的 142 所高校国际组织人才培养措施的统计与分析,将收集到的措施划分为短期培训、长期培养、规划文件、讲座报告、国际组织实习、课程设置、特色活动、专项资助、组织机构、国际组织参访等十类。通过对培养措施的深入分析,发现现阶段国内高校国际组织人才培养体系主要可划分为学校支撑保障、学位课程培养、课外高校培训、实地实践访问四个层面。虽然高校的国际组织人才培养取得了一些成果,但是目前国际形势日趋复杂,高校国际组织人才培养仍然面临了巨大的挑战。现阶段高校国际组织人才培养建议:(1)完善培养对象选拔机制,高校可以建立培养对象的动态机制,既可以退出,也可以进入。(2)强化高层次人才推送的工作。本科生进入国际组织职位较低,且大多是实习职位为主,高校可以在工作实践中,发展一批有志向的硕士或是博士参与到国际组织的工作中。(3)构建国际组织人才"蓄水池"。一方面要发展具有国际组织任职经验的人员作为高校人才培养的资源库,另一方面也需要做好国际组织人才的持续培养工作,培养一批宽视野、高能力、强竞争力的全球治理优秀人才。高校作为人才培养的主力军,应进一步加强人才培育工作以及配套资源的建设,形成有中国特色的国际组织人才培养模式,帮助中国在全球治理中发出中国声音,提供中国智慧与中国方案。

参考文献

[1]国家留学基金管理委员会. 2022 年国际组织后备人才培养项目实施办法[EB/OL]. [2022-05-21]. https://www.csc.edu.cn/article/2252.

[2]彭龙. 全球治理体系变革与国际组织人才培养[J]. 社会治理,2017(4):10-12.

[3]段世飞,马雪梅. 高等教育的全球治理:国际组织推动高等教育国际化研究综述[J]. 现代教育管理,2019(7):28-35.

[4]张韵. 全球胜任力视角下的大学生赴国际组织实习任职可迁移能力研究[J]. 教育现代化,2019,6(47):95-97.

[5]段子忠. 中国籍国际组织官员职业发展路径及其对高校国际组织人才培养的启示[J]. 中外人文交流,2021,34(4):44-48.

基于学院视角的大类招生背景下大学生个性化就业指导模式的研究与实践*

赖　婧[1]　冯　丹[2]　华　翔[3]

（武汉大学资源与环境科学学院）

摘要　大类招生模式作为高等教育招生和人才培养的一种新型模式，正在被越来越多的高校采用，该模式利用"先进校、再分流"的形式为学生提供二次选择专业的机会，有助于降低大学生选择专业的盲目性、盲从性，目的在于更好地培养复合型和创新型人才。从实际情况来看，学院作为专业分流的实施者，需要对学生进行个性化就业指导才能达到大类招生模式设置的初衷。笔者通过对所在学院学生个性化就业指导的开展进行了梳理和研究，从更新观念、丰富内容和优化师资三个维度提出了大类招生背景下大学生个性化就业指导模式的构建思路。

关键词　大类招生；个性化；就业指导模式

2001 年，北京大学开始实施"元培计划"，在这种新的人才培养模式中，低年级开展通识教育，高年级实施宽口径的专业教育，学生基于个人兴趣与专业了解自由选择专业。此后，全国多所高校逐步开始推行大类招生。至 2020 年，我国"双一流"建设高校中已有 114 所实行大类招生与培养，占总数的 83.2%。[1]

大类招生模式的设置主旨是希望学生基于对自身和专业的认识了解后再进行专业选择。在招生口径上延迟了学生做专业选择的时间，目的在于减少学生在专业选择时的盲目与遗憾、最大限度地发展其个人兴趣，提升人与专业的匹配度，提高其自身的生涯规划主

---

　*　作者简介：1　赖婧，武汉大学资源与环境科学学院学工办主任，硕士研究生，研究方向：大学生思想政治教育、生涯规划与就业指导。

　2　冯丹，武汉大学资源与环境科学学院党委副书记，硕士研究生，通讯作者，研究方向：大学生思想政治教育。

　3　华翔，武汉大学资源与环境科学学院团委书记，硕士研究生，研究方向：大学生思想政治教育。

动性。在培养口径上，学生入学后接受宽口径、厚基础的培养，同时获得一定的专业选择权，其目的在于拓宽学生的知识视野，同时从源头上提高他们对专业的认同感，提升就业匹配度。但在实际的操作运行中，如何有效做好基于学生个体需求出发的就业指导，从而凸显大类招生背景下学生与以往传统招生背景下学生之间的就业优势，将会是二级学院在大类招生背景下进行人才培养所急需解决的重要问题。

一、大类招生背景下开展大学生个性化就业指导的意义分析

(一)个性化就业指导顺应大类招生背景下人才培养的要求

大类招生模式与通识教育理念有关，强调"宽口径、厚基础"，目的在于更好地培养复合型和创新型人才。利用"先进校、再分流"的形式为学生提供二次选择专业的机会，充分缩短学生兴趣爱好与社会发展需要之间的"时间差"，利用全面化的通识教育培养与专业分流提升的措施，实现综合素质高、专业适应性强的人才输出新途径。基于这样的要求，需要我们在传统的千篇一律的就业指导模式中加强对学生进行个性化的就业指导，将素质教育理念与生涯教育结合起来，帮助学生树立自我生涯意识，结合自身的特点去做好决策和明确生涯发展目标，积极为成为复合型人才做好准备，以此应对未来的竞争和挑战。

(二)个性化就业指导适应大学生多样化成长成才的需求

随着社会的发展，学生的个性化特点越来越突出，学生们会有自己的差异化需求，在面对专业、职业的选择上，可供学生选择的范围越发广泛。在大类招生背景下，学生们需要通过探索专业与职业的关系、社会实际需求，探索自身兴趣爱好、性格特点、能力特点等，以专业选择作为切入点，通过个性化就业指导可以帮助学生更好地认识自我，建立稳定的自我概念，对自己的综合优势和劣势进行比较分析，根据自己的实际情况确定适合自己发展的大学生涯目标，选择适合自己的生涯发展路线。在此基础上，通过明确的目标来制订适合自己的生涯发展计划，把自己的长期目标和短期目标相结合，扬长避短，以从事自己相对能力较强、兴趣较大同时符合社会需要的职业，避免专业和职业选择的盲目性，不断提升自己的核心竞争力，有利于学生一步一步脚踏实地地去实现自己每一个目标，由小到大、由近及远，先实现大学生涯目标，最终实现自己的人生目标。所以，如何使大学生结合自身个性特点，做出符合学生个人自身发展的个性化就业指导是非常有必要的。

二、大类招生背景下大学生个性化就业指导存在的主要问题

(一)个性化就业指导认识程度不够深入

个性化就业指导是对就业指导中个性化层面的体现，然而目前高校对就业指导工作的重要性认识尚且不够，更不论对个性化就业指导的认识欠缺。一方面，很多高校和老师对于就业指导认识停留在"口头重视、实际轻视"层面上，存在"重就业率、轻就业指导"的现象，片面强调就业指导的速成性、技巧性和实用性，简单认为上了就业指导课、开展了就业指导培训就是就业指导到位了，忽略了就业指导的个性化、科学性，普遍存在重结果轻过程、重眼前轻长远、重共性轻个性的现象。[2]

另一方面，作为个性化就业指导对象的学生群体，对于就业指导的认识同样存在不足与局限。他们也将就业指导狭义理解为"有助于找工作"，而忽视了生涯规划才是就业指导的核心。学生多被动地接受就业指导，自我主动性和积极性尚待提升。需要通过教育，让学生正确认识到个性化就业指导有助于促进学生自身成长发展，有助于提升学生的大学乃至人生生涯满意度。

(二)个性化就业指导内容设置比较单薄

受制于就业指导在认识上、观念上不到位，我国大学生就业指导的发展，具有"行政化""利益化"的特点，用于评价就业指导成效的指标主要为就业率，学校对于学院的考核也以此为基础，对于就业质量的考核体现不足，因此就业指导多集中在大三和大四年级，而且指导内容主要是讲授就业形势、简历制作、面试模拟、职场礼仪、求职心理调适等，这些内容基本针对学生普遍存在的就业问题。随着近年来生涯规划理念的不断传播，不少高校也逐步重视从大一年级开始对学生进行生涯规划内容的讲解，也会引导学生做一些自我认知方面的测评，但低年级和高年级的个性化就业指导内容缺乏衔接，呈现出个性化指导内容体系不完整的现象，无法为学生提供有针对性的全程化指导和服务。

(三)个性化就业指导师资队伍建设滞后

就业指导师资队伍是开展个性化就业指导的支撑条件，笔者有幸专门去昆山杜克大学进行调研学习，了解到昆山杜克大学就业指导中心的成员都有着五年及以上在世界百强公司任职的实战经历，该校的学生可以在学校的系统中与职业导师预约30分钟的一对一咨

询，他们的职业发展团队面向昆山杜克大学的所有学生和校友提供职业支持和指导，帮助学生学习和运用必要的技能，为成功的职业生涯做好充分准备。但是，目前国内高校就业指导队伍的建设普遍存在数量不足、素质不够和稳定性不强三个方面的问题。虽然学校的就业指导中心会有少量的专职就业指导师资，但人数远不能满足日常的就业指导需要。现阶段我国各高校的就业指导师资队伍主要还是以辅导员兼职为主，专业教师、行政人员、校友等各类群体就业指导参与度较低。辅导员除了自身繁杂的工作之外，还要抽出时间来面对学生做好专业的就业指导与咨询的工作，加之工作变动较多等客观原因，导致就业指导缺乏连续性。此外，辅导员基本为硕士或博士毕业直接留校，没有企业工作经历。虽然通过各种培训可以提升辅导员的个性化就业指导能力，但从业经历的单一性也会使指导缺乏专业性、针对性和新颖性，他们开展就业指导易照本宣科，对学生自我规划和指导的调动性有限，导致指导的效果不明显。

三、大类招生背景下大学生个性化就业指导模式的路径探索

(一) 更新就业指导观念是基础

大类招生的本意是希望学生能够在一年级通识教育的时间和空间里深入了解专业以及市场需求，挖掘并认识个人兴趣，选择更加适合社会需求和个人发展的专业。这需要学生牢固树立生涯规划意识，将生涯规划教育前置到大一阶段，传统的到高年级再进行就业指导的思维模式已经不适合这种形势要求。因此，新形势下的大学生就业指导，不但需要全员化参与学生就业指导，而且这种指导是全程化的，是要从大一进校开始到大四毕业全程化、全方位的就业指导，同时还需要因时制宜地增加和强化个性化指导。

既然个性化就业指导的服务对象是学生，那高校在开展个性化就业指导时理应树立以人为本的指导理念，将学生视为就业的绝对主体，充分激发学生主体意识，发挥学生的主动性、创造性和自主性，从而更好地解决学生就业中存在的问题。另一方面，就业指导的开展需要结合生涯发展理论，舒伯认为人的生涯是动态发展的，他的理论形成了生涯辅导策略，对实践中的生涯评估、辅导措施以及指导方式和方法有很大的指导意义，实现了从职业指导向生涯辅导的转变，这种转变属于从静态到动态的转变，也是从单次指导变为多次指导的转变。[3]因此，形成以人为本、生涯动态发展的理念，是开展学生个性化指导的前提。只有参与指导的教师和接受指导的学生共同接受，才能从根本上解决观念认识问题。

(二) 丰富就业指导内容是核心

1. 充分梳理学生个性化需求

既然是要进行个性化就业指导，那么对于学生的个性化需求进行收集和梳理将是至关重要的步骤。只有弄清楚个体的特性、需求，通过对个体进行评估，才能在共性中寻找分析出差异，以此建立个性化的常规模块和差异模块的选择。通过笔者的实践来看，这里面包含有两个维度的梳理：

第一个是学生的自我信息维度。个人自我探索一般主要包含兴趣、性格、能力和价值观几个部分，这是就业指导中常规的自我探索部分，有助于帮助学生更好地认知自我，是开展生涯规划的基础。在大学阶段，学生要经历角色的转换，需远离学生阶段的单纯和幻想，需实事求是、清晰地认清自己的优势和不足，做到正确地认识自我和评估自我，学会从学生向社会人的转变。自我探索还有助于大学生形成正确的职业期待，虽然每个大学生都渴望能获得一份满足自己最多物质和精神需求的职业，但要将期待变为现实需受到主客观条件的制约，这个主观条件就是自我认知。因此，进行科学的自我探索，结合自身条件和社会需求，可以不断调整职业期待值，以便设置合理的职业目标和大学目标。

第二个是专业和职业的信息维度。在大类培养模式下，大学生的生涯规划教育与专业认知教育紧密相连。除了对自我的探索，对职业的探索也是生涯规划教育中重要的一个环节，与职业有关的一个重要概念是专业，因为专业在很大程度上决定了大学生的知识结构和就业方向，学生在大学研读的专业大体上决定着未来从事职业的领域和方向。因此，对所学专业的认知须纳入学生的生涯规划教育中，通过多种形式引导学生深入了解专业，帮助学生能选择兼顾国家需要和本人爱好、匹配自己能力倾向并适合自己实际情况的专业。专业与职业密切相关，无论未来从事的职业是否与所学专业对口，专业对学生的职业生涯的影响都不容忽视——"职业的专业性越强，也就是职业的知识含量和专业技能越高，职业与专业的对口程度越高。因为这些职位一般人不能胜任，或者没有经过大学系统的专业学习很难具备从事这些岗位的能力"。[4]专业背景在某种程度上是进入某个职业领域的敲门砖，一些专业性很强的学科，没有相应的专业背景的人是很难从事这个领域的工作的。如果学生求职时的专业不对口，与具有该专业学习背景的学生相比，意味着入职后需要学习更多的知识和技能，需要在职业发展中付出更多的努力。鉴于专业与职业的相关性，在面向大类招收进来的学生时，专业和职业认知指导是就业指导中非常重要的部分。此部分的认知，可以着重了解专业的学习要求和发展前景，专业对口职业的属性种类、任职要求、代表性行业和企业等。

2. 不断完善分级分类的指导模块

理想状态下，大学生个性化就业指导是根据生涯规划理念，帮助学生在自主完成学业的基础上，再根据学生个体的兴趣、性格、能力等帮助学生完成专业选择、职业选择和生涯发展目标。一般而言，大类招生背景下的大学生个性化就业指导的内容应该主要包括生涯规划指导、专业认知指导、择业指导等，不同年级因具有不同的阶段特点故而需要不同侧重的指导内容。根据分级、分类的原则，在不同年级设置不同的指导模块，在理论传授的基础上，着重于搭建实践实习平台，加大学生习得的内容设置。

(1)大学一年级。这是大学四年的关键时期，此阶段会直接面临专业选择任务，会影响学生在大学后面几年的发展甚至是进入社会后的发展质量。将新生入学前后的关键时间节点根据新生需求和成长规律分为入学前、入学后一个月、入学第一学期和入学第一年四个阶段。入学前主要开展新生生涯普适教育，通过网课、学生第一面书写等活动引导学生关注生涯规划、初步梳理自我特性，也帮助指导教师能对学生个体有初步画像。入学后一个月主要为帮助学生快速了解和适应大学生活、学习等，初步开始认知专业和唤醒生涯意识，可以采用专题讲座、校园参观、主题班会等形式。第一个月后到第一个学期结束，通过专业宣讲会、教授茶话会、实验室参观、专业成果展览参观等形式，帮助学生进一步探索专业，挖掘专业学习兴趣，初步明确专业方向。同时对学生进行生涯规划知识的启蒙和普及，使其树立职业生涯规划的意识，了解有关职业生涯规划方面的基本知识，掌握科学的职业生涯规划方法。寒假可布置自我测评作业，引导学生通过评估测试对自我认知有系统的了解。第二学期可通过企业走访、优秀校友访谈等形式继续对专业的探索，另一方面指导教师可依托学生完成的寒假自我测评进行个体咨询，从中了解学生的专业选择意向、收集学生的家庭构成信息和现阶段生涯困惑，对于共性困惑可以通过工作坊的方式进行辅导，本学期还可以指导学生撰写生涯规划书，确保每名学生对生涯规划有基本认知和了解并着手行动。同时，注意为有进一步成长需求的学生提供成长的平台和途径，做好面的推广和点的提升，进行分层次的引导培养。

(2)大学二年级。学生通过专业分流已经进入专业学习，需要在大二阶段进行专业学习的适应，可引导学生对专业对应的职业进行更为详细的探索、对专业的前沿发展和相关竞赛做一定的探索，结合自身兴趣和能力确定首选职业发展方向和大学生涯发展目标。就业指导教师可指导学生学习职业能力提升类课程或相关主题工作坊，如时间管理、人际沟通等，鼓励学生通过社团活动、社会实践、志愿服务等学生活动提升自身综合能力，通过专业竞赛、科研等提升专业能力。

(3)大学三年级和四年级。学生通过前两年的探索和调整，应该确定了较清晰的大学生涯发展目标，并对自身的能力和兴趣有了清晰的认识。在继续了解学生个体的现阶段需求后，就业指导教师可依据不同生涯发展目标学生群体进行分类指导。对于将升学作为目标的学生，可以着重搭建科研平台，帮助学生与专业教师直接对接开展科研活动，引导学生在专业探索上更进一步，着力提升学生的科研素养和专业能力。对于将求职作为目标的学生，可以通过举办简历制作指导、模拟招聘、求职心理调适、求职信息搜索指导等培训或工作坊，也可以引导学生通过网络来了解职业和求职技巧、寻找就业机会，从而多渠道帮助学生了解职场，掌握求职技巧，学会求职信息收集，实现生涯发展目标。

3. 持续更新学生生涯档案

个性化就业指导需要落实到学生个体，因此学生个体的需求变化和成长变化需要有效记录，为学生建立一人一档的学生涯档案实有必要。生涯档案的建立过程即是生涯辅导由"他人引导"进步为以"发展、自我中心"的趋向。在生涯档案的形成过程中，逐渐清晰对自我和环境的认知，达到内外资源的统整。[5] 由于就业指导本身是一个持续性、连贯性、系统性、动态化发展的过程，因此学生生涯档案具有动态性和全面性的特点，除了能够掌握学生基本情况之外，还能够对其每一阶段的表现清晰明了。

生涯档案虽然会因年级不同、阶段不同、目标不同而在内容设置上略有差异，但从整个大学四年来看，其主要内容应包括以下 5 个部分：(1)学生个体信息。包括学生的基本信息、家庭背景等，以及通过测评系统所呈现的兴趣爱好、性格特点、能力倾向、价值取向等测评报告和解读，个人撰写的自传、成就故事、个人简历等。(2)专业和职业信息。包括学生对专业和职业进行探索所呈现的各种图文资料，多为生涯人物访谈、理想职业图、专业决策表、岗位说明书等。(3)就业指导类文书。除了包括大学一年级时撰写的大学生涯规划书、每个学期所写的生涯九宫格之类的计划性文书，还应包括学生做个体咨询时的有关记录和谈话资料。(4)阶段性评估表。大学生涯是动态的，在每个学年结束时应进行阶段性评估，对照规划书和计划书盘点每个学年度的个人成长情况，记录学生的评价和反思，对下阶段的目标和行动进行调整。(5)实践类信息。除包括学生在低年级参加社会实践、志愿活动等的所感所想，在高年级参加单位实习的所思所得外，还可以包括学生科研项目类活动记录、资格证书的记录等。

动态地跟踪，可以有效反映学生的整体状况，所以需要在大学四年全程持续更新学生的生涯档案。

(三)优化就业指导师资是关键

个性化就业指导是以学生自身的实际情况为出发点，通过综合考虑学生的个体与专业和职业的适应范围，有针对性地在就业方面给予辅导。因此，就业指导是一门专业性很强的工作，其实施效果与从事就业指导的师资直接相关。从学院层面而言，需要在调动全院专业教师、辅导员、行政人员等全员参与的基础上，积极挖掘和吸纳不同工作年限、不同职业、不同地域的校友资源，构建领航师、班级导师、专业教师、生涯规划师、校外导师、朋辈咨询师"六师一体"的师资体系。这既能丰富就业指导师资力量，又能形成不同师资的优势互补。有了这个师资体系，再结合学院的专业背景和特色，才能保障本院学生的个性化就业指导实施到位。个性化就业指导是个庞大的工程，生涯规划类课程、通用型能力培训等指导主要利用学校现有的资源来开展，学院的师资应集中重点解决学生的个体发展性辅导和指导，帮助学生结合自身特点做好专业和职业的选择、树立合适可行的大学生涯目标。

综上所述，开展个性化就业指导是大类招生背景下高校就业指导工作的现实需求，也是以生为本理念的重要体现。要顺利实施学生的个性化就业指导，就需要学院从本院实际出发，统一指导思想，设计合适的指导内容，配备高质量的指导师资队伍，从而保证学生生涯目标的实现、保证学生实现高质量的就业。

参考文献

[1]杜洋，童玲欣，曹庆华，等．大类模式下学生是如何选择专业的？[J]．苏州大学学报（教育科学版），2021（9）：19-29．

[2]左方敏．新时代大学生个性化就业指导的路径探析[J]．高校辅导员学刊，2019（2）：56-57．

[3]翁浚溥．高校个性化就业指导工作之对策分析[J]．科教文汇，2021（5）：34-35．

[4]张鸿，刘阳．专业与职业相关性分析——基于层次分析法的多元回归模型[J]．教育教学论坛，2011（24）：128-130．

[5]许燕平，朱丽莉，李亚东．大学生生涯发展档案在生涯辅导上适用的概念模式建构[J]．教育与职业，2010（10）：91-93．

第二篇　新时代大学生就业专题研究

高校毕业生就业权益保护之法律问题刍议

龚　韵*

（武汉大学党政办公室）

摘要　高校毕业生就业权益保护的相关法律问题日益引起社会各界的关注，需要进一步厘清并明确就业协议的法律属性、签约主体、权利义务、解约条款，进一步探索并完善培养学生法治思维和就业诚信意识的新路径，以推动形成更加成熟的高校毕业生就业权益保护环境。

关键词　高校；毕业生；就业；权益；法律

随着高校毕业生就业制度改革的不断深入，高校毕业生的就业问题日益凸显，特别是在实践中就业权益保护的相关法律问题引发多方关注。如何规范就业协议签订、完善解约要件、培育毕业生法治思维和就业诚信意识，已成为当前迫切需要解决的问题。

一、关于就业协议的法律问题及完善建议

根据《普通高等学校毕业生就业工作暂行规定》，就业协议书是指经供需见面和双向选择后，毕业生、用人单位和高等学校三方签订的书面协议，一般由教育部或各省、自治区、直辖市就业主管部门统一制作，是高校制订就业计划、进行就业统计和派遣毕业生的依据。

（一）就业协议法律性质模糊

关于就业协议的法律定性，理论界和实务界均持不同看法，综合而言主要有两种，即民事合同说和劳动合同说，前者适用我国《中华人民共和国民法典》，后者遵循我国《中华

---

* 作者简介：龚韵，硕士研究生，武汉大学党政办公室副主任，研究领域：法治。

人民共和国劳动合同法》。

对就业协议性质认定的不确定，主要是源于对《普通高等学校毕业生就业工作暂行规定》关于就业协议主体构成、权利义务理解的不同。该规定要求协议签署方为毕业生、用人单位和高校三方，且未经高校同意，毕业生擅自签订的协议无效。这种规定的表述看起来在毕业生、用人单位双方意思自治的基础上添加了公权力干预的内容，类似于行政法之上的管理与被管理的关系，与典型的民事合同仅依据双方当事人之间的意思自治还有一定区别。

此种规定的制定用意就需要从《普通高等学校毕业生就业工作暂行规定》出台的背景来加以综合考量了。该规定是教育部为维护毕业生和用人单位的合法权益于 1997 年印发并实施的。当时强调的是高校要对就业协议书的签约严格把关，要向用人单位承担一定保证或担保责任，并非高校要刻意干涉、限制毕业生的就业自主自愿选择，本质上与我国《中华人民共和国宪法》和《中华人民共和国劳动法》等法律法规尊重劳动者和用人单位权利的原则并不相悖。

就业协议到底是民事合同还是劳动合同呢？劳动合同是劳动者与用人单位之间确立劳动关系，详细明确约定双方权利义务关系的协议，受我国《中华人民共和国劳动合同法》的调整。从民事合同和劳动合同两者的关系来看，民事合同合意的根本目的是便于高校毕业生和用人单位日后顺利达成后者劳动合同。但就两者的性质而言，则存在本质差异，就业协议并未直接建立毕业生与用人单位之间的劳动关系，毕业生此时并非劳动者，并非劳动关系的当事人。就业协议虽然是高校、用人单位、毕业生三方签订的，但仍然是用人单位与毕业生之间在就业自主权的基础上达成合意的意思表示，是典型的订立民事合同的过程。因此，笔者认为，就业协议具备普通民事合同的构成要素，属于民事合同，适用《中华人民共和国民法典》的相关规定。

(二) 就业协议内容过于粗略

现阶段就业协议属于制式合同，主要由教育行政管理部门统一制定。一般而言，内容大致包括以下三部分：第一部分主要规定三方当事人的基本信息，包括即用人单位的名称、性质及接收毕业生的目的；毕业生的基本情况；毕业生所在高校的名称、联系人等。第二部分是该协议的核心部分，主要规定用人单位和毕业生签订协议的自愿性；高校同意毕业生到用人单位工作；变更或解除协议必须具备的条件、违约责任和存档规定等。第三部分为在指定位置上要求三方签名和盖章。以上条款都是粗线条的规定，内容非常简单，具体权利义务之于用人单位还是毕业生都无据可循、不甚明确，特别是对毕业生关心的岗位、待遇、工作地点等事项均未做详细约定，有流于形式之嫌。由于在招聘中没有形成充分有效的文字材料，导致毕业生将来维权时可能处在举证不能的不利状态，无法从根本上保障高校毕业生的合法权益。

（三）完善建议

1. 建议修改高校毕业生就业协议签署主体

《普通高等学校毕业生就业工作暂行规定》第二十四条规定："经供需见面和双向选择后，毕业生、用人单位和高等学校应当签订毕业生就业协议书，作为制定就业计划和派遣的依据。未经学校同意，毕业生擅自签订的协议无效。"如果仅依据此条就生硬地认为毕业生和用人单位签订协议是否有效的决定权掌握在高校手中，将高校认定为协议主体，这是不合适的。高校在协议中一般不享受权利也不承担义务，更多的是作为有指导、服务职责的管理者见证毕业生和用人单位对就业达成一致。

为消除《普通高等学校毕业生就业工作暂行规定》第二十四条规定带来的误解，避免毕业生错失就业机会、压抑学生就业活力现象的发生，建议修订该规定，重新定义高校在就业协议中的地位、功能和作用。

随着市场化的进一步深入，我国经济愈发向着"大市场小政府"的方向发展，高校对毕业生的就业管控应充分发挥民事主体之间的意思自治，使"三方协议"回归本位。目前，已经有不少高校退出就业协议书签署主体的行列，彻底转变高校的角色，将就业协议明确为毕业生和用人单位的双方协议。但由于毕业生本身对风险的识别能力较弱，高校自身还需作为见证方做好就业协议的指导和服务工作，如对就业单位和协议条款的合法性和真实性进行审查，对双方当事人的签约和履约能力进行核实，对于就业之中的风险问题进行提醒，这是充分地尊重毕业生的自由选择并保障协议双方合法权益的体现，也是市场经济体制和劳动就业制度改革的必然趋势。

2. 建议明确高校毕业生就业协议法律性质

虽然高校毕业生依据就业协议与用人单位建立了合同关系，但此时其身份并非我国劳动合同法所保护的劳动者身份，而且我国劳动监察部门也明确了其保护的对象是正式职工，这就大大增加了毕业生的维权难度。毕业生到底是以民事合同为由发起诉讼还是以劳动关系发起呢？通过对多起就业协议书纠纷引发的诉讼案件的梳理，在司法实践中，法院更倾向采用民事合同说，理由就是毕业生签订《就业协议书》时系在校学生，其不具有劳动法意义上劳动者的主体身份，因此该协议书不是劳动法意义上的劳动合同，而是一种民事性质的合同。该协议书系双方当事人的真实意思表示，内容亦不违反法律法规的禁止性规定，应为合法有效，受民事诉讼管辖。

当然作为民事诉讼管辖范围，高校毕业生就业协议跟普通合同协议还是存在一定的区别，特别是毕业生作为诉讼主体的举证能力与用人单位有差距，这需要法官在裁判时做好适当的举证要求平衡和把控。

3. 建议充实高校毕业生就业协议权责内容

高校毕业生就业协议沿用至今已逾 30 年，是依据 1989 年国务院颁布的《高等学校毕业生分配制度改革方案》而实施的，行政色彩与时代特色浓厚。其后经历了多次修订后，最终以 2009 年教育部颁发的《关于修订〈普通高等学校毕业生就业协议书〉若干意见的通知》确定其形式并沿用至今。[1]虽然该版协议在高校就业管理工作中发挥了积极作用，但是已经不适应新时代就业形势和就业需求的变化。特别是自《中华人民共和国劳动合同法》颁布实施后，就业协议在衔接劳动合同等法律，以及规范毕业生与用人单位的法律关系上，存在着不足与滞后性，引发了不少纠纷。

就业协议并非证明劳动关系的法律文件，对毕业生与用人单位是否构成劳动关系没有法律约束力。如果就业协议书和劳动合同存在很多不一致甚至是相抵触的内容，这将会降低就业协议书的法律效力，导致许多纠纷的产生。就业协议书与劳动合同在条款内容方面应具备一定的连贯性和一致性，做到相互衔接，从而体现就业协议书的法律效力，不让一纸空文的现象再次出现。

因此可以参照《中华人民共和国劳动合同法》)第十七条对劳动合同的必备条款和约定条款的规定，对应聘岗位、工作内容、工作地点、工作时间、薪酬待遇、社会保险、合同期限等事项进一步修订充实，为最终顺利签订劳动合同创造条件，以达到高效对接形成劳动合同关系的效果，实现更好保护学生就业权利的目的。

二、关于毕业生解约的法律问题及完善建议

教育部数据显示，2010—2017 年的高校毕业生人数按照 2%~5% 的同比增长率逐年增长，近 8 年间累计毕业生人数 5700 余万。伴随高校就业人数的不断攀升，就业协议违约数量也呈正相关态势。[2]

从经济学原理出发，是由求职者对自己的价值定位不清晰，决策因素、标准不固定和劳动力市场信息不对称造成的。求职者无法掌控满足自己求职预期的岗位的出现顺序，只能从此前的市场信息中寻找更接近职业预期的岗位签约，但是不一定完全满意，签约之后会继续搜寻，当搜寻到能够提供更高的报酬或者其他符合应聘者需求条件的新单位时，在

应聘者看来既能实现自己的价值又能提高经济收入，与原单位解约就会变成再自然不过的事情了。[3]

(一) 解约金额畸高

一旦毕业生签订就业协议之后毁约，解约的成本是非常大的，具体体现在：用人单位的招聘成本的收益便归零，用人计划遭搁置，招聘成本增加；有限的就业资源被浪费，其他毕业生的就业机会减少；高校信誉受到损害，与用人单位的长期合作关系被破坏。

用人单位为规制毕业生解约，一般采用了解约金条款，高校为了维系与用人单位的友好合作关系，一般对用人单位单方设定的解约金额并未做否定，导致解约金额度参差不齐，少的三五千元，多的竟达三五万元。例如中国裁判文书网上发布的关于某机场股份有限公司与某高校毕业生就业协议纠纷判决书，用人单位(原告)即要求毕业生(被告)支付违约金5万元。毕业生们寒窗苦读多年，学费支出已不是小数目，如果还要承担解约所支付的巨额违约金的话，这对本身就处于弱势的毕业生们不公平。

(二) 规制解约手段不当

高校为有效控制毕业生解约行为的发生，有的采取了十分严苛的解约流程，如学生要经过班级初审会、学院复评会、校级评议会等层层审议通过，才能获取学校在就业解约协议上的签章认定；有的将解约次数进行严格限定，往往只允许学生解约一次；还有的将解约与个人资格挂钩，明确规定无论何种情况只要解约，学生承担的责任除了就业协议中规定的外，还要取消学生之后的一切评优评先资格，并在毕业生鉴定表中注明"就业不诚信"。

《中华人民共和国就业促进法》第二条、第三条规定，要坚持劳动者自主择业、市场调节就业、政府促进就业的方针，多渠道扩大就业；劳动者依法享有平等就业和自主择业的权利。而上述某些高校规制解约的方式在某种程度上虽然可迫使每名毕业生切实加强"违约有风险，签约须谨慎"的意识，但并没有上位法的依据，明显与《中华人民共和国就业促进法》有不合之嫌，从法治的角度看也是不当的。

(三) 完善建议

1. 建议主管部门主动加强救济

建议高校作为见证人，根据用工的具体情况对解约金的数额进行审核评估，用工单位定的解约金过高时，应和毕业生一起与用人单位沟通协商，达成合理的解约金额。同时建议劳动保障部门、教育部门根据省区实际情况，出台解约金指导标准，以确定相对公平合理的数额，防止用人单位漫天要价，让大家签约解约都有章可循，也可使高校脱离夹在毕业生与用人单位之间的尴尬境地。

2. 建议向毕业生明示司法救济途径

根据《中华人民共和国民法典》第五百八十四条和第五百八十五条的规定，当事人一方不履行合同义务或者履行合同义务不符合约定，造成对方损失的，损失赔偿额应当相当于因违约所造成的损失，包括合同履行后可以获得的利益；但是，不得超过违约一方订立合同时预见到或者应当预见到的因违约可能造成的损失。当事人可以约定一方违约时应当根据违约情况向对方支付一定数额的违约金，也可以约定因违约产生的损失赔偿额的计算方法。约定的违约金低于造成的损失的，人民法院或者仲裁机构可以根据当事人的请求予以增加；约定的违约金过分高于造成的损失的，人民法院或者仲裁机构可以根据当事人的请求予以适当减少。那如何认定违约金过分高于损失？当事人约定的违约金超过造成损失的30%的，一般可以认定为过分高于造成的损失。

因此，解约金数额只要是毕业生和用人单位双方当事人真实意思表示，不存在《中华人民共和国民法典》中无效的情形，即不违反法律、行政法规的强制性规定，不违背公序良俗，解约责任条款应当有效。若毕业生解约就应按照协议约定承担解约金赔偿责任。如果解约金过分高于实际损失，可告知毕业生救济路径，向法院提起诉讼，以适当减少原解约金额。

就业协议虽然不适用《中华人民共和国劳动合同法》，但其关于违约金的条款依然可以作为确定就业协议解约额度的参照。《中华人民共和国劳动合同法》第二十二条："用人单位为劳动者提供专项培训费用，对其进行专业技术培训的，可以与该劳动者订立协议，约定服务期。劳动者违反服务期约定的，应当按照约定向用人单位支付违约金。违约金的数额不得超过用人单位提供的培训费用。用人单位要求劳动者支付的违约金不得超过服务期尚未履行部分所应分摊的培训费用。"由此可见解约金的数额可执行与损失相当的原则，保持补偿性而非惩罚性。例如前述某机场股份有限公司与某高校毕业生就业协议纠纷，法院结合双方合同约定、实际履行成本及过错程度等因素，特别是被告刚毕业不久的情况，酌情确定被告应当承担的违约金数额为2万元。

三、大学生法治意识培养的法律问题及完善建议

高校就业法律指导教育对于培养大学生的法律意识起着基础性作用，是就业教育体系

中的重要组成部分，就业法律指导工作成效的好坏将决定毕业生能否顺利走向社会。

(一) 就业法律指导不到位

当前高校对大学生的法治教育还未予以足够的重视，往往仅依靠一门"思想道德与法治"课程就想达成大学生法治意识的培育和养成。这种不现实的想法和抽象的教学模式使得大学生的权责利观、规则证据意识、维权救济能力都无法有效应对艰险的市场环境，就业法律风险防控能力相对较弱，毕业生在就业过程中权益受到侵犯的案件也有所增加，所以高校就业法律指导服务质量亟待提升。

(二) 就业诚信教育不到位

高校学生尽管接受了多年的家庭教育和学校教育，对规则内容和遵守规则的认知不存在任何问题，但其诚信意识的现状还不尽如人意。例如在就业过程中由于就业压力的增加，学生在求职过程中或多或少存在诚信问题，求职不讲诚信会对学生的诚信观念产生强烈冲击：有的在就业过程中重利益，为了获取就业机会讨好用人单位，在投递简历时过分修饰自己，在面试时过分吹嘘自己；有的签约时没有深刻了解个人与工作的匹配度，抱着骑驴找马的心态随意签约，任性解约。

高校的诚信教育方式也比较单一，内容相对理论化，实践活动比较少，没有做到与时俱进，不能很好地吸引学生，没有对学生形成积极的引导。而且，高校诚信教育往往更重视事后的惩罚，如解约后的处理等。个别高校为了促进学生顺利就业，对学生的就业不诚信行为"漠视不管"，就业推荐材料也不严格把关，对于就业没有完备的监督和约束机制，学生失信行为成本低，对学生就业失信行为的宽容和谅解也在一定程度上加剧了学生的就业不诚信行为。[4]

(三) 完善意见

1. 建议系统提升毕业生法治思维

"法治思维作为一种基本思维方式，是以合法性为起点，以公平正义为价值，要求以权利和义务为中心，强调讲程序的一个思想认识过程。"[5]法治教育将有助于毕业生辨别真假是非，培养独立思考、判断的习惯，既做到在择业过程中保护自身的合法权益不受侵害，又能约束其在择业过程中不损害用人单位的利益。高校应该重新审视就业维权法治教育的重要性，把就业法律知识扩充到大学生就业指导课程中，形成以《中华人民共和国民法典》《中华人民共和国合同法》《中华人民共和国劳动法》《中华人民共和国劳动合同法》

《中华人民共和国就业促进法》为基石的就业法律指导课程体系。课程体系要以重点提高学生就业法律素养为教学目标，以学生就业面临的实际法律问题为出发点，以就业相关法律法规和案例作为教学内容，开展针对性、实用性强的就业法律指导教学。让学生毕业走向职场前就涵养好就业权责利观、规则证据程序意识和维权救济能力，为走好职业道路做好完备的知识准备、心理准备和素养准备，最终实现提升学生法治思维能力、培育学生法治信仰的根本目标。

2. 建议着力培养毕业生诚信意识

高等学校作为教育实施的主体，肩负着为国家培养有理想、有道德、有文化、有纪律的中国特色社会主义事业合格建设者和可靠接班人的光荣使命。人无信不立，诚信是人在社会上立足的根本，也是社会主义核心价值观个人层面的价值准则之一，同时也是中国特色社会主义事业合格建设者和可靠接班人所必须具备的品质。高校要进一步加强毕业生就业诚信意识的培养，贯穿于人才培养的整个过程，用学生喜欢的方式进行诚信教育，使诚信进入课堂，进入生活，让诚信意识入脑入心；要加强学生就业过程中的监督指导，建立起全方位的毕业生诚信教育体系，设立诚信奖惩制度、诚信档案制度，不仅让学生自律，更通过他律来让学生实现主动自律。

参考文献

[1]麦智杰.灵活用人趋势下毕业生就业权益保护探析——基于毕业生就业协议适用[J].教育教学论坛，2023(3)：37-40.

[2]范卫红，贾琳琳.我国高校毕业生就业违约的制度经济学分析[J].长江师范学院学报，2020，36(5)：118-124.

[3]葛长波，杨蕊，王晓琼.新时期大学生主动解除就业协议现象分析与对策[J].中国大学生就业，2022(1)：30-35.

[4]虞剑英.高职院校大学生就业诚信实证分析[J].成都航空职业技术学院学报，2021(1)：17-21.

[5]蔡晓卫.论高校大学生法治思维的养成[J].中国高教研究，2014(3)：76-79.

疫情防控常态下大学生就业趋势分析与应对

刘文彬*

（武汉大学人事部）

摘要 新冠疫情的反复延宕给大学生就业造成了巨大影响，既是风险挑战也是重大机遇。本文在分析疫情对就业岗位、就业结构、就业态势、就业心态等方面给大学生带来挑战与机遇的基础上，从政府、企业、学校以及大学生自身等角度提出了疫情防控常态化下充分保障大学生就业的应对举措。

关键词 疫情防控常态化；大学生就业；风险挑战；应对举措

就业是最大的民生。高校毕业生是我国尤为宝贵的人力资源，而且这个群体数量巨大，促进高校毕业生充分就业，是落实国家"六稳"和"六保"的必由之路。然而新冠疫情反复冲击，深刻影响着全球就业市场，不稳定性和不确定性给就业带来巨大的挑战。高校毕业生面临的就业形势更加严峻，在疫情防控常态化下，做好高校毕业生就业工作尤为重要。

一、疫情反复冲击给就业带来了巨大的风险和挑战

（一）疫情对于就业岗位数量的影响超出了预期

总部位于瑞士日内瓦的国际劳工组织密切关注疫情对于就业的影响。他们在2021年10月27日发布报告称，发达国家和发展中国家经济复苏进度不均，对全球经济整体复苏造成威胁，2021年新冠疫情对全球就业造成的影响比预期更严重。国际劳工组织在报告中指出，2021年全球工作时间将比疫情前水平（2019年第四季度）减少4.3%，相当于1.25

---

* 作者简介：刘文彬，博士研究生学历，现任武汉大学人事部副部长，曾从事大学生就业创业服务相关工作。

亿个全职工作岗位。国际劳工组织 2021 年 6 月份曾预测，2021 年全球工作时间减少幅度为 3.5%，相当于 1 亿个全职工作岗位。报告称，若没有切实的财政和技术支持，发达国家和发展中国家之间的就业复苏趋势将持续存在"巨大差异"。报告显示，2021 年第三季度，高收入国家的总工作时间比 2019 年第四季度少 3.6%，低收入国家和中低收入国家减少的幅度则分别为 5.7% 和 7.3%。虽然我国在疫情防控方面做出了很好的应对，也取得了很好的效果，但是全球疫情的反复冲击，变异毒株等对劳动力市场的影响，以及疫情未来走向存在显著的不确定性，尤其是对于全球的就业岗位数量削减。

（二）疫情加剧了就业的结构性矛盾

2021 年底国际劳工组织总干事莱德指出："这场危机已经持续两年，前景仍然脆弱，复苏之路缓慢而不确定。我们已经看到劳动力市场潜在的持久损害，以及贫困和不平等的加剧。许多工人被要求转向新的工作领域——例如，为了应对国际旅行和旅游业的长期低迷，许多人不得不改行，从事其他职业。"新冠疫情继续对全球劳动力市场产生重大影响，复苏将呈现缓慢且不确定状态，就业市场在地区、收入水平、性别等方面将会出现不平衡加剧的局面。而对于毕业后即将进入社会的大学生群体来说，一方面经济转型升级、科学技术进步对劳动者素质提出了更高要求，人才培养与市场需求之间的不完全匹配现象进一步加剧；另一方面，学生就业心理预期与市场供给之间存在落差，学生"就业难"与用人单位"招工难"并存，疫情的影响正在加剧大学生就业的结构性矛盾。

（三）疫情加速了新业态的发展

为贯彻习近平总书记关于"疫情对产业发展既是挑战也是机遇"的指示，2020 年 4 月，上海首次提出了在线新经济的概念并在全国得到推广。在线新经济与网络经济、数字经济既有区别又有联系。其包含了新一代信息技术对传统产业的赋能，范围大于网络经济；同时，其范围又小于数字经济，更加强调疫情下新技术、新模式、新业态所催生的增量市场，跟现代生活服务关系更加密切。

面对新冠疫情的巨大冲击和严峻复杂国际形势，我国采取了以创新推动增长的策略，通过采用新技术、新模式、创造新市场，在线新经济逆势增长。一方面，疫情下远程办公、无接触配送等新市场被开发出来，虽然随着疫情常态化发展相应需求减弱，但部分场景及习惯得以保留；此外，疫情也起到了高效催化剂的作用，大幅促进已有的在线经济业态创新发展，如在线文娱、网络直播、电商直播、在线生活服务等，相关领域公司如快手、喜马拉雅等在疫情期间仍保持逆势快速增长，电商直播从电商企业渗透到整个零售业，深刻改变了行业商品流通模式。

数字经济的高速发展推动了产业结构的升级，同时也带来了就业结构的改变，新职业催生出大量新的工作岗位与就业机会。根据中国信通院《2021 年中国数字经济就业发展研究报告》，从数字经济的招聘岗位来看，产业数字化领域面向消费端的第三产业就业岗位占比高达 60.2%，人才需求远超第一、第二产业，对包括新媒体、自媒体、直播、视频等领域的人才展现出较强的就业吸纳能力。据领英《2021 年新兴职业趋势报告》数据显示，电子商务、内容营销、软件开发和工程等自带数字化基因的职位正在成为新的风口，新兴就业需求被释放，就业规模不断扩大。

(四)疫情影响下学生的选择更加"求稳"

据统计，2022 年国家公务员考试报名人数高达 212.3 万，首破 200 万；2022 年考研报名人数达到 457 万，较上一年上涨 80 万，达历年最高。二次考研、考公的人数也逐年增多。考研热、考研难，在疫情影响下已经成为常态，首要原因是我国学生留学难度急剧增加，许多应届毕业生以及往届毕业生，为完善自己知识结构、提升自身就业竞争力，以此来应对体制内岗位普遍对高学历的要求。在考公方面，以武汉某高校为例，2021 年毕业生的规模 14000 余人，当年全校参加各省份选调生考试超过 6000 人次，但最终走上选调生道路的只有 400 人左右。疫情影响下，公务员、体制内的岗位受到大学生的热捧和青睐，这种求稳的心态表现更加明显。

二、疫情时期政府、企业和学校要更加积极保障落实好大学生群体的就业

1. 国家和政府要落实第一主体责任

国家为防范出现因疫情而带来的规模性失业风险，统筹推进疫情防控和经济社会发展，提出了扎实做好"六稳"工作和落实"六保"任务的总要求，其中，将就业问题列为"六稳"和"六保"之首。当前全球经济依然面临严峻挑战，稳就业和扩内需仍是一项长期的重点工作。扩大就业容量，有利于缓解新生劳动力就业压力；提升就业质量，能够推动经济、企业高质量发展。一是加大对市场主体特别是中小微企业纾困帮扶力度。完善促进中小微企业和个体工商户发展和用工的制度环境和政策体系，构建常态化援企稳岗帮扶机制，持续减轻中小微企业负担，激发中小微企业活力，增强就业岗位创造能力。深入实施扩大内需战略，持续促进消费、增加有效投资拉动就业，通过保市场主体保就业。二是要继续把就业摆在经济社会发展和宏观政策优先位置，强化财政、货币等政策支持就业的导

向，促进吸纳就业能力强的劳动密集型行业发展，推动服务业线上线下融合发展，多渠道促进灵活就业。三是要拓宽高校毕业生市场化社会化就业渠道。结合国家重大战略布局、现代产业体系建设、中小企业创新发展，创造更多有利于发挥高校毕业生专长和智力优势的知识技术型就业岗位。健全激励保障机制，畅通成长发展通道，引导高校毕业生到中西部、东北、艰苦边远地区和城乡基层就业。四是加强灵活就业人员和新就业形态劳动者权益保障。加快落实《关于维护新就业形态劳动者劳动保障权益的指导意见》，建立完善适应灵活就业和新就业形态的劳动权益保障制度，引导支持灵活就业人员和新就业形态劳动者参加社会保险，提高灵活就业人员和新就业形态劳动者社会保障水平。规范平台企业用工，明确平台企业劳动保护责任。健全职业分类动态调整机制，持续开发新职业，发布新职业标准。

2. 企业要更加积极主动承担社会责任

企业是吸纳毕业生的主阵地和主渠道，特别是在 2011 年之后，有 75% 以上的毕业生在企业就业。在国内对于民营企业和民营经济有一个"56789"的总结，指其贡献了 50% 以上的税收、60% 以上的国内生产总值、70% 以上的技术创新成果、80% 以上的城镇劳动就业，以及 90% 以上的企业数量。改革开放以来我国民营企业、民营经济不断发展壮大，在推动发展、改善民生、促进创新、深化改革、扩大开放等各方面都发挥了不可替代的重要作用，尤其是在吸纳高校毕业生就业创业方面做出了巨大的贡献。在全球化、民营化不断发展的大背景下，企业承担的社会责任已经越来越受到肯定与关注。后疫情时期，企业首先是保生产，经济社会的基础是物质生产，没有复工复产就没有就业，就没有正常的生活，任何社会都承担不起长期的停摆和失业；其次是保就业，主要是不裁员、少裁员，不降薪、少降薪；第三是保供应，规模大的企业都有供应链，他们的重要责任是让这些供应商活下来，此时不仅不应该终止合同或取消订单，甚至还要给供应商输血。企业有理由为挽回疫情带来的负面影响、提升组织效能和盈利，提高对应聘者的要求，但是更要承担好保民生的社会责任。不发布虚假就业信息；积极组织在岗或待岗毕业生参加在线职业技能培训，不收取毕业生职业技能培训费用；依照就业协议接受毕业生，签订正式劳动合同，并为其安排岗位，保证毕业生正常工作并享有相关待遇；对因疫情导致毕业生暂不能上岗或返岗提供正常劳动的，企业要更加人性化为其延长返岗或上岗期限。

3. 高校要积极做好学生就业指导与服务工作

学生就业是学校人才培养质量的"晴雨表"，保障学生顺利就业，为学生迈好走向社会的第一步，是高校立德树人必须打通的"最后一公里"。高校既要确保学生健康安全，又要保障学生尽快落实就业，履行好大学的应尽之责。首先要突出价值引领，开展精准化指导帮扶。加强就业观教育引领，鼓励毕业生积极服务国家战略，到国家重大工程、重大项目、重要领域，到基层就业创业，到部队贡献才干。进一步加强对毕业生的分类指导，针对不同专业和需求，送政策、送信息、送指导。结合学生的思想及心理变化，引导学生合理调整就业预期，树立正确的择业观、事业观。开通网络就业咨询服务系统，推出"一对一"线上咨询服务，开展选调生、军队文职人员、教师等专项线上备考培训。指导院系开设职业规划辅导员线上工作室，组织开展职业规划、远程面试技巧、网申指导等讲座培训。加强对建档立卡贫困家庭、家庭经济困难、"零就业"家庭、少数民族、就业困难等重点学生群体的指导帮扶，摸清学生底数，建立工作台账，帮助重点学生群体实现就业。第二要转变工作方式，组织网络化招聘活动。疫情反复影响，学校要及时把招聘工作由线下搬到线上，将"面对面"转为"屏对屏"，分行业、分区域组织网络招聘活动，举办各类大型网络招聘会和开展空中宣讲。充分利用就业网站、微信公众号、微信群、QQ 群等平台，及时发布用人单位和毕业生就业信息，实现就业工作多方联动。第三要优化工作流程，提供便利化就业服务。通过"不见面""零接触"方式，为用人单位和毕业生提供更高效优质的就业服务。引导毕业生及时关注学校就业信息网、各高校就业的官方微信公众号、各招考单位官方公告等信息，鼓励毕业生通过知识和技能学习，不断提升求职竞争力。加强对毕业生的关怀和心理疏导，鼓励毕业生及时调整求职方式，积极参与线上招聘。开通线上远程服务，全面做好毕业生签约管理、审核和指导。通过电话、网络等，指导毕业生灵活办理就业手续。依托就业管理系统和就业大数据分析平台，对招聘会举办情况、用人单位招聘和毕业生应聘情况进行实时分析，全面掌握毕业生就业进展，针对性做好毕业生就业指导工作，帮助毕业生就业创业。

三、疫情时期大学生自身要更加积极理性应对就业

疫情时期大学生要实现满意就业，无疑需要国家、企业和高校的共同努力，需要良好的社会就业环境，但是，也离不开自身综合素质的增强和内生动力的激发。高校毕业生要在呼吁国家、社会力量支持的同时，正确处理好个人利益与国家利益、眼前利益与长远利益的关系，强化社会责任感，更加积极理性应对就业。

（一）理解和支持疫情防控下就业机会的减少

疫情防控时期对生命健康权的保护程度和比例当远远高于其他人权，包括公民的就业权和工作权。一个国家如果不能确保基本的公共健康安全，就无法创造就业机会，因此，

疫情控制是各个国家公共卫生系统的优先事项。在阻击疫情的紧急状态下，公民的其他权利受到一定程度的限制是迫不得已的特别措施，尽管正常的生活工作秩序被打乱了，公民权利的行使也受到一定程度的影响，但是在全局上却是对集体人权和公民权益的根本保护。实际情况看，虽然当前我国疫情防控下人民权益受到了一些限制，但实际上是国家坚持人民至上、生命至上的生动体现，对于世纪大疫情，我们给出了不可复制的中国答卷，成功控制住了疫情，得到了广大人民群众拥护和支持，也赢得了国际社会的高度评价。疫情常态化防控下，就业机会有一定的减少，作为大学生更应当予以理解和支持。

(二) 疫情时期要更加努力提升个人的就业竞争力

在疫情防控常态化环境下，企业和社会用人的标准在供需结构矛盾的背景下不断提升。大学生要保障自身利益和争取就业机会，关键还在自己，还在自身综合素质的增强和内生动力的充分发挥，必须转变观念，消除"等、靠、要"被动的惯性思维，打破对传统"金饭碗""铁饭碗"的追求。最为关键的还是个人要提升自身能力素养。自身综合能力越高，就业竞争力越强，就业权益越能够得到保障，所谓"是金子总会发光"。大学生应该努力学习，提升学历的同时，增强自身的职业关注力、职业控制力、职业好奇心和职业自信心，从总体上提高生涯适应力，让个人变得更加优秀，为走向社会打下坚实而不可替代的基础。

(三) 建立更加积极的就业观和职业观

后疫情时期，高校毕业生需要转变职业观念，建立更加积极的就业观和职业观。首先，针对当前就业岗位相对较少的现状，高校毕业生要树立先就业再择业、先积累后发展的策略性职业妥协观念。降低对薪酬、发展机会和通道以及城市等就业预期，先走上工作岗位积累经验后，再追求更高质量就业。其次，针对后疫情时期防控常态化的趋势，原有固定时间和地点的工作模式被打破，高校毕业生不仅需要面临可能出现的职位、组织、行业和地区上的工作转换，还应具备对自己跨越边界能力的认知，实现物理上和心理上的流动，高校毕业生接受和养成无边界职业生涯态度对其快速适应当前社会的工作现状将大有裨益。

(四) 适当增加法律意识和维权意识

大学生要认真学习《宪法》《劳动法》《劳动合同法》《就业促进法》《民法典》等法律法规，了解国家有关大学毕业生就业的相关政策，熟悉就业过程中的权利和义务，自觉遵守国家有关就业的法律规范和政策规定，并接受其约束。针对侵犯自身就业权益的行为，如网络招聘陷阱，新型电话诈骗等，要积极主动地向用人单位主管部门和学校主管部门或法治部门申诉，听取他们的处理意见及建议，同时也可向当地劳动争议仲裁机构申请调解和仲裁，或者直接向人民法院提起诉讼，要善于运用法律武器维护自身的合法权益。

参考文献

[1]翁仁木.疫情下新业态从业人员权益保障亟待关注[N].工人日报，2020-02-07(07).

[2]张捷.疫情防控常态化高校毕业生如何应对就业新趋势[N].光明日报，2020-06-30
　　(15).

[3]朱慧卿.疫情对高校毕业生就业有何影响[N].中国青年报，2020-03-09(08).

高校大学生实习现状对就业育人影响研究*

吴蓉芳

（武汉大学学生就业指导与服务中心）

摘要 随着大学生就业形势的变化，高校就业部门和大学生对实习的重视程度都呈现上升趋势。对于大多数大学生毕业后从事的职业而言，实习是开展职业规划、了解未来职业和提升就业能力的良好窗口，大学生积极参与实习工作是解决自身就业问题的良好途径，同时，实习也是作为大学生参与实习和就业的主管部门的高校就业部门提升就业指导效率的良好抓手。但是，部分大学生参与实习的积极性不佳，在参与实习时存在较多困难，高校及其就业部门在促进大学生参与实习方面仍有很多不足。本文通过对 W 大学的大学生实习情况的调查研究，分析当前大学生实习现状和对高校就业育人工作的影响，旨在为高校就业部门开展实习工作指导和应对新就业形势提供依据和策略，为解决大学生实习和就业问题提供新的路径。

关键词 大学生实习；高校就业育人；大学生就业

2022 年 12 月，《上海市大学生实习实践状况调查》出炉，调查显示，超过 40% 的上海大学生选择在大一和大二就开始实习，整体呈现出实习参与率高、实习方向多样、倾向自主实习、获取途径多元化和就业预期目标影响大等特点，其中总体实习率达到了 63.71%，实习方向完全与专业相关的为 40.86%，选择"自主实习"方式的高达 74.71%，打算毕业后到企业就业的实习参与率最高，达到 65.46%，打算国内升学的，实习参与率 45.62%，尚无明确目标的，实习参与率 50.65%。我们发现大学生对实习实践越来越重视，但是由于目前的实习大多是学生自主选择和安排，所以存在着缺乏投入度、系统化、规划性等问

---

* 基金项目：本文系湖北省教育科学规划 2022 年度专项资助重点课题"高校就业创业课程体系与评价研究"（2022ZA01）的阶段性成果。

作者简介：吴蓉芳，研究生学历，管理学硕士，武汉大学学生就业指导与服务中心就业指导与咨询办公室副主任，研究方向：职业生涯教育与就业指导。

题，实习对高质量就业和就业育人有着重要影响。

一、高校大学生实习类型

(一)高校大学生实习发展沿革

我国最早的实习制度始于 20 世纪六七十年代，最有代表性的是工科院校的工厂实习制度。这种实习制度由学校提出实习计划，然后交由国家教育部门和国家计划委员会，再以指令性计划的形式统一安排到国有大中型企业[1]。20 世纪 80 年代以后，就业制度发生了根本性变化，受市场经济转型以及高等教育大众化的影响，就业制度经历了计划性—双向选择—自主择业几个阶段[2]，用人单位在招聘过程中越来越重视大学毕业生的实习经历，在校大学生除了完成必要的专业、课程或毕业要求的实习外，需要更加积极主动地寻找更多与就业相关的实习机会，以提升求职竞争力，而且也不再局限于通过学校联系，而是选择直接与用人单位联系，实习方式也开始从单一的知识互补型向就业体验型转变，并逐渐形成了学生和企业两者之间自主选择的新模式[3]。

(二)高校大学生实习细分类别及维度比较

笔者以 W 大学为例，调研了目前 W 大学存在的实习形式，包括教学实习、带薪实习、社会实践、参访类实习、挂职锻炼等基层实习、就业实习、顶岗实习 7 类，并从实习性质、实习目的和意义、实习组织单位等 14 个维度对已经存在的实习形式进行了对比，具体如表 1 所示。

二、高校大学生实习现状分析

(一)调研基本情况

W 大学地处中国中部地区，2022 年 10—12 月，笔者在 W 大学进行了实习情况调研，来自 28 个学院(系)和培养单位的 1059 名在校学生参与了调研，覆盖本、硕、博各个学历层次，覆盖大一到大四、硕士毕业与非毕业年级，博士毕业与非毕业年级。

大学生实习类型及维度比较

表1

实习类型＼维度	教学实习	带薪实习	社会实践	参访类实习	挂职锻炼等基层实习	就业实习	顶岗实习
性质	实践性教学环节	在校大学生在正常教学之外进行实习并获得一定报酬的实践活动	在校大学生为了认知社会，在寒暑假进行的实践活动	在校大学生为了认知实职场而进行的短期参观式实习活动	在校大学生及研究生为了了解和认知基层工作、积累基层工作能力而进行的实习活动	尚未毕业大学生以符合用人单位录用条件为前提，进入用人单位进行实习。	高职院校学生在学习两年后，第三年进入企业以准员工身份上岗实习。
目的/意义	加深专业学习，培养综合能力，把握专业发展	获得知识和实践经验	了解社会，认知社会	了解职场环节	了解基层	积累实践经验，丰富社会阅历，获取签约机会	加深专业学习，培养综合能力，把握专业发展
组织单位	本科生院	学生个人行为	团委	就业中心/团委等	研工部/就业中心等	学生个人行为（部分院系将其与教学实习进行结合）	高职类院校我校医职教学部门
薪资	无（部分补贴）	有	无	无	学校补贴或地方政府补贴	有无（学生与用人单位约定）	有
方式	学校统一安排在学校内部实习；学校组织或自己联系到校外实习	自行联系用人单位进行实习活动，但不能违反学校规章制度	学校统一安排与学生自行联系结合	学校统一安排	学校统一安排与学生自行联系结合	用人单位发布招聘通知，学生投递简历并按照流程参与	学校按照专业培养计划，组织学生三年级学生在企事业单位前往企业单位实习
时间	准毕业年级，在校学习期间一学期左右	非毕业年级，寒暑假或周末等时间	寒暑假	寒暑假或平时	寒暑假	毕业年级一学期或一学年	毕业年级一学期或一学年
特点	强制性（学分制）	自愿性（竞争力）	自愿性（竞争力）	自愿性（竞争力）	自愿性（竞争力）	必要性（竞争力）	强制性（培养模式）

续表

实习类型＼维度	教学实习	带薪实习	社会实践	参访类实习	挂职锻炼等基层实习	就业类实习	顶岗实习
劳动关系	教育管理关系	雇佣关系	教育管理关系	教育管理关系	教育管理关系/准劳动关系（具体而定）	劳动关系/准劳动关系（具体而定）	劳动关系/准劳动关系（具体而定）
管理主体	学校	用人单位	学校	学校	学校/用人单位	学校	学校/用人单位
学生实习覆盖面	分学科，大部分理工学科类专业全覆盖，大部分人文学科和社科类专业较少	主要分布在人文学科和社科类专业，近年理工类专业提高，学生参与度提高	少部分学生/覆盖面有限	少部分学生/覆盖面有限	少部分学生/覆盖面有限	主要分布在人文社科和社科类专业，近年理工类专业提高，学生参与度提高	全覆盖
学生实习投入度	投入度一般	投入度较高	投入度一般	投入度中等	投入度较高	投入度最高	投入度较高
学生实习满意度	一般，很多学生认为只是为了完成了学分，没有学到什么东西	比较满意，大部分学生是为了获得报酬或者初步认知职场	在了解社会认知社会方面面了解较多	较高，学校提供较多资金和机会支持	较高，学生自主寻找的机会有限，所以大部分以大部分进行就业目的带有很高重视，因目的的学习更有针对性	满意度最高，大部分学生是出于就业目的进行实习，因而大多是去自己意向单位	比较满意
实习内容专业对口性	专业对口性强	专业对口性一般	专业对口性较差	专业对口性中等	专业对口性中等	理工科类专业对口性强，人文社科类实习专业对口性差	专业对口性强
对就业结果的影响	对行业对口就业来说，专业对口正向影响	大部分对就业结果的影响不大	视情况而定	对学生职场认知有较大影响	对有意向进入政府部门就业的同学有较大意愿上面的影响	对就业的起薪有较大正向影响	对行业对口就业来说，有较大正向影响

来源：本研究整理。

(二) W 大学学生实习资源获取及参与动机情况

1. 学生整体实习参与度较一线城市大幅偏低，学生参与实习次数大多为 1~2 次

调查结果显示 W 大学学生整体实习参与度不高，只有 39.28% 的学生有过实习经历，较上海市的 63.71% 差距很大，学生参与实习的意识不是很高。在参与实习次数方面，44.71% 的同学有过 1 次实习经历，34.38% 的同学有过 2 次实习经历，1~2 次实习经历学生比例接近 80%，具体如表 2 所示。

表 2　　　　　　　　　　　在校大学生实习次数分布

实习经历	比例
一次	44.71%
两次	34.38%
三次	12.50%
四次及四次以上	8.41%

来源：本研究整理。

2. 学生获取实习信息渠道广泛，但最终实习机会的获得更多依靠推荐

调查显示学生大多是通过推荐、公司招聘网站及公众号、第三方招聘网站，就业中心官网及校园招聘会等途径来获得实习信息，渠道较广泛，但是在最终获得实习机会方面，则更多的是依靠朋友、家长或老师的推荐，具体如表 3 所示。

表 3　　　　　　　　　　在校大学生实习渠道及实习机会获取途径

获取信息的渠道	比例	获得实习机会的途径	比例
他人推荐	58.41%	朋友、家长或老师的推荐	54.81%
公司招聘网站、公众号	31.01%	招聘网站、微博微信等网络平台	45.19%
前程无忧、智联招聘等第三方招聘网站	16.35%	学校、院系安排的专业实习	26.68%
校园招聘会或宣讲会	12.74%	自行前往用人单位咨询	20.43%
"W 大就业"公众号	10.58%	其他	5.05%
其他	9.13%		

来源：本研究整理。

3. 学生选择实习单位时考虑因素较多，更多的是考虑专业对口

调查显示 73.08%的同学选择实习单位时更多考虑专业对口，64.18%的同学选择时考虑自己的兴趣爱好，53.13%的同学考虑企业知名度，48.80%的同学考虑行业相关，同时对于持续时间长短、报酬和地域相对来说则考虑得比较少。具体如表 4 所示。

表 4   **在校大学生选择实习单位考虑因素**

您在选择实习单位时考虑最多的因素有哪些	比例
专业对口	73.08%
自己的兴趣爱好	64.18%
企业知名度	53.13%
了解行业有关内容	48.80%
持续时间长短	34.86%
报酬多少	33.65%
地域	29.33%
其他	1.68%

来源：本研究整理。

4. 学生实习动机相对理性，主要为将来工作打基础

调查显示 68.75%的学生实习是为了了解社会，丰富社会经验，增加自己的人脉，为将来工作打基础，68.51%的学生实习是为了提高综合能力和素质，51.44%的学生实习是为了加深对职业与行业的了解，提高专业技术水平，学生实习动机总体相对理性，更多的是为了了解职场、提升能力，进而为毕业找工作打基础。具体如表 5 所示。

表 5   **在校大学生选择实习动机**

实 习 动 机	比例
了解社会，丰富社会经验，增加自己的人脉，为将来工作打基础	68.75%
提高综合能力和素质	68.51%
加深对职业与行业的了解，提高专业技术水平	51.44%
尝试各种工作，发现兴趣点	37.98%
理解所学的专业知识	34.38%

续表

实 习 动 机	比例
学校要求	34.13%
提高为人处世能力，为从学生向职场人士转变做准备	33.89%
想留在该公司或该类型公司工作	25.72%
增加经济收入，减轻父母负担	20.67%
反正没事，出去看看	12.50%

来源：本研究整理。

(三) W 大学学生实习能力提升情况

1. 学生实习能力提升多样化，在实践中收获成长

调查显示 76.44% 的学生反映自己人际交往能力得到大幅度提高，70.43% 的学生遇事处理能力有所提高，66.11% 的学生环境适应能力有所提高，56.25% 的学生自我认知能力有所提高。实习实践给同学们带来了多种多样能力的提升。具体如表 6 所示。

表6　　　　　　　　**在校大学生通过实习获得的能力提升**

实习带来了哪些方面的能力提升	比例
人际交往能力	76.44%
遇事处理能力	70.43%
环境适应能力	66.11%
自我认知能力	56.25%
表达能力	54.09%
团队协作能力	46.63%
时间管理能力	40.14%
自我展示能力	26.92%
决策分析能力	26.44%
创新创造能力	24.52%
所处地域能力	14.66%

来源：本研究整理。

2. 学生通过实习明确工作岗位，深化就业目标

调查显示大部分同学认为实习可以帮助他们明确日后期望的工作岗位，11.06%的同学认为完全符合，比较符合的同学占比达 58.89%。也有 23.8%的学生对此表示不确定，在对于日后工作岗位的具体情况上仍处于犹豫状态。少数同学认为实习对明确日后工作岗位的情况不太符合。具体如表 7 所示。

表 7　　　　　　　　在校大学生是否通过实习更明确了日后的工作岗位

通过实习更明确了日后期望的工作岗位	比例
比较符合	59.13%
不确定	23.08%
完全符合	14.18%
比较不符合	3.61%
完全不符合	0%

来源：本研究整理。

(四)W 大学学生实习困难及指导需求情况

1. 阻碍学生实习的主要原因是信息缺失、时间不够和规划不足

没能获取合适的实习信息、没有实习时间，没有明确的职业规划，是阻碍学生参与实习实践的主要原因。53.19%的学生反映自己没有看到合适的实习信息，49.1%的学生指出自己求学期间没有足够的实习时间，40.44%的学生认为自己当时没有明确职业规划。此外，没有心仪的实习工作、学校或专业无硬性实习要求等情况也是阻碍学生实习的原因。具体如表 8 所示。

表 8　　　　　　　　阻碍在校大学生进行实习的主要原因

没有进行实习的主要原因	比例
没有看到合适的实习信息	53.19%
没有实习时间	49.14%
当时没有明确职业规划	40.44%

续表

没有进行实习的主要原因	比例
没有心仪的实习工作	17.57%
学校或专业无硬性实习规定	17.11%
其他	14.15%
认为实习没有用	2.02%
已经确定入职单位	0.47%

来源：本研究整理。

2. 未实习学生选择高年级学段参与实习实践

在何时进行实习这个问题上，41%的学生选择在本科高年级学段利用更多课余时间参与实习实践，25.82%的学生认为下个寒暑假是个不错的时间机会，也有13.22%的学生选择研究生期间参与实习。19.28%的学生表示目前自己还没有思考过这个问题。具体如表9所示。

表9　　　　　　　　　　在校大学生选择进行实习的时间

打算什么时候参加实习	比例
利用大三、大四更多的课余时间	41%
下个寒/暑假	26%
没有相关想过这个问题	19%
研究生期间	13%
本科毕业后	1%

来源：本研究整理。

3. 实习机会的困难集中在渠道和能力方面

缺少获得实习信息的渠道、自身综合素质的不足、可支配的时间少、提供实习机会的企业少，这些困难都是阻碍同学们参与实习实践的拦路虎，也有极少的同学不认为获得实习机会是件难事，占比约3.73%。具体如表10所示。

表 10   在校大学生认为获得实习的最大困难

获得实习机会的最大困难	比例
缺少获得实习信息的渠道	72.94%
自身综合素质的不足	56.45%
可支配的时间少	53.65%
提供实习机会的企业少	50.54%
其他	3.89%
不认为获得实习机会是件难事	3.73%

来源：本研究整理。

4. 高校就业实习指导应提供多样化实习指导

提供多岗位实习实践，提供简历制作、模拟面试等指导，提升工作认知，设置能力与素养课程是同学们最为迫切的需求。58.73%的学生希望学校提供多岗位实习实践，提供实习实践机会；42.02%的学生希望做好更多实习准备，如提供简历制作、模拟面试等指导；39.66%的学生认为自己需要学校提供工作认知：职业道路探索与思考，也有较多同学提出需要在职业能力方面设置能力与素养课程、实习培训方面提供实习前培训指导、形势政策方面开设就业市场与政策讲座、职场认知方面提供企事业单位参观与实践活动、实习心理方面提供职场压力面对和职场适应课程等工作指导。具体如表 11 所示。

表 11   在校大学生最需要学校提供的实习工作指导

最需要学校提供哪些实习工作的指导	比例
实习实践：学校提供多岗位选择	58.73%
实习准备：提供简历制作、模拟面试等指导	42.02%
工作认知：职业道路探索与思考	39.66%
职业能力：设置能力与素养课程	35.98%
形势政策：开设就业市场与政策讲座	33.71%
实习培训：提供实习前培训指导	26.35%
职场认知：提供企事业单位参观与实践活动	25.12%
实习心理：提供职场压力面对和职场适应课程	10.67%
其他	2.36%

来源：本研究整理。

三、高校大学生实习情况对就业育人的影响

(一)实习方式选择应逐步实现体系化搭建

高校人才培养体系对不同阶段的学生提出了不同层次的培养目标,加之职业选择取向、受教育程度、所处学段等因素的影响,本科生、硕士研究生、博士研究生所需的实习方式和实习类型也有所不同,以本科阶段为例,一年级、二年级阶段侧重体验了解,可以社会实践、参访类实习为主,三年级、四年级侧重能力培养与职场体验,可以就业实习、顶岗实习为主。

高校需要逐步搭建实习实践体系,着眼于学生的思想和行动,重视培养学生的实习实践意识,帮助学生在多种实习方式与类型中进行选择,对接学生的实习实践需求和实习单位的岗位供给,发挥好学生与就业市场间的重要桥梁作用,使学生在成体系的实习实践活动中逐步提升个人能力、明确职业选择、规划发展路线、实现个人价值。

(二)实习资源安排应与专业职业规划路径相结合

为改善学生获取实习信息渠道广泛,但最终实习机会的获得更多依靠推荐的情况,高校就业部门应利用自身优势,通过信息整理和对接合作,整合优秀企业和各级党政机关资源,为在校大学生提供优质实习岗位。同时,高校在与学生、实习单位的对接过程中能够更深入了解学生的诉求与求职心理,把握市场需求与行业发展动态,据此更新完善实习实践体系,使高校的实习实践工作符合现实、切实提高学生的实习指导体验与综合能力、改善学生的就业情况。

在高校与实习单位展开对接、为学生提供大量优质实习资源之后,需要解决的重要问题在于实习资源的分配与安排,以实现实习资源的高效开发与有效利用。以需求端为主要参考,高校就业部门可以考虑与院系对接,由院系的有关负责人员进行申报和发布,以不同专业学生的职业规划路径、未来职业发展方向为重要参照,有针对性地进行实习资源的分配与安排,帮助大学生在实习实践中深入了解国情社情,树立正确就业观,储备工作经验,提升就业能力。

(三)实习效果评估应以就业竞争力提升为核心

毕业生就业率是考察高校就业工作的重要指标,但如果高校就业中心仅在就业率的指挥棒下将就业指导停留在就业安置的层面上,只会导致学生对自我能力、职业需要认识不

全，对职业发展缺乏必要的设计与规划，从而在就业市场上出现就业竞争力不强的现象。

大学生就业竞争力包括学生个人的语言表达能力、动手能力、身心素质和综合能力、团队协作和沟通的能力以及对环境变化的适应能力等，也包括学生个人的社会科学文化品格素质、思维道德观念、终身学习能力以及实现创新和自我革命的能力。这些能力在家庭、学校和社会中习得，除了专业课堂和学生自我认知外，学校就业方面的专业指导和社会经历的锤炼也至关重要。

在实习实践体系中，高校就业中心需要将就业竞争力提升作为实习效果评估的核心，引导学生形成正确的就业观，并将此观念贯彻到实习实践的全过程，始终以提升职业素养、明晰职业规划为目标，在实习实践中汲取有用经验、提高职业成熟度。

四、高校就业部门应对新策略

针对大学生实习，高校就业部门作为主管部门应综合统筹，一方面与校内其他职能部门和培养单位建立联系机制，另一方面与校外企事业单位加强合作关系，从课程设计、信息共享、效果反馈等层面发力，着力构建合理、全面、高效的大学生实习平台。

(一)建立包括实习获取、过程监督、实习总结在内的贯穿实习全过程的制度和平台

在实习岗位获取层面，就业部门应加强实习信息服务，帮助学生更好地了解实习市场需求，提升岗位匹配效率。可以开拓校外企事业单位为学生提供实习机会，或加强与企业的互通有无，实现实习信息共享，缓解学生实习岗位和信息获取难的情况。在实习过程中，高校就业部门应充当学生与实习单位之间的第三方，一方面为学生提供实习帮助，目前对于本科院校大学生而言，实习制度没有一个在学生和实习单位间进行劳资方面协商的机制，大学生作为一个个体在与实习单位协商时话语权微弱，成效有限。另一方面，大多学生在实习就业方面的社会经验和法律知识欠缺，需要高校就业部门加入进来充当第三方协调机制，对本校学生实习权益进行保护。在实习结束后，就业部门应从实习学生和实习单位两端获取实习总结，为完善实习就业指导提供依据，并考虑在学生实习完成后提供一定的就业指导服务，帮助学生更好地从实习实践中吸取经验、逐步完成职业化转变。

(二)提高实习指导和服务的信息化水平，提高学生实习效率和便捷性

高校就业部门可以建立更完善的数据分析体系，联系高校信息化部门建立包含企业友好度、实习市场动态、年度学生实习地点、薪资水平等指标在内的实习数据库，将实习岗

位、实习过程反馈、实习总结涵盖到数据平台，把握本校相关的实习资源，通过对本校学生实习状况信息的收集，与学校有关部门持续调整更新就业方案和服务。

（三）推动实习与课程的深度融合，提升实习教育的质量。

首先，高校就业部门应根据就业需要和实习情况及时更新、完善自身开展的就业实习指导课程以及职业咨询，提供更符合当下社情的就业指导与服务。其次，就业部门应该与教学部门、培养单位合作，一方面，推动实习与课程的深度融合，让实习更加有针对性、有目的性，帮助学生将所学知识应用到实际工作中，提升实习教育的质量和效果；另一方面，通过实习信息反馈帮助教学部门和培养单位更新培养方案，建设更多适应市场需求、符合社会需要的理论课程和就业课程，帮助提高学科教育水平。

参考文献

[1] 肖云，吴国举．大学生实习制度存在的问题及对策思考[J]．人才资源开发，2008（12）：22-23．

[2] 李云兰，赵伟民．大学课程设置中实习的功能转变[J]．高等建筑教育，1998（4）：36-37．

[3] 丁小浩，马世妹，朱菲菲．大学生实习参与方式与就业关系研究[J]．华东师范大学学报（教育科学版），2018，36（5）：33-41，166．

[4] 丁关东，问清泓．高校大学生实习期间的劳动关系探究[J]．社科纵横，2022，37（1）：108-115．

大学生家国情怀就业观培育路径研究

史 戈*

（武汉大学经济与管理学院）

摘要 家国情怀是中华优秀传统文化的核心内涵之一，做好大学生的家国情怀培养是重要的文化传承，而就业工作是大学生家国情怀培养的重要载体和成果体现。针对目前大学生就业价值观迷茫、家国情怀缺乏等问题，本文从抓好理论课堂主阵地，增强政策宣传和文化引导，推动实践锻炼，做好政策、组织、激励保障工作等方面探索家国情怀就业观培育的实施路径，为高校基于家国情怀的大学生就业观培育提供思路和建议。

关键词 家国情怀；就业观；基层就业；爱国主义

家国情怀是中华优秀传统文化的核心内涵之一，大学生的家国情怀培养工作是重要的文化传承。大学生就业工作处在高校工作的突出重要位置，就业工作常被誉为"一把手工程"。高校坚持以"为党育人、为国育才"的初心和使命做好就业相关的教育引导工作，引导大学生树立以家国情怀为基础的就业价值观，主动服务国家战略，以青春小我融入国家和社会大我具有十分重要的意义。

本文梳理当前相关学者的研究成果，探究大学生就业观和家国情怀培育现状，分析大学生家国情怀缺乏存在的原因，探索大学生家国情怀就业观培育的实施路径，为高校培育家国情怀就业观提供思路和建议。

一、家国情怀培育与大学生就业价值观的关联性

（一）培育大学生家国情怀，有利于实现中华民族伟大复兴

家国情怀是中华文化中宝贵的精神财富，是个人对家庭、国家和人民所表现出来的高

---

* 作者简介：史戈，研究生学历，理学硕士，武汉大学经济与管理学院助教，研究方向：思想政治教育。

度认同和热爱。家国情怀在中华文明发展进程中逐步积淀而成，《礼记·大学》中有论述"古之欲明明德于天下者，先治其国；欲治其国者，先齐其家；欲齐其家者，先修其身"。这就是古代中国人民家国情怀的一种表现，是由个人上升到以血缘关系为纽带的家庭，再升华到国家的一种情感，表达了对家庭宗族强烈的依附和守护、对传统文化的热爱和传承、对民族国家的责任与担当[1]。孟子云"天下之本在国，国之本在家，家之本在身"，将天下、国、家三者融为一体，深刻地诠释了家国一体、家国同构的政治理念。家国情怀将个人、家庭、社会和国家连成一个不可分割的整体，形成了修身、齐家、治国、平天下的道德理想和行为准则。

家国情怀以国家民族认同为基础，以爱国情感为核心，以报国行动为表现，随着历史演进而变化，有多种表现形式，既是爱国主义为核心的民族精神，又是依法治国和以德治国的思想，也是社会主义核心价值观的重要源泉[2]。如今，家国情怀是与国家共荣辱、与社会同担当的爱国情结，是为实现中华民族的伟大复兴而努力奋斗的坚定信念。习近平总书记多次强调要把爱家和爱国统一起来，号召在全社会大力弘扬家国情怀，把实现个人梦、家庭梦融入国家梦、民族梦之中。青年学生肩负着实现中华民族伟大复兴中国梦的重任，高校在培育青年学生家国情怀方面承担着义不容辞的责任，要引导大学生树立家国一体意识，强化家国认同，以考虑家国民族优先，把个人理想追求与国家民族命运联系在一起，树牢责任担当，为实现中华民族伟大复兴的中国梦不懈奋斗。

（二）就业工作是大学生家国情怀培养的重要体现

就业关系民生福祉、经济发展和国家未来，大学生就业工作不仅关系到学生个人及家庭，更关系着社会和国家安定。习近平总书记在全国高校思想政治工作会议上鼓励高校学生把视线投向国家发展的航程，把汗水洒在艰苦创业的舞台上，到基层去、到西部去、到祖国最需要的地方去。习近平总书记在给中国石油大学(北京)毕业生回信中肯定他们到边疆基层工作的选择，寄语全国广大高校毕业生要志存高远，勇担时代使命，为党、为祖国、为人民多作贡献。习近平总书记在北京大学师生座谈会上指出，爱国不能停留在口号上，而是要把自己的理想同祖国的前途、把自己的人生同民族的命运紧密联系在一起，扎根人民，奉献国家。高校需要聚焦立德树人的根本任务，输送更多具有家国情怀、能扛起大任的优秀人才到祖国最需要的地方建功立业。家国情怀会显著影响大学生的价值观，也在很大程度上决定着大学生就业的选择。教育部发布的《完善中华优秀传统文化教育指导纲要》中指出，高校应开展以天下兴亡、匹夫有责为重点的家国情怀教育[3]。家国情怀的培育贯穿了高校育人工作的全方位和全过程，是一个复杂的系统性工程，其中就业工作是大学生家国情怀培养的重要载体和成果体现。高校要引导学生将自身就业与中国梦紧密结合，在国家战略目标的实现过程中实现个人价值。

二、大学生就业观和家国情怀培育现状

（一）毕业生择业倾向性明显，就业价值观迷茫

近年来，高校毕业生人数持续增多，国家和高校不断深化改革，缓解就业压力，提高就业质量，确保学生就业与时代发展相契合。高校积极开展大学生职业生涯规划和求职技巧指导，从思想动员、理论传授、技能实践等各方面提高毕业生的就业能力。目前，大学生自身职业生涯规划水平整体有所提高，但就业目标理想化、同质化，职业规划不清晰、不成熟的情况仍旧存在。

孙琳研究发现当代大学生就业价值观迷茫，从众现象突出。受各类思想和大量信息的冲击，学生的就业目标不明确，生涯规划不清晰，当兴趣爱好、个人理想、生存需求、自我实现和社会认可等不能兼顾时更容易迷茫[4]。金立乔研究发现学生存在追求享乐、求稳怕变、不肯吃苦、追求高薪等就业观[5]。王丽等研究发现学生择业时会重点考虑社会经济条件较好的地区，比如华东地区，很少愿意去中西部和基层地区[6]。杜亚男研究还发现，毕业生选择沿海发达地区就业的占 88.73%[7]，前往一线、新一线城市较多，倾向于去资本密集型、新兴产业公司就业。总体来说，资源是吸引人才的决定性因素，人才分布呈现东部地区溢出而中西部地区匮乏的情况，在职业选择时"高薪""互联网""公共资源""稳定""体面"成为关注最多的关键词[4]。总体而言，从大学生就业观现状可以看出，当代大学生在就业时自我发展意识增强，家国情怀和责任担当意识相对还比较缺乏。

（二）家国情怀就业价值观尚未形成，践行度较低

金立乔研究发现，大学生了解时事政治的意愿不强、国家归属感不足、对家国情怀的理解不深、主动了解基层就业政策薄弱[4]；刘璐研究发现大学生选择选调生的意愿不高，仅为15.67%[8]；陈继旭等对浙江省大学生调研发现，69.3%的大学生家国情怀的认知度处于较高水平，且跟随父母受教育程度提高而增强，高年级学生的家国情怀显著低于低年级学生，推测与学校教育和社会阅历有关[9]；孙琳研究认为部分当代大学生家国情怀淡薄，缺少奉献精神，对国情和政策的关注不够，了解国家"西部计划""三支一扶""大学生村官"等政策的不多[3]。造成这些现象的原因主要有以下几点：(1)大学生虽有强烈的正义感和爱国热情，但价值观尚未确立，极易受阶层、金钱等文化的冲击和影响，非常需要增强公正考量、反思批判的精神；(2)受功利性评价的影响，学生的主要精力在自身知识

技能等能力培养上，缺乏对国家社会大事的关注，责任担当意识较低，不能把自身发展融入国家社会大局；(3)高校作为家国情怀教育的主阵地，对使命感、责任感等道德品质培养不足，课程开发和师资力量不足，政策解读和宣传工作不足，职业生涯规划和就业指导不足，教育过程不连续，合力尚未形成，教育引导效果不佳，不能很好地贴近学生，某些活动缺乏渗透性和感染力，流于形式，不能很好地与社会接轨，导致家国情怀培养不足[10]，部分学生虽有理论认识，但对于实践缺乏深刻思考，践行度偏低，导致家国情怀在就业工作中体现度较低。

针对这些问题，季爱民认为应综合考虑时代性、继承性与实践性，结合大学生本身、家庭环境等特点培育学生的家国情怀[11]。蔡扬波和徐承英研究认为，大学生家国情怀培育要坚持社会主义核心价值观，坚持全面依法治国、全面从严治党，坚持构建人类命运共同体[1]。吕成祯还认为培养学生的国际视野在家国情怀培育中具有十分重要的意义，国际化背景下，学生容易受到西方等文化影响，引导学生理性判断十分重要[12]。总之，要培养青年大学生家国情怀，强化国家认同、升华家国情感，使之在择业就业中践行中华民族伟大复兴的家国使命，高校扮演着十分重要的角色。

三、大学生家国情怀就业观培养路径

(一)抓好理论课堂主阵地，引领家国情怀就业观

当今高校教育崇尚自然科学和理性思维，偏向培养科技创新型人才，相对忽视了思想政治、人文知识类课程教育。推进思想政治理论课与专业理论课、生涯规划课结合，从专业角度引导大学生面向基层、面向祖国需要的地方和行业就业，鼓励学生在实现个人价值，完成人生目标，同时创造集体价值和社会价值。

2020年教育部印发《高等学校课程思政建设指导纲要》，要求在所有高校和学科加强政治认同、家国情怀、文化素养、法治意识、道德修养等思政内容供给，思想政治理论课教师和专业课教师要共同做好思政教育工作。理论引领是核心，具有整体性、系统性、集中性的特点，会对大学生的思想产生震撼；专业课思政更有针对性、典型性和直观性，从学科专业延伸到产业行业，在职业引导上更有说服力，对于职业规划更科学合理。

高校要立足于当今时代和现实生活，充分整合课堂教育体系，教育引导学生以中国梦为目标信念，弘扬爱国主义精神，践行社会主义核心价值观，深刻认识新时代中国特色社会主义理论体系，增强政治观察力，清醒判断、正确对待各项社会事务和国内外大事，不

断强化个人对社会、国家的责任与担当，与时代同向同行。以家国战略为导向，融入家国情怀教育，引导大学生树立正确的择业观和价值观。

(二) 加强政策宣传和文化引导，培育家国情怀就业观

1. 加强政策解读宣传工作

由于当代大学生对时事政治缺乏关注，体会不够，理解不深。高校应聚焦时政热点，通过会议、讲座的形式针对各项政策做专业、系统地解读，比如党的十九大提出乡村振兴战略，党的二十大提出"全面推进乡村振兴，坚持农业农村优先发展，坚持城乡融合发展，促进区域协调发展"，让学生认识国家战略，了解未来发展格局，引导学生将自己的命运与社会国家发展紧密相连，科学规划自己的职业发展方向。

针对选调生等具有重大意义的政策，更应加强宣传教育，促进学生对选调生产生系统的认识。选调生是肩负伟大使命的职业，是为了更好地培养党和国家事业的接班人的一项事业。2018年全国选调生工作座谈会明确要着眼长远建设，改进选调生工作，突出政治标准，适当扩大规模，分级分类精准选调，严格教育管理，培养高素质专业化年轻干部队伍。高校要把握住选调生宣讲的关键时期，配合各地选调生招聘工作，全面准确地做好宣传，强化学生的大局意识和长远格局。高校辅导员应对学生进行一对一指导宣传，充分支持有选调意愿的毕业生，鼓励其在基层起步，实现理想。承担高校就业工作的老师要做好职业生涯规划和就业指导，为毕业生提供多元平台和方向，使其充分比较、理智选择自己的未来发展方向。

2. 加强榜样宣传工作

高校应挖掘杰出人物的家国事迹教育资源，把握重大节日、重要纪念日，从中华优秀传统文化、党和国家革命、改革取得的伟大胜利和伟大成就中，汲取家国情怀力量。同时发挥身边榜样的力量，邀请选调生、西部计划志愿者、大学生村官、返乡创业青年等校友向大学生讲述个人经历和基层发展现状，帮助大学生明确个人发展融入社会发展的意义，促进大学生尽早树立以家国情怀为导向的就业观。

3. 做好宣传平台建设工作

高校既要把握传统媒体阵地，又要丰富新媒体内容，增强家国情怀就业观的覆盖和渗透。传统媒体比如清华大学的《基层清华人》、北京大学的《北大选调生》等刊物，发布了诸多时政热点、相关政策、工作经验分享、先进榜样事迹等内容，新媒体包括各大高校官

方公众微信号、视频号等，也会发布家国情怀就业相关的信息，但整体数量不足。当今时代新媒体平台至关重要，具有数量多、传播快、贴近学生等特点，增加其中关于革命传统、红色文化、家国情怀等思想引领的优秀作品，培养大学生历史使命感和社会责任感，弘扬传播正能量，深化家国情怀培育。

（三）推动实践锻炼，强化家国情怀就业观

高校应充分挖掘和打造丰富多样的校内外实践活动，搭建多层次家国情怀培育的实践平台，发挥实践育人功能，实现家国情怀培育知行合一，充分做到理论与实践相结合。

1. 打造丰富的校内实践活动，形成实践品牌

以党史、国史、校史、家史等史实为依托，结合文学、音乐、美术等学科，将家国情怀教育融入美育工作，利用重要的时间节点，把家国情怀培养融入鲜活的活动，通过学生的亲身经历和体会，将家国情怀自然地深植于师生心间，促进学生树立健康的就业观。

2. 推动校地、校企合作，搭建校外实践平台

充分利用寒暑假，积极拓展学生挂职锻炼、社会实践、志愿服务、课题调研等实践，比如浙江大学在校外建设 44 个实践基地，每年提供千余个锻炼岗位，为学生提供更多深入了解一线基层社会的机会，掌握时代发展趋势，抓住基层发展机遇。联合校内外导师资源，开展专题培训，引导学生结合自身学科特色和专业素养，扎实理论功底，发挥专业所长，践行学科知识，掌握业务本领，扎根基层，服务社会，将这些知识和能力运用于实践当中。充分培养学生的政治意识和服务意识，坚定理想信念，提升思想觉悟，修炼个人品行，使学生树立良好的就业观。

3. 将家国情怀的培养与国际视野的开拓相融合

培育家国情怀的就业观需要拓展学生的国际视野，正确看待不同文化之间的差异，加深对本国文化的坚定，培养人类情怀的大格局。国际交流与合作是不同文化交流的主要方式，这需要国家、高校和社会的多方努力，构建多元的交流平台，拓宽文化交流的渠道，运用线上线下相结合的方式，加强国际交流，邀请国际组织官员来校讲座，为学生提供海外学习参观的机会，在交流中理解中华文化和世界文化，深化家国情怀培养，引导学生以开放包容的心态做好职业规划。

（四）做好家国情怀就业观培育保障工作

1. 政策保障

中共中央办公厅、国务院办公厅印发《关于进一步引导和鼓励高校毕业生到基层工作的意见》，其中指出，要为高校毕业生在基层成长成才创造良好条件，加强培训、优化制度、完善政策等，这为大学生面向基层就业提供了政策保障。地方政府及高校均需出台相关的配套政策措施，对到中西部边远地区、艰苦地区工作的毕业生，要做好各项政策保障和资源支持。

2. 组织保障

家国情怀就业观培育是一项系统工程，高校要成立专门的工作部门。清华大学学生职业发展指导中心、北京大学就业中心、中国人民大学学生就业创新指导中心均有专门负责选调生工作的部门，还成立了基层就业服务协会等组织，充分做好资源对接、宣传答疑、就业帮扶等工作。

3. 激励保障

对赴基层、重点行业、艰苦地区工作的毕业生发放专项奖学金，如清华大学的"启航奖"、北京大学的国防科技奖学金、西部基层就业奖励金、中石油塔里木就业奖学金等。另外还要对就业工作先进集体和个人做好表彰奖励，如浙江大学对就业工作中家国情怀成效突出的学院（系）给予荣誉表彰和招生名额奖励等，鼓励继续做好家国情怀就业工作，鼓励学生怀揣家国情怀的使命担当，投身到实现中华民族伟大复兴的中国梦的事业中。

参考文献

[1]杨清虎."家国情怀"的内涵与现代价值[J].兵团党校学报，2016（3）：60-65.

[2]蔡扬波，徐承英. 新时代大学生家国情怀教育探析[J].思想教育研究，2020（1）：125-129.

[3]邓俊，薛静. 家国情怀培育引导大学生面向基层就业的探索[J].就业与保障，2021（16）：64-65.

[4]孙琳. 就业视角下的大学生家国情怀培育[J].产业与科技论坛，2021，20（18）：158-159.

[5]金立乔.就业观视域下当代大学生家国情怀的现状及提升对策研究[J].教育观察，2018，7(23)：12-15.

[6]王丽，张艳爽，何晨晨，李天君.当代大学生就业观的调查研究与对策分析——以河西学院为例[J].河西学院学报，2018，34(1)：125-128.

[7]杜亚男，奂佳梦."双一流"背景下大学生选调生培育路径浅析[J].高校学生工作研究，2018(1)：120-125.

[8]刘璐.当代大学生家国情怀培育研究[D].郑州：河南大学，2017.

[9]陈继旭，王翔，赵志毅.大学生家国情怀特征差异与教育策略——基于浙江7所高校的调查研究[J].教育学术月刊，2022(10)：39-46.

[10]杨守鸿，李雪莲，刘庆庆.培养研究生家国情怀的探讨[J].高教论坛，2022(11)：10-13.

[11]季爱民.大学生家国情怀培育探究[J].学校党建与思想教育，2020(1)：64-67.

[12]吕成祯，钟蓉戎.大学生家国情怀与国际视野的培养路径——基于竺可桢人才培养理念的启示[J].内蒙古师范大学学报(教育科学版)，2016，29(5)：44-47.

[13]孙幼波，王嘉忆，曹野.新时代大学生家国情怀培养方式探索——以选调生工作为例[J].科教文汇(上旬刊)，2020(2)：33-34.

以问题导向强化高校毕业生就业观念和就业能力建设[*]

孟 威

（武汉大学电气与自动化学院）

摘要 由于三年新冠疫情等因素影响，当前高校毕业生在就业形势、就业观念、就业能力等方面积累了一些突出问题，应重点关注和分析就业困难高校毕业生的就业观念、就业能力问题的表现形式和深层次原因，科学应对就业岗位缩减、供需不匹配、求职战线拉长、焦虑心态增多等客观环境问题，锚定不愿基层就业、求稳心态突出、慢就业缓就业等就业观念问题，针对社会化能力不足、职业规划能力不足等就业能力问题，通过加大正面引导力度、科学转变消极心态、深入开展实习实践、推动学校与社会融合、加强舆论引导和氛围营造、精准帮扶困难家庭学生等切实举措强化高校毕业生就业观念和就业能力建设。

关键词 问题导向；高校毕业生；就业观念；就业能力

解决好高校毕业生就业问题，不仅关系到大学生个人价值的实现和家庭幸福，也关乎国家的长远发展和社会的和谐稳定。党的十八大以来，在习近平总书记亲自关怀和部署下，党中央对高校毕业生就业工作高度重视，采取了一系列政策措施，有力确保了大学生就业形势健康平稳。然而，由于三年来新冠疫情等因素影响，当前高校毕业生在就业形势、就业观念、就业能力等方面积累了一些突出问题，高校作为加强毕业生生涯规划和就业引导的主阵地主战场，必须坚持问题导向，锚定突出矛盾，重点关注和分析就业困难高校毕业生的就业观念、就业能力问题的表现形式和深层次原因，通过切实举措强化观念引导和能力指导，用实际行动更高质量、更加精准地做好高校毕业生就业工作。

---

* 作者简介：孟威，武汉大学电气与自动化学院党委副书记，研究方向：思政教育与生涯规划。

一、疫情以来高校毕业生就业积累的客观问题

(一)就业岗位缩减,毕业出路变窄

一方面,前三年,居民接触性、聚集性消费有所减少,给相关行业造成严重影响,餐饮住宿、文化旅游、交通运输、批发零售等行业尚未完全恢复,相关行业用工需求不旺,部分生产企业出现停产减产,能够提供的就业岗位缩减[1],对高校大学生就业产生了基础性、源头性的消极就业影响。另一方面,由于国外形势更严峻,出国留学的很多学生计划夭折,也加入国内竞争就业岗位、推免名额的队伍当中,"海归"回国再一次挤占大学生求职空间。此外,灵活就业近年来发展较快,对拓宽就业渠道起到了积极作用,但目前灵活就业人员的劳动报酬和劳动保障水平与传统就业相比还有一定差距,对灵活就业体系全面配套的保障体系还不够完善。

(二)就业面临结构性问题

从人才供给端来看,大学生就业总量压力持续增大,2022年全国高校毕业生规模达到1076万人,规模再创新高,往届存量未就业大学生数量也较庞大[1]。从人才需求端来看,吸纳大学生就业能力较强的房地产、互联网、教育培训等行业以及部分企业出现广泛裁员,加之部分大学生与企业需求不匹配的就业意愿,造成了就业结构性问题在高校毕业生中日益凸显。用人单位在招聘时大幅提高"硬性条件"、不断增设"限制条件",导致很多求职学生的无奈。

(三)求职战线不断拉长

前三年,由于用人单位招聘需求、复工复产时间、疫情后发展状况不确定性等因素的影响,绝大部分线下招聘会被迫取消,招聘时间普遍延后,高校大学生获取就业信息、投递简历、求职面试依靠互联网进行"线上操作",线上招聘的安全性、公平性的不足给大学生造成未知的紧张感。

(四)就业焦虑日益滋生

三年来的求职活动受地域空间限制,让很多原本的"集体备战"被迫变成了"单兵作战",求职模式也从线上线下结合到单纯线上转变,一系列的变化让很多毕业生对就业前景的预测转向消极层面,由此引发了焦虑感和对就业的迷茫[2]。

二、当前高校毕业生在就业观念和能力上的问题分析

(一)大部分没有到基层一线就业的意愿

我们在工作中发现,很多高校毕业生宁愿到大城市"内卷",也不愿到基层"拓荒"。调查数据反映出这成了一个普遍问题。比如,团中央面向 2021 届高校毕业生开展的调研显示,64.1%的地方普通高校毕业生更倾向去一线、新一线城市等经济发达地区就业[3]。日常工作中,在问到就业困难毕业生是否愿意到小城市、基层就业时,得到的普遍反映主要为"还是想去大城市""实在不行再考虑去别的地方",等等。

(二)求稳定、求安逸成为找工作的主要考虑

我们在工作中发现,一些就业困难高校毕业生缺少吃苦耐劳精神和职业精神,想当然地认为"体制内工作是铁饭碗""机关、国企的工作很清闲"。多数高校毕业生倾向于在机关、事业单位、国有企业等单位就业。访谈发现,经济欠发达地区的就业困难高校毕业生对在机关、事业单位就业的意愿尤为强烈,不少毕业生表示,要在"体制内"工作"能考尽考"之后,才会考虑其他就业方向,甚至为此不惜在家待业、加入"考公二战"。

(三)慢就业、缓就业倾向带来负面影响

因延迟就业保留应届生身份的优惠政策,大量毕业生选择慢就业、缓就业,造成人才市场上应届毕业生大量缺位,中小企业又无法招到合适的人才,结构性矛盾进一步加剧。大量毕业生以缓就业为名躺平、摆烂,继续"蜗居""啃老",阻断个人社会化,成为日益庞大的"宅"一族,也催生出一系列社会和心理问题。

(四)"巨婴"现象、依赖心理比较突出

我们在工作中发现,不少就业困难高校毕业生存在"生理上虽然成年,但心智不成熟、心理低龄化"的"巨婴"现象,具体表现为认为自己还是个孩子、不想承担任何责任、社会融入能力差等。很多就业困难高校毕业生没有及时对职业发展进行规划,没有想清楚要过怎样的人生,许多学生直到临近毕业才开始考虑就业问题。智联招聘在 2021 年 5 月发布的研究报告显示,在没有获得 offer 的原因分析上,43.6%的高校毕业生归因于自身太迷茫,不知道该选择什么工作[4]。不少就业困难高校毕业生参与就业招聘的主动性和积极性很差,在工作中有一线辅导员谈到,"有些学生去招聘会都得老师哄着,就像我们要去求

职似的""感觉我们比某些学生还着急"。

（五）缺乏理性的自我认知和职业规划

很多高校毕业生对自身和社会的认知脱离实际，导致求职四处碰壁。有的对薪酬预期过于乐观。据《2020年中国本科生就业报告》[5]，截至2020年6月30日仍未就业的就业困难高校毕业生对薪资的平均期望值为8583元/月，而2019届本科生毕业半年后实际平均收入仅为5440元/月，两者差距显著。"薪酬福利高"是大学生找工作最看重的因素（占比56.4%），比排在第二位的"个人发展机会多"高出15个百分点。有的对职业的预期与自身特质明显不符，一些毕业生"眼高手低，总想当领导""对管理一无所知还喜欢指手画脚"。有的一味跟风考研，或在求职目标上盲目攀比，明显缺少对自身的准确定位和就业考量。

（六）人际交往、抗挫能力低下的现象普遍存在。

我们在工作中发现，社会化能力不足是当前就业困难高校毕业生找不到工作的重要能力原因，其中"人际交往"被认为是最应该培养和最迫切需要提升的能力。不会与人交流、心理脆弱是许多毕业生普遍存在的问题，有的表现在面试时经常"一说话就面红耳赤、手足无措""明明有优势却表达不出来"；有的存在一定程度的畏惧面试、害怕步入社会的逃避心理，求职失败后容易产生自卑和悲观情绪，甚至选择不再主动择业。我们在工作中发现，困难家庭毕业生就业能力不足问题更突出，不够自信、不善言谈、不敢表达自己观点的现象更多见，普遍对职业和人生缺少规划，很多困难家庭毕业生明确表示"不喜欢跟人交流""找个差不多的工作就行"，这成为他们找工作的重大障碍。

三、大学生就业观念和能力问题产生的原因分析

（一）缺少对社会的感受和认知，社会化能力不足

我们在工作中发现，部分学生没有有意识地在大学这一关键时期解决好社会化能力不足问题。通常的情况是，进入大学后，如果没有通过参与社团活动、社会实践实习等方式去积极接触和了解社会，则很容易在就业观念上出现偏差。很多就业困难高校毕业生来自经济困难家庭，受多方面因素影响，其中不少人沉迷网络、不沟通交流，有的甚至很少出校园、出寝室，对社会的感受、认知严重缺乏，进而影响就业。

(二)缺少理性、客观的自我定位

我们在工作中发现,部分毕业生自我评价不够客观、求职过程中盲目攀比,这导致就业"高不成低不就""成为被剩下的那个"。很多用人单位也反映,一些高校毕业生"眼高手低""明显缺少对自身的准确定位和职业考量"。其中,部分父母对子女就业观念也作了不当引导。当代大学生的父母大多出生在 60 年代末 70 年代初,既经历过"下海"浪潮,也感受过"下岗"阵痛,因而对子女就业普遍持"求稳"态度,更多追求"体制内"就业,希望子女在一线城市、东南沿海城市工作,在机关、事业单位工作,能"安逸"地度过人生。"大学生毕业要当干部""国企待遇好""铁饭碗是唯一正经工作"等父母传递的观念对大学生求职影响很大。

(三)参加实习实践活动不充分、针对性不足

我们在工作中发现,当前大学生在校期间实习主要以强化专业认知和巩固专业学习为主,以建立职业认知和提高就业能力为目标的就业实习目前还没有全面覆盖,发展水平不高,整体还处于摸索阶段。许多大学生实习实践活动在提升社会化能力、进而提升求职方面作用不显著,往往停留在"学校完成任务,学生自我感觉良好"的层面。有高校教师谈到,当前的大学生社会实践活动在一定程度上存在着资源保障不足、统筹力度不够、指导教师力量欠缺的现象,制约了其作用的发挥。

四、加强大学生就业观念与能力建设的有效途径

(一)加大正面引导力度

推动就业观念引导工作有机融入高校就业指导课程体系,综合实践体验、课堂教学等多种方式,从低年级开始着手,逐步引导大学生树立正确的就业观念,引导大学生将就业与服务国家重大战略有机结合起来,引导大学生勇于投身艰苦行业、甘于扎根偏远地区,在科技创新、乡村振兴等国家重大战略实施中,做出新时代大学生应有的贡献。

(二)科学引导转变消极就业心态

由于学生家庭条件改善、就业竞争加剧、渴望升学考编、自身职业能力不足等原因,以及"躺平""摆烂"等不良风气干扰,部分大学生形成"慢就业"观念,"理直气壮"地"二战"备考或"躺平"待业,消极应对学校就业帮扶,甚至产生逆反情绪,因此,有必要从社

会、学校、家庭等多层面引导大学生树立正确的就业观念。营造热爱劳动、脚踏实地的社会氛围，以毕业季、开学季为契机，集中开展青年就业创业典型宣传。倡导主动就业、先就业再择业的积极观念，充分发挥大型招聘活动特别是线下招聘会的感染力，带动就业意愿不强的毕业生转变观念、积极就业。倡导边就业边备考，对于笃定"二战"考编考学的毕业生，尊重个人意愿，引导其尝试"科研助理"、就业见习和先找工作"保底"，并积极为其备考提供指导帮助。

（三）围绕生涯规划开展全过程实习实践

针对大学生从入校到毕业的不同阶段，有针对性地设计开展连续性、全方位的实习实践活动，引导大学生广泛、多次参与"三下乡"、"返家乡"、志愿服务、社区报到等实践活动，在躬身实践中了解国情、社情、民情。深化大学生就业实习工作，完善相关机制，推动就业实习制度化、规范化、常态化，引导大学生加深对社会的了解和职业的认知，尽早树立正确的就业观念。建议以提高就业能力为目标，将就业实习作为高校教育体系的重要组成部分，完善相关工作机制，推动大学生就业实习制度化、规范化、常态化。构建企业接纳大学生就业实习的有效激励和约束机制，将接纳大学生实习作为企业及有关部门履行社会责任的必选动作，有针对性地提供政策和经费支持。

（四）推动学校教育与社会教育相融合

加强对大学生就业和生涯规划指导的体系化研究，着重围绕提升社会化能力、促进更充分更高质量就业等任务目标，推动形成校内校外协同配合的社会实践教育体系[6]。进一步推广、应用"第二课堂成绩单"制度，探索把向用人单位提供"第二课堂成绩单"作为学生综合能力有效证明的实践路径；发挥党团组织作用，通过开展多种支部活动，帮助学生提高职业认知和社会化能力。同时，引导全社会加强对大学生社会实践教育的重视，逐步转变认识，形成良好氛围。

（五）加强舆论引导和氛围营造

积极发挥主流媒体作用，加大对各类自媒体平台的管控力度，引导社会各界客观理性看待大学生就业观念的转变和就业领域的新趋势、新动向，防止出现过度渲染就业形势和过激解读宏观数据的现象，逐步提升社会对就业形势敏感度的"阈值"。同时，大力加强就业的信息推广、政策宣传和观念引导，努力营造积极、务实的社会环境，形成社会各界共同关心支持大学生就业的良好氛围。

(六)精准帮扶困难家庭学生

应聚焦困难家庭大学生群体,从入学起即有步骤、有计划地开展精准帮扶工作,引导困难家庭大学生尽早重视、有序参与实习实践活动、提高社会化能力,帮助他们实现更充分、更高质量就业。坚持离校不离线原则,针对未就业的离校建档重点帮扶对象,按"一人一策"要求继续跟踪就业进度、动态优化帮扶措施,持续进行线上就业指导和精准岗位推送。

五、武汉大学电气学院研究生就业工作的特色实践探索

长期以来,武汉大学电气与自动化学院高度重视研究生职业规划和就业指导工作,坚持"学生为本"理念、发挥"人才强校"效能,通过巩固拓展行业优势,优化全员就业指导、搭建高质量服务平台,抓实就业工作,助力每一位电气研究生树立正确就业观,找到好工作。

(一)巩固传统行业优势,挖掘跨学科招聘需求

克服疫情对单位联络和实习实践的不利影响,巩固能源电力行业就业基本盘,带领研究生前往中兴通讯、吉林电科院开展实践走访调研;同时积极联系武汉高新企业,带领学院研究生代表前往华工科技、高德红外等数十家企业开展暑期实践调研,洞悉传统及非传统电力行业的发展状况和人才需求。锚定新时代对专业化人才需求的增长,把握跨学科招聘新趋势,拓展研究生到党政部门、事业单位、互联网企业就业渠道,加强选调生等相关求职技能培训,战略性拓展电气研究生跨学科招聘增长点。

(二)推动研究生导师、行业(校友)导师、学生朋辈讲师深度参与就业工作

发挥导学关系建设在支撑就业方面的积极作用。针对就业困难学生积极开展"我为毕业生带岗"活动,发动研究生导师和行业校友全过程参与就业工作,导师通过挖掘学科就业资源、校友通过实际项目培养带动、学生通过宣讲形势经验,实现了就业资源在院内课题组间、专业间的大范围配置和精准传递,有力促进"送岗位、送指导、靶向推荐"落到实处。

(三)重视生涯发展规划和求职技能指导,引导学生形成正确、客观、认真的就业观

针对研究生中出现的"重撒网,轻准备,缓就业"的错误倾向,以生涯规划指导和实践

育人为统领，通过给学生讲就业形势、带学生实习走访单位、分众化针对性开展高质量就业技能培训等方式，对电网考试、企事业单位面试等手把手教、严要求练。指导学生聚焦国家行业需求，早打算，强准备，分志愿精准规划少量岗位，高度重视每个岗位，慎重签约一个岗位，通过就业观和技能培训的两手抓实现管用落地的就业指导。学院研究生就业率多年持续保持高位，硕士、博士毕业生总体就业率均接近100%，继续位居全校前列。

六、结语

在以中国式现代化全面推进中华民族伟大复兴的历史进程中，以大学生为代表的青年群体始终是最积极、最有生气的先锋力量。就业是青年民生之本、发展之机，也是大学生最普遍、最现实的需求。我们要高度重视当前形势下大学生就业面临的一系列观念和能力突出问题，把握大学生群体就业发展的新规律，坚持问题导向，精准施策，从学校、社会等维度协同发力，帮助并引领新时代大学生既敢想敢为又善作善成，在奋力夺取全面建设社会主义现代化国家新胜利的征程中成长为堪当大任的时代新人。

参考文献

[1]精准发力 促就业形势稳中向好[EB/OL].（2022-06-10）.https://www.jsthinktank.com/zhuankanzhuanlan/laobiaochanjingshixian/eleenlyyrsxll/202206/t20220610_7577140.shtml.

[2]曾凡力，曾清清，郭琳，等.疫情防控形势下对大学生就业引导工作的思考[J].就业与保障，2020（22）：182-183.

[3]本书编写组.中国青年发展统计年鉴（2021）[M].北京：中国统计出版社，2022：126-132.

[4]王伯庆，陈永红.2020年中国本科生就业报告[M].北京：社会科学文献出版社，2020：86-92.

[5]智联招聘2021大学生就业力调研报告[EB/OL].（2022-05-08）.https://max.book118.com/html/2022/0508/7152056146004120.shtm.

[6]朱景凡，肖斌文."三全育人"理念下高校就业引导工作的路径探析[J].中国大学生就业，2020（22）：34-39.

从全国就业形势看高校毕业生就业的难题与出路[*]

来 瑞

（武汉大学学生就业指导与服务中心）

摘要 高校毕业就业难题是我国就业问题的重要组成部分。三年疫情对高校毕业生产生了较大影响，在总量压力和结构性矛盾的双重压力下，高校毕业生就业面临着较严峻的形势。当前，高校毕业生就业的难题根本在结构性矛盾。本文从我国疫情前后的就业形势与政策出发，对高校毕业生就业的难题进行解析，分析其趋势、成因和影响，并按照二十大报告对就业工作的新要求，结合就业工作的实际，提出下一步促进高校毕业生高质量充分就业的意见和建议。

关键词 高校毕业生；就业形势；总量压力；结构性矛盾；就业教育

三年疫情对我国经济社会发展产生了巨大影响。疫情影响下，宏观经济下滑，社会整体需求减少，就业结构性矛盾加剧，就业问题的复杂性进一步增强。

一、三年疫情对高校毕业生就业的影响

（一）青年群体就业与高校毕业生就业趋势

2022 年 7 月，我国青年失业率达 19.9%，达到近年来的最高值，而同期的城镇失业率约为 5.3%，显示出我国青年就业的困难，而两者之间的差距同时也突出反映了我国就业结构性矛盾的严峻性。2021 年，我国新增劳动力总数 1600 万，城镇新增就业 1269 万，高校毕业生人数 1076 万，高校毕业生人数占新增劳动力总数的 67.25%，是城镇新增就业数的 84.79%。高校毕业生人数还在进一步增加，在社会总需求减少、结构性矛盾突出的情

---

* 作者简介：来瑞，研究生学历，硕士，武汉大学学生就业指导与服务中心综合办公室主任，七级职员。研究方向：大学生就业、国际组织人才培养与输送等。

况下，这一庞大且重要的青年群体的就业压力不断增大。从 2020 年开始，每年社会上都有声音称当年是"史上最难就业季"，然而后面的每一年都进一步打破了人们的预期，没有"最难"只有"更难"。高校毕业生就业成为社会亟待解决的难题之一。严峻的就业形势对高校毕业生就业选择产生了较大影响，三年疫情之后毕业生就业去向与意愿均呈现出较明显的趋势，而这一趋势在"双一流"高校毕业生身上体现得更突出。

1. 趋势之一是深造比例上升

猎聘大数据研究院发布的《千禧青年：2022 大学生就业报告》中显示："毕业后在国内继续学习的应届生占比 15.64%，成为应届生就业外的最主要选择，'985' 院校毕业生选择继续深造的比例达 56%。"[1]从各高校发布的毕业生就业质量报告来看，办学层次越高的高校毕业生选择继续深造的比例越高，如近三年北京大学、清华大学应届毕业生深造比例均在 70% 以上，复旦大学、上海交通大学、南京大学等高校毕业生深造比例在 60% 以上，武汉大学、华中科技大学、中山大学、南开大学等高校毕业生深造比例在 55% 以上。值得注意的一点是，受国际形势和疫情的影响，各高校普遍存在着国内升学率不断提升，出国（境）留学率逐年降低的现象。

2. 趋势之二是就业求稳心态突出

《千禧青年：2022 大学生就业报告》中指出："在就业市场方面，求稳心态占据主导，有 42.32% 的调研学生将国企作为进入就业市场的首选。"[2]根据各高校发布的毕业生就业质量报告，企业就业仍是高校毕业生的主要去向，但前往国家机关、事业单位就业的人数在不断提高。近三届毕业生进入体制内工作的意愿增加，一方面是毕业生及其家庭考虑到中小企业在疫情中受到较大冲击，为规避失业风险、确保就业质量做出的趋利避害的选择；另一方面，也要看到，为确保就业大局稳定，国家机关、事业单位等在疫情期间积极扛起社会责任，释放了很多就业岗位，提高了招聘数量，为毕业生提供了更多体制内就业机会。

（二）高校毕业生就业趋势的成因与影响

深造比例上升和就业求稳心态突出是高校毕业生就业市场对严峻的就业形势的反应，也在一定程度上体现了我国的就业文化。毕业生为进一步提高个人能力，暂时避免激烈的求职竞争和失业风险，选择继续深造，以时间来换取更大的个人发展空间，而对于不得不选择就业的毕业生群体，进入体制内单位就业也可以在很大程度上规避疫情对市场的冲击。另一方面，根据领英对我国十所"双一流"高校（U10）及全球 QS 排名前 100 高校

（G100）超过 250 万毕业生进行的调研分析结果，"我国 U10 毕业生选择继续深造的比例是全球 G100 毕业生的两倍，显示出东西方文化对于高等教育的不同定位，以及更高的学历对东西方学生职业发展的不同作用"。[3] 结合我国就业市场的人才评价体系来看，我国人口众多，人才基数大，以学历进行评判具有一定的便利性，因此在当前情况下，更高的学历代表更好的发展前景和更好的待遇，也促使毕业生选择延迟就业，通过提升个人学历来提高就业市场的竞争力。

深造人数增多，代表着未来几年需要就业的人数增多，存量加大，国家需要提前考虑解决存量的问题，深造延伸出的"慢就业""二战"考研等现象也成为高校毕业生就业工作的痛点。同时，体制内单位的容量有限，政策不具备可持续性，疫情期间提前拿出的就业岗位也在一定意义上提前占用了后面几届毕业生的就业资源。高校毕业生就业的两大趋势给我国整体就业调控出了难题。

随着我国防疫政策的调整和优化，我国经济社会秩序在逐步恢复，社会需求会进一步释放，宏观经济增速提升，可能在一定程度上缓解高校毕业生就业难题，但从全球市场来看，经济下行的趋势在短时间内很难有根本改变，加之我国的结构性矛盾可能随着产业结构升级、人口老龄化等问题进一步加剧，高校毕业生就业面临的问题依旧很难在短时间内解决。

二、疫情之前的就业形势与高校毕业生就业情况

前三年，社会和个人都承受了太多变化和压力，让人特别怀念疫情之前的日子。对于就业而言，疫情之前的情况如何，就业形势好吗？疫情之前的就业形势可以让我们更加全面认识我国的就业问题以及高校毕业生就业难题。

（一）促进就业的双重压力

在 2019 年 3 月 5 日的政府工作报告中，我国首次将就业优先政策置于政策层面，并提及当今和今后一个时期，我国就业总量压力不减、结构性矛盾凸显，必须把就业摆在更加突出的位置。疫情之前，就业问题已经备受关注。2017 年，党的十九大报告提出"坚持就业优先战略"；2018 年中央经济工作会议上提出实施"就业优先政策"，而 7 月的中共中央政治局会议上，"稳就业"被列为下半年要重点做好的"六稳"工作之首；2019 年《政府工作报告》中进一步将就业政策置于宏观政策层面，与积极的财政政策、稳健的货币政策列入宏观调控三大政策，一系列的政策和措施出台是对就业问题的积极回应。

我国 2000 年以后经济社会飞速发展，2007 年 GDP 年度增长率达到 14.23%，2008 年

金融危机后，我国经济增速放缓，GDP 年度增长率不断下降，2019 年降低到 5.95%。2017 年 8 月 14 日，时任美国总统特朗普签署备忘录，指示对我国发起贸易调查，中美贸易战由此拉开序幕，最终导致对约 5500 亿美元的中国商品和 1850 亿美元的美国商品征收关税。贸易战乃至后续的科技战、金融压制等，进一步拖慢了我国经济增速。与此同时，我国高校毕业生人数却在逐年增加，2019 年已达 834 万人，加上留学回国人员、中职生等，带动整体就业需求端持续走高。经济增速放慢，新增就业岗位减少，这是就业的总量压力。

同时，我国经济发展也进入新常态，由高速增长阶段转向高质量发展阶段。国际金融危机爆发后，世界经济复苏乏力、持续低迷，外部需求对中国经济的拉动作用弱化。放眼国内，我国劳动年龄人口(15~59 岁)也进入下降阶段，劳动力成本优势逐渐减弱，更多新兴经济体加快了工业化步伐，利用其劳动力低成本优势吸纳制造业投资，加剧了世界市场竞争，同时我国市场需求结构加快升级，但国内供给侧还不能很好满足需求结构这一变化，等等。上述国际市场环境和国内要素条件的变化，使得我国就业的结构性矛盾更加突出。

（二）高校毕业生就业情况

疫情之前，我国就业问题已经开始凸显，但高校毕业生就业尚没有引起太大关注。根据对北京大学、清华大学、南京大学、浙江大学、复旦大学、武汉大学、华中科技大学、南开大学、中山大学、厦门大学等十所国内优秀高校 2016—2021 届毕业生就业落实情况的统计，可以看出高校毕业生就业落实率处在高位，2019 年之前，除个别高校外，绝大部分高校的落实率在 95% 以上。与此同时，校园招聘市场蓬勃发展，各高校招聘会场次、进校用人单位数量均处于较高水平，武汉大学 2019 年每年进校用人单位数量在 6000 家以上，在 2019 年 QS 毕业生就业能力排名中，武汉大学在雇主-学生关系指标上位居全球第一。

然而，高校毕业生去向落实率已经开始出现下降的态势。细看上述十所高校的落实率情况，2016—2018 年落实率在 95% 以上的有 9 所高校，2019 年在 95% 以上的有 8 所高校，而到了 2021 年，落实率在 95% 以上的则只有 5 所高校了。还是以武汉大学为例，2016 年武汉大学毕业生总落实率为 96.49%，2019 年总落实率为 92.35%，下降 4.14%。而在就业市场景气度方面，据智联招聘于 2019 年 1 月发布的 2018 年四季度《中国就业市场景气报告》显示，与 2017 年相比，2018 年就业市场景气程度明显回落。应该说，疫情之前"就业难"的问题已经存在，疫情使得这一难题进一步凸显。

2020 年，为应对新冠疫情影响和稳就业，国务院先后出台《关于进一步做好稳就业工作的意见》和《关于应对新冠肺炎疫情影响强化稳就业举措的实施意见》，对全力做好稳就业工作，有效应对疫情冲击提出意见；4月，中央政治局会议在宏观政策"六稳"基础上，提出"六保"目标，其中"稳就业""保就业"分别为"六稳""六保"之首，至此"稳就业保就业"成为我国在疫情期间施行的核心就业政策。2022年10月，党的二十大召开，提出"实施就业优先战略""强化就业优先政策，健全就业促进机制，促进高质量充分就业"，成为我国新时期就业工作的总基调，给高校毕业生就业工作也提出了更高要求。

三、解决高校毕业生就业难题主要在改善供给

（一）高校毕业生就业的结构性矛盾

长期以来，我国就业难题在两个方面：总量压力和结构性矛盾。我国14亿人口，8亿劳动力人口，要解决这么巨大数目人口的就业问题是不小的挑战。但从长期来看，随着我国人口老龄化的加剧，适龄劳动人口减少，就业总量压力会减小。而结构性矛盾却可能随着适龄劳动人口的减少而加剧，所以我国就业最根本的难题还在结构性矛盾。这一难题在高校毕业生就业问题上表现尤为突出。

结构性矛盾一般体现为"就业难"和"招聘难"并存。毕业生觉得"就业难"，主要因为市场提供的就业岗位未达到预期，毕业生不愿意将就，而是选择通过继续提升自己的学历来提高就业竞争力，以期找到满意的就业岗位，或者延长求职时间，直到找到自己满意的工作为止，由此产生了"慢就业"、考研"二战"等现象。用人单位觉得"招聘难"，主要是因为用人单位一般想要招聘到更好的学校、更高的学历层次的毕业生，而这些毕业生的签约意愿不高，签约之后的毁约率也偏高，导致最终的招聘人数往往低于发布的招聘计划。

从更高的层面来说，在我国经济发展从高速增长转向高质量发展阶段后，产业结构转型升级加快，人才供应跟不上市场需求，存在结构性错位。如国家在大力发展制造业，制造业人才需求旺盛，而由于制造业普遍工资偏低、工作环境一般，高校毕业生对于到制造业就业的意愿并不强烈，而是更倾向于互联网、房地产、教育培训等高薪行业就业。这两年国家对于教育培训、房地产和互联网行业进行政策性调整，从长期来看是经济社会健康高效发展的诉求，不过短期内确实增大了高校毕业生就业工作的难度。根据中国经济宏观论坛对2022年三季度分职业高校毕业生招聘需求和求职申请的对比可以看到，招聘需求前五的岗位是销售顾问、客户服务、普工/技工、管培生/储备干部、演艺人员/经纪人，求职申请前五的则是行政、文员/助理、人事、销售顾问、管培生/储备干部[4]，其中只有"管培生/储备干部"算是供需匹配的，其他需求与申请的错位则很明显。

（二）通过改善供给来缓解高校毕业生就业难题

高校作为社会中高端人才的供给方，承担着为我国社会主义事业发展供应人才资源的艰巨任务。现实的情况是，高校为社会输送的人才还无法满足社会所需，普遍存在的现象是某一专业毕业生的数量高于社会实际所需，而另一专业毕业生则无法满足社会所需。高校的人才培养相比于市场所需存在较严重的滞后，不少高校仍在大力培养社会已不需要或者需求下降的人才，而对于社会需求的职业或需求却没有对应或足够的专业设置。另外，四年一届的学制以及相应的培养方案相对于加快的产业结构升级、瞬息万变的信息化数字化改革显得过于迟缓。

对于教育主管部门而言，需要紧密结合当下市场需求和长远经济发展需要，做好教育布局。应当有一部分高校专注于培养基础学科和创新研究人才，本科着力于打好基础，研究生阶段着力培养学生研究能力和创新能力，提供高层次创新型人才支撑。同时也应当有一部分高校专门面向市场培养人才，根据市场需求及时制订和调整人才培养方案，培养社会所需要的高端技能人才。当下的教育同质化现象严重，每所高校都想办成"综合性研究型"大学，人才培养重合度过高，与市场需求不够衔接的同时也容易形成恶性竞争，造成资源浪费。

对于高校而言，高校具有一定的办学自主权，也应该积极谋划人才培养定位和人才输送布局，在学科、专业设置上充分对接国家需要和市场所需，及时淘汰或调整社会已经不需要的学科专业，新增或大力发展社会急需的学科专业，做好学科专业布局，学科专业之间有不同面向和不同侧重，学科专业内部也要做好分类培养，提高学生所学专业与现实用工之间的匹配度，同时着眼于培养学生的实践动手能力，在人才培养过程中纳入多方力量，特别是需求方的力量，共同培养符合社会需要的人才，缓解高校毕业生就业难题。

四、新时期下高校毕业生就业工作的任务

就业问题事关重大，十分复杂，需要上下多方合力。国家层面需要大力推动经济复苏，通过经济发展来拉动就业，虽然提高总量不能从根本上解决就业难题，但可以在一定程度上缓解，同时也应考虑到我国巨大人口数目的就业压力现实，在产业结构调整上不能过于剧烈，在确保就业大局稳定的同时推动产业调整和改革。需要做好教育布局，缓解乃至避免人才扎堆现象。当然，还需要全社会共同营造平实的就业文化，抵制人才高消费现象，提倡通过个人经验和能力来选聘人才，等等。作为人才培养主体的高校，更要积极发挥作用，真正重视就业、支持就业，把就业作为评判学科发展与人才培养质量的重要维度

之一，加强就业与招生、培养的联动，全过程做好人才培养与输送工作。

作为供需两端的桥梁，高校毕业生就业工作在新时期依然任务艰巨。从国家层面而言，高校毕业生就业工作关系就业大局稳定，关系社会稳定和民生福祉，高校有义务自觉担负起社会责任；从高校发展而言，毕业生就业质量是高校人才培养质量的试金石，显示的是高校的办学水平，关系到高校的社会声誉。党的二十大报告提出的实施就业优先战略，推动高质量充分就业为高校毕业生就业工作提出了新的方向和目标，高校毕业生就业工作应从顶层设计、就业教育、就业服务等方面着力，助力更多毕业生实现高质量充分就业。

（一）着力顶层设计，把就业纳入人才培养的全过程来考虑

鉴于当前我国就业问题的迫切性和严峻性，高校毕业生就业难题已不是就业部门能够独立面对和解决的了。就业部门是高校人才培养出口的最后一关，但决定毕业生能够"就好业"的还是前期的培养，培养质量一定程度上规定了就业的质量。因此高校在顶层设计上应当把就业纳入人才培养的全过程来考虑，比如在学科评估时切实把毕业生就业质量作为指标之一，对于新设立的学科专业进行就业绩效评估，对于长期就业状况不好的学科专业重新进行评估并根据评估结果进行相应调整等。高校还应在更高层面上统筹各学科专业的发展，结合办学定位和目标，对各学科专业进行分类分层设计和管理，对于基础学科强调学生研究能力的培养，为国家储备高层次科研创新人才，对于应用型学科则应积极联动市场和用人单位，培养真正符合市场需求的人才。

（二）致力就业教育，将学生就业意识和就业能力的培养前置

高等教育承担着为中国式现代化事业提供人才支撑的重要使命，体现在就业上，就是要把毕业生输送到祖国需要的地方。一方面，应当加大就业价值引领，服务国家战略发展需求，积极引导和鼓励毕业生到重点地区、领域和行业就业，比如输送毕业生到西部地区和东北地区，服务我国区域经济协调发展，输送毕业生到国防军工、航空航天等事关国家安全的领域，服务国家安全建设，输送毕业生到高新技术产业、急需紧缺人才行业，服务国家科技发展等；另一方面，高校最重要的任务是人才培养，帮助学生树立正确的世界观和人生观进而树立科学的择业观、就业观是其中之义。在以往，就业意识的培育和就业能力的培养在人才培养的过程中被或多或少忽略了，大家把就业看成了到毕业年级才需要考虑的事情，而人的意识和观念的形成并不是一朝一夕能够完成，而是需要一个较为长期的引导和浸润的过程。高校应该把就业教育作为人才培养的重要内容之一，从低年级开始培育学生就业意识，培养就业能力，引导学生关注社会，关注市场，树立正确的择业观和就业观。

（三）倾力就业服务，在高质量指导和服务上下功夫

就业服务是连接起毕业生和用人单位的桥梁。当我国经济发展已经从粗放式的增长转向内涵式高质量发展的时候，就业服务也应当转变观念，在高质量上下功夫。在就业市场上，高校承担着就业信息传递和市场开拓的任务，其方式是与用人单位对接，新时期高校应当结合办学定位和学生意愿，有所侧重对接用人单位，真正把企业进校招聘的数量转化为实际的就业岗位数量，提高供需对接的效率。在就业指导上，除求职技能的培训之外，当前高校最重要的任务是将就业指导延伸至生涯教育，以对外窗口服务的优势，将最新最真的就业形势和政策传递给学生，引导学生树立更加平实、务实的择业就业观，对于学生就业群体中不好的苗头和趋势要加以研究，分析利弊，及时纠正。从 2023 年起，我国全面取消就业报到证，就业程序进一步简化，也更加符合市场经济的本质和要求，但过渡期学生免不了疑虑和担心，高校应当在教育部门的指导下，做好充分的应对和解释，并且在高校内部简化程序，为毕业生就业提供最大的便利。

参考文献

[1]猎聘大数据研究院.千禧青年：2022 大学生就业报告[R/OL].［2022-05-04］. https：// www.sgpjbg.com/baogao/72319.html.

[2]全球化智库·领英中国.中外高校毕业生职业发展研究与展望 2021[R/OL].［2021-12-02］. https：//www.sgpjbg.com/baogao/66499.html.

[3]中国宏观经济论坛.CMF 中国宏观经济专题报告（第 45 期）：需求不足和结构矛盾下的就业市场[R/OL].［2022-10-09］. https：//www.sgpjbg.com/baogao/103665.html.

[4]毕马威中国.2023 年宏观经济十大趋势展望［R/OL］.［2021-12-08］. https：//www. sgpjbg.com/baogao/108968.html.

[5]智联招聘.2022 大学生就业力调研报告[R/OL].［2022-05-27］. https：//www.sgpjbg. com/baogao/74831.html.

[6]王阳.高质量发展阶段下高校毕业生就业政策实施过程评估[J].中国劳动研究，2021（00）：173-195.

[7]马景惠，安俊达，赵爽.后疫情时期调整优化高校毕业生就业工作的路径探析[J].高校学生工作研究，2020（1）：64-71.

[8]贺良，曹敏，何志勇.互联网时代促进高校毕业生充分就业工作机制探析[J].智库时代，2020（15）：80-82.

新时代高校毕业生"慢就业"现象的动机分析研究

许萌萌[1]　朱迪文[2]　曲晓艳[3]

（武汉大学哲学学院）

摘要　"慢就业"已经成为当今大学生日益凸显的一种就业现象。本文以质性研究的范式，对当代大学生的慢就业现象背后的动机和影响因素进行探索。遵循"目的性抽样"原则，选取了 18 名大学生作为访谈对象。采取扎根理论的范式，通过深度访谈获取资料，并转换成电子文本，进而使用 Nvivo 12.0 质性分析软件对整理出的文本资料进行系统编码与分析。

研究结果显示，大学生慢就业动机可以分为回避性动机和趋近性动机。回避性动机可以分为未来回避、现在回避和过去回避，分别指向对预期就业可能伴随的未知压力以及身份转变的逃避恐惧；对求职受挫或理想工作与现实差距形成的心理落差以及不满意现状的回避；对过去积累的就业劣势的回避。趋近性动机可以分为强弱两类，更高更好就业目标的追求以及对就业较低的动力动机水平。此外，社会竞争加剧的结构性动机因素和个体的个性特征也会影响到个体的慢就业决策。差异化的慢就业动机会产生不一样的慢就业体验，虽然积极与消极感受并存，但更为常见的是消极的感受。

研究弥补了量化研究不够具体深入的问题，丰富了慢就业实证研究的成果，深化了对当代大学生慢就业现象的探索，为更好地理解和干预新时代大学生就业观念和就业问题提供了实证依据。

关键词　大学生；慢就业；回避性动机；趋近性动机

习近平总书记在党的二十大报告中指出："必须坚持在发展中保障和改善民生，鼓励

1，2　共同第一作者，3　通讯作者。
作者简介：1　许萌萌，武汉大学哲学学院心理学系硕士研究生在读，专业：基础心理学。
2　朱迪文，武汉大学哲学学院心理学系硕士研究生在读，专业：基础心理学。
3　曲晓艳，博士，武汉大学哲学学院心理学系，讲师，专业方向：应用心理学。

共同奋斗创造美好生活，不断实现人民对美好生活的向往。"一直以来大学生的就业问题都是社会关注的重点，影响着数以万计的家庭生活及社会安定。据不完全统计，近年来高校毕业生暂不就业的比例逐渐增长。2018 年 8 月《中国青年报》发布，72.9%的受访者认为周围有毕业而不就业的大学生。近年来，相较于网络媒体繁荣下的青年灵活就业形势，"慢就业"成了日益凸显的一种大学生就业现象。针对"慢就业"，还没有一个普遍认可的学术性定义，一般来说是指大学生毕业后既没有马上就业也没有继续深造，而是暂时选择游学、支教、在家陪父母或者创业考察，慢慢考虑人生道路的现象，也有研究者提出每学年 6 月 30 日前拿到录用函的应届毕业生为常规就业，其余毕业生则为慢就业[1]。从当下大学生"慢就业"现象入手，探究其背后的动机和影响因素，对于揭示新时代发展背景下大学生的就业观念与就业问题有着重要的意义。

一、文献综述

中国知网上以"慢就业"为关键词的搜索显示，来源类别为"SCI 来源期刊""EI 来源期刊""CSSCI""北大核心"的结果仅有 14 条，其中"慢就业"相关研究 8 篇，仅 3 篇为实证研究。各研究发表时间皆在 2019 年之后，针对这一新兴现象，学术性的实证研究还在积累中。

已有的研究对"慢就业"的原因分析可以归纳为结构性和个体性两个部分。"慢就业"现象背后首要的结构性原因是人民日益增长的美好生活需要与大学生对更高质量就业的美好期待[2]。这一原因具有时代性和客观性，随着我国经济的快速发展，一方面，物质生活水平的整体提升构筑了大学生慢就业的物质基础；另一方面，人力资源竞争日益加剧，"内卷"化严重，每年近千万的高校毕业生造成高等教育学位相对含金量下降，传统非体力劳动薪资及其购买力相对下降。其次，有研究者提出高等教育发展不均衡也是原因之一，各高校无差别化的"工厂式"人才培养模式，导致人才产出相似[3]，毕业生就业面临同质化竞争加剧的挑战，进而造成总量性失业，即劳动力供给量在一定时间和范围内大于劳动力需求量。最后，研究者还将原因指向了高校就业服务工作，认为国内高校就业服务工作发展时间短、制度不完善，且存在重数量轻质量、与实际脱节、缺乏针对性、精确性等问题[4]。

①　蒋利平，刘宇文．大学生"慢就业"现象本质解析及对策[J]．学校党建与思想教育，2020(4)：64-66.

②　蒋利平，刘宇文．大学生"慢就业"现象本质解析及对策[J]．学校党建与思想教育，2020(4)：64-66.

③　刘宇文．当前高校毕业生"慢就业"现象研究[J]．人民论坛·学术前沿，2019(20)：69-75.

④　蒋利平．社会主要矛盾转化视角下大学生"慢就业"现象解读及治理[J]．当代青年研究，2020(6)：70-76.

对于"慢就业"的个体性原因，研究者普遍支持的一种解释是将"慢就业"分为主动(积极)与被动(消极)两种类型①②③。主动型"慢就业"者一般具有坚定的职业目标，这一类人群虽然最终的就业结果是慢人一步，但这种慢是自身理性选择的结果，体现了毕业生发展的个性化和目标性以及社会、家庭的宽容度。同时，主动型"慢就业"者具有充分的"人-岗匹配"的信心，在判断所追求之物的价值、把握适合的工作生活方式上表现出较高自信，其人岗匹配的需求、动力也更充足。与之不同的是，被动型"慢就业"者在"慢就业"这一行为上缺乏"意志选择"这一因素，往往存在认知偏差、自我定位不清或过分关注自我、外部探索(包括切身体验、试错)经验缺乏、盲从等特点，部分成员在计划、解决问题等能力上有所欠缺。

综上所述，当前针对高校毕业生"慢就业"现象的研究刚刚起步，且多集中于宏观的理论和经验层面上的剖析，提出诸如"社会经济的快速发展""职业生涯规划教育的缺失""人民日益增长的美好生活需要与大学生对更高质量就业的美好期待"等分析与假设。一方面个体化视角的案例研究不足，缺乏典型性和具体性；另一方面没有细化不同类别的"慢就业"学生的差异化动机及应对策略。本文探索和分析不同学科背景下选择"慢就业"毕业生的动机因素，从而丰富本研究领域的理论基础和实证研究结果，即将毕业的学生和相关部门的就业选择和辅导提供真实的参考依据。

二、研究方法

(一)扎根理论方法

扎根理论是一种自下而上建立理论的方法，在质性研究中具有重要意义。通过对转录的文本资料进行不断反复的分析，基于已有的分析结果更新思考，带着新问题更有针对性地进入下一次资料收集，循环往复，不断锤炼对主题的思考与总结，探讨其内部机制，进行理论的建构，从而使理论更加全面、系统、完整④。

本文以大学生为研究对象进行半结构化访谈，并采用扎根理论方法对资料进行分析，深入探究大学生慢就业动机及相关的就业观念，为全面理解新时代下大学生就业问题提供

① 郑晓明，王丹. 高校毕业生"慢就业"现象的成因与治理策略[J]. 社会科学战线，2019(3)：276-280.
② 陈亮. 突破艺术类高校"慢就业"困境的对策研究[J]. 未来传播，2021，28(5)：98-105.
③ 张莎. 大学生"慢就业"群体就业质量提升探析[J]. 学校党建与思想教育，2021(8)：66-68.
④ 凯西·卡麦兹. 建构扎根理论：质性研究实践指南[M]. 重庆：重庆大学出版社，2009.

新的视角。

(二)数据收集

1. 研究对象

本文遵循的是质性研究的"目的性抽样"原则,在招募受访者时选取能够提供最大信息量的研究对象①。选取 W 大作为研究现场,通过公众号推送、朋友圈转发等方式发布招募信息,在其中对本研究的目的、受访者参与条件、访谈方式及时间等相关信息进行详细说明,完成访谈的受访者获得 30~50 元的人民币作为酬谢。研究选取了 15 名大学生受访者(A01-A15,其中女性 7 人,46.67%,本科生 12 人,研究生 3 人),他们来自文科、理科、工科等院系,均为毕业年级、准毕业年级或毕业不满 3 年但具有慢就业经历。作为模型饱和度检验之用,本文还补充了 B01-B03 这 3 个访谈对象(1 男 2 女,2 个本科生,1 个研究生)。

Lincoln 和 Guba (1985)认为用于访谈目的的样本数量至少大于 12 个②。本文的正式访谈共包含 18 位受访者(具体见表1),符合该样本要求。

表1 受访者构成情况

编号	性别	年龄	年级专业	学历	编号	性别	年龄	年级专业	学历
A01	女	22	哲学	本科	A10	男	22	机械	本科
A02	男	21	机械	本科	A11	女	22	心理	本科
A03	男	22	计算机	本科	A12	女	23	心理	本科
A04	男	22	土木建筑	本科	A13	男	22	城市交通	专科
A05	女	23	管理学	本科	A14	男	22	金融	硕士
A06	女	24	工商管理	本科	A15	女	23	心理	本科
A07	男	29	化工	本科	B1	女	21	哲学	本科
A08	男	25	测绘	硕士	B2	男	23	机械	本科
A09	女	25	经济	本科	B3	女	23	服装设计	本科

① Patton, M Q. Qualitative evaluation and research methods[M]. Newbury Park:Sage, 1990:169.

② Lincoln, Y & Guba, E. Naturalistic inquiry[M]. New York:Sage, 1985:124-127.

2. 研究工具

（1）研究知情同意书。在访谈之前向受访者介绍本研究的目的、主要内容，强调会对访谈全程进行录音但仅作学术用途，受访者的个人隐私将会得到保护，符合研究的伦理原则。确保受访者完全理解，征得其同意，使其在自愿、自由的基础上进行访谈，尽量保证获取资料的可靠性。

（2）质性访谈提纲。基于对大学生慢就业文献的初步整理与分析，对其主要内容进行了初步的归纳和总结，并据此结合研究目的拟订访谈提纲。通过预访谈，不断修正访谈提纲，形成最终的访谈提纲。

最终的访谈提纲分为"原因""评价""感受"三个维度，样本题目例如"你当下就业的情况怎么样？目标是什么？""在没确定工作的这段时间里，家人朋友对你有什么突出影响吗？他们对你就业持有什么样的态度？""获得最后的（可能的）就业结果，你有遗憾的地方或自豪的地方吗？"等。

（3）Nvivo 12.0 质性分析软件。Nvivo 软件适用于将非数值性、无结构资料进行索引、搜寻、理论化，帮助研究者完成编码与搜寻；产生规则、建立理论；建立索引；建立逻辑关系；建立概念网络等工作[1]。使用 Nvivo 软件直接导入中文文本，帮助对资料的进一步编码与分析，有效地降低了质性研究工作中的烦琐度。

3. 访谈过程

正式访谈开始前向受访者进行大致介绍，包括研究主题等基本信息，强调访谈所需时间 30~60 分钟及可能涉及的敏感问题并获取受访者的理解，向受访者强调访谈的原则，可以随时打断、询问。访谈过程中保证无其他人员干扰，让受访者处于放松舒适的状态；由于疫情等原因访谈主要采取线上访谈形式。3 名访谈人员，均受过正规的培训，对访谈内容有深入的理解，具有相关访谈技巧和经验，足以保证访谈结果的有效性。

整个访谈过程采取半结构化访谈的方式，以访谈提纲为基础展开，针对受访者所述内容及时进行重复、追问和确认，不采用带有暗示性、指向性、提示性、诱导性的语句，保持语言的中立性。资料整理采取手机录音和电脑文档记录相结合的形式，根据录音资料与

访谈过程中的记录对文字记录不完整的地方进行补充完善。由访谈录音转录的文本资料及记载研究者在访谈过程中的记录与访谈结束后的反思的备忘录是后续资料分析的主要材料。

4. 资料分析

扎根理论中资料分析的主要步骤是对收集到的材料循环往复地分析，将文字材料进行分类、编码，不仅关注相同点的由来，也关注差异的比较，编码在发现结果、形成解释与生成理论的过程中起着至关重要的作用。本研究主要采用了开放式编码、主轴编码和选择性编码这三种编码方式。

（1）开放编码（开放式登录）。此阶段是最初级的编码，目的是从资料中发现类属概念，对类属加以命名，确定类属的属性和维度，然后对研究的现象加以命名及类属化①。反复阅读访谈逐字稿，结合其他文本资料，逐字斟酌，并结合相关情境和语境分析其含义、范围，尽量用受访者的原话，形成意义单元，加以编码。接着，对所有的意义单元进行归纳和界定，并将其划分为不同的范畴，进行类属并赋予概念。

（2）主轴编码（关联式登录）。这一步的目的是发现和建立概念类属之间的联系，以展现资料中各个部分的关联②。主轴编码依赖于开放性编码的推进而进行，它可以更加细致和精确地确定概念之间的联系，从而抽取分离出类别的不同层次。

（3）选择编码（核心式登录）。选择编码又称核心式登录，具有高度的概括性。经过前面的一系列分析，发展到核心式登录时，从资料中提取的概念会越来越精练，离原始资料的详细性和具体性越来越远，离理论的抽象性与概括性则越来越近。

三、研究结果

（一）开放式编码和主轴编码

研究者仔细阅读访谈文本材料后，从中提取初始概念，然后经过反复归纳和凝练形成范畴，最终得到 27 个开放式编码和 11 个主轴编码（见表 2）。

---

① 陈向明. 质的研究方法与社会科学研究[M]. 北京：教育科学出版社，2000.
② 陈向明. 质的研究方法与社会科学研究[M]. 北京：教育科学出版社，2000.

表 2　　　　　　　　　　　开放式编码和主轴编码结果

范畴	初始概念	材料来源	原始语句例证
对预期就业的恐惧逃避	回避就业压力	A01，A05，A15	A05"升学压力大，就业压力大。然后我现在感觉，既不能升学又不能就业，就感觉挺害怕的。"
	回避预期困难	A01，A07，A09	A07"很多人竞争一个岗位，自己觉得很难。"
	回避身份转变	A01，A07，A10，A15	A15"因为就是从毕业离开校园到工作，这也确实应该可以算是个全新的生活方式。肯定是跟之前不一样的。所以有畏惧。"
	拖延决策	A05，A10	A10"去年就开始秋招了。当时我感觉我是感觉那个时间还太早了。"
回避不满意的现状	回避求职被拒	A01，A03，A05	A03"后来也没有成功入职，难免信心上有一些受损。"
	回避现实与理想差距	A01，A04，A05，A08，A14	A14"更多地会从想象中剥离，慢慢的是进一步了解到就业的一些实际的情况，各个行业的一些实际的情况。"
回避过去积累的劣势	求职技能与实力缺乏	A01，A03	A01"对于就业信息及时性不太了解，或者说他可能有自己想要去的地方，但是这种就业信息来得不及时或者错过。"
	目标与规划不明	A05，A07，A10，A11	A10"其实我到现在就对自己没有一个特别准确的定位。"
追求自己满意的工作	工作-生活平衡要求	A01，A03，A06	A03"我对个人生活时间的充裕，要求有一些高。"
	薪资要求	A02，A08，A10，A13	A08"我们这个行业工作是好找，但是要加班，并且加班严重，工资太低了。"
	排除不喜欢的工作	A07，A08，A09，A11	A07"我本人就是平时也不太爱笑。可能没有办法时刻保持一张笑脸。我觉得这样需要我用一个很虚伪的样子去面对很多人。"
追求探索、提升自我	提升自我	A03，A04，A10	A10"最近也是在看一下，提升一下自己。"
	探索自我	A11，A14	A11"今年没有就业难的原因，之前说的第一个点就是对自己的了解不够多，对自己想做什么了解得不够多。"

续表

范畴	初始概念	材料来源	原始语句例证
追求其他选择	考公	A07，A08	A07"公务员确实是我觉得能够带给我很稳定的生活，然后自己会比较有动力去做。"
	考研	A01，A02，A06，A12，A14	A12"这两天我就发现我周围其实好多同学他们都在准备'二战'。我的压力瞬间就起来了，他们说要准备考研，那我也准备，并且我一定要考上。"
就业动机较弱	对专业/行业兴趣低	A07，A09，A14	A07"我觉得，从一开始我觉得自己可能对于这个专业就不是很理解。"
	追求经济激励动机弱	A01，A03，A06，A08，A09，A13	A03"因为在家庭方面，我们的经济压力并不是非常大，所以也不是很需要马上去就业。"
	就业心态佛系	A01，A04，A06	A06"我是比较佛系，能找到就找，找不着就继续在这混着。"
社会竞争加剧	考研考公"热"	A03，A06，A11	A11"大家都会有一个比较一致的观点叫'现在有硕士学位比较吃香'。"
	行业求职"卷"	A01，A03，A10，A11，A14	A14"看到了这个行业，已经感觉是一个存量的市场，不是一个非常具有增量的市场，所以陷入了一种巨大的'内卷'内，甚至有点内耗之中。"
个性特征	不确定性偏好等	A01，A04，A08-A11，A13，A14	A14"比如觉得自己对不确定性的偏好可能会大一些，不是那种特别追求平稳安稳的人。"
消极感受	纠结、迷茫、停滞	A02，A05，A06	A05"其实我内心会对未来有一点点害怕或迷茫。"
	落后感与缺失感	A01，A03	A03"有两个已经开始实习了，看着他们很上进，觉得自己蛮落后的。"
	压力焦虑	A02，A11，A14	A02"有点逃避，而且有点焦虑。"
	自我否定	A04，A09	A09"我成绩在班上本来就是中下，我觉得那我肯定是竞争不过，我何必去给自己丢脸，所以我就一家都没去。"
积极感受	自由	A01，A02，A09，A11	A11"我要自主，我要自由，我要追求自我的爱好，所以我可能需要用更多的时间来探索自己需要什么，然后用更多的时间去做自己的选择。"
	乐观	A02，A03，A04	A03"路很多，所以还是要向前走，不能因为一块石头绊住了，就停在这了。"

(二)选择编码

通过分析与讨论，11个主轴编码根据类属关系被划分为个体回避性动机、个体趋近性动机、个体个性特征、结构性动机因素、慢就业感受5个选择编码(见表3)。

表3 选择编码结果

选择编码	主轴编码		范畴内涵
个体回避性动机	对预期就业的恐惧逃避		为了回避就业需要面对的压力、预期困难、身份转变
	回避不满意的现状		为了回避求职被拒的现状，以及理想与现实的差距
	回避过去积累的劣势		为了回避过去因就业准备不充分导致的竞争劣势
个体趋近性动机	强	追求自己满意的工作	为了追求满足自己薪资、工作生活平衡、兴趣等择业要求的工作，不将就
		追求探索、提升自我	为了进一步了解、探索自我及提升自己
		追求其他选择	为了考公、考编或考研
	弱	就业动机较弱	对就读专业或行业缺乏从事兴趣，也相对没有经济负担，就业心态比较佛系
个体个性特征	个性特征		包括不确定性偏好、完美主义、享乐取向等
结构性动机	社会竞争加剧		外部环境竞争激烈，考研考公热、行业竞争卷
慢就业感受	积极感受		更多的自由，对未来乐观

(三)理论饱和度检验

为了检验基于15份访谈数据提出的社交媒体用户信息规避动机体系的理论饱和度，本文补充访谈了3个对象(1男2女，其中2个本科生，1个研究生)。研究者对这3份样本数据的独立编码结果均显示，并未出现新的范畴，表明本研究提出的慢就业动机及感受已达到理论饱和。

(四)慢就业动机模型构建

根据访谈结果以及扎根理论分析得到的编码，对选择编码之间的联系进行了模型构建，得到慢就业动机模型，见图1。

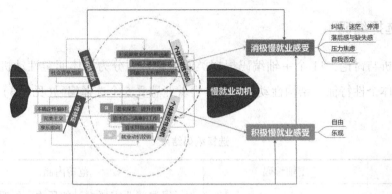

图1　慢就业动机模型

四、讨论

基于扎根理论的慢就业动机访谈结果表明，当代大学生在整个社会大环境下的结构性动机因素和个体的个性特征的共同作用下，在慢就业选择的动机上呈现出个体回避性动机和个体趋近性动机。慢就业选择既可能是单一动机驱动的结果，也可能是多种动机协同作用的结果。此外，差异化的慢就业动机也造成了慢就业感受的不同。

(一)结构性动机因素

个体慢就业的选择受到客观环境的影响。本模型中结构性动机即主要表现为社会竞争加剧这一客观环境带来的影响。一方面各行各业内部求职竞争激烈，已有研究表明新冠疫情对高校毕业生就业市场造成了冲击，企业招聘需求大幅下降，求职投递人数大幅上升①，人岗需求匹配难度进一步提高。另一方面，高校毕业生的人数逐年递增，已突破千万大关。随着就业环境竞争激烈，应届生的学历、实力将以更高的标准被衡量，专业升学竞争同步进入白热化，考研成为一个大的趋势；此外，近年来新冠疫情的不稳定性也进一步引发了大学生对于稳定工作的向往，从而导致了"考公热"。以上社会竞争的加剧是驱动大学生慢就业选择的重要客观环境因素。

(二)个体性动机

除了客观存在的结构性动机，慢就业个体性的动机也至关重要，模型从趋近性动机与

---

① 毛宇飞，曾湘泉．新冠肺炎疫情对高校毕业生就业的影响——来自招聘网站数据的经验证据[J]．学术研究，2022(1)：104-110.

回避性动机上对个体性动机进行了分类。值得注意的是，趋近性动机与回避性动机不一定互相排斥，而是双线共同存在，甚至在一定程度上互相影响、协同作用于慢就业的选择与感受。

回避性动机是造成慢就业消极感受的重要来源，对慢就业选择的驱动机制较为集中。回避性动机可以从时间层面上分为未来回避、现在回避和过去回避三类。未来回避是对预期就业的逃避恐惧，指向对就业可能伴随的未知压力以及身份转变的回避；现在回避是回避不满意的现状，指向因求职受挫或理想工作与现实差距形成的心理落差而选择回避现实；过去回避是回避过去积累的劣势，指向过去准备不充分导致求职实力缺乏或目标规划不清引起迷茫最终积累形成的就业劣势。

趋近性动机作用于慢就业选择则有强、弱两种途径。一方面，对追求自己满意工作属于较强的趋近动机，这促使大学生产生"先择业再就业"的就业观念，进而驱动慢就业，同时对探索、提升自我的强追求亦将就业置于重要程度的第二梯队，此外，对其他选择(如考公、考研)较强的趋近性动机同样使同学们偏离就业选择，导致了客观层面的"慢就业"。另一方面，对于就业本身较弱的趋近性动机，除去其他选择的影响，主要表现为安于现状的佛系就业心态，出于本身对所从事行业或所学专业较低的兴趣而无就业动力，同时较为宽裕的经济条件也为这部分大学生提供了慢就业的物质基础，降低了其就业所带来的经济激励动机。

(三)个性特征

大学生差异化的个性特征也是他们做出慢就业选择的驱动力。模型中主要涵盖了不确定性偏好、完美主义以及享乐取向三种可作用于慢就业选择的个性特征。不确定性偏好更高的个体更乐于在就业前探索更多人生的可能性，如创业尝试、修习旅行等，故他们做出慢就业选择的可能性更高。完美主义特质的个体则更倾向于寻找一份绝对令自己满意的工作，他们愿意放慢脚步来等待，或不断寻找这样一份理想工作，尽管感受可能并不那么愉快。随着新时代人民生活水平不断提高，享乐主义取向的个体一方面可能希望寻找一个轻松的工作而不得，另一方面可能直接安于现状化身"啃老"一族。这些都成为促使个体选择慢就业的影响因素之一。

(四)慢就业感受

对于慢就业个体而言，积极与消极感受并存，更为常见的是消极的感受。因求职受挫而深陷前途未明的迷茫，常规就业流程无法顺利推进的停滞，是否愿意将就接受一份自己不喜欢的工作的纠结，都是慢就业个体最为普遍的烦恼；求职屡屡受挫也伴随着越来越频繁的自我否定。另外，因毕业后就业发展脚步变慢而与同龄人产生落后的差距感，也常常让慢就业个体怅然若失，这种朋辈压力引发更深的前途焦虑。同时，因慢就业而付出的时间与经济成本使其窘迫更甚，家人、师长以及朋友的关注本身也变成压力来源。

消极感受似乎是慢就业初期或多或少都会有的体验。而积极感受更多是在慢就业中逐步明确了自己奋斗目标后的自适。事实上，慢就业让一部分学生感受到更多的自主和自由，他们用这段时间弥补前期规划的不足或实力的欠缺，从而在新一轮竞争中获取优势。又或许在调整自己心态后变得豁达乐观，从而发现自己更多的可能性。

(五) 慢就业动机模型

模型中涉及的慢就业动机及相关因素不一定独立作用于慢就业选择，慢就业选择既可能是单一动机驱动的结果，也可能是多种动机协同作用的结果。例如，社会竞争加剧的结构性动机因素将直接加强个体对预期就业压力的回避动机，进一步驱动慢就业；个体的完美主义也与其追求自己满意工作的趋近动机强度存在密切相关；个体回避过去积累劣势的回避动机越强，其追求提升自我的趋近动机可能也会随之变强。

此外，差异化的慢就业动机也造成了慢就业感受的不同。个体回避性动机与慢就业的消极感受联系紧密，而追求探索、提升自我的趋近动机常常伴随着更积极的慢就业体验与更好的目标确定与节奏适应。而社会竞争加剧的结构性动机则主要造成了压力、焦虑等消极感受。

(六) 研究不足与展望

本文对"慢就业"的动机和影响因素的探究，揭示了新时代发展背景下大学生就业的新观念和新问题。研究的结果提示我们，大学生需要在求学期间更多地进行自我探索和职业探索，从而及早明确自身的职业目标和发展规划，积极适应社会变化，满足就业需求；高校就业指导中心应该针对大学生出现的慢就业现象提供系统的、阶段性的就业指导，降低学生的焦虑与不安，让学生可以更好地将自身优势和社会需求相结合，以积极心态面对现实；相关部门也应该做出积极的调整，改善社会结构性就业落差问题，让学生学有所成，学有所用，不要造成人力资源的无序竞争和浪费。

当然，本文由于没有进行分层取样，样本数量有限，且研究对象大多是211大学的在校生和毕业生，因此结果的可推广性还有待进一步商榷。今后需要对不同地域不同类型的大学进行更广泛的调查，从而更加准确地揭示中国高校毕业生慢就业现象背后的动机和根源。

参考文献

[1] 张莎. 大学生"慢就业"群体就业质量提升探析[J]. 学校党建与思想教育，2021(8)：66-68.

[2] 蒋利平，刘宇文. 大学生"慢就业"现象本质解析及对策[J]. 学校党建与思想教育，2020(4)：64-66.

[3] 刘宇文. 当前高校毕业生"慢就业"现象研究[J]. 人民论坛·学术前沿，2019(20)：69-75.

[4] 蒋利平. 社会主要矛盾转化视角下大学生"慢就业"现象解读及治理[J]. 当代青年研究，2020(6)：70-76.

[5] 郑晓明，王丹. 高校毕业生"慢就业"现象的成因与治理策略[J]. 社会科学战线，2019(3)：276-280.

[6] 陈亮. 突破艺术类高校"慢就业"困境的对策研究[J]. 未来传播，2021，28(5)：98-105.

[7] 凯西·卡麦兹. 建构扎根理论：质性研究实践指南[M]. 重庆：重庆大学出版社，2009.

[8] Patton, M Q. Qualitative evaluation and research methods[M]. Newbury Park：Sage，1990：169.

[9] Lincoln, Y & Guba, E. Naturalistic inquiry[M]. New York：Sage，1985：124-127.

[10] 郭玉霞. 质性研究资料分析：NVivo 8 活用宝典[M]. 台北：高等教育出版，2009：3，42.

[11] 陈向明. 质的研究方法与社会科学研究[M]. 北京：教育科学出版社，2000.

[12] 毛宇飞，曾湘泉. 新冠肺炎疫情对高校毕业生就业的影响——来自招聘网站数据的经验证据[J]. 学术研究，2022(1)：104-110.

本科毕业生考研现状及对策研究

——以 W 大学为例

周 琪*

（武汉大学学生就业指导中心）

摘要 在招考名额一定的情况下，"考研热"必然面临"考研难"，考研决策背后的深层次的原因值得研究。本文以 W 大学近三年本科毕业生(2020 届、2021 届、2022 届)为研究对象，通过问卷调研的形式，了解毕业生考研意愿、考研状态、备考经历、在校学习情况以及对就业的认识等方面的信息，并结合 Logistic 回归分析方法提取出影响本科毕业生考研成功的因素，从学校与学生两个层面给出考研决策建议，为更科学地指导本科毕业生考研和就业提供参考。

关键词 考研热；考研动机；考研决策

党的十九大以来，习总书记把科教兴国、人才强国和创新驱动发展战略摆在国家发展全局的核心位置，高素质人才成为新时代发展的迫切需求，研究生的社会地位得到进一步提高，由此引发了逐年升温的考研热。选择考研增资筹码似乎成为大学生的理想选择，研究生入学考试似乎已经成为继高考之后又一决定人生方向的关键考试。根据教育部公布的数据，近十年来我国考研报名人数总体呈指数爆炸式增长，主要表现为从 2017 年的 201万人激增至 2023 年的 474 万人。(见表 1 和图 1)从录取情况来看，近十年录取比例整体呈倒 U 形趋势，录取比例于 2017 年达到最高值 35.93%，后以逐年递增的速度不断下滑。截至 2022 年，成功录取的考生人数占比仅不到 1/4。除此之外，考研竞争的加剧，也导致了考研"二战"人数的激增，据 W 大学近几年发布的就业质量报告显示，本科毕业生考研"二战"率由 2015 年不足 2%快速增长到 2020 年接近 10%。这个庞大的人群，会普遍推迟就业1~3 年。如未能顺利考研录取，在后继的求职中将面临更多的困境，对国家、社会和个人

---

* 作者简介：周琪，硕士研究生，武汉大学学生就业指导中心就业管理办公室职员，研究方向：就业管理、职业生涯规划。

层面，都存在不利的影响。综上所述，尽管每年被录取的绝对研究生人数越来越多，但报名和录取人数间的缺口越来越大，考研竞争激烈程度与日俱增，研究生入学资格供需结构失衡的问题日益严重。

考研"过热"的形势并非是好事。从国家和社会层面来看，发展需要各个层次的人才，教育的目的并非只是一味追求高学历，大学生在完成了大学教育后，正是报效祖国、回报社会、发挥价值的关键时期，盲目追求高学历，有业不"就"，是对国家资源的严重浪费，国家的经济发展未能从他们的毕业中获得有益的补充和提升，反而因为就业率低，创造的经济价值和效益大打折扣[1]，严重的可能会影响社会的稳定，让国家的教育陷入了一种"得不偿失"的窘况[2]。除此之外，过多的"二战"考生对学校就业市场也造成了打击。部分用人单位"秋招"黄金期进校招聘遇冷，本科生因准备考研无暇顾及招聘信息，导致校招宣讲效果不理想，打击了用人单位积极性，久而久之易造成学校优势市场资源的流失。长远来看，此类状态持续下去，可能会造成学校原有的市场资源逐渐流失，给毕业生求职带来不利影响。从家庭层面来看，父母培养一位大学生付出了大量的时间、精力和财力，他们期待孩子在大学毕业后能自食其力，凭借自己的学识和能力谋求一份好工作，实现经济独立和良好发展。在升学备考的压力下，父母要与孩子一起承受经济和心理上的负担，很容易引发家庭矛盾，造成家庭不和谐。于个人而言，考研竞争非常残酷，一旦遭遇"失利"就意味着他们因备考而错失的很多良好的就业机遇将很难弥补。还有部分同学还会因长期备考，而无法适应激烈的求职竞争，在社会竞争环境中逐渐丧失自我，丢掉担当精神和责任意识，难以在社会大潮中持续前进。因此，有必要以近几年考研毕业生为研究对象，深入了解其考研动机、备考过程、就业认知等，探寻当今"考研热"现象的生成逻辑，并建立考研决策模型找出影响考研成功率的相关因素，以帮助学生理性做出考研决策，矫正目前研究生入学资格供需不匹配的现状，有效促进就业市场人才资源的合理配置。

表1　　　　　　　　　　　近10年考研报名和录取情况

年份	报名人数(万)	增长率	录取人数(万)	录取比例
2022	457	21.20%	110.70	24.22%
2021	377	10.60%	111.40	29.55%
2020	341	17.59%	99.05	29.05%
2019	290	21.80%	81.13	27.98%
2018	238	18.40%	76.25	32.04%
2017	201	13.56%	72.22	35.93%

续表

年份	报名人数(万)	增长率	录取人数(万)	录取比例
2016	177	7.30%	58.98	33.32%
2015	165	-4.12%	57.06	34.60%
2014	172	-2.27%	54.87	31.90%
2013	176	6.30%	54.09	30.73%

备注:来源中国教育在线。

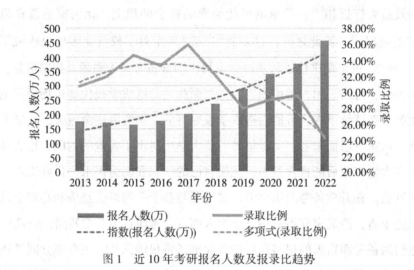

图1 近10年考研报名人数及报录比趋势

从已有文献来看,连年升温的"考研热"现象引发了学术界的广泛关注和深思。首先,大量学者围绕考研动机展开研究,刘彦华等(2006)[3]基于成就动机的视角探索了考研学生的心理状况,发现考研学生的成就动机明显更强。刘天军(2013)[4]运用回归模型探索了大学生考研动机的影响因素研究得到,学校类型、就业压力、专业、成绩等九大因素是考研的主要动机。其次,许多学者探究了影响考研成功率的因素,郑冬冬(2018)[5]通过对南京高校的调研,认为学校的类型和支持度、所学专业状况均对考研录取率产生显著影响。熊凯和黄禄臣(2018)[6]采用两阶段模型对调查数据进行了深入挖掘,发现专业性质、考研宣传、家庭支持等是报考研究生的主要原因,同时,本科成绩、就业形势等是考研成绩的重要影响因素。除此之外,部分学者认为考研未必是学生的最佳选择;杜京(2011)[7]通过对应届毕业生考研的个人经济成本、就业成本、时间成本、心理成本四个方面的分析,提出应届大学毕业生应有机会成本意识,理性看待考研。王波(2010)[8]研究认为,大学生在毕业前会表现出巨大的就业焦虑感和压力感,会形成不良的就业认知和错误的就业观念。高海涛和邹海明(2019)[9]对考研过程中积极和消极的问题进行了阐述,强调了对考研学生进行正确引导的重要性。由此可见，已有研究围绕"考研热"已形成较为丰富的成果，但仍存在可以进一步探索的空间。大多数研究聚焦于考研的决策动机、考研成败相关因素，鲜有研究关注微观个体是否通过理性选择构成了宏观的"考研热"群体现象，从而寻找考研人掩藏在行动内部的各种动机。面对"千军万马过独木桥"的考研形势，学生做出考研选择是出于非自愿性的被动盲从，还是出于实现自我的理性选择？学生应该如何根据宏观形势与微观个人情况理性做出考研决策、制订科学高效的考研计划？这些相关问题研究还需要补充更丰富的事实依据和理论分析。

本文以探讨高校大学生"考研热"现状与根源为出发点，以 W 大学近三年本科生考研情况为研究案例，通过问卷调查法等研究方法，对本科毕业生考研情况进行调查分析；通过建立"考研生"科学模型，从高校和个人层面对大学生科学建立考研决策进行了探讨与建议，为充分开发高校毕业生人才资源，制订积极的就业政策提供参考。本文具有丰富的理论意义、现实意义和政策意义。在理论上，本文从学生做出考研选择的理性程度视角，补充了学术界现有关于考研现状的研究；在实际上，本报告总结出"双一流"本科毕业生考研生的模型，给毕业生考研决策提供有针对性的参考，也给学校的就业指导工作提供方向性建议，能够有效推动高校毕业生更高质量地就业。

调研期间完成收集来自 36 个学院共 1033 份有效问卷。在调查对象上，为了多角度了解 W 校毕业生考研的现状和职业发展需求情况，样本还含有部分往届生参与调研，考察"二战""三战"考研情况。

一、W 校毕业生考研现状和需求分析

（一）考研概况

1. 样本分布

在本次调研中，选择考研的 1033 位毕业生来自 36 个学院，整体考研成功率为 68.15%，专业分布广泛，部分学院相对集中。图 2 展示了考研毕业生学院分布情况，可以看出，报考研究生入学毕业生集中在规模较大的学院，具体有经济与管理学院、资源与环境科学学院、电气与自动化学院、测绘学院，以理工科学院为主。

从考研批次分布情况来看，77.12%的毕业生第一次考研，20.35%的毕业生属于"二战"报考，2.53%毕业生属于"三战"报考。（见图 3）从备考努力程度和考研成功率来看，备考努力程度与考研成功率呈现明显正相关。（见图 4）

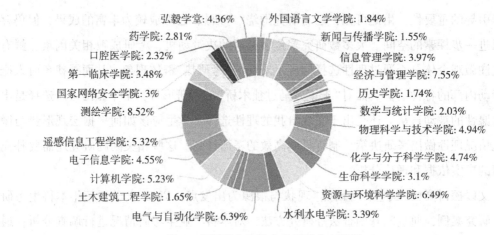

图 2　考研毕业生样本的学院分布情况

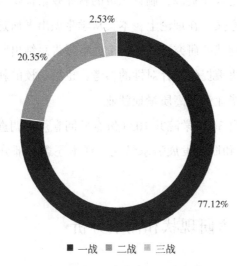

图 3　不同批次考研毕业生分布情况

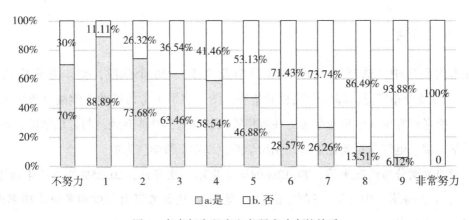

图 4　备考努力程度和考研成功率的关系

2. 录取的主观原因

本文对考研成功样本主观的录取原因进行了调研。如图 5 所示，近一半的毕业生认为考研录取的主要原因是目标明确、心无旁骛地坚持，以及合理的复习计划和学习方法；部分同学认为报考院校及专业难度小、学习能力强、抗压能力强，以及运气好也是主要原因。可见，坚持不懈的恒心和科学有序的复习计划是考研成功最主要的因素，除此之外，培养学习能力和抗压能力、夯实专业基础知识对考研作用显著。然而，仅有 10% 的录取毕业生认为准备时间早是考研成功的主要原因，这与常规认为的准备时间越早、录取概率越高的预期有所差异。

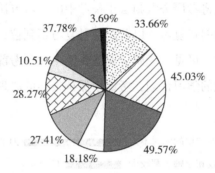

☑a. 报考院校、专业考研难度较小　☑b. 目标明确，心无旁骛的坚持　■c. 合理的复习计划和学习方法
☐d. 专业基础扎实　　　　　　　　☐e. 学习能力强　　　　　　　　　☑f. 抗压能力强
☐g. 准备时间早　　　　　　　　　■h. 运气较好　　　　　　　　　　■i. 其他

图 5　录取主观原因分布情况

3. 失利的主观原因及去向意愿

本文对考研失利样本的主观的失利原因及其下一步意愿去向进行了调研。如图 6 所示，近一半的失利毕业生已过国家线，但止步于报考学校自划线并且放弃调剂其他学校，部分失利毕业生止步于国家线，也就是说，高达 89.98% 的失利毕业生由于笔试成绩不过线而无缘研究生资格，可见过硬的基础课和专业课水平是考研成功的关键条件。尽管如此，在调研中，71.43% 的失利考生并不后悔选择考研，认为人生最重要的是拼搏；少数失利考生后悔考研，认为在没有明确目标和规划的情况下考研浪费了时间和精力，错失了就业机会。

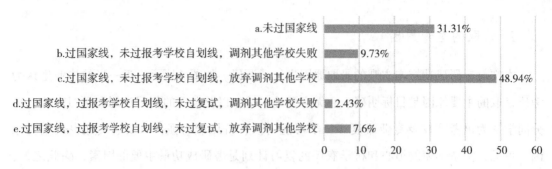

图 6 失利考生的止步阶段分布

对于失利的主观原因，备考前、备考中、考试中均有因素。如图 7 所示，首先，部分同学认为备考前对报考院校和导师的了解较少、对考研形势盲目乐观影响了自己的考研结果；其次，许多失利考生将考研失败归咎于备考中的学习方法或计划安排不合理，意志力不坚定、三天打鱼两天晒网式复习，以及跨学科复习不到位；最后，部分失利考生认为考试中发挥失常是重要原因。可见，考研录取需要考生在备考前形成对意向院校及导师的合理认知，备考中执行高效的学习计划，考试中保持较强的心理素质。

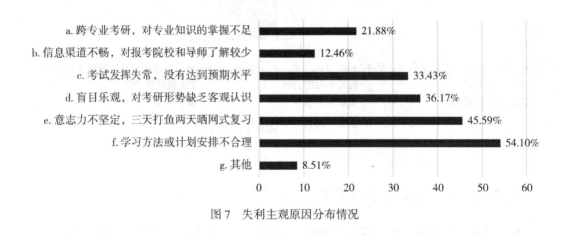

图 7 失利主观原因分布情况

对于目前的去向安排，各将近一半的失利毕业生分别选择再战和求职。如图 8 所示，首先，对选择求职的同学来说，考研形势严峻、就业门槛攀升是放弃继续考研、选择求职的主要原因。其次，对于继续考研的同学来说，他们希望通过研究生学习提升学历、追逐学术梦想，这部分同学的考研意愿非常强烈，即使在得知"二战"成功率较低的假设下，有效填写样本中愿意再战的毕业生比例仍达到了 100%。然而，有少部分同学在考研失利后陷入迷茫，对于未来的发展缺乏清晰的定位。

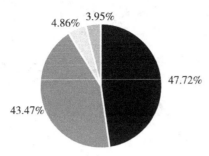

图 8　未录取考生去向安排分布情况

(二)考研动机

结合调研结果,本文从社会层面和个人层面剖析了我校毕业生选择考研的原因。具体来说,社会层面的原因可归纳为四类影响,个人层面可归纳为四类诉求。

1.来自社会层面的四类影响

(1)我国经济新发展阶段对高层次人才的日益需求。

调查结果显示,W校有超过83%的本科毕业生选择考研的原因是迎合就业要求,这和我国经济新发展阶段对高层次人才的日益需求密切相关。党的十九大以来,我国经济实现突破性进展,综合国力和国际竞争力显著提升,同时也面临着经济增长模式转变、抗击新冠肺炎疫情、国际竞争格局升级等挑战,特别是在建设经济强国以及改善自然环境的双重促使下,淘汰落后产能、鼓励新兴产业发展成为我国经济发展的重要方向,这对人才提出了新的需求。高层次人才在研发高端智力成果和重点项目突破方面发挥着不可替代的作用,培养高层次人才是提升国家核心竞争力的必然要求。本文对近5年就业市场招聘岗位的学历需求进行调研,发现要求学历为硕士及以上的岗位占比从2019年的18.38%上升到2022年的24.14%,这说明我国用人单位对从业者学历要求越来越高。(见图6)同时,在这种高层次人才日益强烈的需求形势下,各省市拉开"抢人大战",陆续推出人才引进福利优惠政策。2021年7月,北京市人社局公布的《北京市引进毕业生管理办法》明确,清华大学、北京大学等7所高校本科及以上学历毕业生,或"双一流"建设学科硕士研究生进京落户实行计划单列,不占用各区各单位落户指标。同年11月,上海市学生事务中心发布落户新政:在五个新城和自贸区新片区就业的本市应届研究生毕业生符合基本条件可直接落户。这说明硕士研究生文凭或许能成为年轻人扎根一线城市的"入场券",这种本科学历就业者与硕博学历就业者享受的福利优惠差距进一步吸引越来越多的本科毕业生踏上考研道路。

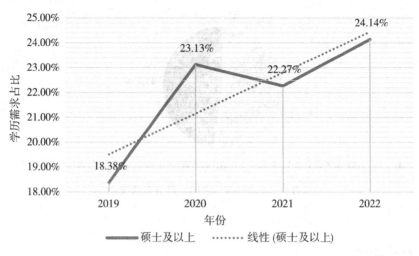

图9　2019—2022年就业岗位对硕士及以上学历需求占比①

（2）新时期我国全民经济实力普遍提升。

与我国经济增长基本同步，我国全民经济实力有较大提升，这为研究生教育提供了物质保障。中经数据显示，我国人均 GDP 从 2017 年的 5.96 万元上升至 2021 年的 8.1 万元；居民人均可支配收入在过去 10 年增长 78%，其间我国在学研究生人数增加近一倍。读研意味着承担研究生学习期间就业获得薪酬的机会成本，过去我国还未全面完成脱贫攻坚的时候，很多毕业生为维持家计放弃学业，较早踏入职业生涯。而今我国已全面建成小康社会，越来越多的家庭具备了让子女持续上学的经济实力，希望子女能够在未来有更好的发展。本文的调查结果显示，家长期望成为 57%考研毕业生的外在影响因素。另外，随着国民经济水平与国家综合实力的不断提升，国家对高等教育发展的投入越来越多，高等教育学校师资情况不断改善，这为实现教育强国与人才强国战略奠定了物质与文化基础。

（3）社会、学生和家长的固有观念。

从整个社会来说，随着我国高等教育的日益普及，本科文凭已不再是稀缺品，本科毕业生就业竞争力较以前有所削减，硕博研究生相对稀缺，社会对研究生认可度往往高于本科生。从学生自身来说，由于名校在师资队伍、学术资源、就业前景等方面有优势，加之社会对名校优先认可，许多学生对考研有强烈的"名校情结"，认为考研是自己的"第二次高考"，能够弥补高考的遗憾，殊不知名校也有弱势学科，同样存在就业竞争压力，也并非所有人都合适。从家长的角度来说，家长也存在着"精英情节"，认为子女考上研究生才能从事科学研究、政府官员、高校教职等更体面的工作。综上所述，来自社会、学生和家

_____

①　数据来源：武汉大学学生就业与指导服务中心调研收集。

长多主体的固有观念促使更多的学生选择考研。

（4）疫情影响所产生的波动。

自2020年新冠疫情以来，全国考研人数一路飙升，从2019年的290万人突破至2020年的341万人，2022年达457万人之多。国内外持续的疫情是导致考研人数增加的重要原因，主要有两个来源。一部分来源于受疫情影响未能申请或者暂缓申请出国读研的考生，这类学生已有本科毕业后深造意愿，因无法出国深造转而选择报考国内高校；还有一部分来源于受疫情影响未能就业、不得不考研延缓就业的考生，持续的疫情极大挫伤了部分企业（特别是小微企业）的经营活力，这类企业招聘员工规模有所缩减甚至裁员，这进一步加剧了就业形势的不明朗，阻碍学生就业，致使一部分同学加入考研大局。疫情之后，这两类群体的读研需求会发生显著变化。

2. 基于个人层面的四类诉求

（1）就业前景。

统计结果显示，有超过83%的毕业生为了迎合就业前景而选择考研，认为"研究生学历可以获得更好的工作机会、更高的经济收入；本科就业能力还有欠缺"，这可以归纳为学生选择考研的物质诉求。根据本文上部分对社会原因的分析，我国新发展阶段经济结构调整的背景唤起了用人单位对高质量人才的需求，就业市场中要求硕士及以上学历的岗位总体上升，这种日益激烈的就业竞争形势成为学生选择考研以逃避就业压力、提升就业竞争力的重要原因。除此之外，本文调研了2021年和2022年就业市场岗位对本科和硕士及以上学历提供的薪资水平，如图10和图11所示，2021年要求硕士及以上学历的岗位中有20.74%的岗位提供12000元以上的月薪，而要求本科学历的岗位大部分薪资仅为4000~8000元；2022年数据显示，要求硕士及以上学历的岗位中有近1/3的岗位提供12000元以上的月薪，同时本科薪资也有所上升。两年数据均显示，硕士及以上学历的学生就业有更大的概率能够与单位人力资源部门面谈薪资。这说明，随着学历上升，薪资水平也随之上升，这成为吸引毕业生考研的重要物质因素。

（2）科研兴趣。

有超过30%的毕业生基于对学术研究的热忱而选择考研，认为"对科研有兴趣，或为将来攻读博士学位打基础"。这部分学生有较高的学术理想和较为强烈的求知欲，希望日后成为奋斗在学术一线的研究型人才。与本科教学培养方向不同，研究生阶段的专业课学习和科研训练帮助学生夯实基础研究能力，注重培养学科理论与现实社会经济问题相融合的能力，鼓励学生"跳出书本"，通过文献阅读、社会实践、热点聚焦等多种途径提炼科研问题，因此研究生阶段对学生的自主学习能力、基础学科素养和科研毅力有较高要求。通过对考研录取率进行交叉分析发现，出于科研兴趣选择考研的毕业生录取率为 73.5%，录取率较高。

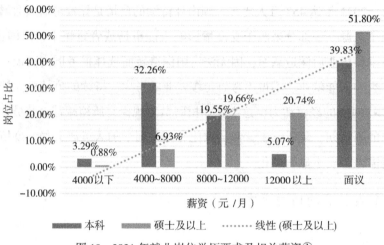

图 10　2021 年就业岗位学历要求及相关薪资①

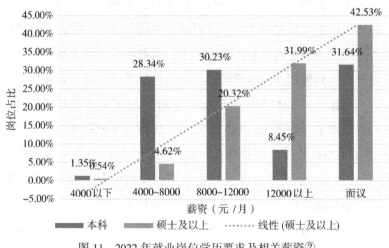

图 11　2022 年就业岗位学历要求及相关薪资②

（3）从众心理。

有超过 11% 的毕业生出于从众心理选择考研，认为"周围的同学都选择考研，自己也尝试一下"。考研人群体庞大，导致"从众效应"的压力较大，从选择报考学校、专业，到选择复习资料、辅导机构，很多同学缺乏自己理性的判断和分析，容易"随大流"做出盲目

① 数据来源：武汉大学学生就业与指导服务中心调研收集。
② 数据来源：武汉大学学生就业与指导服务中心调研收集。

的选择和决定。由于学习目标不明确，这类学生备考时缺乏动力和计划，容易产生懈怠心理和侥幸心理，学习效率较低，结合考研录取情况的交叉分析发现，这类学生的录取率仅为57.89%，明显低于就业导向和科研导向录取率。因此，学生在报名之前务必权衡考研的利弊，结合自己志向、兴趣、基础、能力，以及专业前景、地域、行业等情况综合考虑，制订符合自己的未来发展规划。一旦确定了自己要考研，就全身心地投入。

（4）延迟就业。

有超过31%的毕业生为了延迟就业而选择考研，认为"还没有做好求职心理准备或不清楚自己想做什么"。近年来，全国高校毕业生人数整体呈上升趋势（如图12所示），这意味着我国劳动力就业市场竞争愈加激烈，特别是受新冠疫情的影响，我国失业率较往年上升，加剧了就业形势的严峻性。很多应届毕业生认为自己正遭遇着"最难就业季"，对就业形势持悲观态度，因此选择考研来逃避就业压力，同时提升能力为未来找到理想的工作增加筹码。然而，每年就业形势有极大的不确定性，明年的就业难度未必小于今年，学生需对目标岗位的就业趋势做出理性判断，选择合适的阶段就业。另外，还有部分学生缺乏职业规划，对未来的工作岗位感到迷茫，故选择考研以逃避就业。因此，帮助学生尽早树立正确的择业观、制订适合自己的职业规划应当成为高校学生教育的重点工作之一。

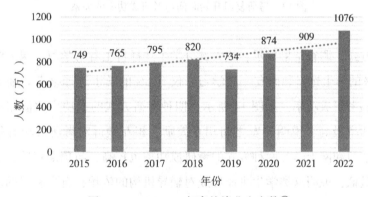

图12　2015—2022年高校毕业生人数①

（三）备考经历

1. 备考策略选择

关于备考时间，超过60%的考研毕业生在大三时确认考研意向，部分毕业生在大四时确认考研意向，极少部分毕业生在大二或之前确认考研意向。开始复习的时间与之类似，

---

①　数据来源：教育部统计。

大部分同学选择在大三下学期、大四上学期开始复习，几乎没有毕业生在大三之前开始复习。图 13 展示了考研复习开始时间与考研成功率的关系，大三上学期开始复习的毕业生成功率高达 79%，其次是大三下学期和大四上学期，其成功率基本持平在 68% 左右，而最早的在大三之前开始复习的毕业生成功率仅为 33.33%。该结果说明，备考开始时间不宜过早，大三上学期开始备考成功率最高。

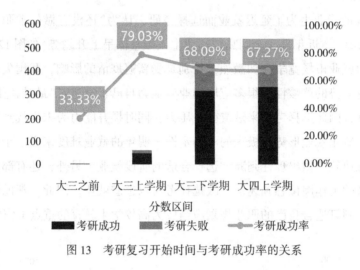

图 13 考研复习开始时间与考研成功率的关系

关于备考方式，调查结果显示，绝大部分学生选择自主看书学习、网上学习的方式进行备考，12.2% 的学生选择和研友一起学习，仅有 6% 的学生选择报考研辅导机构。比较不同备考方式的考研成功率，如图 14 所示，四种考研方式的成功率数值相近，但和研友一起学习的成功率最高，说明研友之间相互鼓励、相互倾诉对考研成功有很大帮助；其次，自主看书学习和网上学习两种方式的考研成功率也较高；与预期相反，报名考研辅导机构的成功率最低，说明这类学生可能形成对辅导机构的依赖，自主复习的动力不足，导致成功率偏低。对于获取考研信息的方式，调查结果显示，学生获取考研信息的来源多样，主要途径有互联网、学校和向已考上的同学咨询，少部分学生选择向家人朋友、考研机构及其他方式获取信息（见图 15）。

如图 16 所示，对于考研费用支出，超过 85% 的学生考研费用较低，保持在 3000 元以内，少数同学花费超过 3000 元。与预期不同，花费最少的学生考研成功率最高，花费较高的学生考研成功率较低。可能的原因是，花费较高的同学大多报名了考研辅导机构，其备考过程对机构的辅导有较强依赖，自主性差，容易产生懈怠心理。这说明，部分学生存在备考过程中消费冗余低效的问题，学生应选择合适的备考方式，合理消费，不应因为高额资本投入而心存侥幸。

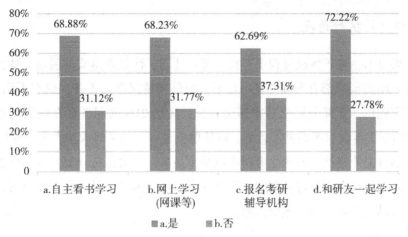

图 14　备考方式与考研成功率的关系

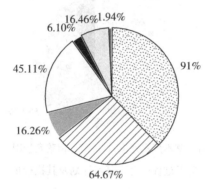

图 15　考研信息获取方式的分布情况

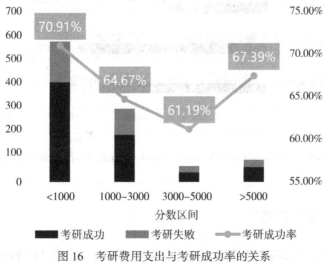

图 16　考研费用支出与考研成功率的关系

2. 计划及其执行情况

调研结果显示，考研备战过程中存在无复习计划、计划难落实的问题。如图17所示，样本中超过80%的同学都有明确的复习计划，但落实情况参差不齐，仅有不到9%的同学能够严格落实到位，大部分同学基本落实到位，高达21%的同学存在落实困难。除此之外，16%的同学甚至没有明确复习计划，仅凭感觉复习。与考研成功率进行对比，如图18所示，有计划且能严格执行的学生考研率成功率最高，其次是有计划且基本落实到位的学生，而落实计划困难和无复习计划的学生成功率较低。因此，科学合理的复习计划和落实计划的实际行动是考研成功的重要因素。

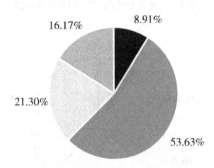

■a. 有，严格落实到位　　■b. 有，基本落实到位　　c. 有，但落实较困难　■d. 没有，随自己的感觉复习

图17　备考过程中有无复习计划及其执行情况分布

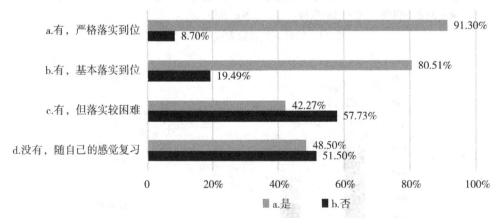

图18　备考过程中有无复习计划及其执行情况与考研成功率的关系

3. 考研压力及其排解

调查结果显示，大部分学生考研期间面临困难和压力。如图19所示，仅有12.86%的

考生状态良好，高达81%的考生面临困难和压力，主要表现在两方面：自控力较差以及备考状态不稳定、面对别人评价议论的精神压力。除此之外，部分同学也面临时间和金钱方面的现实压力和学习环境局限的压力。考研期间存在心理压力属于正常现象，重要的是如何排解。如图20所示，我校考研学生普遍有较强的压力排解能力，主要通过向家人、朋友、老师倾诉，或娱乐放松以转移注意力等方式，仅有少数同学无法排解压力，表现出内心崩溃、手足无措。

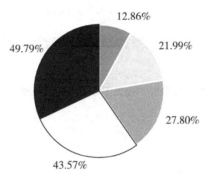

■a. 无困难和压力，状态良好　　　　　■b. 学习环境一般，难获取备考信息和资源
■c. 现实压力较大，包括时间和金钱方面等　□c. 精神压力较大，面对别人的评价议论需自我调整
■d. 自控力较差，备考状态不稳定

图19　备考期间面临压力和困难分布情况

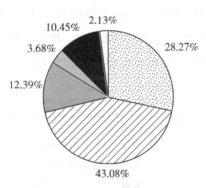

⊠a. 向家人、朋友、老师倾诉　　□b. 暂停学习，娱乐放松　■c. 持续奋进，更加努力
■d. 内心崩溃，手足无措　　　　■e. 毫不在意　　　　　　□f. 其他

图20　考生缓解压力的方式分布情况

4. 对学校关于考研支持的需求

调查结果显示(见图21)，考研毕业生对学校关于考研的支持在方向性指导、物质支

持、经验交流与教学相关度等方面均有需求，学校可以通过请专业教师介绍本专业考研前景、设置专门为考研同学准备的复习教室、让已经考上研究生的同学介绍考研经验、增加考研相关知识点的教学力度或辅导等方式辅助学生进行备考。

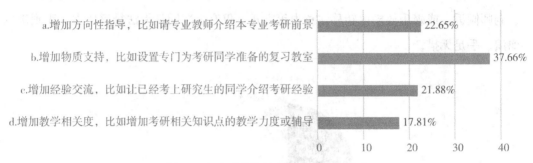

a.增加方向性指导，比如请专业教师介绍本专业考研前景　22.65%

b.增加物质支持，比如设置专门为考研同学准备的复习教室　37.66%

c.增加经验交流，比如让已经考上研究生的同学介绍考研经验　21.88%

d.增加教学相关度，比如增加考研相关知识点的教学力度或辅导　17.81%

图 21　考生对学校关于考研支持的需求

(四)在校学习情况

为了解平时成绩与考研最终成功率的关系，本文结合考研同学的在校学习情况，对考研录取情况进行梳理。如图 22~27 所示，无论是全部课程、数学类课程、必修课、考研专业课，还是英语课，其课程成绩对考研成功率均有一定影响。成绩在 90~100 分段的学生，成功率基本在 80% 左右；成绩在 80~90 分段的学生，成功率基本在 70% 左右；成绩在70~80 分段的学生，成功率基本在 60% 左右；成绩在 60~70 分段的学生，成功率基本在50% 左右；而成绩低于 60 分的学生，成功率基本为 0。然而，政治类课程的成绩对考研成功率基本没有影响，可见考研政治课成绩可以在备考期间有较大提升。

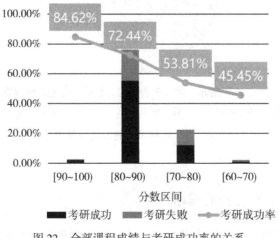

图 22　全部课程成绩与考研成功率的关系

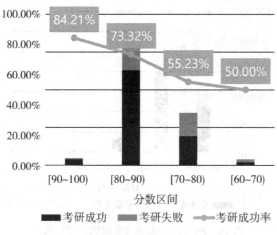

图 23　必修课成绩与考研成功率的关系

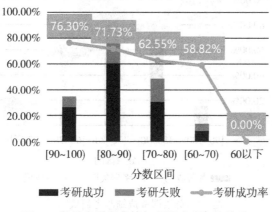

图 24　数学类课程成绩与考研成功率的关系

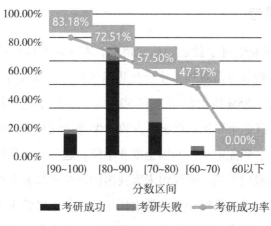

图 25　涉及考研的专业课程成绩与考研成功率的关系

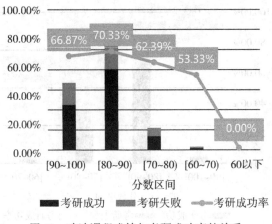

图26 政治课程成绩与考研成功率的关系

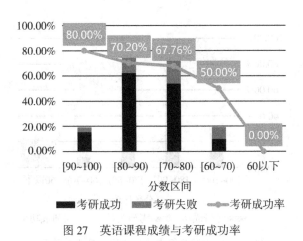

图27 英语课程成绩与考研成功率

(五) 对就业的思考

为了解 W 校考研毕业生对于就业的认知情况，本文从单位性质、就业行业、工作岗位、择业因素、期望年薪等方面对样本毕业生进行了调研。关于单位性质，图28描述了学生对单位性质的偏好，75%以上的学生和50%以上的学生选择国有企业和事业单位，35%以上的学生选择民营企业和外资企业，少数学生选择党政机关和部队。整体来说，考研毕业生偏好稳定性强、职业前景广的国企事业单位，这可能是受到近三年新冠疫情和宏观经济形势不稳定等因素的影响，也说明未来我国国有企业及事业单位的用人结构向年轻化趋势发展。除此之外，选择外资企业的学生比例已经高于民营企业，说明外资企业正在成为越来越多学生心目中的理想就业性质，这可能与外资企业薪资福利水平较高有关，也说明学生越来越注重未来职业与国际化接轨，希望通过就业拓宽视野。

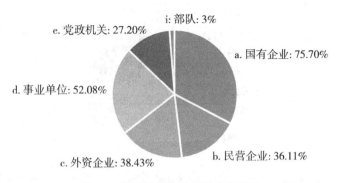

图 28 就业单位性质偏好分布情况

关于就业行业，图 29 描述了学生对就业行业的偏好。在主要的就业行业中，最受考研毕业生欢迎的是信息科技行业，这可能是因为该行业薪资水平较高，也可能受到学生样本以遥感、自动化等信息科技相关专业居多的特征影响。其次是科学研究行业，一般来说，科研岗位对员工学历的要求较高，这也呼应了学生希望通过读研究生提高学历、实现学术理想的考研意愿。对于其他就业行业，学生的偏好分布较为平均。

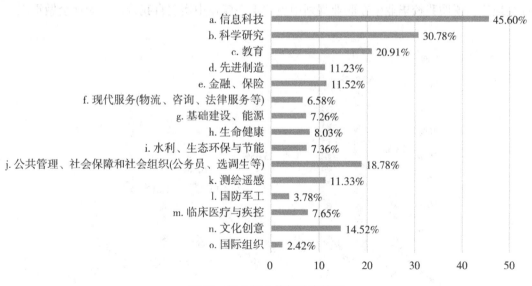

图 29 就业行业偏好分布情况

关于就业岗位，图 30 描述了学生对就业岗位的偏好。超过 40% 的学生选择工程技术人员、公务员和科学研究人员，对应了单位性质偏好调研中最受欢迎的是国企事业单位和行业偏好调研中最受欢迎的是信息科技行业和科学研究行业。

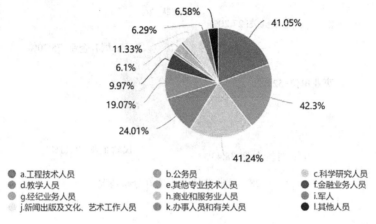

- ● a.工程技术人员
- ● d.教学人员
- ● g.经纪业务人员
- ○ j.新闻出版及文化、艺术工作人员
- ● b.公务员
- ● e.其他专业技术人员
- ● h.商业和服务业人员
- ● k.办事人员和有关人员
- ○ c.科学研究人员
- ● f.金融业务人员
- ● i.军人
- ● l.其他人员

图 30 就业岗位偏好分布情况

关于择业考虑的主要因素，图 31 描述了学生对选择职业考虑的因素偏好。超过 50% 的学生将职业前景、兴趣性格和薪酬福利作为选择职业的主要考虑因素，说明大部分考研毕业生希望找到一份前景好、薪酬高且符合自己兴趣性格的工作。其次，超过 28% 的学生认为服务国家和社会需要是择业的重要因素，相反，极少数同学在择业时考虑雇主品牌和社会地位，说明我校毕业生在职业规划中更注重在就业中实现自我价值，为社会做贡献。

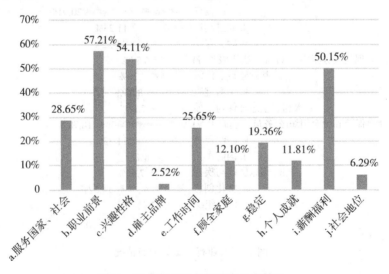

图 31 择业考虑的主要因素分布情况

关于年薪的区间偏好，如图 32 所示，大部分学生认为年薪 10 万 ~ 20 万元、20 万 ~ 30

万元是合适的区间，少部分学生认为年薪30万~40万元和40万元以上是合适的区间，极少数学生认为年薪10万元以下是合适的区间。

图32　期望年薪区间分布情况

　　基于上述统计图表的相关分析，本文总结出若干初步结论。第一，从学生分布来看，近三年我校考研毕业生以理工科专业居多，男生居多，第一次考研居多，本专业考研居多。第二，从考研意愿来看，就业前景和科研兴趣是毕业生选择考研的两大主观原因。第三，从备考经历来看，明确的目标、科学有效的复习计划、持之以恒的复习节奏是考研成功的主要因素，大三上学期及以后是开始备考的最佳时间段；第四，从学习情况来说，考研成功率与学生全部课程、数学类课程、必修课、考研专业课、英语课成绩呈正相关，与政治课成绩无明显关系；第五，对于就业的思考，学生在择业时偏好国企事业单位、科研院所这类稳定性较高、薪资福利待遇较好的单位。

二、本科毕业生考研成功的影响因素研究——基于 Logistic 回归分析方法

　　近年来，社会上对人才的需求增长相对缓慢，面对严峻的就业形势，很多临近毕业的本科生选择考取研究生，避开就业难关，增加就业砝码。近年的考验与往年相比最大的不同在于往届生比例较高，即"二战"考研。据统计，2016年"二战"考生比例仅占15%，而2020年已经达到了40%，往届生报考研究生人数增幅超过应届生，"二战"甚至"三战"现象极为普遍。大量"二战"考生不就业，多源于认识的偏差和对现实的不适应，需要社会、学校和就业指导部门共同关注，及时地给予科学的指导。

　　基于此现状，以 W 大学本科毕业生作为研究对象，通过问卷调查的方式对本科生考研成功影响因素进行分析，对努力程度、考研意愿和复习时间进行量化，综合考虑上述因

素和学生在校课程成绩的影响，利用二元 Logistic 回归模型，提取出影响本科毕业生考研成功的因素，从而为本科毕业生决策提供参考，为更好地指导本科毕业生考研和就业提供依据。

(一)研究设计

1. 研究对象

本研究以考研的本科毕业生为研究对象，通过发放问卷的方式收集数据，共收集问卷 1033 份，收集数据具有普遍性。

2. 研究方法

本研究共涉及 1 个因变量，即考研学生是否录取，因此考研成功率预测研究及个性化推荐属于二分类问题。本研究采用的是 Logistic 回归分析方法，其输出预测结果主要为两类，一般用"1"表示成功，"0"表示失败。Logistic 回归的思想为：

$$\ln \frac{p}{1-p} = \beta_0 + \beta_1 x_1 + \cdots + \beta_k x_k$$

进一步求解得：

$$P = \frac{e^{\beta_0 + \beta_1 x_1 + \cdots + \beta_k x_k}}{1 + e^{\beta_0 + \beta_1 x_1 + \cdots + \beta_k x_k}}$$

结果变量 Y 表示取值为 1 的概率 $P(Y=1 \mid X)$，$X = (1, x_1, \cdots, x_k)$，其中 x_i 表示影响因变量 Y 取值的因素，$\beta = (\beta_0, \beta_1, \cdots, \beta_k)$ 为模型系数，即各影响因素影响程度的大小。

3. 变量设置

考研成功与否受多种因素影响，本研究选取考研次数、努力程度、考研意愿、跨学科门类、复习时间、复习计划、执行力和在校课程成绩等变量，探究考研成功的影响因素。

(1)考研次数。考研次数较多的考生学习时间相对更长，不仅有备考经验，了解考研的流程，搜集信息能力强，而且能够坚持多次考研的人，考研的决心也比较坚定。因此，本文将考研次数作为影响因素进行分析。

(2)努力程度。一分耕耘一分收获，一个人的努力程度决定了一个人的成就，对于考研也是一样。与抱着碰运气的心态参加考研的考生相比，刻苦复习的同学通过自身的不断努力，成功录取的概率更高。因此，本文将努力程度作为影响因素加以探究。

（3）考研意愿。在"考研热"的背景下，考研态度也变成一个重要的话题，其中学习动机是一个非常重要的影响因素。部分大学生在学习过程中，都会存在学习动机不足的问题，如果得不到改善，就会影响其考研结果。而大学生的学习动机提升后，自主学习的能力会更高，也更愿意学习，增加了考研成功的概率。因此，本研究将考研意愿作为一项重要影响因素纳入考虑。

（4）跨学科门类。由于研究生入学考试选拔的单一性与考生学科背景的多样性、专业试题的区域性与跨学科考生信息获取的有限性相冲突，与本专业考生相比，跨学科考生竞争力相对较弱，因此将跨学科门类纳入研究具有科学性。

（5）复习时间、复习计划、计划执行力。研究生入学考试涉及的内容多，难度较大，只有保证学习时间，做好计划并严格执行，才能对知识点进行全面的复习，取得良好的复习效果，从而提高考试成绩。因此，本文将复习时间、复习计划明确性和计划执行力纳入探究。

（6）在校课程成绩。影响学生考研成功与否的最重要因素还是成绩，成绩在考研过程中占据主导地位。在校成绩能够代表学生学习能力的高低，对报考院校具有准确的定位。同时，大学专业成绩在决定考生报考学校及报考专业方面具有比较重要的指导性，大学期间学生某一门课程的掌握程度很有可能影响到考研所涉及的课程。因此，本研究考虑在校成绩作为影响学生考研成功的因素之一。上述变量描述性统计如表 1 所示：

表 1 变量描述性统计

变量	平均值	方差	最小值	25%分位数	75%分位数	最大值
是否录取	0.681	0.466	0	0	1	1
考研次数	1.27	0.532	1	1	1	4
努力程度	6.344	2.045	0	5	8	10
考研意愿	7.584	2.006	0	6	9	10
跨学科门类考研	0.209	0.407	0	0	0	1
复习时间(年)	1.589	0.63	1	1	2	4
明确的复习计划	0.838	0.368	0	1	1	1
计划执行力	1.852	0.582	1	1	2	3
坚定的考研决心	0.799	0.401	0	1	1	1
全部课程平均分	82.67	5.216	65	85	85	95
数学类平均分	82.7	8.45	60	75	85	95
必修课平均分	82.07	5.858	65	75	85	95

续表

变量	平均值	方差	最小值	25%分位数	75%分位数	最大值
专业课程平均分	82.75	6.985	60	75	85	95
英语课平均分	80.17	7.921	60	75	85	95
政治课平均分	86.87	6.777	60	85	95	95

(二)回归结果分析

利用 STATA14.0 软件统计调查问卷所收集的数据，并进行 Logistic 回归分析。表 2 报告了利用 Logistic 回归模型分析的结果。Logistic 回归结果显示模型总体显著性水平为 0，即模型总体显著成立，模型设立具有科学性，同时模型中判定系数的值为 0.1974，即该模型的解释率为 19.74%，可以进行解释。结果表明考研成功录取("1"代表考研成功，"0"代表考研失利)与考生的努力程度、考研意愿的强烈程度、是否跨学科门类考研、复习计划执行力、考研决心是否坚定，以及在校课程平均分数有强相关性。其中，考研成功与考生的努力程度、强烈的考研意愿、复习执行力、坚定的考研决心，以及在校综合成绩呈现显著正相关，考生努力程度越高、考研的决心越坚定、意愿越强烈、对自身制订复习计划的执行力越高、在校期间的成绩越好，其考研成功录取的概率越高。同时，考研成功录取与跨学科考研呈现显著负相关，表明跨学科考生在考研过程中并不具有显著优势，这与我们前述的分析相吻合。

同时，我们也可以看到考研是否成功录取与考生的考研次数、考研费用支出和性别无关。这意味着越多的考研次数和越高的考研费用支出并不意味着其考研竞争力和复习准备完备性的显著提升。

表 2 　　　　　　　　　　　　　　**Logistic 回归模型分析结果**

考研成功录取	Coef. (变量系数)	Std. Err. (标准误)	t 值	P>|t|	[95% 置信区间]	
考研次数	-0.087	0.16	-0.53	0.595	-0.4054	0.2324
努力程度	0.260	0.06	4.45	0	0.1456	0.3747
考研意愿	0.111	0.05	2.09	0.036	0.0071	0.2148
跨学科考研	-0.695	0.22	-3.21	0.001	-1.1189	-0.2705
复习时间	-0.210	0.14	-1.49	0.135	-0.4862	0.0658
计划执行力	1.028	0.19	5.54	0	0.6644	1.3921

续表

考研成功录取	Coef.（变量系数）	Std. Err.（标准误）	t 值	P>|t|	[95% 置信区间]	
费用支出	−0.001	0.01	−1.09	0.274	−0.0002	0.0001
考研决心	0.574	0.23	2.45	0.014	0.1140	1.0344
在校综合成绩	0.048	0.02	2.82	0.005	0.0148	0.0818
性别	0.216	0.18	1.20	0.229	−0.1360	0.5678
常量	−7.416	1.56	−4.76	0	−10.4693	−4.3635

三、结论与建议

通过图表呈现与交叉分析方法归纳本科毕业生考研动机、初步探寻录取影响因素，并结合 Logistic 回归分析方法建立"考研生"科学模型，为录取影响因素进一步夯实数理依据，最终从学生与学校两个层面给出建议。本文得到的主要结论有：第一，从考研动机来看，学生考研决策受到我国经济新发展阶段对高层次人才的日益需求，新时期我国全民经济实力普遍提升，社会、学生和家长的固有观念，疫情影响所产生的波动等四类社会诉求的影响，以及就业前景、科研兴趣、从众心理和延迟就业等四类个人诉求的影响。第二，从考研成功影响因素来看，考生努力程度越高、考研的决心越坚定、意愿越强烈、对自身制订复习计划的执行力越高、在校期间的成绩越优秀，其考研成功录取的概率越高。同时，考研成功录取与跨学科考研呈现显著负相关，表明跨学科考生在考研过程中并不具有显著优势。

基于上述结论，本文从学校和个人两个层面给出建议。

(一)学校层面

(1)学校应引导学生尽早树立正确的考研观和择业观，制订适合自己的职业规划。很多应届毕业生认为自己正遭遇着"最难就业季"，对就业形势持悲观态度，因此选择考研来逃避就业压力，也有很多学生认为不读研就找不到工作，还有很多学生缺乏职业规划，对未来的工作岗位感到迷茫，故选择考研以逃避就业。学校应注意思想引导，通过开展职业生涯规划课程等方式引导学生找到适合自己的人生方向，从而帮助学生在面对考研和工作抉择的时候可以结合自身实际情况和发展需要做出适合自己的最佳选择。

(2)学校应在方向性指导、物质支持、经验交流与教学相关度等方面加强对学生考研需求的支持。一方面，各学院可对往届毕业生校内外考研情况进行详细调研，搜集目标院校专业复试分数线及报录比等信息形成学生考研第一手参考资料，指导学生合理选择目标高校；另一方面要做好考研支持和服务，尽可能地为考研学生提供复习教室和心理支持：请专业教师介绍本专业考研前景、设置专门为考研同学准备的复习教室、让已经考上研究生的同学介绍考研经验、增加考研相关知识点的教学力度或辅导等方式辅助学生进行备考；对于考研希望较大的学生，要积极"引荐"毕业生参与到学院课题组项目中，通过科研助理、实验员等多种形式为将来的深造打好基础；充分利用师资、校友资源为学生争取调剂信息，提升学生"一战"成功率；针对"一战"失利毕业生，要及时做好心理疏导和压力排解，关注考研失利的原因，结合往届考研学生的情况和学生的成绩表现综合分析，提醒他们把握"应届生"宝贵身份积极落实就业。

（3）学校应加强与用人单位之间的联系，加大用人单位宣讲会的力度和频率，拓宽就业信息的发布渠道，让毕业生能更便利地获取就业信息。同时通过开展求职讲座、模拟面试比赛、简历比赛等方式指导学生在求职中提升核心竞争力，帮助学生更好地融入社会工作，这不仅能减轻外界因素对大学生考研选择的影响，帮助学生树立求职信心，还有助于实现整个社会的人才资源优化配置。

（二）个体层面

（1）大学生应充分认识到，考研并非就好业的唯一出路。要想在激烈的竞争中站稳脚跟，核心在于要通过大学期间的学习打牢理论知识，并具备职场平均水准的专业技能和综合技能。一方面要学会整合，快速学习职场需要的基本技术和技能；另一方面正视未来的就业压力，将学习提升、能力转化、技能习得作为学习目标，让自己在毕业时具备较高的胜任力和竞争力，拥有更多的选择权。

（2）大学生应树立正确的考研观念，端正考研动机。本文数据显示，出于"从众心理"选择考研的考生录取率明显低于就业导向和科研导向，因此，学生在报名之前务必权衡考研的利弊，结合自己的志向、兴趣、基础、能力，以及专业前景、地域、行业等情况综合考虑，制订符合自己的未来发展规划，切勿盲从考研，一旦决定考研，就全身心地投入；此外，选择考研并不代表可以忽略在校课程学习，学生应认真积累数学类、英语类、专业必修、考研专业课相关课程的基础知识，为考研夯实基础。

（3）大学生应根据考试科目制订科学细致的复习计划，在执行计划的过程中保持坚持不懈的毅力和自律自省的习惯，切勿三天打鱼两天晒网式复习，切勿过度依赖考研辅导机构；此外，备考开始时间不宜过早，大三上学期开始备考成功率最高；对于考研期间产生的心理压力应通过向家人、朋友、老师倾诉，或适当娱乐放松以转移注意力等方式进行积极排解。

参考文献

[1]李刚．新形势下大学生就业问题与对策研究[J]．青年与社会，2020(30)：104-105.

[2]徐国君．浅析大学毕业生就业态度问题及解决办法[J]．就业与保障，2021(24)：82-84.

[3]刘彦华，杜卉，朱丽娜．成就动机与大学生考研心理的调查与思考[J]．教育科学，2006(3)：89-91.

[4]刘天军．大学生考研动机及影响因素研究——基于陕西省6所高校抽样调查的实证分析[J]．高等财经教育研究，2013，16(4)：71-75，81.

[5]郑冬冬．本科院校背景对大学生考研成功的影响因素研究——基于南京市16所高校的问卷调查[J]．高等理科教育，2018(4)：75-81.

[6]熊凯，黄禄臣．普通高校本科大学生考研意愿与水平影响因素研究——以南昌工程学院为例[J]．南昌工程学院学报，2018，37(5)：94-98.

[7]杜京．应届大学毕业生考研机会成本分析[J]．价值工程，2011，30(10)：298-299.

[8]王波．大学毕业生就业前心理状态探析及自我调整[J]．世纪桥，2010(23)：74-75.

[9]高海涛，邹海明．应用型本科高校考研调查分析与干预研究[J]．广西民族师范学院学报，2019，36(3)：123-126.

第三篇　高校职业生涯教育实践动态

浅谈在新时期综合性大学医学生就业的创新模式

熊 莺*

（武汉大学医学部）

摘要 学生就业工作是高校管理中重要的组成部分，综合性大学医学生就业因其特殊的专业背景更应该引起的广泛重视，本文通过综合性大学医学生就业存在的问题和成因，在新时期，结合实际工作，制定一个全新的科学的医学生就业管理模式——校、部、院三级医学生就业管理模式，创新高校就业管理模式，促进医学生高质量充分就业。

关键词 综合性大学医学生；就业；创新模式

大学生毕业就业是学生通过一系列在校内的专业知识学习，提高了自身的知识水平和修养，具备了从事某种工作的能力，从而通过合法的渠道获得薪酬水平与自身素质相适应的、稳定的工作岗位。学生就业工作宏观上反映了高校各方面工作的整体性，微观上反映了高校某项工作的多样性和层次性。党的二十大明确指出，人才是第一资源，实施就业优先战略，强化就业优先政策，健全就业促进机制，促进高质量充分就业。新时期，以习近平新时代中国特色社会主义思想为指导，对医学生就业工作起到重要的指导意义，能够更加科学有效促进医学生高质量充分就业，并通过医学毕业生质量调查，推进高质量医学人才培养、科学研究等各项工作的建设，助力医学各专业"双一流"建设，助力学校"双一流"建设。

一、综合性大学医学生就业存在的问题及成因

现在综合性院校内医学院体制一般为校院两级，而医学院(部)基本职能是协调、服务

---

* 作者简介：熊莺，武汉大学，硕士。

功能，整个医学没有一套完善管理制度，统筹管理功能欠缺，范围也主要体现在教育教学管理等方面。

(一) 医学生就业管理意识不够，制度不完善

现行综合性院校内医学院体制，医学院(部)基本职能是协调、服务功能，范围也不涉及学生工作，医学生和师资都在各培养单位，一般直接在学校就业中心管理下，整个医学没有一套完善就业管理制度，统筹医学生就业的意识更加不够。

(二) 医学部和各学院之间、医学部和各职能部门之间的协同教与学的意识不够

医学院(部)基本职能是协调、服务功能，各学院有自己的管理团队和制度。各职能部门也有自己的职责，教务部门管理教，学工部门管理学，学工部门主要管理学生的政治思想形态和活动，不管学生的学习效果。作为学生，完成学业是第一任务，成才和成人教育同样重要，现行的职能部门之间的职能在协同方面是欠缺的。

(三) 医学生就业管理手段落后

首先，前几年，原来以双选会为主，校内专场小型招聘会为次，招聘信息发布为辅的就业信息获取渠道发生改变，以武汉大学为例，学校医学生双选会已停开三年，校内小型专场招聘会从 2022 年 3 月后再没有召开，全部转为招聘信息网络发布，单位自行线上空中宣讲，辅渠道变主渠道。其次，除学校就业管理系统外，综合性大学医学院都没有根据医学专业特点，建设医学类就业信息化管理平台，没有现代信息技术支撑，管理手段不科学，造成医学生就业信息存在各种风险，比如：来自网络的各种招聘信息，学生存在被诈骗风险；学生通过第三方就业平台获取招聘信息，学生个人信息泄露风险等。也就是说，医学生想找工作，得在无数条招聘信息中，无数次空中招聘会中，寻找对自己有价值的信息，还得加以甄别，预防风险；而用人单位却苦于没有毕业生准确的用人信息到处碰壁，希望通过熟人掌握毕业生个人信息。今年 12 月 1 日国家出台《新诈骗法》，从法律上保护公民的个人隐私，医学部就业管理部门除了加强学生个人信息的风险意识，更是要保护好学生信息不泄露。

(四) 新冠疫情下，专业知识学习得不到保障

线上加线下的混合式教学在疫情中诞生，可想而知教学效果出现折扣现象。而医学因其学科特点，实验教学和临床教学占比重，特别是临床教学，临床教学是医学生培养过程

中的重要组成部分，包括临床理论课、临床实验课、临床见习、临床实习等教学环节。一般临床实习以临床医学专业五年制为例时间是一年，而因为复习备研(不成文的规定)和各种放假时间加一起长三月。疫情三年，特别是第一年，学生的实习几乎是线上完成，由病例讲解、病案分析讨论、线上习题等形式替代。统计武汉大学医学院2020届—2023届毕业生线上课堂教学和实习时间分别是6个月、6个月、0个月和4个月，实验教学和临床教学是医学生增才干、强本领的重要环节，这个环节的任何折扣直接影响学生执医通过率，进而影响就业质量。

(五)新冠疫情下，学生心理变化

1. 疫情下招聘单位招聘岗位的变化，造成的心理压力

疫情的出现，使医疗卫生系统就业岗位有所增加，但招聘条件并未适当下调，一、二线城市还是以博士研究生为主，个别科室放宽至硕士研究生。到临床教学阶段，基本上是师傅带徒弟，疫情的长期存在给医学生就业带来很大冲击。一是混合式教学使学生感到不安。特别是实验教学、临床见习、临床实习改为线上，整个实践环节不足导致专业能力不足，就业能力必然下降。二是医院特殊的环境存在感染风险，学生在想学习和怕感染的矛盾中挣扎，顾虑重重，提心吊胆，幸好医学生明白临床教学的重要性，实习不打折扣，但是心弦常绷。三是急就业、不就业变为缓就业、慢就业。因为疫情的关系，用人单位出现了两种招聘情况，一是推迟招聘，二是持证上岗。而这都是毕业生无法接受的，着急也无济于事，只能接受现实，调整心态，大多数学生选择考研，其他学生接受暂不就业和暂缓就业的事实。还有的学生高不成低不就，被现实打击后，放慢了就业的脚步，持观望态度。

2. 其他原因所致的心理问题

一是来自家庭变故，很多学生因父母离异或家庭遭难等因素一蹶不振。二是感情问题，让自己深陷泥淖，无力抽身。三是初到大学，深埋心底自由的种子迅猛发展，"上大学就好了"的观念在大学得到很好的释放，天天打游戏、天天看小说的欢愉还没尽兴，学业预警通知单来了。当然，学业预警正面作用不容小觑，可以使大多数学生转变学习态度，重拾学习信心。但还是有不少学生因为油盐不进，越陷越深，直至退学。四是专业思想问题。现在还有家长像封建社会包办婚姻一样包办子女的大学专业，学生在家长的威逼利诱下进入医学院学习，会变通的学生通过转专业或学习第二专业改变自己的命运，有的则自暴自弃，选择退学再高考或另谋出路。

(六)管理人员问题

(1)学生就业管理归口是学校的就业管理中心,学院的就业工作归属学工部门管理。学工部门管理学生所有日常,更是担负起学生思想意识形态的建立和持续维护,所以学生工作人员平时只注重比较业务能力,就业管理意识薄弱,更无统筹就业管理意识。在日常工作中都是各自为政,人员流动后,容易丧失已有的就业渠道。

(2)医学院学生工作人员很多没有医学专业背景,而是思想政治专业相关人员,对医学专业不了解,更加不能更好地为医学生学习、就业做出更好的谋划。也不能与医学各专业人才培养更好地结合,把毕业生质量与专业认证更好地融合,更不能与医学专业建设相结合。

(3)就业人员被动工作,学校就业中心发布相关医学就业信息,转发到毕业学生群,就按学校要求通知和执行任务,只能提出一些意见和意见。

(4)医学生因其特殊的背景,比如临床医学、口腔医学前期公共课程和专业基础课程在基础医学院完成,后期才回到各自学院学习,分段式教学不利于早期形成良好的职业生涯规划和就业指导,更何况前期辅导员没有就业压力。

二、在新时期,综合性大学医学院就业管理创新举措

高质量就业应从两方面着手:一方面是优质的就业管理工作,另一方面是展开毕业生质量调查。其中毕业生质量调查除了对就业工作意义重大,对各级评估和医学类各专业认证起到支撑作用,与人才培养、专业建设、学科建设相互促进,而且各级评估和医学类各专业认证均有有效期,这就意味着就业工作和毕业生质量调查是一项重要的、长期的、连续性很强的工作。为了更好完成就业工作,提升"双一流"高校综合实力,笔者提出以下建议:

(一)在新时期下,完善组织保障,建立校、部、院三级就业管理制度

针对医学各专业,医学院(部)统筹规划和组织协调,建立相对稳定的学生管理队伍,建立统一就业管理制度,实行监督和指导,以保障就业工作顺利开展。医学部统筹根据各专业国家质量标准指标体系等开展毕业生调查,持续优化医学各专业人才培养、学科建设等管理工作,形成校、部、院三级医学生就业管理制度。

1. 就业关口前置，实施双导师制

首先，武汉大学医学专业从 2020 级开始，为全面落实"三全育人"，充分发挥专业课教师在大学生学业发展过程中的指导作用，医学部实施双导师制，新生一入校，就为他们配备基础阶段和临床阶段两位导师，已初步实现在基础阶段与专业早期结合，并且逐步深化到方方面面，将医学生就业工作关口提前，既稳定军心，又可不受时间空间限制，为初入医学殿堂的学子们答疑解惑。刚刚入校的医学生有了临床的医生做导师，在生活上和学习上给予帮助，这种亦师亦友的感觉，让他们备感亲切。这时候，稍加引导，对学生的职业生涯规划和就业指导是非常有益的。

2. 学部、学院形成有效机制，保障医学生顺利完成学业

医学部通过学生主体，将学部和学院，将学部、学院的各部门，特别是将教务、学工、家庭多方有机联动，形成有效机制，帮助学习困难的学生度过这一时期。具体表现在医学部组织培养方案的修订和实施，学院组织具体教学和学生活动等，医学生学籍管理全过程在医学部，可以很好地进行全过程管理和监督，学习困难者通过学业预警早发现，通过教务、学工、家庭三方联动早干预。从 2007 年武汉大学医学部加强统筹学籍管理后，2007—2018 年学业预警人数下降 56%，通过几年的有效联动，医学生应届毕业率、学位率大幅提高，2018—2022 年，医学本科毕业生应届毕业率、学位率达到 98% 及以上。

3. 医教研协同，提升竞争软实力，培育德艺双馨医学人才

首先，作为未来医学人，成为医学人才的道路漫长且曲折，所以树立、培养正确的世界观和人生观、价值观尤为重要，在拐弯和黑暗的地方，指引我们医学生朝着正确的方向踔厉奋发，勇毅前行。

其次，学习过硬的专业本领和其他必备的基本技能。俗话说："没有金刚钻，别揽瓷器活。"最强本领无论在哪个行业，都是必备的品质。医学生除了有过硬的专业本领，还需要其他什么基本技能呢？包括外语水平的能力、沟通协调的能力、循证医学的能力、领导的能力、自主学习和终身学习的能力、科研的能力等，医学生只有不断地加强自身的学习，加持自己的本领，并且融入自己的职业生涯规划中，使职业生涯规划和学习有机地结合，才能在荆棘丛中屹立不倒。

4. 医学生职业生涯规划和就业指导

(1)志业与职业。中国有句老话叫"男怕入错行，女怕嫁错郎"，可见由古至今，职业

或工作对人生有非常重要的意义，原因在于它能够满足人的各种不同层次的需要。很多大学生在上了大学后开始思索自己未来的职业问题；读研或工作；读研是读什么专业什么方向；如果工作，能够做什么工作；什么工作使人有成就感等一系列问题。可以说职业发展问题是每个成年人真正要面对的问题，是大学生从青少年向成人转换过程中所面临的最重要的问题之一，对这些问题的思索显示一个个体认真、严肃对待自己的生活态度。为了更加深入地思考这些问题并得到令自己满意的答案，医学生需要学习了解大学生职业发展的理论知识，包括相关概念、职业规划的基本方法和过程。[1] 在这里引入另一个重要的概念——志业。你的无上喜乐就是你的志业。任何一种工作在本质上都不是志业，也没有任何一种工作在本质上变成志业。志业和职业的基本差异并不在于工作的内容和性质，而在于工作的动机与态度。它最重要的、最先决的条件是：做这件事情时，你能够展现发自内心深处的热情。每个人都有志业，只是你可能还没有发现它，或者你已经领悟到，但却鼓不起勇气去追寻它。[2] 医学生应该以国际主义战士白求恩先生、护理学创始人南丁格尔女士为榜样，让他们成为医学生心中的那盏明灯，努力将志业与职业相结合，使自己在工作中发展，在发展中获得，成为医学生誓词中被人类健康所系、性命相托的那群人。其次，通过理论学习，认清自己，认清职业，将就业指导理念和方法，循循善诱，润物细无声地在生活和学习中处处加以渗透。有了制度作保障，才能让医学生无惧风雨、心无旁骛强本领、增才干。

（2）培养与国家需要相适应的医学人才。研究型大学需要为国家需要培养医学领军人才。根据对武汉大学医学生 2015—2019 年就业情况调查，就业区域主要集中在大城市、生源所在地省会城市；就业单位性质首选大型三甲综合医院、世界 500 强企业、政府、高校、科研院所等。在高平台学习和就业的医学生，怎样才能发挥其优势？医学生通过参加医学生职业生涯规划和就业指导，把自己的学习生涯、职业生涯与家国需要有机融合，不断攀越科技高峰，立志成为时代需要的中国医学大家。

（二）建立医学生就业管理平台，形成大共享模式，进而辐射至省、地区，甚至全国

（1）医学部应根据医学各专业特点建立医学生就业信息平台，并与学校就业管理系统并轨，最终形成校部院三级就业管理信息平台。平台首先要求信息数字化，需求精配对。就业信息和学生就业需求进行数字化处理，所有信息实现专业化、信息化、集成化，最大限度降低人工和重复操作，并且能够保证数据的准确性、完整性和安全性，从而实现校内信息共享，动态地为医学生就业提供有效的基础数据，还可以通过科学的分析和研究，为毕业生和招聘单位做精准配对。其次，预留用人单位端口。与长期友好合作单位发出就业信息系统操作指南，系统便可做好一站式服务，除发布就业信息，系统还可以精准将就业信息直接发送给每个符合要求的毕业生。直接将配对的信息推送给需要的学生，不用学生在无数的招聘信息中进行筛选。

（2）利用平台，长期跟踪毕业生质量。根据国际、国家最新颁布的医学各专业质量标准制订各专业毕业生质量跟踪调查表（对象分别是毕业生和用人单位），并形成医学生毕业生质量年度报告，为招生、就业指导，为各类评估和专业认证做支撑，更是为人才培养和教学改革做理论依据。

（三）建立个性化就业制度

针对就业困难学生，做到早发现，早干预。首先，制订帮扶制度、学习帮扶手段。辅导员和双导师及时关心关爱每个学生，每学期针对学习困难、心理困难等就业困难学生及时摸排，拟订最需要帮助学生名单，制订个性化帮扶对象和手段，帮助学生恢复学业、克服心理障碍。其次，指导学生做好就业准备。让学生全面了解自己，了解就业，针对问题，提前布局。

（四）管理人员岗前培训制度化

各类管理人员都有岗前培训，而辅导员专项培训应作为新入职辅导员必需培训内容，入职后辅导员定期有业务学习，学习政治思想形态，就业指导工作也是必修课，辅导员通过学习，更好地指导学生，让学生培养正确的价值观、世界观、人生观，有针对性帮助学生处理好在思想、学习、就业等方面的问题。

三、结语

高校的学生就业工作具有重要性、长效性，无论是在日常管理还是专业评估、专业认证、学科评估工作，医学生就业工作始终占据非常重要的地位。特别是综合性高校医学院，更是因为其特殊的专业背景，需要一个全新的科学的就业管理模式——校、部、院三级管理模式，来保证医学生培养和医学各专业学生高质量就业。新时期，在习总书记的明确指引下，使我们的就业工作更加科学合理。因此，全新的科学的就业管理模式，是保证医学院（部）医学生高质量就业的基础，是各级各类评估、认证的重要支撑，是保证医学生质量的重要途径，是一个值得持续高度重视的问题。它必将助力医学各专业"双一流"建设，助力学校"双一流"建设。

参考文献

[1]刘大为．大学生职业发展与就业指导(第二版)[M]．北京：高等教育出版社，
　　2009：1．

[2]刘大为．大学生职业发展与就业指导(第二版)[M]．北京：高等教育出版社，2009：
　　2-3．

后疫情时代高校预防医学生就业困境与对策探析

王洪璐[1]　朱俊勇[2]

（武汉大学公共卫生学院）

摘要　新冠疫情给预防医学专业学生就业带来了机遇与挑战，同时也对预防医学专业人才培养提出了更高的要求。随着疫情防控进入常态化阶段，我国逐渐步入后疫情时代，本文阐述了疫情对预防医学专业学生就业带来的机遇，梳理汇总了高校预防医学生就业工作面临的困境，并围绕实践育人、生涯规划、需求衔接三个方面提出了相应对策，构建形成了工作扎实、特色鲜明、施策精准的预防医学生就业路径，旨在为预防医学专业学生更加充分更高质量就业提供参考依据。

关键词　后疫情时代；预防医学；就业；高校

2020 年初新冠疫情席卷全球，冲击了各国经济和全球产业链，全球遭遇了自 20 世纪 30 年代经济大萧条以来最严重的经济衰退，对全球和我国社会经济发展也带来一定程度的负面影响，使得部分企业生产经营困难，进而导致国内部分企业不得不裁员和缩减招聘岗位。与此同时，我国高校毕业生人数再创新高，2022 年高校应届毕业生达 1076 万名，同比增加约 167 万人。在毕业人数叠加激增、全球经济治理面临严峻挑战和重重考验等多方影响下，毕业生的就业心态、就业意愿都发生了极大的转变。

随着近年来新冠疫情防控工作的不断推进，我国逐步进入疫情防控常态化阶段，国内经济逐步恢复，同时也催生了新经济、新业态的兴起和发展，在新发展理念的指引下，新发展格局正在稳步构建，我国高校毕业生就业问题相较于疫情初期得到了一定程度的缓解[1]。习近平总书记在全国抗击新冠肺炎疫情表彰大会上强调，要加强公共卫生设施建设，提升全社会文明程度，完善相关制度，提高应对重大突发公共卫生事件的能力和水平。可以说，新冠疫情对预防医学专业学生就业造成严重冲击的同时也带来了新的机遇。

作者简介：1　王洪璐，硕士研究生，武汉大学公共卫生学院，研究方向：思想政治教育。
2　朱俊勇，医学博士，武汉大学公共卫生学院，副主任医师，研究方向：医学教育及管理。

一、新冠疫情对预防医学专业学生就业的机遇

(一)国家政策支持保障就业工作

疫情之初,国家就出台了一系列宏观政策保障企业生产和社会就业。国务院在《"十四五"就业促进规划的通知》中从宏观上保障就业,把就业作为保障和改善民生的头等大事。近年来,从中央到地方、从高校到企业,出政策、想办法、促落实,上下形成合力,全力促保高校毕业生就业,就业优先导向的政策力度持续加大。针对毕业生就难的问题,国务院、教育部、发改委、财政部、人社部等多个部门出台了近 40 项政策,几乎涵盖自主创业、升学扩招、应征入伍、基层就业等多个方面,有效创设一大批就业岗位,畅通高校毕业生就业渠道。人力资源社会保障部、国家卫生健康委还专门针对高校预防医学专业学生印发《关于做好 2020 年县级及基层医疗卫生机构公开招聘高校毕业生工作的通知》,通知指出,我国各地各级医疗卫生机构要充分统筹面向高校毕业生开展医疗领域空缺、空编岗位的专项招聘计划,从基层医疗服务的实际需求入手,大幅增加公共卫生专业、全科医学专业、老年医学专业等紧缺专业执业人员的招聘名额[2]。

(二)社会需求加大扩增就业岗位

面对席卷全球的新冠疫情导致的公共卫生灾难,中国人民风雨同舟、众志成城,构筑起疫情防控的坚固防线。充分展现了中国力量、中国精神、中国效率,更体现了中国特色社会主义制度的优越性。但同时也暴露出我国在重大疫情防控体系和公共卫生应急管理体系建设方面存在的短板和不足。习近平总书记在全国抗击新冠肺炎疫情表彰大会上的讲话中指出要加快补齐治理体系的短板弱项,着力提高应对重大突发公共卫生事件的能力和水平。要构筑强大的公共卫生体系,完善疾病预防控制体系,建设平战结合的重大疫情防控救治体系,强化公共卫生法治保障和科技支撑[3]。同时,在经历疫情之后,人民群众高度关注公共卫生体系,迫切希望尽快构建起强大的疾病预防控制体系。社会各界迫切需要大量的公共卫生人才,完善公共卫生治理体系。各级政府纷纷出台政策落实《关于做好 2020 年县级及基层医疗卫生机构公开招聘高校毕业生工作的通知》,要求疾病预防控制中心、医院等医疗机构扩编、扩招公共卫生人才。可以说疫情促使医疗类岗位需求量增加,扩增了预防医学专业学生的就业岗位。

(三)"大健康"理念增强拓展就业渠道

"大健康"是根据时代发展、社会需求与疾病谱的改变,提出的一种全局的理念。它提

倡通过对各类影响健康的危险因素与误区的关注，围绕人的衣食住行以及人的生老病死进行健康管理，对生命全过程全面呵护。它追求的不仅是个体身体健康，还包含精神、心理、生理、社会、环境、道德等方面的完全健康。随着社会经济发展，人民物质生活日益丰富，健康意识逐渐增加。健康中国战略的实施，《"健康中国2030"规划纲要》《国务院关于实施健康中国行动的意见》发布以来，全民健康素养得到了提升，愈发注重健康管理、由以疾病为中心转向以健康为中心。新冠疫情发生后，国家对公共卫生安全、民众健康高度重视，"十四五"规划中，把保障人民健康放在优先发展的战略位置，坚持预防为主的方针，深入实施健康中国行动，为人民提供全方位全周期健康服务[4]。此外，疫情使得人们更加关注公共卫生安全、健康防护、健康管理，催生健康保养、健康食品、智慧医疗、健康管理等大健康产业兴起，相关领域也成为重要的投资热点与消费热点，健康产业相关企业对预防医学专业的毕业生需求量增大，扩增了预防医学专业学生的就业渠道。

二、预防医学就业现状与原因分析

（一）培养模式滞后难以满足社会实际需求

在经历伟大抗疫斗争后，国家和人民群众对预防医学专业学生的实践技能提出了更高的标准与要求，亟须一支有公共卫生处理实战经验的人才队伍来有效应对重大突发公共卫生事件。要构筑强大的公共卫生治理体系，完善疾病预防-诊疗-康养健康管理体系，就必须进一步强化公共卫生人才的实践技能和综合治理能力。在党的十九届五中全会通过的《中共中央关于制定国民经济和社会发展第十四个五年规划和二〇三五年远景目标的建议》中提出"全面推进健康中国建设"，要求"坚持预防为主的方针"。可以看到，在未来的卫生体系中预防医学专业会越来越受到重视，同时新的发展趋势对预防医学专业实践技能提出新的时代要求[2]。然而，在预防医学专业人才的培养过程中实践技能虽然是一项重要内容，但在实际教学与考核中仍然是薄弱环节，仍然存在重理论轻实践、重分数轻过程的短板和不足。实习实践往往处于人才培养过程的"边缘化"角落，同时对于预防医学专业实践技能缺乏系统规范的考查标准和有效形式，甚至考核往往流于形式，难以达到预期。这也直接导致大多数预防医学本科毕业生并不具备相对系统完备的预防医学实践技能，难以满足用人单位"来则能用"的招聘需要。

（二）盲目跟从深造逐步拉低学生求职意愿

近年来预防医学专业学生的考研、读博人数逐渐攀升，盲目地跟从深造导致本科毕业生就业意愿逐年下降，主要原因分为外部的就业市场与行业要求和内部毕业生的心理与家庭影响。一方面，由于职业的特殊性，医院、疾控中心等用人单位的招聘标准、岗位要求也逐年提升，研究生学历已成为业内较为普遍的招聘门槛，这在一定程度上也促使更多的预防医学类本科毕业生自主或被迫地加入"考研大军"。另一方面，受疫情的影响，劳动力市场的供求矛盾不断加剧，促使高校毕业生之间的竞争压力加大，导致就业心理压力增大；叠加线上授课的推进，高校对毕业生的就业指导以及职业规划相对欠缺，使得部分毕业生还未做好就业求职准备，产生用考研来逃避就业的心理[1]。此外，部分毕业生和家长存在攀比心理与错误的学历"内卷"思想，认为只有考上研究生才是成功的、只有读研究生才能够找到"好"工作，在第一次考研失利后仍然选择"二战"。同时由于部分学生家庭情况良好，没有家庭经济压力，父母也会支持继续考研甚至出现反对本科就业的情况。以上因素都导致考研深造、"二战"的现象越来越普遍，进一步拉低了学生的就业意愿[4]。

（三）片面追求编制急速加剧就业结构失衡

疫情严重影响了我国社会经济发展，加之复杂的国际形势、严峻的就业情形都对毕业生的择业心理产生影响。受传统"铁饭碗"观念的影响，本科毕业生普遍表示在择业时"稳定性"成为首要考虑因素[1]。因而对公务员、事业单位等有编制的工作青睐有加。目前，本科毕业生大多已进入"00后"时代，这其中独生子女比例较高，很多毕业生具有较好的家庭条件，家庭和毕业生个人对其就业呈现出较高期望值，在选择编制内工作的同时更加倾向于在经济水平较发达的城市、诊疗水平较高的大型医疗单位、工作较为稳定的公立性大医院工作，而对于基层医疗卫生机构广大毕业生纷纷表示"兴趣不大"。他们认为只有在大城市、大医院工作才能满足自身现实需求，从而在精神上实现职业理想与个人价值。在一定程度上，好工作可以谋求一个更广阔的发展空间，而下基层就意味着无发展、无前景、无保障[2]。同时，毕业生群体中也存在着毕业即"躺平"的心理，不愿吃苦、不想奋斗。这种带有严重功利主义与利己主义的职业观念使得"孔雀东南飞""鲤鱼跳龙门""宇宙的尽头是体制"等现象越普遍，也就进一步加剧了就业区域结构和就业所有制结构的失衡。

三、提升预防医学专业学生就业路径

（一）坚持"一盘棋"实践育人，聚焦一个"实"字

高校要高度重视预防医学专业学生的实践育人工作，将实习实践与理论学习相结合，凝聚育人，合力搭建育人平台，将实学实干贯穿育人全链条，打造实践育人大场域，搭建

实践育人大平台，全员全过程全方位扎实构筑实践育人体系，引导学生在实践中受教育、做贡献、长才干，全面提高预防医学专业学生在就业前的岗位竞争力与就业后的岗位胜任力。一是用好课堂教学主渠道，进一步完善预防医学专业本科人才培养方案，将临床实习、毕业专业实习作为提升人才培养质量的重要环节，纳入人才培养方案和教学计划，严格规范实习过程与考核评价，在实习考核中提高预防医学专业技能和专业思维考核比重，切实提高预防医学专业学生处理突发公共卫生事件的能力。二是搭好实习实践主阵地，充分整合资源，积极构建政府、社会、学校协同联动的"实践育人共同体"。打造覆盖国家、省、市卫生行政部门、疾控中心、医院、社区卫生服务中心等机构的一体化实习实践基地，为预防医学专业学生提供更加多元的实习实践平台。三是奏好社会实践主旋律，将社会实践与思想政治教育紧密结合，结合国家发展需求，深度融合第一课堂与第二课堂，积极探索具有专业特色和实际效果的社会实践模式，让预防医学专业学生在社会实践的生动课程中体察"健康中国"的国情社情民情，在服务卫生基层一线的实践中厚植家国情怀。

（二）打造"一体化"生涯规划，突出一个"特"字

高校就业工作不仅仅是对毕业生的就业指导，还应该是面向全体学生的一个生涯规划教育，特别是对于预防医学这样的学制较长、专业性较强的专业，更需要医学特色的生涯规划教育。高校应结合国家对医疗卫生业发展的战略性要求以及加快医学教育创新发展的指导意见，引导学生树立正确的择业就业观与职业发展理念，将就业指导教育贯穿到学生教育的全过程，打造与预防医学专业相契合的"一体化"预防医学专业生涯规划教育[2]。要充分聚焦不同年级学生的实际需求与认知能力，统筹构建一体化分层分类生涯规划教育体系。对于低年级学生要注重专业认同与职业信念教育，在生涯规划教育中可以结合伟大的抗疫精神及抗疫先进个人的感人事迹来帮助学生增强职业信念[5]；对于中间年级学生要注重职业规划，开设相关职业规划课程帮助学生确立适合个人发展方向，面向毕业年级学生统筹安排就业指导和求职技能培训，帮助学生更加深刻地了解后疫情时代国家对医疗领域的就业政策，提升求职的实战能力，同时注重引导学生树立与祖国发展同向的就业理念，立志到祖国和人民最需要的地方建功立业[2]。

（三）满足"一站式"需求衔接，实现一个"精"字

随着社会发展的进步，高校毕业生对就业指导工作的需求是多元化的，高校应当结合学生个人特点和预防医学专业特点，跟随市场行情变化，结合用人单位需求，精准施策，实现"一站式"的需求衔接。一是衔接线上与线下，保障就业招聘。在充分利用互联网技术，搭建好就业工作的云端平台，保障在疫情防控线情况下，招聘工作可以顺利进行。同

时充分发挥线上招聘工作对时间、空间的包容性，进一步扩大招聘会的范围与频次，切实保障毕业生的就业招聘工作。二是衔接校内与校外，深耕就业合作。一方面要"请进来"，邀请校友返校开展讲座，学长学姐实习帮扶，定期将已签约学生的去向与学生共享，营造良好就业指导氛围。另一方面要"走出去"，积极与用人单位交流合作，组织学生参观交流，拓展实习实践平台。通过学生主动参与和切身体验进一步加强对学生的职业规划、就业能力的提升进行有效指导和帮扶。三是衔接指导与疏导，精准就业服务。在开展就业指导的同时要注意学生心理的变化，加强学生的心理辅导，帮助学生确立就业目标，避免盲目从众、自我认知不清晰等情况，重点关注经济困难、心理困难、学业困难毕业生，通过一对一谈心谈话、团体辅导等形式多样的精准就业帮扶措施，从而指导帮助毕业生实现更加充分更高质量的就业。此外，要注重学生及用人单位的反馈，及时更新形成动态调整，对现有的就业指导工作进行持续改进，实现"一生一策"。

后疫情时代，"外防输入、内防反弹"的常态化防控给预防医学专业学生就业既带来了机遇，也带来了挑战。只有在推进预防医学专业学生就业的过程中，立足岗位扎实工作，突出专业特色，打造工作亮点，创新举措，精准施策，不断总结经验，在实践中创新和研究，才能真正实现预防医学专业学生充分就业和高质量就业。

参考文献

[1]李玉靓.后疫情时代高校毕业生就业形势及对策研究[J].就业与保障，2022（4）：18-20.

[2]汪家擎，高书杰.后疫情时代提升医学生就业策略研究[J].锦州医科大学学报（社会科学版），2021，19（5）：66-70.

[3]习近平.在全国抗击新冠肺炎疫情表彰大会上的讲话[N].人民日报，2020-09-09（02）.

[4]范琳琳.后疫情时代制药类专业毕业生就业现状及对策分析——以泰州学院制药类专业为例[J].现代商贸工业，2022，43（16）：104-106.

[5]朱俊勇，王洪璐，王忠海，等.抗疫精神融入预防医学专业课程思政探索与实践[J].教育教学论坛，2022（15）：141-144.

医学专业博士毕业生就业现状分析与研究

——基于 2017—2022 年 W 大学博士毕业生数据的分析

王 丹[1] 梅玉婕[2]

（武汉大学学生就业指导与服务中心[1] 武汉科技大学马克思主义学院[2]）

摘要 本文旨在了解医学类博士研究生毕业去向及就业特征，为医学高等教育改革提供参考依据。本文选取 2017—2022 年 W 大学医学类各专业 1277 名博士毕业生为研究对象，收集其入学基本信息、就业意向与实际去向等信息，对数据进行统计与分析。结果显示：医学类博士毕业生近六年就业率较高（95.66%）；就业单位主要为医疗卫生、教育等大型企事业单位，不同专业的医学博士毕业生就业单位性质差异显著；意向及实际就业地区以培养及户籍所在地为主。医学类博士毕业生的就业单位和就业地呈现集中现象，应给予足够的政策及资金支持，鼓励毕业生前往基层开展工作，以推动医疗事业的均衡发展，满足广大人民群众对优质医疗资源的需求。

关键词 研究生教育；毕业去向；医学博士；就业现状

医学类博士研究生教育处于医疗卫生高等教育体系的顶端，承载着国家医疗事业发展的重大历史使命。2021 年，习近平总书记在参加全国政协十三届四次会议医药卫生界、教育界委员联组会时强调，要把保障人民健康放在优先发展的战略位置，着力构建优质均衡的基本公共教育服务体系，为我国医疗卫生和教育事业的发展提供了根本遵循和行动指南。医学博士毕业生就业状况既是我国医疗高等教育质量的重要体现，也直接关乎健康中国战略目标的实现。2020 年以来，新冠疫情席卷全球，对我国突发性卫生事件的处理、医疗救治措施、疫苗药物开发等医疗行业整体服务能力提出了更高的要求，深刻影响了我国医疗就业市场、就业格局和就业模式。特别是由于疫情直接加剧就业供需失衡，使得就业

作者简介：1 王丹，硕士，武汉大学学生就业指导与服务中心综合办公室主任，高级职业指导师。

2 梅玉婕，武汉大学法学博士，武汉科技大学马克思主义学院讲师，湖北意识形态建设研究院研究员。

岗位短时间波动，就业问题浮现[1]。随着我国医学类研究生招生规模的迅速扩张，近年来大量研究生进入劳动市场，叠加地区医疗资源、高等教育资源的不均衡发展，医疗行业出现求职"扎堆"的现象，这对合理引导医学类博士毕业生就业提出更高的要求[2, 3]。新医科背景下，如何引导医学博士高质量就业成了新课题，但目前尚缺乏对医学类博士的就业特征的系统研究。本文基于2017—2022年W大学博士毕业生数据的分析，梳理医学类博士毕业生就业去向及就业趋势，将有助于教育管理部门、医院及高等院校以及企业及时掌握博士毕业生的就业情况，对引导高层次人才合理流动、完善高层次人才引进政策、提升博士毕业生就业质量有着重要的研究价值。

一、研究对象与方法

（一）研究对象

研究对象来源于2017—2022年W大学医学类非定向博士毕业生（不含委培定向生）原始数据，专业包括基础医学、临床医学、口腔医学、药学、公共卫生与预防医学，共计1276人。

（二）研究方法

收集毕业生数据，包括毕业生总数、性别，总体就业人数，就业去向，就业医疗卫生机构级别，就业地区分布情况等，就业意向地区等情况，进行统计学分析。

（三）统计学方法

使用SPSS 22.0软件进行数据录入及统计分析。计量资料采用$\bar{x} \pm s$描述，如果符合正态分布，三组之间采用方差分析。计数资料采用率描述，三组之间比较采用卡方检验分析。P<0.05为差异具有统计学意义。

二、结果

（一）总体就业情况

从统计数据来看（见表1），W大学2017—2022年共有医科类博士毕业生1276名，待就业人数58人，总体就业形势较好，就业率较高，近6年的平均就业率为95.65%，2020

届毕业生就业率最高（98.35%），2022 届毕业生就业率最低（92.66%）。其中，临床类专业，如临床医学、口腔医学专业博士毕业生在近 6 年保持较高的就业率。此外，公共卫生与预防医学专业在近三年持续保持 100% 的就业率，既与新冠疫情后我国公共医疗卫生事业发展较快、短期内对医疗健康及公共卫生工作者的需求增大有关，也与博士毕业生培养质量较高，受到用人单位的欢迎密切相关。然而，除公共卫生与预防医学专业外，其他各专业 2022 届毕业生就业率较前有所降低，可能与新冠疫情迁延反复导致的市场供需矛盾进一步加剧、毕业生就业预期明显下降等相关。

表 1   **2017—2022 年博士毕业生就业率统计（%）**

学科	2017 年	2018 年	2019 年	2020 年	2021 年	2022 年	平均就业率
基础医学	95.65	92.77	95.24	96.97	88.71	92.00	93.56
临床医学	97.92	98.01	97.23	99.34	99.39	93.26	97.53
口腔医学	100.00	100.00	96.77	100.00	100.00	86.36	97.19
药学	89.47	100.00	89.47	95.45	89.47	91.67	92.59
公共卫生与预防医学	92.86	100.00	91.91	100.00	100.00	100.00	97.46
合计	95.18	98.16	94.12	98.35	95.51	92.66	95.65

（二）就业去向分布

医科类近 6 届的 1276 名博士毕业生中（见表 2），有 1226 名毕业生直接参加工作、5 人入伍、32 人出国/出境、13 人博士后进站。其中，977 人从事医疗卫生工作，占毕业生总数的 76.57%，成为毕业生的最主要去向。其次，167 人从事高等教育工作，占毕业生总数的 13.09%，成为毕业生的次要去向。近年来的博士毕业生绝大部分从事医疗、教育及相关工作，反映出医科类博士毕业生的就业专业对口度较高。从不同学科毕业生的就业单位性质来看，临床医学、口腔医学、基础医学专业博士毕业生主要就业单位依次为医疗卫生单位、高等教育单位、企业，其中口腔医学、临床医学到医疗卫生单位就业占比超 91%；公共卫生与预防医学主要就业单位依次为高等教育单位、医疗卫生单位、企业，药学主要就业单位依次为高等教育单位、企业。我们按照性别对博士毕业生进行就业去向进行分析（见表 3），医学类博士男女比例：男生（50.94%）、女生（49.06%），性别比：1.04：1。从单位性质选择来看，选择医疗卫生单位在不同性别中占比均最大，女性选择高等教育单位比男生高 2 个百分点，选择到企业就业的要低于男性。从博士毕业生就业的医疗卫生机构（医院）的级别来看（见表 4），医科博士毕业生选择三甲医院达 99.59%，反映出当前大型三甲医院仍是医科专业的全日制博士毕业生最主要就业单位，地市县一级医疗机构和（或）非三甲医院仍需加大政策支持力度以引进人才。

表2 不同专业医科博士毕业生就业去向比较（n，%）

学科	人数	单位性质						
		医疗卫生机构	高等教育单位	企业	科研事业单位	部队	出国/出境	博士后
基础医学	135	52 (38.52)	49 (36.30)	15 (11.11)	3 (2.22)	3 (2.22)	10 (7.40)	3 (2.22)
临床医学	789	722 (91.51)	36 (4.56)	13 (1.65)	6 (0.76)	2 (0.25)	8 (1.01)	2 (0.25)
口腔医学	196	178 (91.74)	11 (5.64)	5 (2.55)	1 (0.51)	0	1 (0.51)	0
药学	109	10 (9.17)	42 (38.53)	25 (22.93)	11 (10.09)	0	13 (11.93)	8 (7.34)
公共卫生与预防医学	47	15 (31.92)	29 (61.70)	2 (4.26)	1 (2.13)	0	0	0
合计	1276	977 (76.57)	167 (13.09)	60 (4.70)	22 (1.72)	5 (0.39)	32 (2.51)	13 (1.02)
X^2值		557.434	259.268	111.717	51.313	8.723	46.183	31.250
P值		<0.001	<0.001	<0.001	<0.001	0.068	<0.001	<0.001

表3 不同性别医科博士毕业生就业去向比较（n，%）

性别	人数	单位性质						
		医疗卫生机构	高等教育单位	企业	科研事业单位	部队	出国、出境	博士后
男	650 (50.94)	499 (76.77)	78 (12.00)	33 (5.08)	12 (1.85)	3 (0.46)	17 (2.62)	8 (1.23)
女	626 (49.06)	478 (76.40)	89 (14.20)	27 (4.31)	10 (1.60)	2 (0.32)	15 (2.39)	5 (0.80)
X^2值		0.009	1.163	0.423	0.119	0	0.065	0.595
P值		0.926	0.281	0.515	0.730	1	0.799	0.441

表4 就业医疗卫生机构级别比较(*n*,%)

性别	医院级别					
	三级甲等	三级	二级甲等	二级	一级	其他
男	496(50.77)	1(0.1)	0	0	0	0
女	477(48.82)	2(0.20)	0	0	0	1(0.1)
合计	973(99.59)	3(0.31)	0	0	0	1(0.1)

(三)就业地区分布

博士毕业生对就业地区的选择在一定程度上反映了该地区整体经济实力,以及就业政策对博士毕业生的吸引程度,而对就业单位性质的选择预示着博士毕业就业发展方向。工作性质的选择一般与博士研究生阶段所学知识紧密关联,体现了学习知识与工作现状的相关性。对已就业的医科博士(不含出国、出境)进行生源、就业地区数据分析(见表5),毕业生来源和就业去向均是华中地区最高,分别占64.90%和66.02%,显示医学博士毕业生就业倾向于"属地原则",即首先是在培养单位所在地就业,而去往其他地区就业的医科博士仍以回户籍所在地为主。

表5 2017—2022年毕业生就业地区、生源地区分布(%)

(四)就业去向意愿调查

为比较就业意向地区与实际就业地区是否存在差异,通过对所有毕业生问卷调查,共收回 1245 份调查表(表见 6),除 2020 年外,博士毕业生实际就业地与意向就业地区一致程度较高,可能与新冠疫情突发对应聘就业产生影响有一定关联。此外,意向回生源地就业的比例达 61.85%,实际回生源地就业比例达 59.28%。一是说明博士因为年龄及家庭原因更愿意选择家庭所在地就业,二是说明医科类博士毕业生较容易找到自己意向的单位。

表 6 　　　　　毕业生就业意向地区、生源地区、实际就业地区比较(n,%)

年份	人数	实际就业地与意向地区一致	意向回生源地就业	实际回生源地就业
2017	174	138(79.31)	109(62.64)	108(62.07)
2018	164	130(79.27)	115(70.12)	109(66.46)
2019	165	121(73.33)	101(61.21)	104(63.03)
2020	213	93(43.66)	121(56.81)	122(57.28)
2021	265	178(67.19)	155(58.49)	142(53.59)
2022	264	200(75.76)	169(64.02)	153(57.95)
合计	1245	860(69.08)	770(61.85)	738(59.28)

三、结论与分析

通过对 2017—2022 年 W 大学医学类专业博士研究生毕业生去向及就业特征进行分析,可以得出以下结论:

第一,W 大学医学类专业博士毕业生总体就业形势好,就业率较高。通过对 2017—2022 年博士毕业生就业数据的分析,2020 年毕业生就业率最高为 98.35%,而 2022 年就业率最低为 92.66%,平均就业率为 95.66%。因此,W 大学医学类专业博士研究生总体就业情况良好,这与我国博士毕业生整体就业率较高的研究结论一致[4]。2020 年新冠疫情突发,当年临床医学博士生就业率为 99.34%,公共卫生与预防医学博士生就业率达到 100%,一方面可能由于新冠病毒感染患者的救治、疫情防控、新冠病毒检测、药物开发及科研攻关亟须大量的医学背景人才;另一方面,2020 年全国多地都在推进扩建或新建大型医院,当年国家发改委印发《公共卫生防控能力建设方案》,方案要求每个省份应配 1~3 家重大疫情救治基地,近 300 个地级市应建立救治基地,近 2000 家县级医院应实现"平战结合"立即转换,公立医院招聘岗位及储备人才需求大量增加[5]。2022 年毕业生就业率最低,主要可能是由于新冠疫情得到有效控制,医疗卫生相关工作岗位趋于减少所致。因此,培养单位应紧跟行业动向,以社会需求为导向,动态调整培养方案,建立多样化的博士研究生培养模式和体系，以应对就业环境的变化。

第二，不同专业学位类别的博士毕业生就业率差异较大，其中临床医学、口腔医学、公共卫生与预防医学等与人民群众健康息息相关的学科专业就业率较高，而基础医学、药学等主要从事基础科学研究的学科专业就业率稍低。前者博士毕业主要就业于医疗卫生机构，后者主要就业于高等教育单位，这与就业偏好、单位招聘条件及人数相关。2022年W大学医院招聘医师岗256人，人员需求量大且对科研背景没有做出特别要求[6]，而W大学基础医学院主要招聘对象为具备较高科研背景的医学人才，整体需求量较小[7]。因此，培养单位应根据学科背景制订个性化的培养方案，调整优化博士研究生教育类型结构，同时收集各大单位就业招聘信息，做好就业指导工作，以提高博士毕业生就业率。

第三，医学类专业博士就业单位性质主要为医疗卫生机构及高等教育单位。在W大学医科类近6届博士毕业生中，在医疗卫生机构及高等教育单位就业比例高达9成，主要从事临床及科研工作，这也符合W大学博士培养简章，旨在培养具有独立从事科学研究工作的能力，在科学和专门技术上做出创造性成果的高级专门人才[8]。在医疗卫生机构级别就业选择中，99.59%的医学博士选择大型三甲医院，这导致省一级的医院医学博士趋于饱和，往往出现一个岗位有多个博士竞争的现象，而地市县级医院医学博士凤毛麟角。然而，市级医院是我国医疗卫生机构的主力军，也是最广大人民群众就医的主要选择，医学博士人才的比例较低是当前基层医疗机构所面临的突出问题，应引导博士毕业生就业下沉，解决市级医疗卫生事业发展水平与人民群众健康需求及社会经济发展要求不适应的矛盾。

第四，我国博士毕业生选择就业地区具有属地就业和区域集中的特征。属地就业特征是指毕业生选择本省就业比例较高的现象[9]。W大学医科类博士毕业生就业地区选择在华中地区就业的比例高达66.02%。造成这个原因有几个方面，第一，医学类专业培养周期长，多数学生在报考研究生阶段倾向于"回迁"，同时就读期间适应了该地区的环境及气候，对当地相关单位工作情况较为了解，适合进一步开展工作；第二，W大学医学类博士生源主要来自华中地区，高达64.9%；第三，得益于华中地区拥有优质充足的医疗机构、高校科研机构及医药生物公司。以武汉市为例，武汉市坐落有7所双一流大学，18所三级甲等医院，拥有大量优质的工作岗位，提供了医学博士大展宏图的舞台。区域集中特征是指博士毕业生就业区域选择呈现以就学地为中心向外不断减弱的特征[10]，W大学医学类博士就业地区以华中地区为中心，向华东、华南、西南、华北、西北及东北地区不断减弱。这些现象反映了毕业研究生就业选择存在"扎堆"现象，也从侧面也反映出培养单位就业指导及宣传工作存在不足。武汉作为中部教育重镇，承担着为中部地区乃至全国输送高层次医学人才的重任。因此，一方面，高校应该同时加强对医学类博士研究生的就业引导，树立积极正确的就业观念；另一方面应同时加强与东北、西北及华北等地区医院、高校的就业交流宣传，建立有效的就业引导机制。政府部门、教育部门、培养单位及就业单位应建立就业动态反馈机制，及时调整就业政策，加大对欠发达地区的政策及资金支持，提高就业待遇，鼓励毕业生前往欠发达地区开展攻坚克难工作，以推动当地医疗事业的发展，满足广大人民群众渴望优质医疗资源的需求。

参考文献

[1]毛宇飞，曾湘泉．新冠肺炎疫情对高校毕业生就业的影响——来自招聘网站数据的经验证据[J]．学术研究，2022(1)：104-110.

[2]赵祥辉，陈迎红．我国博士生招生规模变化、争论与进路[J]．高教探索，2021(8)：43-49.

[3]闫丽．医学研究生就业情况分析及对策[J]．中国继续医学教育，2019，11(20)：63-65.

[4]罗洪川，向体燕，高玉建，等．我国博士毕业生去向及就业特征分析——基于2015—2020年博士毕业生数据的分析[J]．学位与研究生教育，2022(1)：53-62.

[5]三部门发布《公共卫生防控救治能力建设方案》[J]．中华医学信息导报，2020，35(10)：7.

[6]《武汉大学人民医院2022年度应届毕业生招聘启事》[Z]．http://www.rmhospital.com/article/id/8689.html.

[7]《武汉大学泰康医学院(基础医学院)招聘青年人才公告》[Z]．http://wbm.whu.edu.cn/info/1206/7056.htm.

[8]《武汉大学2019年招收攻读博士学位研究生简章》[Z]．http://210.42.121.116/wdyz/admin.php/index/view/aid/515.html.

[9]李和章，戚也，林松月，等．我国博士研究生就业地域特征分析——基于97134条大学教师简历的实证分析[J]．学位与研究生教育，2022(12)：39-46.

[10]徐志平，沈红．我国"双一流"大学博士毕业生就业特征分析[J]．现代教育管理，2019(3)：106-111.

传统工学专业本科就业突出问题及对策分析

苏鹏宇*

（武汉大学党委学生工作部）

摘要 随着高等教育的普及，高校毕业生人数逐年增长，就业压力与日俱增。而对于传统工学学科而言，由于专业对口岗位种类丰富，市场需求量大，被普遍认为是易就业、好就业的专业，但依旧存在就业主动性不强、存在就业迷茫期、选择性困难以及就业过于集中、存在结构性矛盾、工科女生就业不乐观等突出问题。当前，在新冠疫情影响下，就业压力凸显，如何保障高校毕业生就业工作高质量完成，显得更为急迫。本文针对上述突出问题进行分析，提出了一系列切实对策，对于当前高校推动"三全育人"综合改革具有参考意义。

关键词 本科生就业；工科就业；就业状况

一、引言

就业是民生之本，高校毕业生的就业关乎国民切身利益，同时关乎国家发展与社会稳定,，高校毕业生的就业工作一直以来都是党和政府民生工作的重中之重。高校毕业生从2012年的660万增加到2022年的将近900万人，应届毕业生人数逐年增多。企业提供的就业岗位因学生自身定位不够准确等诸多原因，导致人岗匹配度较差，就业压力日趋加大，矛盾凸显。在中国产业转型升级、新冠疫情全球大范围流行、各种经济指标下滑、国际贸易摩擦等多种因素作用的影响下，劳动力市场供大于求、招聘方式也从传统的线下方式改变为线上线下相结合、由产业结构造成的就业问题依旧存在，各高校毕业人数不减反增，在就业过程中造成了比较大的竞争压力，使得高校毕业生就业的难度增加，更加剧了

＊ 作者简介：苏鹏宇，硕士研究生，武汉大学党委学生工作部，研究方向：思想政治教育。

高校毕业生就业的不确定性，可能在未来的一段时间内"史上最难就业季"的现象并不会消失。同时，随着我国经济发展与高精尖技术进步，生产性和生活性服务业需求也不断增加，加上区域经济协调发展战略的深入实施，部分二三线城市和中西部地区制定出台人才政策掀起的"人才争夺战"，显著增强了吸纳大学生就业方面的能力，有效拓展了大学生的择业空间。这些就业环境的变化都给大学生的就业带来了新的机遇和挑战。

目前，大学生毕业后主要有就业和继续深造两个方向，近年加上疫情影响，大学生就业压力加大[1]，随着用人单位对学历要求越来越高，也催生了大学生的考研热，如何开展就业工作对国家人才的培养和社会的建设都有重要意义。传统工学尽管被认为好就业、易就业，但也存在一些特定的突出问题亟须解决。高等学校作为为党育人、为国育才的重要阵地，需要充分认识"三全育人"改革的重大意义，积极探索"三全育人"的实现路径，并在此基础上提出对于就业突出问题的相关对策。

二、就业突出问题

（一）毕业生主动就业意愿不强，就业主动性困难较为突出

本科生主动就业意愿不强，越来越多的本科生选择继续攻读硕士研究生，这里既有全民生活质量提高学生暂无"挣钱养家"的经济压力，也有时代背景下逃避就业压力的影响，既有盲目从众的现象，也有错过了求职黄金期而被迫选择考研的问题。

以武汉某高校工学专业为例，根据学生大三学年第二学期摸排毕业去向情况，90%以上学生的第一选择为继续深造。且学生就业去向公司的招聘统考时间为12月初，相关学习、复习以及考试时间与考研时间高度重合，大部分本科生为保证考研的复习时间与学习质量，往往放弃就业公司的秋招面试或者统考，也导致11月底12月初大批用人单位举办校园招聘却面临无人咨询、无人参加宣讲会的窘境，严重影响了用人单位到校招聘的积极性。且随着当前大学生综合评价体系的改革，研究生保送名额逐年增多，在研究生招生指标总体不变的前提下，研究生考试录取的指标逐年减少，很多考研失利的学生大四学年第二学期才开始着手找工作，春季就业的压力日益增大，学生就业质量也受到影响。

（二）秋招黄金期与就业彷徨期重合，就业迷茫问题普遍存在

大四学年第一学期是一个毕业生毕业去向的抉择期、过渡期，也是一个转变期。秋招有着"金九银十"的传统说法，特别是对传统工科相关企业更是如此，大多数学生在九月份

还处在彷徨徘徊的状态，还没有想清楚就业选择。这种重合在一定程度上影响了就业质量和就业效率；其次部分同学徘徊在保研边缘，没有及时调整心态与学习状态，两手准备就业与考研，等到十月中旬推免结果尘埃落定，才匆匆开始在考研与就业二者之间抉择。面对海量的招聘信息和来校来院线下招聘的重点企业，准备不充分，错过了许多宝贵的机会。

(三)毕业生就业期望值较高，就业选择性困难较为突出

社会上对于传统工科毕业生就业的印象是容易就业，但事实上，部分毕业生找工作较为容易，但找到符合自身期望的工作不易。当前在我国一、二线城市对于岗位的需求相对较多，在能源、IT、金融等行业相对集中，但是随着科技发展，社会对于这些热门行业人才的需求量趋于下降，人力资源和教育资源得不到高效利用。还有一些当前相对冷门行业则得不到毕业生青睐，人力资源不足，行业空缺明显。同时随着经济发展出现一些新兴行业，但是并没有相应的教育资源为其提供人力资源，造成行业岗位空缺。这些情况表明了社会需求与毕业生能力不匹配，教育资源与社会需求不相适应。部分同学在找工作时更加注重经济效益、地域选择，而忽略了自我发展、社会需求等诸多其他重要因素。作为高校的应届毕业生，对行业发展调研不足，对未知的社会生活充满美好期待，但是个人生活阅历不足，社会经验不够，不能够客观评价自身情况，对于自己进入职场的第一份正式工作，工资定位较高，工作环境要求完美，同时希望发展前景可观，这些要求已远远背离了自己的实际情况和目前就业市场大环境。

(四)毕业生就业去向过于集中，就业结构性矛盾比较突出

对于传统工学学科而言，学生的就业去向通常比较集中，就业选择面较窄，经常出现一个专业大部分学生就业意向高度重合的现象。导致就业竞争性较强，就业结构性矛盾比较突出，同时一些学科前沿的新兴科技公司无人问津。大部分学生目光过多集中于资历更深的传统公司，却忽视了新兴公司带来的可能性与发展空间。

(五)疫情影响下，全国就业形势不佳

前三年，受疫情影响，本科大学生就业更是遭遇前所未有的挑战，面临就业率低、就业质量低、就业保障低的"三低"情况。虽然新冠疫情使各大高校扩大了研究生的招生人数，但是如此庞大的毕业生数量，其中选择就业的人数相比疫情以前并不会有多少下降。再加上全球疫情蔓延，造成了全球经济的衰退，使就业形势进一步严峻[2]。

(六) 工科专业对口行业，女生就业存在现实困境

工科类岗位工作环境特殊，对身体素质有一定要求。许多工科类岗位工作环境相对艰苦，工作条件相对恶劣，对身体素质和心理素质都有较高要求。有的工作如线路巡检员需要长时间野外高空工作，有的工作要求长期驻扎工地或是偏远山区，有的工作要求高频次出差，在多个城市辗转奔波。这些要求与女生的生理习惯有些许相悖，出于生理和安全的双重角度考虑，工科企业在招聘时更倾向于选择身体素质更好的男生。

在《当代女大学生就业难原因及对策分析》一文中，作者引用塞缪尔的"天助自助者"，指出毕业生自身的能力是找到好工作的关键。她指出部分工科女生只专注于理论知识的学习，而忽略了综合能力的提升[3]。一份对西华大学电气工程学院的调查报告中显示，绝大部分女生了解性别劣势，故而在学习上更加努力，专业成绩、四六级及计算机二级的通过比例方面都显著优于男生。但动手能力和创新能力相对较弱，在科创比赛、数学建模竞赛和设计类比赛上都鲜少见到女生的身影，论文和专利上的整体情况也逊色于男生[4]。

同时，企业在招聘工科类岗位时也十分注重创新能力与综合素质，以期为企业创造更多的价值。在专业课学习成绩接近时，企业会优先选择拥有科研经历或是获得过数模类、科创类奖项的技术型人才，而这些人以男性居多。

在进行岗位分配时，企业也会考虑性别因素。男生更多地会被安排在工作条件相对艰苦，但薪资收入相对更高、晋升空间更多的岗位；而女生则会被安置在偏文职类的辅助岗位上，这些岗位工作环境相对更为舒适，但薪资偏低，个人成长发展空间也很有限。

三、对策

(一) 坚持系统性建设，培养复合型人才

坚持"双本"(以学生为本和用人单位为本)原则，全面贯彻就业工作"三全一多"(全员、全程、全方位、拓展多元市场)思想，围绕"双一流"建设目标，坚持以提高质量为核心，以"成人"教育统领"成才"教育，建立全覆盖、多层次的创新创业教育体系，建立"大一专业认知，大二学业培养，大三就业明晰，大四就业选择"的培养框架，将就业工作贯穿人才培养全过程。

在培养目标的设置上，从理论知识、专业能力、人文素养与社会责任、交流合作及自主学习五个方面出发，支撑学校综合性、研究型、国际化大学的发展定位，紧跟学校"培养具有国际竞争力的拔尖创新人才"教育发展目标。培养目标不仅凸显了学校提出的"创

造、创新、创业"教育的新理念，而且强调了复合型人才培养的重要性，鼓励学生了解接触与深入学习目前新兴行业知识，引导学生毕业后参与到新兴产业、现代服务业等新生发展领域就业创业。

（二）坚持以生为本，精准科学指导

连贯式就业规划指导。自学生入学至大四毕业，每年定期邀请资深就业指导老师进行就业指导及生涯规划专题讲座，帮助学生根据自身特点、学院专业特色，树立正确择业观，同时辅导员积极关心学生状况，同时定期普及教育就业有关信息，构建合适大学及生涯规划。

立体式就业技能培训。每年招聘季开始前，在毕业生中定期组织就业指导培训会，结合行业特点与专业特色，精准化指导，提升学生就业能力，通过简历制作、面试技巧、岗位选择等进行细致培训，开展新老生传帮带交流活动，通过已读研、读博的学生与在校生进行线上线下沟通交流，以自身经验指导毕业生进行择业与就业。

学校还应重视对学生的心理教育，根据工科学生的性格特点，印发宣传册，开展心理健康讲座，提供线上线下的咨询辅导。从入学开始，帮助学生快速适应工科学习节奏，在专业课程和社团生活找到一个平衡点。加强科学指导，引导学生多参加学科竞赛，并组织相关技能培训，帮助学生提高综合能力。前置行业宣传，在大三学年，学校就可以逐渐向学生介绍工科岗位的设置和要求，推进职业指导系列课程建设，帮助学生对工科就业市场建立一个全局概念。

（三）坚持需求跟踪调查，推进校企结对共建

建立从学生培养到向社会输送人才的"供需理念"，根据当前实际情况，定期开展社会需求调研与毕业生跟踪调查，结合学科建设通过走访、座谈和调查问卷等方式收集用人单位、行业企业、往届毕业生与在校生的反馈意见，包括用人单位对学院的意见建议等，紧跟学科发展与市场需求，持续改进学院培养方案和就业工作导向。

深度推进校企结对共建、严把教育教学协同育人关口。对于重点企业持续走访，积极探索社会与市场需求，进一步完善了学科发展、专业设置与就业市场的联动管理机制。结合用人需求，注重锻炼学生实践技能，进一步提升学生培养质量，推动学生高质量就业。

同时发挥优秀校友优势，前置校友指导生涯规划关口。"校友"身份的特殊性，能够快速拉近与学生沟通交流的距离，相比于老师的指导与辅导，校友本人的成长历程与职业规划更能够引起学生的兴趣。定期邀请校友为学生职业生涯规划答疑解惑，前置指导关口，引导学生提前判断，做好职业规划，避免盲目选择。

（四）坚持为国育才，贯穿理想信念教育

对毕业生加强形势政策教育和切合实际的就业指导，把理想信念教育贯穿于学生培养全过程，克服就业中急功近利、盲目攀比的不良心态，引导毕业生胸怀理想信念，树立正确的择业观，从而从根本上调整学生就业期望值、更新就业观念，引导毕业生到战略性新兴产业、现代服务业等领域就业创业，鼓励毕业生到西部、到基层、到祖国最需要的地方经受锻炼，在奉献社会、服务人民的过程中践行社会主义核心价值观，在国家的重大工程、重点战略、重要节点上发挥作用。

（五）坚持多线并行，实现就业宣传高效化

自 2020 年新冠疫情以来，学校正常的学习、实习、实践等教学活动迎来了新的挑战，传统的招聘模式也迎来很大的冲击。结合当下情况，校企应协同统筹，积极谋划，结合专业特点，充分利用线上线下多种宣传形式，开展线上就业经验分享会，同时进行就业经验分享与简历制作教学；建立毕业生微信群、QQ 群，要求毕业生全员进群，建立学院就业信息化平台，并在学院官网开辟"就业信息"板块，充分利用微信公众号、微博、QQ 空间等学生"常驻"网络平台，发布相关就业信息。成立就业工作指导队伍，定期汇总用人单位宣讲信息与招聘信息，拓展就业信息搜集渠道，完善招聘信息查阅流程，通过各种平台及时通发布相关信息。提前摸排学生就业需求，建立台账，分级、分类、精准发布就业信息，提高就业宣传实效。定期联系并发布相关实习、实践通知与需求，指导学生按需参与到专业实习、实践中，帮助学生及早了解行业情况，亲身感受就业现状。

（六）坚持脚踏实地，客观平衡个人能力与岗位需求

个人的主观能动性，在成长过程中发挥着决定性作用，同理，在职业规划中也发挥着极其重要的作用。因此大学生在就业与择业中，应当客观地对自身的综合素质进行考量，转变思想观念，树立正确的择业观。学生应养成良好的学习习惯，明确学习目标，聚焦行业需求，努力学好专业知识。注重个人综合能力的培养，大学里有许多丰富多彩的社团活动，课余时间学生可以参加一些社团活动，在实践中学习提升个人综合能力，提高个人核心素养以应对复杂多变的职业需求。同时在求职择业时要面对现实，根据市场的需求转变自己的就业观念。求职时应客观选择与个人能力匹配的行业与岗位，以积累更多的工作经验为主，不唯薪资、地域等因素考虑。在后疫情时代，学生个体应当将自己的人生抱负与现实情况相结合，充分地将考量自身就业意向，进一步匹配个人的综合素质。在就业、择业过程中，应当客观平衡个人能力与岗位需求，脚踏实地，树立先就业后发展的科学就

业观。

（七）坚持实事求是，突破工科女生就业困境

得益于新时代国家稳步发展，当代大学生从小成长环境较为优渥，从简单纯粹的校园生活到复杂多变的就业市场，需要经历一个较长的心理调适期。随着高校逐年扩招，人才市场逐渐呈现出了"高学历化"的特征，竞争愈加激烈。有些学生本科就读于 985、211 类的知名高校，在找工作时也自然会望向更好地域、更有前景、待遇更优的工作，如若不够理想，难免会有"大材小用"的挫败感。有很多工科女生在找工作时心理负担较重、害怕失败，容易产生悲观的情绪。

因此，工科女生有必要在就业前先对当前就业形势有一个全局的判断。工科作为传统认知中"稳定""好就业"的专业，其实也会随国家政策的调整、产业模式变动出现人才需求的波动。在择业之前，还有很多功课是需要做的，例如密切关注与工科类政策变动有关的政策、了解近几年工科就业的趋势走向，对每种具体工种有一个大概的认知。除了传统工科岗位外，还可以扩宽就业思路，考虑管理类或是行政类岗位，甚至是跨专业就业或自己创业。了解新时期下的就业发展形势、适当降低就业心理预期是工科女生顺利就业的第一步。

其次，还应当实事求是地自我评估，包括专业知识、综合技能和个人优缺点的整体评估，既不要妄自菲薄，也不要眼高手低。调查研究发现工科女生的语言表达能力、阅读能力都要略优于男生[5]。女生在思考问题时也相对更细致，与人际交往能力更强。对自己的优点与缺点进行客观的认知，有助于减少找工作过程中的盲目性。

目前许多高校都有开设实操类课程，或是为学生提供现场实习的机会，在这些实践类课程的学习中，工科女生可以去探寻和挖掘自己的兴趣所在，尽早确定未来职业方向。如若发现在某一方面的技能有所欠缺，也要勤加锻炼，克服心理恐惧，不耻下问，这样才能扬长避短，在未来求职时更有竞争力。

四、结语

综上所述，对于传统工学专业本科生就业所面临的就业主动性不强、存在就业迷茫期、选择性困难以及就业过于集中、存在结构性矛盾等突出问题，高校可以采取建立就业贯穿式系统培养框架，培养复合型就业人才，同时以生为本，与企业结对共建培养体系。在就业宣传方面，号召大家去西部、去基层，到人民需要的地方去。坚持"双本"原则，全面贯彻就业工作"三全一多"思想，围绕"双一流"建设目标，构建本科生就业帮扶体系。

参考文献

[1]顾彬弘，方新越．新形势下高校毕业生就业问题研究[J].品牌与标准化，2021(1)：106-109.

[2]关司祺，贾小晨．高校大学生就业的现状分析与对策研究[J].产业与科技论坛，2020，19(24)：281-282.

[3]周纯．当代女大学生就业难原因及对策分析[J].中国电力教育，2014(20)：111-112，114.

[4]刘钊．工科女生就业心理焦虑感分析与对策——以西华大学电气工程及其自动化专业为例[J].学周刊：上旬，2016(4)：212-213.

[5]张力学，张晓星．"四位一体"式工科女大学生就业体系构建研究[J].品牌，2014(10)：114-115.

法学学生职业生涯教育与就业指导实证研究

郭新奇*

（武汉大学法学院）

摘要 就业是最大的民生，2020 年、2021 年、2022 年、2023 年全国普通高校毕业生人数分别为 874 万、909 万、1076 万、1174 万人，大学生就业形势日益严峻。作为屡上《中国大学生就业情况报告》红榜的法学专业就业形势究竟如何，面对新冠疫情冲击有什么变化，职业生涯教育与就业指导应该怎样进行，是设有法学专业的院系迫切需要解决的问题。本文拟以多所高校网上公布的就业质量报告中的法学专业毕业生就业数据为主要依据，从就业率、毕业去向等多维度进行对比，分析法学专业学生的就业形势，提出职业生涯教育与就业指导方案。

关键词 法学学生；生涯教育与就业指导；实证研究

近年来，麦可斯在历年的《中国大学生就业情况报告》中，连续将法学本科专业列为红牌专业（红牌专业指的是失业量较大，就业率、薪资和就业满意度综合较低的专业），从收集到的近几年高校公布的就业质量报告来看，法学专业本科生及研究生就业率在所在学校排名靠后，似乎印证着麦可斯的报告。即使党中央作出全面依法治国方略并大力推进，法学专业就业率仍未摆脱倒数的境况，从 2020 年初延续至今的新冠肺炎疫情，更使法学专业就业率雪上加霜。与就业率的凄惨相对照的是，法学专业的招生却火爆异常，不论是本科还是研究生招生，莘莘学子趋之若鹜。从多所高校情况看，每年法学专业的本科、研究生招生分数在学校名列前茅。法学专业的就业现状究竟怎样，如何进行法学专业学生的职业生涯教育与就业指导，本文拟以收集到的几所高校近几年网上公布的就业质量报告数据为主要依据，对法学学生就业情况进行实证分析。

---

 * 作者简介：郭新奇，硕士，武汉大学法学院，助理研究员，研究方向：思政教育、职业生涯规划与就业指导。

一、法学学生就业率对比分析[1]

(一) 法学本科生就业率在各学校排名情况

从各学校情况看，法学本科生就业率历年为 70%～98%，个别学校法学本科生就业率达 98.7%，在该校本科生就业率中名列前茅，大部分学校法学本科生就业率为 80% 左右，在该校本科生就业率中排名倒数几名；有意思的是，疫情期间，学校排名靠前或法学专业排名靠前的学校的法学本科生就业率不降反升，经调研，原因有二：一是学生采取先就业策略；二是政府扩大硕士生招生规模，升学人数增加。

(二) 法学硕士生就业率在各学校排名情况

从各学校情况看，法学硕士就业率历年为 85%～99%，在大部分学校低于该校硕士平均就业率，在该校硕士就业率中排名靠后，所有学校的法学硕士就业率高于同年度法学本科生就业率。2020 年各学校法学硕士就业率低于往年，经调研，原因主要是：部分省市选调生、公务员招录受疫情影响严重滞后，录用时间在学校就业质量报告采集数据截止时间之后，法学硕士就业率受疫情影响较大。

(三) 法学博士生就业率在各学校排名情况

从各学校情况看，法学博士就业率为 87%～100%，大部分高校法学博士就业率高于法学本科就业率，低于法学硕士就业率。各校法学博士就业率在该校排名波动较大，各校法学博士就业率历年波动也较大，比如：有的高校 2020 年法学博士就业率逆势上涨，主要原因是：博士担心疫情影响就业，就业紧迫感上升，采取先就业再择业的策略，对就业岗位不再像以前那样挑挑拣拣。

二、法学学生性别比就业率对比分析[2]

(一) 法学本科生性别比情况及就业率对比

从各学校情况看，法学本科男生约占 30%，女生约占 70%，男生比例逐年下降；男生就业率普遍高于女生，总就业率男生高于女生约 5%，反映出女生在就业过程中处于劣势。

(二) 法学硕士生性别比情况及就业率对比

从各学校情况看,法学硕士男生约占33%,女生约占67%,男生比例逐年下降;男女就业率不同学校、不同年份各有高低,但总就业率男生仍高于女生2.5%,反映出女生在就业过程中相对处于劣势。

(三) 法学博士生性别比情况及就业率对比

从各学校情况看,法学博士男生约占55%,女生约占45%,男女生比例相对平衡;男生就业率普遍高于女生,但总就业率男生高于女生约6.5%,反映出女生在就业过程中处于劣势。

三、法学学生主要就业去向对比分析[3]

(一) 法学本科生主要就业去向

从各学校情况看,法学本科就业主要是升学及出国出境,两项合计占毕业生总人数的55%,其中,疫情前升学占比约为30%,疫情后呈快速上升趋势,出国出境呈逐年快速下降趋势,疫情后更为明显。律所、机关事业单位、公司就业占比都不高,疫情前呈下降趋势,疫情后呈上升趋势。经调研,原因有二:一是疫情影响出国出境,这部分学生转向升学及国内就业;二是国家针对疫情保就业,国企、机关、事业单位等政策性地增加了招聘岗位。

(二) 法学硕士生主要就业去向

从各学校情况看,法学硕士就业主要为三大块:机关事业单位、公司、律师事务所,三项占比超85%,其中,到机关事业单位就业占比趋于上升,到律所、公司占比趋于下降,疫情以来上升、下降速度加快。

(三) 法学博士生主要就业去向

从各学校情况看,法学博士就业比较集中,基本在高校就业,占比均在75%左右;除高校外,博士主要在机关及其他事业单位就业,占比均在10%以上。博士在高校、机关及其他事业单位工作占比超85%。

四、法学学生生源地、就业地对比分析[4]

因各学校的生源情况不同，且从就业质量报告上看不到法学类学生的生源地、就业地与其他专业的学生的生源地、就业地情况。但从各高校就业质量报告情况看，存在以下共性：

（1）本科生生源地来源受招生计划影响比较分散，就业地比较集中，基本集中在高校所在地城市或广东、浙江等经济发达地区。

（2）硕士生源地来源比较集中，基本集中在高校所在地周边省市；就业地相对集中，基本集中在高校所在地城市或广东、浙江等经济发达地区。

（3）博士生源地相对集中，基本集中在高校所在地周边省市；就业地总体分散，局部集中，就业地分散在各高校，集中于高校较多城市。

五、法学学生就业形势分析

从各学校就业质量报告及不同渠道反馈情况看，法学本科生未就业原因主要为等待出国或第二次考研；硕士生未就业主要原因为等待公务员录用流程、第二次考公或考博；博士生未就业主要原因为等待公务员、高校录用流程或者在选择哪个高校之间犹豫；个别学生因伤病等自身原因暂不就业。主动不就业学生占未就业学生的绝大多数，想就业而找不到工作的为极个别情况。法学学生就业总形势为：就业不难，满意就业较难。目前，法学学生就业主要面临以下难点：

（一）就业观念陈旧、固化

普遍专业对口就业情结严重，仅考虑法院、检察院、法制办等与法律有关部门，对表面上与法律无关岗位不感兴趣，对新的行业、部门缺乏兴趣或存在畏难情绪。目前，法学本科生就业去向基本两大块：出国出境与升学；出国出境目的地主要为美、英等经济发达且法学教育研究发达的西方国家，升学主要为法学学科为双一流的名校或排名不低于本校的学校。硕士就业去向基本为三大块：机关事业单位公务员（职员）、公司法务、律所律师，工作地域基本为经济条件较好的大城市；岗位选择顺序为：首选机关事业单位，次选知名度高的大型国企或民企，律所最后保底；机关又偏好法院、检察院等与法律专业对口的部门。博士就业去向基本为两块：高校（研究所）教学科研人员、机关事业单位公务员（职员），绝大多数为教学科研人员；高校选择一线或准一线城市的原985、211高校，要求法学学科比较强，能为以后发展提供较高的学术平台。

(二)信息搜集、分析、使用能力欠缺

各高校每年都组织许多大中小型各类招聘会，提供许多就业岗位信息，由于就业信息使用能力欠缺，很多同学错过不少心仪岗位。比如：有的大型国有控股企业在行业内是龙头老大，声名显赫，对知名高校法学学生求贤若渴，地域、待遇很符合部分学生的期望值，但由于学生对行业不关注，对这类企业不了解，仅因为企业没有知名度，不积极应聘，导致学生与这类岗位擦肩而过。另外，部分学生考公过程中，只关注考公信息，一心作考公准备，其他信息全都忽略或屏蔽，错过了许多备选岗位。

(三)性别歧视明显与女生排斥基层、西部就业

法学学生性别特点为女生多，男生少，本科生、硕士生中女生比例约为67%，学历越低性别越失衡。目前，用人单位不愿意招录女生，一是现实原因，如，出差有安全风险、女生要休孕产假、单位已经女多男少且能正常上班的人严重短缺；二是传统偏见，如，女生精力多用于家庭，较少关注工作。与此同时，女生也不愿意到县域以下基层或西部地区就业，原因为：一是县域以下基层、西部地区经济条件落后，到那里就业，经济条件难改善，资讯不发达，信息较封闭，易与潮流脱节，与其他大城市就业同学相比，心理有落差；二是好不容易考到大城市，最后又回到小地方，显得自己能力不足，感觉没面子；三是县域高学历女性婚恋对象难找，目前到县域以下基层就业的基本为招录的选调生、公务员，学历层次主要为硕士，年龄25岁左右，这个年龄在县里已属"大龄"了，县城公务员队伍现状已是阴盛阳衰，在学识、兴趣爱好上能与女公务员相配的中小学教师同样是阴盛阳衰，造成了县域高学历女性的婚恋困难。

(四)晚就业、缓就业趋势明显，部分学生无就业紧迫感

随着我国经济的腾飞，随着脱贫攻坚取得全面胜利，几乎所有学生的家庭经济条件大大改善，学生无养家压力，缺乏就业紧迫感，在没找到自我感觉满意工作前暂不就业，家人对这种情况也纵容；少数同学毫无生活压力，拒绝就业；部分省市公务员录用手续滞后也客观造成了晚就业情况，新冠疫情的延续严重影响了公务员考录与出国出境，更加剧了晚就业现象。

(五)就业门槛的水涨船高，影响到部分学生就业

律师、选调生(公务员)、公司法务是法学学生主要就业出路，律师及法务一般会将通

过国家法律职业资格考试(以前称为国家统一司法考试)作为招聘条件；中央及各省市选调生(公务员)招录除要求学生通过公务员考试外，一般会将中共党员、学生干部、获得校或院级优秀学生等综合奖励作为报考条件，即使不作为报考条件，也会私底下作为优先条件。众所周知，法律职业资格考试与公务员考试并不容易通过，学生干部及优秀学生比例并不高，随着发展党员质量、数量的严格控制，学生党员比例也逐年下降。虽然通过大学英语四六级考试、通过法律职业资格考试是法学专业双一流高校学生标配，这类高校党员比例较高，但其他高校符合中共党员或通过法律职业资格考试的法学学生比例并不高。

(六)新冠疫情的延续影响了学生的就业取向与选择

2020年初，新冠疫情突然来袭，疫情的持续和反复对高校毕业生就业造成的影响开始呈现新的特点。一是"累积性"影响，新冠病毒持续的不确定性使得疫情不断反弹，导致社会生产和经济发展的恢复进程持续受阻，就业问题积压。二是"叠加性"影响，在疫情冲击下，全球经济增长乏力，国内经济下行压力明显，国际形势复杂多变，高校毕业生数量持续突破历史记录，多种不利因素交织叠加，极大加剧了疫情后大学生就业的困难程度[5]。就法学学生而言，疫情影响主要在以下方面：一是就业偏好的影响。法学学生女生约占2/3，就业时一直偏好收入与职业的稳定，也有专业对口情结。疫情前就业偏好专业对口与稳定并重，疫情发生后则偏向于职业稳定优先于专业对口。二是升学和体制内就业比例显著增加。升学是本科生的第一选择，疫情下出国出境变难，同时政府扩大硕士招生规模，使得有出国出境升学意愿的学生变为国内升学；体制内就业是博士、硕士的第一选择，疫情带来的极大不确定性，进一步刺激了他们的避险意识，政府机关、事业单位、国有企业等旱涝保收的单位自然吸引他们趋之若鹜。三是晚就业现象加剧。公务员考录一般需要公告、报考、资格审查、考试、面试、政审、公示、招录等多个环节，每个环节政策性强、要求高。受疫情影响，考试、面试、政审经常延期，需要线下进行的面试、政审改为线上进行或委托进行，加之招录单位工作人员还有抗疫任务，使得公务员招录工作迟迟没有确定结果，录用手续无限期延迟，致使报考同学处于焦虑的等待状态中。即使有的为学生确定被录用并在招录单位试用，因在就业率统计截止期限内无法提供就业证明，也只能以未就业登记。博士申请高校老师过程中，焦虑等待情形也普遍存在。

六、法学学生生涯规划与就业指导体系构建与完善

高校培养的各类人才，只有就业才能自食其力，为社会创造财富，为实现中国梦贡献力量。2022年全国普通高校毕业生人数达1076万人，2023年全国普通高校毕业生人数预

计达 1174 万人。面对日益严峻的就业形势，国务院多次强调高校学生职业生涯教育和就业创业指导的重要性，政府、学校、院系相应构建了国家、省市、高校、院系、班级等多个层面的学生生涯规划与就业指导体系，"24365"国家就业服务平台、校级以上就业指导与服务机构为学生提供了共性的生涯规划与就业指导服务，法学院、系在共性的基础上个性化构建了有专业特色的法学学生生涯规划与就业指导体系。

从各高校法学院实践情况看，法学学生生涯规划与就业指导应贯穿法学教育、教学全过程，融合课程、实践、心理、网络、管理、服务、组织等各个环节，根据法学学生就业特点，动态调整专业与课程设置，调整生涯规划与就业指导重点。

(一) 法学学生生涯规划体系构建

1. 法律职业生涯规划意识培育

加强法律专业生涯规划课程教学，唤醒法学学生生涯规划意识；在班级、年级等不同范围通报法学各专业本、硕、博各层次毕业生近几年就业率、就业地域、就业行业等信息，引导法学学生思考生涯规划；分行业、分领域、分地区邀请优秀校友就职场感悟进行研讨交流，强化法学学生生涯规划意识；针对不同年级、不同层次的法学学生，提出不同的生涯规划要求，分类教育。

2. 法律职业生涯核心能力培养

制定法学专业职业成长手册，按律师、公司法务、检察官、法官、监察员、选调生（公务员）等职业方向从专业学科能力、业务技能要求、综合素质要求等不同维度提炼各自的核心能力，引导法学学生对照自查，自觉补短板、强优势；根据用人单位、已毕业学生的反馈，主动适应社会需求，在专家学者科学论证的基础上动态调整专业、课程设置，加强课堂教学与实务教学，提升法学学生法学理论修养与法律知识应用能力；邀请当年或近两年毕业校友按选调生（公务员）、律师、公司法务、攻读博士等分类进行专题经验分享会，强化核心能力意识与信心。

3. 法律职业生涯实践能力提升

鼓励学生到检察院、法院、律师事务所、纪委监察委等法学实习基地实习，提升法律知识运用能力；推选优秀学生到最高人民法院（巡回法庭）、最高人民检察院实习，开阔法律视野；引导学生积极参与挂职副镇长等挂职锻炼等实习实践，让学生感悟不同领域、不同行业的"职场"能力和素质要求，拓宽学生能力结构；组织学生举办法律知识竞赛、模拟法庭(仲裁庭)比赛等各类法学类竞赛项目,以赛代练,夯实法学理论功底。

(二)法学学生就业指导体系构建

1. 法学专业就业形势政策宣讲

在法学学生中宣讲近几年全国大学生毕业人数、就业总趋势,本学院法学专业各层次毕业人数、就业率、性别比、主要就业行业、生源地与就业地对比情况,国家、省市到学院的职业生涯规划与就业指导体系、促进就业举措,法学专业各主要就业行业对毕业生的基本要求,使法学学生对标本专业本层次的就业情况,了解就业总形势,把握就业趋势,明确努力方向,动态调整就业目标,既不盲目自负,也不无端自卑。目前,法学专业的就业形势政策宣讲重点主要是消除法学专业连续被列为就业红榜给法学学生带来的焦虑感,以及法学女生在就业过程中处于性别劣势带来的挫败感。

2. 法学专业求职能力提升

鼓励法学学生参加校、院举办的就业指导培训班,提升法学学生简历制作、面试技巧、职场礼仪、有效沟通、职场智慧等求职能力;根据法学学生偏好体制内就业的特点,组织学生积极参与选调生研究会、参加模拟公务员招考大赛等活动,对法学学生进行选调生(公务员)政策宣讲、考试培训、面试指导,提升法学学生考公上岸的概率;邀请选调生(公务员)、律师、公司法务等不同行业的法学优秀校友举办职场能力提升系列讲座,提升法学专业学生在传统就业行业的求职能力;宣讲与解读联合国、经合组织、国际民航组织、世界银行、国际货币基金组织等国际组织,外交、商务、税务等政府涉外部门,最高人民法院等涉外审判部门,法律服务机构,跨国企业等涉外商业部门对法学人才的素质要求及选用政策,提升法学专业学生的涉外法律知识的运用能力与涉外机构的求职能力;邀请在冷门行业就业的法学优秀校友与在校生互动交流,拓宽学生就业视域,引导学生提升信息收集、使用能力。

3. 法学专业就业服务能力完善

构筑法学专业班级党支部-辅导员-导师(班主任)-院领导四级就业服务体系,开展"n+1""1+1"就业帮扶活动,一人一策,精准帮扶;加强与组织部门、检察院、法院、公司法务部、律所的交流互动,提升辅导员对法学学生培养方向的感知能力及就业趋势的预判能力;制作就业推荐表、鉴定、党员证明、任职证明、无犯罪记录证明模板,规范政审考察接待流程,10—12月着重选调生、公务员报名推荐工作,第二年3—5月着重选调生、公务员政审考察工作，为备受法学学生青睐的考公提供良好的服务；探索用人单位参与法科人才培养机制，将人才培养与市场需求接轨；追踪用人单位对法学毕业生的需求新变化，及时调整法学专业培养、培训方案。

4. 法学学生就业市场开拓

加强与法学学生就业主流公司及律所的联谊与合作，促进学生就业与单位引才双赢局面；吸引企业(主要是律所)赞助学术科技活动、设置专项奖助学金、合办就业论坛、学术研讨，搭建供求信息共享平台；挖掘法学校友资源、拓展求职渠道；增加签约实习实践基地，推进学生实习、就业；同高端律所共同探讨前沿性人才培养模式，探索法学学生就业新途径；访企拓岗，开拓法学学生就业新市场。

(三)法学学生生涯规划与就业指导体系完善途径

1. 转变法学学生就业观念，拓宽就业思路和选择

寒暑假，带领法学学生走访大多数人不熟悉的行业内优秀企业、有特色的律所，带领法学学生走访基层就业校友典型，邀请冷门行业就业的学长学姐进行经验分享，引导学生了解法学专业的广阔就业前景，转变就业观念，合理规划，实现多元就业、充分就业。

2. 提升法学学生就业信息搜集、分析、使用能力

引导法学学生从性格特点、知识结构、兴趣爱好、优势与劣势、职业倾向等方面充分认识自我，按意向就业地域、行业、薪酬、发展前景、个人目标等指标按确定就业最优目标、满意目标、保底目标，在每项目标中选定具体的行业与地域，再根据目标来搜集就业信息，了解目标单位的招录要求与程序，根据要求与程序调整求职策略。如，希望考公的同学，可以梳理目标岗位的近几年的招考时间、报考要求，缺什么补什么，确定时间节点，分阶段准备报名、考试、面试、考察工作，搜集、使用就业信息时做到有的放矢、事半功倍。

3. 引导基层就业与国际化就业

带领法学学生走访基层、西部、边远地区就业校友，宣扬基层就业先进典型，激励学生基层建功立业；邀请国际组织专家分享国际组织的前沿理论和实践知识拓宽学生国际化视野，培养法学功底扎实、国际视野开阔、通晓国际法律规则的高层次复合型、应用型、国际型法治人才，推选优秀学生参与外交部、商务部条法司等专项计划，鼓励学生到国际

组织就业或为一带一路参与企业提供法律服务，推进法学学生国际化就业。

4. 提升导师(班主任)与辅导员生涯规划与就业指导能力

导师(班主任)通过参加学生政审、学业指导、师生联谊等方式融入法学学生生涯规划与就业指导过程中，应加强导师(班主任)相关能力的培训，使之成为合格的所带学生的生涯规划与就业指导老师；辅导员应加强生涯规划与就业指导理论培训，提升理论素养，同时加强与政府组织部门、检察院、法院、公司法务部、律所的交流互动，熟悉用人单位的实际需求，预判法学学生的就业前景，提升法学学生的生涯规划与就业指导能力。

注释

[1] 就业率数据来自北京大学、清华大学、武汉大学、复旦大学、南京大学、中南财经政法大学、华中科技大学、西南政法大学、湖北大学学校官网发布的年度就业质量报告，年度跨度为 2017—2022 年，不同学校收集的年度不尽相同。

[2] 性别比就业数据主要来源于笔者参与法学学生就业工作研讨会收集的数据，参考了提供性别比就业数据的就业质量报告。

[3] 就业去向数据来源于提供了法学学生毕业去向的就业质量报告、笔者参与法学学生就业工作研讨会收集的数据。

[4] 生源地与就业地主要来源于笔者参与法学学生就业工作研讨会收集的数据，参考了各高校就业质量报告中的生源地与就业地分析。

[5] 刘保中、郭亚平、敖妮花：新冠肺炎疫情对大学毕业生就业质量的影响——基于疫情前后全国 19 所高校的调查对比分析[J]．中国青年研究，2022(10)：111-120.

参考文献

[1] 丁楠，王棋. 新形势下大学生职业生涯规划与就业指导体系构建探析[J]．就业与保障，2022：166-168.

[2] 罗碧纯. 大学生职业发展与就业指导体系建设研究[J]．就业与保障，2022：163-165.

[3] 段莉敏，冯松宝，巩舜妹. 疫情防控背景下大学生职业生涯规划与就业指导工作的探索——以辅导员工作为视角[J]．河南教育，2022(11)：32-34.

[4] 张帆. 高校法学专业毕业生就业形势与帮扶策略探析——以福建师范大学法学院为例[J]．太原城市职业技术学院学报，2022(1)：96-99.

[5]李颖. 高校法学毕业生就业困境分析及对策研究[J]. 法制与社会，2020，8：173-174.

[6]陆优优. 法学专业大学生就业观误区分析及对策研究——以复旦大学法学院为例[J].

法制与社会，2019，10：158-160.

互联网寒冬背景下计算机类专业本科生就业
指导问题与职业生涯规划路径浅析

赵 玥*

（武汉大学计算机学院）

摘要 华为总裁任正非一句"把寒气传递给每个人"标志着互联网寒冬进入人尽皆知的阶段。在此背景下，计算机类专业本科生就业存在的"慢就业""保饭碗""轻使命"等问题，而高校就业指导也存在难以形成育人合力、缺乏指导理念、毕业生综合素质亟须提升等难点，高校需要理性分析这些问题难点、强化顶层设计，做好家校、校企沟通，凝聚育人合力，前置生涯规划引导，厚植家国情怀，最终实现高质量就业保障高质量发展，度过寒冬，迎来春天。

关键词 互联网；计算机；生涯规划引导；高质量就业

2022 年 9 月，随着华为总裁任正非一句"把活下来作为最主要纲领，边缘业务全线收缩和关闭，把寒气传递给每个人"，互联网的寒冬进入了人尽皆知的阶段。实际上根据文献调查，仅在 2022 年 1—5 月，阿里、滴滴、美团、京东等都传出了裁员消息，其中京东物流总部的裁员规模在 10%左右，京喜拼拼裁员规模达 400~600 人。阿里的淘菜菜优化比例在 20%左右，饿了么裁员比例为 15%~20%；滴滴更是大刀阔斧总体裁撤 20%的雇员，滴滴货运整体裁员或达 70%。甚至有互联网公司的一整个部门整体被裁撤关停[1]。

有着无限荣光的互联网"大厂"尚且如此，小微型企业"活"得就更加艰难。在这样的背景下，计算机这个近年无比风光的专业也开始了自己的"最难就业季"。以 W 大学计算机学院为例，截至 2022 年 12 月 31 日，刨除已经获得推免研究生资格和报名考研的人数，三方签约率大幅下滑，比去年同时期下降了两成以上。对已签约的同学们进行访谈后得知

---

* 作者简介：赵玥，研究生学历，理学博士，武汉大学计算机学院讲师，研究方向：职业生涯规划与就业指导。

同企业同岗位的薪资待遇相比去年均有所下降。

基于此背景，笔者将对严峻形势下计算机专业本科生就业的诸多问题，就业指导的各项难点进行分析，并提出一些职业生涯规划的实施路径供读者参考。

一、互联网寒冬背景下计算机类专业本科生就业问题

（一）缓就业、慢就业

在互联网企业普遍裁员降薪的情况下，计算机类专业本科生对就业方向的选择开始发生变化。一方面，优秀本科生更加努力寻求推免研究生资格，因拿到大厂录用通知而放弃研究生推免的人数显著下降。而近些年推免的人数也在提升，比如根据报道，中国石油大学(北京)2022 年的推免名额就净增加 103 人，同比增长了 20%；北京大学的推免生数量则增加了 234 人，同比增长也超过了 8%[2]；而参加 2023 年全国硕士研究生统一招生考试的同学人数再创新高，达到 474 万人，同比增长了 17 万[3]，而以 W 大学计算机学院为例，2023 届参加考研的学生占毕业生总数的 34%，同比又上升了 6 个百分点。

而对于这样的现象，陈慧英等的研究根据不同专业就业意愿有明显区别这一结果，认为从众心理也产生了较大的影响。但相比于同辈之间的彼此模仿，我们也不能忽视家庭因素对应届生职业选择的影响力度。在综合国力明显提高的今天，人民生活水平有了显著提升，越来越多的家庭并不需要子女本科一毕业就进入社会自力更生或者补贴家庭，在这样的情况下，很多家庭会鼓励甚至强迫本科生选择升学。唐振新等的研究就指出，家庭建议是学生择业的重要参考，而且有些家庭会以陈旧观念干涉子女择业，影响子女职业发展[4]。

（二）稳饭碗、避风险

公务员、在编机关单位、事业单位或国有企业这些传统意义上的"铁饭碗"虽然一直是应届毕业生的热门选择，但在计算机行业，以往选择这一方向的本科生并不占多数。但随着疫情和互联网寒冬的双重打击，越来越多的应届本科生的选择开始趋向"稳定"。以 W 大学计算机学院为例，相比于 2021 年，2022 年本科毕业生就业单位性质为"国有企业""机关"或"其他事业单位"的占比上涨幅度明显。而在上海交通大学发布的就业质量报告中，2022 年相比于 2021 年，本科毕业生国有企业签约占比和党政机关签约占比均呈上升趋势，而信息传输、软件和信息技术服务业的本科生签约人数从 240 降至 230，各培养阶段毕业生在该总签约占比从 29.24% 下降到了 25.89%。早就有研究指出，无法忍受不确定

性的程度越高，毕业生的就业焦虑也越高[5]，这种焦虑会进一步影响学生的判断，一方面对自身能力做出错误判断，另一方面使选择趋于保守、"理性"。而互联网行业作为新兴行业，本身发展就远未完善，而且行业本身要求创新、高效，追求速度，让其成为高风险高利润的代名词。此消彼长之下，计算机类本科毕业生报考公务员、选调生的数量在快速增加。

(三) 重薪资、轻使命

虽然社会层面普遍认为互联网行业"逐利而生"，研究也表明，计算机类这样的工科专业的学生，对中国特色社会主义理论熟悉度方面是较弱的[6]。但计算机类专业毕业生选择到部队、到中西部地区、艰苦边远地区、基层岗位、重要行业和重要领域就业的人数还要少于大部分高校的心理预期。党的二十大报告中明确指出，加快实现高水平科技自立自强。要"以国家战略需求为导向，积聚力量进行原创性引领性科技攻关，坚决打赢关键核心技术攻坚战"，在信息时代，这尤其需要计算机专业的毕业生贡献自己的力量。而事实情况是因为互联网行业的薪酬待遇远高于其他行业，尤其是本科毕业生，使得在进入专业之初，大部分学生就有一定的选择取向，再加上从众心理和家庭影响，多重因素作用下，这一现象已经尤为突出了。以 W 大学计算机学院为例，2022 届毕业生到国家重点地区、行业和领域就业人数不多，到基层就业比例不高，到西部和艰苦边远地区就业的或参军入伍毕业生数量也非常有限，缺乏典型代表。

二、高校对计算机类本科生进行就业指导的难点分析

(一) 观念冲突，较难形成育人合力

本科生在择业时，除了会接受辅导员或部分高校配备的就业指导教师的建议外，家庭和专业课教师的意见也是影响他们的重要因素，正如前文所述，部分家庭，尤其是经济发展较为落后的地区，其文化程度可能较低，并不十分了解各个专业的就业情况和区别，普遍存在着"学历至上""稳定至上"的观念，在学生择业时，鼓励或强迫学生报考研究生或公务员。而如果首次考试失败，他们也更倾向于让学生继续脱产备考，使得就业形势面临较大压力。

而相比于家庭，专业课教师如果不能接受高校、学院统一的就业指导理念，其干扰更是巨大。部分高校，尤其是排名较高的高校，仍有一定比例的专业课教师认为升学是本科毕业生的最优选择，而没有关注具体学生的具体素质或意愿。有研究就指出，部分教师主

体意识和责任担当意识不强，并没有将大学生就业教育放在自身教育责任之内；也有的教师从事就业教育的能力不足[7]。

（二）临阵磨枪，缺乏全程指导理念

大部分高校对本科生的就业指导缺乏完整体系，在具体实施中偏重于对应届毕业生进行就业指导，职业生涯教育主要由毕业生班级导师和辅导员承担，他们不一定接受了职业生涯规划的系统培训，可能也缺乏相近学科的理论功底，并且大多数情况下缺乏实际的求职经历和企业实践经验，难以为学生提供实用、有价值的职业生涯辅导。而高校的职业生涯教育内容体系建设普遍不够，教学偏重于理论介绍，缺少模拟训练、互动练习、市场调研、职场实习等实践锻炼，实际教育效果还不够理想。这样就导致指导的内容一般是提供招聘信息、解说就业政策、求职简历制作、组织招聘会等。存在对低年级同学的职业生涯教育不够，尚未形成全程培育链条的现象。

（三）能力欠缺，各项素质需要提升

正如前文所述，计算机类专业毕业生在入学时就有一定的择业倾向，学生就业去向选择较为单一，多为北、上、广、深等大城市计算机、互联网相关行业企业，学生岗位选择多以薪资为导向。但在互联网寒冬背景下，这些目标企业的薪资待遇都已经明显下降，并且招聘的岗位数量也急剧缩水，甚至有互利网"大厂"撤销录用通知的报道。这意味着竞争烈度的上升和对应聘人员素质要求的提高。但很多本科毕业生并不能清晰认识到这一点，入学时学习目标不明确，专业思想不稳定，学习动力不足，学习投入不足，学习效果较差，导致专业技术能力的欠缺。

另外，计算机类专业的学生普遍存在沟通能力弱、心理承受能力不强的问题，他们在本科生阶段参加社会活动积极性不高，综合能力锻炼不充分、综合素质发展不足。部分学生思考、分析和解决问题的能力不强，集体观念不够强，人际交往能力偏弱，心理素质较差，而这些在求职的面试、实习等环节就表现得更为致命。而即使在就业后，在面对工作情况不理想的状况时，他们不能正确分析和评价自我，造成工作不安心，敬业精神缺乏，目标不够明确，就业后跳槽比例较高，职业稳定性不够，给自己未来的职业生涯发展带来了不利的影响。

（四）理论偏差，缺乏合适指导工具

目前主流的职业生涯规划理论体系源自西方，是经由弗兰克·帕森斯、约翰·霍兰德、舒伯等人建立并完善的一整套人职匹配和职业发展的职业指导系统。但值得注意的

是，这一套理论体系的核心是"以当事人为中心"，倡导的是尊重人的自我发展和自我选择的权利，提供"非指导的"协助。但党的二十大报告中明确指出，就业是最基本的民生，强调实施就业优先战略，以高质量就业保障高质量发展。在当前形势下，一套符合中国国情、强调家国情怀、强调指导性质的生涯规划指导体系是所有高校就业指导人员所亟需的。

其实，带有指导性质，或者由政府主导的职业生涯规划体系其实一直在发展。在 1994 年，时任美国总统的克林顿签署了《学校工作机会法》，美国开始实施"从学校到工作"的社会行动，并在美国全国范围内推行"职业生涯教育（Career Education）"。并发展出了诸如家庭本位职业生涯探索、雇主本位职业生涯探索等模式。而符合中国国情的生涯规划指导体系的研究也一直在进行，早在 1986 年，国家劳动人事部培训就业局专门编写了《就业指导》一书，书中对国家的劳动就业方针政策进行了解读，对就业与人生和社会的关系进行了说明[8]；2009 年，李鸣等就呼吁高校将把大学生就业指导课程作为真正意义上的公共必修课程，在理论教授之外，还要借助多种途径帮助学生了解职业市场要求[9]。2010 年，杨天地、梁雪松等学者就提出"为了解决大学生就业问题，高校层面要深化教学改革，改变传统的培养模式，推行素质教育"[10]；查良松在 2013 年对高校的就业工作进行信息化思考，指出 21 世纪是信息大爆炸的时代，各种信息的畅通是高校实现就业的有效途径之一，高校的就业信息渠道的建设要方便、及时、全面，建立有效的信息网络建设方案[11]。时至今日，中国高校的学者、学生工作者仍在为建立这一套职业生涯规划体系不断努力。

不同的历史人文环境使中国人拥有和西方存在明显区别的思维方式和价值取向。中国文化更强调集体主义和家国情怀，"修身、齐家、治国平天下"的阶梯式追求使中国人很早就将个人发展与集体、民族发展联系在一起。只有针对中国国情，考虑具体的历史环境，建立具有中国特色的职业生涯规划体系，才能够更好地将"追求人类的幸福"和"实现自身的完美"结合在一起，真正服务好广大劳动者。

三、当前形势下计算机类本科毕业生职业生涯规划路径浅析

（一）注重顶层设计，强化育人合力

高校及下属学院领导要进一步提高政治站位，加强思想认识，将就业创业工作纳入党政联席会和党委会重要事项，进行专题研究，重点部署；对除辅导员、班级导师之外的专任教师、管理人员也要加强引导，不再出现以陈旧观念干扰就业指导工作的情况。最好在学业一级，也设置专职的就业创业工作人员，将就业创业工作人员的培训纳入学院管理人

员的培训计划，划拨专项的就业创业经费，支持就业创业工作人员参加各类业务专项学习和培训。

（二）生涯规划前置，贯穿育人始终

高校就业工作应该将生涯规划意识贯穿本科生在校的各个阶段，甚至可以在招生工作中就有所涉及。在本科生选择专业就读时，就将行业的客观情况做好宣讲。入学教育时加入职业生涯规划教育，帮助本科生第一时间建立好对专业及该专业毕业后各种选择的正确认识，扣好第一颗扣子。

可以在初期主要进行"认识职业"的环节，教导正确地认识职业的工具，形成对行业的客观认识能够帮助学生更好地规划学习进程。而在二年级、三年级，多进行"认识自我"的指导，让本科生厘清自己的兴趣、能力、价值观，为将要来临的择业做好准备。

而在三年级末期和四年级，更多地做好学生的择业教育和就业帮扶工作，这一阶段更多要求精准化、细致化，帮助学生更好地选择，并在做出选择之后督促其进行行动。另外，不能放松对就业信息的发布、就业政策的宣讲等传统就业指导工作，最好能够创新性地将信息整理、归类，更好地传递给毕业生。就业指导人员在这个阶段要高度关注重点群体，如贫困家庭毕业生、学业困难、就业困难毕业生、考研落榜生等，重点落实"一生一策"和"一对一"帮扶指导，全程跟踪，切实帮助困难学生解决就业困境。

（三）做好家校沟通，破除固有观念

就业指导负责人要做好学生的引导工作，在很多情况下，需要先做好学生家庭的沟通引导。如前文所述，家庭因素会对学生择业产生重要影响，尤其是一些文化程度不高的家庭，对新兴的计算机行业可能缺乏客观认识。就业指导人员要将行业的情况、特点，用合适的方式传递给这些家庭，让他们能够更好地认识子女的选择，尊重他们的选择，不做错误的干涉，以免耽误甚至葬送学生的职业发展。

而在互联网寒冬背景下，也需要注意将当前行业遇到的困境与毕业生面临的压力和家庭做好沟通，当毕业生拿到机会时，家庭能够认识到其过程的艰辛和不易，不以错误认知否定毕业生的努力，强迫毕业生做出错误选择。

（四）厚植家国情怀，加强价值引导

包括辅导员、班级导师、专任教师在内的所有就业指导人员要牢记为党育人、为国育才的使命，将爱国教育、理想信念教育融入从入学到毕业的育人全过程，注重课程思政的落实，全面实施时代新人培育工程，引导学生树立科学的职业观、就业观和成才观。

要注重营造良好的舆论氛围，引导更多毕业生到国家重点地区、行业和领域，西部和艰苦边远地区，部队，国际组织等任职，拓宽职业路径，扎根祖国大地，更好地服务社会，实现自我价值。可以通过加强对优秀典型的宣传，邀请优秀典型返校进行宣讲等方式扩大覆盖范围，提升影响力度。

另外，立足就业指导，组织学生赴重点行业，关键领域和基层一线开展就业实践也是很好的引导途径。而对于做出有方向性意义就业选择的毕业生，就业指导人员要本着"扶上马，送一程，关心一生"的工作心态，鼎力支持，做好各方面服务工作。

（五）挖掘校友资源，注重校企联合

互联网寒冬背景下，更需要高校注重挖掘校友资源，加强校企合作。高校及下属学院党政领导要主动开拓就业渠道，挖掘行业资源。一方面"引进来"，要通过邀请企业来校座谈、开展讲座，甚至参与课程建设，将用人单位对毕业生知识、能力和素质要求清晰地融入育人过程中，推动人才培养和就业有机联动。另一方面"走出去"，研究表明，近年来，高校书记校长访企拓岗，已经成为"促就业"的行之有效手段[12]。互联网寒冬背景下，计算机类专业的党政领导要进一步带头开展访企拓岗促就业行动，深挖校友资源，打通供需渠道，实现人才供需"零距离"对接。

四、结语

1835 年，年仅 17 岁的马克思在《青年在选择职业时的考虑》中就提出，青年在选择职业时，"追求人类的幸福"和"实现自身的完美"是主要考虑原则。两者是辩证统一而不是敌对或冲突的。即使在那样的年代，马克思也没有放弃对就业、劳动资源配置的思考。当前形势我国就业确实面临相当的压力，互联网寒冬背景下计算机类本科生的就业情况也不再理想，但只要高校坚持正确的就业指导观念，做好家校、校企联合工作，必然能实现高质量就业，进而保障高质量发展，度过寒冬，迎来春天！

参考文献

[1]余飞. 头部电商裁员 互联网寒冬将至 [J]. 中国储运，2022 (5)：44.

[2]孙唯. 2023 届保研大战拉开序幕，一些院校出现新变化 [EB/OL]. (2022-05-25) [20223-01-10]. https://edu.southcn.com/node_a61d7f4d71/8cf417f548.shtml.

[3]冯琪. 2023 年硕士研究生招生考试今日开考，全国报考人数 474 万 [EB/OL]. (2022-

12-24）［20223-01-10］.https：//baijiahao.baidu.com/s？id＝1753061798413348048&wfr＝spider&for＝pc.

［4］唐振新.协同育人视角下大学生就业观存在的问题与对策研究［J］.产业与科技论坛，2022，21（20）：78-79.

［5］李志勇，吴明证，陶伶，等.大学生自尊、无法忍受不确定性、职业决策困难与就业焦虑的关系［J］.中国临床心理学杂志，2012，20（4）：564-566.

［6］邱尹.新时代大学生家国情怀培育研究［D］.贵阳：贵州师范大学，2021.

［7］张林，杨永兵，杨育才."三全育人"视域下大学生就业教育体系的优化路径研究［J］.中国大学生就业，2022（24）：54-62.

［8］李艳迪.基于马克思主义理论下的我国大学生现阶段就业问题探析［D］.广州：广州中医药大学，2015.

［9］李鸣.国际金融危机形势下大学生就业问题分析与应对［J］.思想理论教育导刊，2009（4）：112-116.

［10］梁雪松.基于多层面多视角的大学生就业问题探讨［J］.教育理论与实践，2010，30（30）：12-15.

［11］查良松.高校就业工作信息化建设的思考［J］.重庆与世界(学术版)，2013，30（3）：68-70.

［12］王峰.多省2023届高校毕业生再创新高 访企拓岗促就业力度明显加大［N］.21世纪经济报道，2022-12-23（006）.

以学风建设为引领的"新工科"学生职业胜任力提升探讨

王青*

（武汉大学电气与自动化学院）

摘要 新一轮科技革命在孕育兴起，从深层次改变人们的生产生活方式。面对新形势，"新工科"建设成为我国工程教育新的发展方向。"新工科"不仅是专业设置、人才培养理念、培养方式的革新，同时也对大学生就业指导也提出新的命题。本文从学风建设与学生职业胜任力角度切入，探讨学风建设助推"新工科"学生职业胜任力的逻辑与方式方法，对进一步完善高校学风建设和就业教育具有重要意义。

关键词 学风建设；学生职业胜任力；新工科

当前我国经济正处于由高速增长转向高质量发展阶段，新理念引领新发展，加快产业结构调整和转型升级不断加速。随着新工科建设逐步递进建设，暴露出学生专业意识淡化、专业技能掌握不够熟练、专业间学生流向失衡、部分学生难以选择自己的兴趣等问题，并最终导致学生综合素质难以达到就业要求，即职业胜任力不足。针对上述问题，本文在分析学风建设和学生职业胜任力的内在逻辑后，从学风建设目前的难点和存在的问题出发，根据学风建设和学生职业胜任力的关系，对学风建设如何助推学生职业胜任力的培养进行了探讨。

一、学风建设与职业胜任力的内在逻辑

（一）大力加强学风建设的时代需求

人类生产力的每一次飞速进步，都能够为社会发展注入新的活力，而今随着计算机智

---

* 作者简介：王青，硕士，武汉大学电气与自动化学院，讲师，研究方向：思想政治教育/法学。

能网络的迅速普及，传统工科与人工智能技术结合，逐渐催生了新工科。与此同时，党的二十大报告指出："高质量发展是全面建设社会主义现代化国家的首要任务。"如今，大学生就业已经从"就业数量"转型到"就业质量"，加强学风建设，整合教育资源，提高学生思想道德素质，切实提升学生专业能力，培养高质量就业人才，为社会的发展输入源源不断的新鲜血液，是高等教育密切关注的。[1]

(二)职业胜任力的内在要求

职业胜任能力指的是求职者的知识、技能、社会角色、自我概念、人格特质以及动机与需要等不同层次的集合。针对在校学生来说，明确职业生涯规划，加强基础能力训练，具备相关专业知识，提升综合素养是应对求职的必经路径。为此，职业生涯规划、提升就业能力的基础是提高就业胜任能力的首要前提，针对大多数毕业生而言，"就业困难"的关键在于"就业迷茫"，不知道自己应该从事什么样的工作。[2]

大学生职业胜任力包括树立正确的职业理想、正确进行自我分析和职业分析、构建合理的知识结构、培养职业需要的实践能力，等等。[3]对于大学生而言，社会适应能力是提升就业能力的关键，适者生存，生存是为了发展。对社会和环境的适应应该是积极主动的，而不是消极地等待和却步。大学生只有具备较强的社会适应能力，走入社会后才能缩短自己的适应期，充分发挥自己的聪明才智。最后，正确的择业心态是提升就业能力的保证。[4]一方面，要积极、主动寻求就业，而不能被动地"等、靠、要"，破除传统念，实现多元化就业。另一方面，避免盲目追求，正确认识自我。唯有高校和学生合力做到如上步骤，才能不断提高学生就业胜任能力，培养高质量就业人才。

(三)学风建设和职业胜任力密切互通的必要性

1. 加强学风建设的时代需求是学生就业胜任能力内在要求的重要保障

学风建设不仅要求学生有较高的学习能力，扎实的专业基础知识和多样的技能技术加持，而且还要求学生建成社会主义核心价值观体系，有着较高的思想道德素养，自觉遵守道德行为规范，引领社会风尚，加强职业道德、家庭美德、社会公德等相关方面的培养。学生就业胜任能力，同样要求学生具有一定的基础学习能力和基本的专业知识技能，以及较强的心理健康素质和身体要求。

2. 加强学风建设的时代需求和就业胜任能力的内在要求本质上互为因果

一方面，学生就业工作质量是相关高校工作成果检验的标准之一，就业指导工作不应仅仅局限于相关就业教育，内容也不仅限于就业形势、就业政策及就业技巧等应试方面。要想年年提高就业胜任能力，就业教育就应贯穿到大学四年中，从大一到大四全过程全方位的指导。根据学生所处的不同阶段，不同层次，实施循序渐进的就业教育，以尽早培养学生的就业意识，以及就业主动性，增强学习动力与针对性，从而有效促进学风建设。另一方面，学风建设是学生工作中的一项重要工作，以就业胜任能力为切入点，在大学教育过程中加强学风建设，培养学生的综合素质。就业胜任能力的培养是学风建设的有机载体，学风建设是就业胜任能力的有力保证。随着高校毕业生数量的大量增加，用人单位在通过"双向选择"挑选毕业生，即重视学历更看重能力，重视专业素质更看重综合素质。加强学风建设能够促进良好学风、班风、校风的形成，能够为学生营造良好的氛围，使学生在各个方面得到提高，从而增强学生的综合素质。综合素质的提高给毕业生加大了竞争的砝码，提高了就业竞争力，也提高了成功就业的机会。

二、学风建设的现存难点和问题

（一）学生方面：心态改变，兴趣低沉

1. 大学生心理状态特点

"双一流"视角下的大学生学风建设中，首先面临的是大学生的心理状态的变化，大学生通常刚刚脱离高中时期巨大学习压力的环境，不再受教师和父母严格的监督，心理状态突然由紧张过渡到放松，认为上了大学就可以不用为学业努力拼搏了，整体形成一种缺少斗志和奋斗目标、对未来没有计划的态势。并且部分大学生来到离家较远的地区求学，远离了熟悉的家乡、亲人和朋友，交际交往能力较差的学生可能会形成抗拒与人交流的心理，不愿意接触同学和教师、不愿意参与集体活动等。大学生来源于全国各个地区，拥有不同的生活习惯、家庭条件等，使得部分学生形成了敏感多疑、自卑等心理情绪，承受能力减弱。

2. 大学生观念的转变

随着现代化社会大环境的不断变化，信息技术和网络普及到各个领域，形成了各式各样的新奇思潮。大学生的人生观、价值观、世界观等在各种思想观念的碰撞下，发生了一定程度的改变，呈现出多样化的发展趋势。再加上日益激烈的竞争压力，使得高校部分学生对自我价值愈发重视，甚至超越了集体价值和国家价值不可动摇的地位。部分高校学生

过于追求个人享乐，而忽视了奉献精神和国家建设。

3. 大学生学习兴趣的消退

高校大学生存在普遍的缺少学习兴趣的问题，相较于高中阶段的学习，大大降低了投入精力。这是由于学生在曾经的高考、填报志愿的过程中，对于高校中的专业缺少正确、全面的认知，对于专业学习的内容了解不足，多数是通过高校的网站、教师推荐、家人介绍等方式了解高校和专业的。而有一部分大学生，虽然自身熟悉和了解自己所报考的学校和专业，但是受到分数因素的影响，被调剂到其他专业，进入高校之后才发现自己对于该专业的课程和学习提不起兴趣，对知识缺少探索的欲望，对专业课程教学学习动机不足。最终导致部分大学生出现了成绩不理想的问题。

4. 大学生的自律性有待提升

教育离不开规范、科学的管理机制，以此为依据对学生进行严格的引导和监督，将学生可能存在的违纪行为等全面杜绝，保证为建设良好的高校学风打下坚实的基础。但是受现代化社会经济快速发展的影响，智能手机、平板电脑等电子设备越来越普及，高校学生的自控力受到了严重的影响，常常会在课堂教学中出现"玩手机"的普遍现象，部分学生使用手机等智能设备玩游戏、浏览手机网页、看小说、聊天等，严重违反了课堂纪律，对教学质量和学生的学习效率形成了不利影响。管理机制缺失，教师对学生的监督管控力度有待提升，对于优良学风的建设形成了一定的阻碍。

(二) 教师方面：教学能力有待提升，师生关系亟待加深

1. 师生关系相对疏离

当前社会的消费主义、竞争主义和功利主义对高校环境产生了很大的影响，这使得师生关系也逐渐呈现表面化和对抗化的现象。学生对老师没有了敬畏感，上课的时候也不会认真听讲，只在学期结束的时候背老师画出来的重点，以此来应对期末考试。而师生对抗的一个主要原因是一些老师的教育和教学方法有问题，老师对学生缺少足够的尊重，教育的方法也出现了一些偏差。如今就业严峻，校园时常出现不公平现象，学生就容易产生不良情绪，甚至厌恶社会、学校和老师，加上没有正确的引导，就容易与教师形成对抗。

2. 教学方式需要更新

高校教师准入制度更偏重教师的科研能力和水平，而对教学技能的要求及培训则放在

后位。教学技能关乎教学效果，如果教师的教学技能较低，不能将自身所学完整、准确地传递给学生，学生的上课吸收率自然不高，也容易导致学习兴趣的减退。目前广泛调研可知，教师的教育理论功底浅薄、教学技能不强是其普遍现象。

3. 专业素养需全面升级

部分高校老师功利心较重，对科研的重视程度不够，没有真正认识到科研是衡量高校办学水平和层次的重要标志，是培养人才的最主要的途径，是教师专业发展的重要渠道，没有跟进前端科研难以获得学生认可。

(三) 高校方面：基础配置有待完善，校园文化需要涵养

1. 管理制度有待完善

长期以来，高校改革由政府主导，由于领导官员的观念陈旧，对管理工作重视程度不够，而是把重点集中在教学科研运作和教学方法改革方面，造成管理的规章制度陈旧落后，真正对教学科研起推动作用的事不太多，部门与部门之间各自为政、职责不清，导致高等教育资源隐性流失，影响高校事业的发展。

2. 校园文化更需涵养

由于缺乏一些学风活动，让同学们自我沉沦，忽略了大学学习依旧重要。活动形式不够多样和丰富，不足以吸引学生，更多活动也采用墙纸形式，导致同学们不能正面积极地参与学风建设活动。

三、加强学风建设以促进职业胜任力的措施探讨

(一)"三全育人"，三才胜任，各方面完成育人任务以推动学风建设

"三全育人"是学风建设过程中的重要内容。"三全育人"，即全员育人、全程育人、全方位育人，是中共中央、国务院《关于加强和改进新形势下高校思想政治工作的意见》提出的坚持全员全过程全方位育人的要求。[5]进一步推进"三全育人"方略能进一步推动学风建设，从而助推学生职业胜任力提升。

从人才培养上看，推进"三全育人"需要确定"全人发展"的育人目标，构建"五育融合"的创新教学模式，打造五育融合的资源协同生态，转向"深度性"的教学思维方式，重

视各育课程纵向建设，表现五育要素的阶段性和衔接性。[6]关注各育课程横向关联，体现五育要素的全面性和整体性。

从思想教育上看，"三全育人"要求"立德树人"。高校要把立德树人作为根本任务，融入思想道德教育、文化知识教育、社会实践教育各环节，把思想政治工作贯穿教育教学全过程，把思想价值引领贯穿教育教学全过程和各环节，形成教书育人、科研育人、实践育人、管理育人、服务育人、文化育人、组织育人长效机制。[7]推进学风建设需要按照"问题导向、需求出发、服务入手"的工作理念，以多主体协同育人模式实践为依托，积极发挥协同优势，努力构建以立德树人为根本、以学风建设计划为依托、以"培养创新意识、锻炼创新能力、提升创新水平"为目标、以科技创新活动为载体、以"党-团-班-导-朋"协同为支撑的"三全育人"体系。

(二)知行合一，实习实践，提升实习实践能力以推动学风建设

在新工科的个性化人才培养模式探索与实践过程中，树立以学生为中心的创新型、综合化、全周期工程教育"新理念"，遵从动机激发、认知促进、情感支持和能力提升的教育规律，采用合适的教学模式和方法，解决大学生在校的知识学习与业内企业对新员工就业所需专业知识和技能脱节的问题，让每位学生都能获得就业或继续学习所需专业理论知识或一技之长，使学生既能无缝对接企业的就业岗位，毕业即能成为一名相关岗位的合格员工，又能为其继续深造奠定必要的理论基础和工程方法。

1. 提高动手能力，是新工科创新人才培养的着力点

要为学生提供了多维度的工程实践环境，充分利用实习、实训、实践课程，引导学生更深层次地思考问题，培养学生分析问题和解决问题的能力。以校内实验室为创新实践的重要平台依托，建设校内生产实习基地。

2. 全方面开展创新创业活动

做好开拓性工作，以学校内大学生创新创业指导中心和学校大学生创新创业基地为依托，积极开展"双创"活动，提升大学生创新水平和创业能力。[8]同时，开拓性实践创新创业活动应贯穿本硕博全程全时段，确保科技、工程创新实践能力培养的覆盖面。

3. 积极鼓励支持大学生创新创业活动，动员博士生党员牵头组建创新创业团队

激励青年教师承担班级创新创业团队导师工作，不仅做好大学生成长的引路人，而且

还要做好大学生科技、工程创新创业活动的指导者；要鼓励、支持大学生积极参与到教师的科研项目之中，在实际的工程环境下锻炼创造创新能力；三是要充分发挥党员、高年级优秀学生的朋辈带动作用，他们既是学生科技、工程创新的参与者，又是大学生科技、工程创新活动的组织者、引导者。

4. 多学科多层次融合实践力量

将基础实验、专业实验、综合实训、学科竞赛、创业实践等多个教学环节融合在一起，才能进一步培养实践创新型人才。其中，学科竞赛作为一种育人途径，能够激发学生的学习动力，要进一步发挥学科竞赛的导向作用，提升学生对专业理论的感悟能力和实践能力，培养学生的动手能力和创新能力。[9]

(三) 校企联办，相得益彰，以校企加强联系推动学风建设

"新工科"强调的是学科之间的交叉融合，致力于打造产业链与教育链、专业链、创新链的融合。在推进新工科建设过程中，"校企合作""产教融合""协同育人"是高频词。具体高校创新和相关企业配合服务的主要任务是：第一，"继承+创新"。对传统学科进行转型、改造和升级而形成的新学科，包括人才培养理念的升华、体制机制的改革以及培养模式的创新。第二，"交叉+融合"，多学科交叉、产学研融合，包括现有工程学科之间、工程学科与其他学科之间的交融。第三，"协调+共享"。由多元主体构成，形成高校主体、政府主导、行业指导、企业参与的协同育人共建共享模式。

1. 要以学校周边地区各大企业为依托，建设校外实习实践基地

打造一个融合本科生实习毕设、就业见习、教师提升工程实践能力、提高课程质量"四位一体"的优质育人平台。面向企业，服务区域经济建设，调动校内外教育教学资源，构建创新型、复合型优秀人才培养体系。以产业需求为导向，注重培养具有创新创业能力、跨界整合能力的复合型工程科技人才，构建"校内厚基础强能力课程学习+校外多场景多领域实践"的双循环培养模式。努力构建工程教育与产业经济建设有机联系、理论教学与实践训练紧密结合、科学研究与人才培养相互促进的创新人才培养体系。

2. 加强制造业领域专业建设指导，进一步加强制造业领域人才培养

根据教育部推动制定的《机械类教学质量国家标准》《电子信息类教学质量国家标准》等作为专业准入、专业建设和专业评价的依据，推进人才培养质量不断提升。

3. 深化制造领域产教融合、校企合作，优化制造业领域学科专业设置

根据经济社会发展需要和学校办学能力，面向重点领域继续加大制造业相关学科专业设置，加快培养社会急需人才。根据课程设置有针对性地培养人才，进行专业实训，提供实习基地；学校协助企业进行落后产能淘汰，进行制造业升级转型，建立新型的线上实验室。用"高校的学术理论+企业的技术与设备"构建校企协同育人的新体系，消除校企隔阂，融合理论与技术操作是非常有效的途径。让"新工科"这个近期高等教育界及相关企业关注的热点问题能够面对新经济发展，以新兴科学技术与工具操作技术为基点，严谨而迅速地实现校企转型，早日实现人才现代化的培养目标。

4. 校企共建产业学院

以高校和企业为主体，形成以人才培养为核心，优势互补、长期合作的战略联盟关系。校企双方可在人才培养、实训课程、培养体系、企业赋能、培训辅导等多方面开展长期的深度的合作，能够有效促进人才培养供给侧和产业发展需求侧结构要素的全方位融合，推动校企双方形成优势互补、专业共建、利益共赢的人才培养共同体。该模式不仅能有效推动高等院校、行业企业、研究机构在新工科人才培养方面的深度合作，更是促进高校工程教育改革的重要抓手。开展校企联合毕设等形式活动。与专业相关企业进行联合，合理规划稳定进行试点与推广，为学生配备"教师、企业工程师、辅导员"三合一资源，在开题、中期、答辩提供全流程指导，在课题研究的实践环节予以帮助，在日常生活与学习中进行沟通交流，形成全覆盖研究网络。

(四)榜样力量，前进标识，以培育和宣传优秀典型推动学风建设

加强大学生榜样培育工作应从三个着力点有效进行。一是在教育引导方面，大学生榜样培育要在"知"上下功夫。深化理想信念教育，深刻榜样认同，不断加强思想政治工作体系建设，发挥所有课程育人功能。二是实践培育方面，大学生榜样培育要在"行"上下功夫。高校积极搭建不同类型的德育实践平台，建立不同主题的动态榜样库，用不同的青春榜样进行分类引导。同时，高校也要组织学生走出校园，接受社会洗礼。三是舆论宣传方面，大学生榜样培育要在"微"上下功夫。既要坚持正确的舆论导向，又要借助新时代媒体融合发展的优势，充分运用网络、报纸等手段，采用大学生乐于接受的方式和渠道做好宣传。

多方面加强学风建设，加强日常学风建设中对创新性教育的引导和载体设计，加强国际化和家国情怀的引导教育，在良好学风的感染引导下，真正培养出新时代所需要的工程

人才，以学风建设为引领提高学生职业胜任力。

参考文献

[1]王健，成尧．我国工科院校科技伦理教育体系的建构[J]．自然辩证法研究，2022，38（11）：18-22.

[2]谢幸福．新工科建设中的人才培养机制研究[D]．徐州：中国矿业大学，2022.

[3]李金珊．新工科背景下工科本科生全球胜任力的培养研究[D]．大连：大连理工大学，2022.

[4]宋吉广，史洪宇，刘彦文．新工科的核心能力与教学模式探索[J]．高教学刊，2022，8（23）：66-69.

[5]中共中央　国务院印发《关于加强和改进新形势下高校思想政治工作的意见》[N]．人民日报，2017-02-28（1）.

[6]史宁，李颖宏，修伟杰，等．新工科背景下"三全育人"体系建设的探索与实践[J]．北京教育（高教版），2022，8.

[7]习近平．思政课是落实立德树人根本任务的关键课程[J]．新长征（党建版），2021（3）：4-13.

[8]张滢瑶，宫龙江．新工科背景下应用型本科院校创新创业教育问题及对策研究[J]．创新创业理论研究与实践，2022，5（22）：96-98.

[9]韦玮．试析学科竞赛在高校学风建设中的作用[J]．宁波大学学报（教育科学版），2005，27（3）：86-88.

新闻传播学类专业学生就业的现实困境及对策

李　烽*

（武汉大学新闻与传播学院）

摘要　随着媒体行业转型和市场对人才需求的变化，我国新闻传播学类专业学生就业的结构性矛盾更加凸显。我们应当认真总结新闻传播学类专业学生的就业现状与发展趋势，加强学生实际就业困境的系统性观照和原因分析，政府、社会、高校、家庭和学生个人共同努力，探索解决新闻传播学类专业学生就业困境的有效举措。

关键词　新闻传播学类；就业；困境；对策

自新闻传播学 1997 年成为一级学科以来，伴随着互联网和新媒体的巨大发展，新闻传播学科与其他学科间的交叉融合不断加强，全国新闻传播教育得以快速发展。目前，根据教育部颁布的《普通高等学校本科专业目录（2022 年）》显示，新闻传播学类下设新闻学、广播电视学、广告学、传播学、编辑出版学、网络与新媒体、数字出版、时尚传播、国际新闻与传播、会展（交叉专业）10 个专业。[1]

新闻传播学科的发展，为我国新闻传播事业培养输送了大量人才的同时也带来了一定的就业问题。随着新媒体技术和社会需求的日益发展，媒体行业价值增益有目共睹，各行各业对宣发、传播的需求，客观上为新闻传播学类专业学生就业创造了多元环境与更多机会。但传统媒体行业的转型升级正在经历"阵痛期"，加之后疫情时代的大环境影响、高校新闻传播学类专业供给侧与行业需求侧的不均衡发展、家庭经济对学生物质生活的支持、学生职业规划的迷茫等因素，新闻传播学类专业学生就业正遭遇不可忽视的挑战。

一、新闻传播学类专业学生就业现状与发展趋势

当前，我国新闻传播学类专业学生就业情况从总体上看，发展趋势与文化传媒产业的

---

* 作者简介：李烽，硕士研究生学历，武汉大学新闻与传播学院团委书记，研究方向：大学生思想政治教育。

兴衰有着高度的正相关性。在新闻传播教育和互联网飞速发展的新形势下，在后疫情时代宏观就业形势影响下，学生就业情况也逐渐显现出一些新变化和新特征。

(一)学生就业率相对稳定，但供求关系矛盾日趋明显

近年来，我国新闻传播学类专业学生的就业率能够保持着较高水平，其中一些专业方向如"网络与新媒体""广告学"等更成为各大企业的"宠儿"。一方面，由于近些年以来各大高校在专业设置上的"井喷"，毕业生人才输出"供大于求"的状况已愈加显现。截至2015年底，我国共有681所高校开设了"新闻传播学类"相关专业，专业布点数达到1244个，在校本科生人数约有23万人，占高校在校本科生人数的1.4%。[2]后疫情时代，整个社会面的就业形势本身就不容乐观，庞大的毕业生群体更是加剧了求职竞争。另一方面，不同地区、高校之间存在较为明显的不平衡现象。经济发达的大城市传媒行业与欠发达城市相比，发展前景更好，待遇更高，大量新闻传播学类专业的毕业生更愿意选择在大城市求职。这种情况造成了大城市中相关就业岗位供不应求，也造成了欠发达城市中新闻传播人才的流失。一些地区偏远、办学水平较低的高校表示，毕业生选择留在当地工作的非常少，即使在当地就业，几年后也大多跳槽去往经济较为发达的城市。

(二)学生就业口径较宽，但就业后发展前景不尽如人意

各行各业对宣发、传播的需求，客观上为新闻传播学类专业学生就业造就了多元环境和更多机会，"泛媒体就业"已成为学生就业的较为普遍状态。各类党政机关、企事业单位的党建、新闻宣传、内容与策划、新媒体运营编辑岗位，日益成为吸纳毕业生的"大户"，学生就业更具体地呈现为"企业化就业"的趋势。但同时，"泛媒体"岗位自身的专业包容度较高，文笔较好的非新闻传播学专业科班的毕业生也不难从业，这也挤压了就业空间。很多学生表示，在报考新闻传播相关专业时，都怀揣着一颗新闻理想的心，但在现实就业时，却因为各种原因很难进入自己心仪的工作单位。"理想很丰满，现实很骨感"的无奈，不得不使得一大部分新闻传播学类专业学生退而求其次，在层次一般、规模较小、待遇较差的传媒公司或互联网企业就职，就业前的期待值与现实情况存在较大差距，就业质量较低。这种情况下，学生心理落差较大，大多会认为在单位的发展前景渺茫，往往短期内就会离职跳槽，直接增加了就业的不稳定性。

(三)主流媒体就业率下降明显，学生就业满意度不高

近年来，被视为与新闻传播学类学生更为"对口"的媒体行业尤其是主流媒体连年遭遇冷门。媒体格局深刻变革、薪酬待遇偏低、发展空间受限、职业成就感和荣誉感下降等问

题，使得新闻传播学类专业学生对媒体职业生涯期待大打折扣。据调查，表达意愿到媒体工作的新闻传播学类专业毕业生远不足一半，尤其是在大三、大四时，有过在媒体实习经历的学生，反而毕业后更不愿意前往媒体就业。与此同时，新冠肺炎疫情、媒体格局转型变革、行业的优胜劣汰等，都大大缩减了传媒行业就业吸纳能力，这一现象在主流媒体中体现得尤为明显。目前，各大传统主流媒体行业的岗位、编制几乎处于高饱和状态，每年能够为应届毕业生提供的就业岗位相对于需求来说非常少。这种情况下，毕业生想要进入专业对口、自己青睐的媒体单位非常困难，只能退而求其次选择专业相关的其他行业。因此，新闻传播学类专业的学生实际就业情况与就业预期的差距是比较大的，"高不成低不就"成了一种普遍现状，严重影响学生就业满意度。

(四)学生就业观趋于保守，"慢就业"成为一种趋势

智联招聘发布的《2022大学生就业力调研报告》显示，2022届高校毕业生中，有50.4%的毕业生选择就业，比2021年下降6个百分点，而自由职业(18.6%)、慢就业(15.9%)的比例较去年均提高了3个百分点，而且这已是连续两年呈现出此趋势。[3]从实际就业数据来看，新闻传播学类专业学生在就业意愿上，还要远低于上述报告结果，"慢就业"的选择在学生群体中的比例逐年递增，求稳心态有增无减。一方面，新闻传播学类专业学生毕业后的独立需求并不迫切，且家庭经济条件普遍高于平均水平，家长可支持且不少家长主动支持学生"慢就业"，即使学生毕业后暂时不找工作，也可以为学生提供较为充分的财务支持，为学生排解风险成本，鼓励学生考研、考公、出国留学等。另一方面，毕业生及家长对就业形势认识不足，就业观念有偏差。新闻传播学类专业毕业生对于就业预期普遍较高，对工作城市、薪资待遇、工作内容和发展前景等的要求和认知过于理想化。近年来，新闻传播学类专业毕业生对体制内工作的追求明显增加，在疫情、经济等不确定、不稳定因素增多的情况下，其就业观念愈发趋于保守。

二、新闻传播学类专业学生就业困境的原因分析

基于对当前高校新闻传播学类专业人才培养模式、新闻传播学界业界变革的观察，以及在就业工作中对学生的就业情况、用人单位的实际反馈结果来看，造成当前新闻传播学类专业学生就业困境的原因是综合多样的。

(一)传媒业界的变革调整影响长期而深远

大数据、云计算、虚拟现实……近年来，这些频繁出现在大众视野中关键词的背后，

折射出的是传媒业界正在经历的技术变革。移动互联时代，技术革新每天都在上演，传媒生态时时都在变化，深刻影响着新闻传播学教育与就业形势。一是报刊、广播、电视等传统媒体的发展自"拐点"下行，正在经历转型调整"阵痛期"。传统媒体的衰落是全球性的现象，而非中国独有，这是科学技术和经济社会发展的必然。从业人员转型连年明显增多，人才流失现象让人痛心。固定编制岗位需求大量减少且要求极高，多采用合同聘用灵活用人机制，薪资水平较低，岗位人员流动性很大，行业环境更迭迅猛，使得学生对这种工作流动性强的不良生态为习以为常，逐渐消减了长期从事媒体行业的稳定职业追求，也更容易产生排斥抗拒心理。二是新媒体行业趋向市场化改革。互联网高度发展，新媒体行业鱼龙混杂，准入门槛低，效益为先的市场化改革成为趋势。传媒类企业普遍热衷于招募大量实习生完成工作，虽然能够为学生提供实践和锻炼的机会，但实习后能够转正且愿意留下的学生不多。同时，因为实习时间和空间的要求，使得在校大学生不得不经常面临实习与正常的教学秩序之间的矛盾。

（二）新闻传播学类专业人才培养和就业岗位需求匹配度不够

新闻传播学类专业院校虽然察觉到了文化传媒市场需求的转向，但明显缺乏深入研判和理性应对。一是高校人才培养没有真正迎合新媒体时代的内涵要求。在全国推进"双一流"建设和"新文科"建设的大背景下，开设新闻传播学类专业的高校、学院虽然一直把人才培养方案的动态调整作为重点工作推进，但师资队伍特别是核心骨干老龄化、教学内容普遍滞后、教学方法较为陈旧等问题依然严重，以至于毕业生就业时发现"所学非所用"，缺乏核心竞争力，陷入"毕业即失业"的困境。二是高校对新闻传播学类学生的理想信念教育和主流价值观引导不到位。互联网时代，收入高、需求大的短平快行业层出不穷，反观与之形成鲜明对比的传媒业界，进入寒冬坐冷板凳，这些深刻影响着大学生的专业认同与职业理想。趋利避害是人的天性，但作为为党和人民的新闻舆论事业培养优秀人才的高校，不能放之任之。三是高校对"泛媒体就业"普遍应对不足。"泛媒体就业"已成为新闻传播学类专业学生就业的一个发展趋势，但大多数高校对此缺乏有效的应对举措，新闻传播教育改革存在滞后性，且没有根据"泛媒体就业"的形势，对学生的职业生涯规划实施有效干预。

（三）高校帮扶政策不到位，就业指导专业性有待提高

根据现行的教育评价机制，就业率是衡量高校人才培养质量的重要标准之一，也是检验高校人才培养质量和办学水平的重要评价指标。但部分院校就业工作开展的方向和目的存在偏差，只追求就业数据，不追求就业质量。一是部分高校的就业宣传、就业服务力度

仍不够。从毕业生的视角来看，就业信息的获取、就业政策的了解、就业手续的知悉、创业扶植政策的落地等仍存在渠道不畅、程序烦琐等问题。二是学生就业指导有效性不强。虽然各高校都开设了大学生职业生涯规划和就业指导相关课程、讲座，但教师主要由兼职教师、甚至自己都几乎没有求职经验的老师担任，缺乏系统专业、紧跟就业形势的教学指导。此外，高校的就业指导课程以公共大课为主，但学生的认知能力、专业水平、职业规划都不尽相同，无法有针对性地指导学生规划职业生涯。三是就业工作没有形成合力。高校中，一般就业工作仅仅依靠就业指导中心和各学院负责学生工作的老师推动和落实，没有在全校各职能部门、教职员工中形成合力。招生、培养、就业一体化系统思维没有深入人心，制度机制尚未理顺。

(四)社会就业环境、家庭和学生个人的就业观念变化明显

随着高等教育连年的扩招，大学生的数量不断增长，相应的就业压力成倍增加，大学本科学历的学生就业已失去明显优势。2022届高校毕业生规模达1076万人，同比增加167万人，毕业生人数首次突破千万大关，规模和数量创历史新高。[4]一是后疫情时代，社会整体就业形势较为严峻。国际局势动荡、贸易冲突激烈、新冠疫情的连年影响等因素也必将对我国产业布局和就业总量造成持续影响。在近几年疫情防控常态化的时代背景下，社会经济发展形势不乐观，中小企业经营困难，为节约用人成本，不得不通过裁员或停止招聘新员工来维持正常运转。同时，因为连年疫情的反复，近几届毕业未就业的学生总量明显增加，这样的双重压力导致高校毕业生就业总量达到新高，使高校毕业生就业压力持续向后传导。二是家长和学生的就业观念有偏差。新闻传播学类专业学生的家长普遍对学生就业期望值较高，后疫情时代，追求稳定与体面已成为更多家长和学生的共识，考公、考编、考资的"体制热"持续升温。但很多家长和学生对于本科毕业就业又信心不足，学生对就业无感、无规划，家长给予充分经济和精神支持，导致考研、出国留学甚至"二战"、GAP的学生逐年增多。

三、提升新闻传播类专业学生就业水平的有效路径

打破新闻传播学类专业学生就业的现实困境，需要政府、社会、高校、家庭和学生个人等各方的共同努力，从政策制定到落实、从思想转变到行动，全面提升学生的综合能力与个人素质，提高学生的实践与适应能力，帮助学生树立正确的、人生观、价值观和择业观，打通招生、培养、就业的壁垒，才能在毕业时培养出社会及新闻事业发展需要的高质量的人才，才能从根本上解决新闻传播学类毕业生就业难问题。

(一)国家要加强对传媒行业的监管力度,扶持引导并行

新闻传播业界的发展日新月异,且与人民群众的社会生活息息相关,行业从业人员的专业素养与职业道德,将直接影响我国新闻传播事业发展与大众舆论场的正向聚合。[5]国家相关部门应加强对整个传媒行业的监管和整顿力度,对从业人员的专业资格认定与审核应更为严格,从而净化传媒行业从业环境,如在网络新媒体野蛮生长的乱象下,调整提高"新闻采编人员资格培训考试""播音员资格培训考试"的门槛与要求,提升从业人员的整体职业素养与层次水平。在媒介融合的大趋势下,加大对新闻传播行业尤其是传统媒体的扶持与引导,促进传统媒体的加速转型与平稳过渡。规范新媒体单位的运营与发展,活跃行业市场良性竞争,从而创造出更多有吸引力的就业岗位,吸纳更多的新闻传播学类专业人才对口就业。

(二)高校要重构人才培养体系,适应社会发展需求

媒体融合时代的到来给新闻传播教育带来了极大的挑战,实践结果证明,原有的人才培养模式和课程体系已经无法适应快速变革的媒体发展和国家对于新闻人才的需求。层出不穷的媒介技术、不断刷新用户体验的融媒体产品,都极易令"新传类"专业学生陷入"技术崇拜",[6]从而忽视自身核心竞争力的发掘与凝练。面对这种情况,传统的4年修订一次人才培养方案策略已经不适应当前紧迫形势了,新闻传播专业院校务必要尽快重新审视人才培养方案与课程设置,要结合融合时代新闻传播的特点大力开展教育教学改革。注重学科交叉融合,培养学生融合理念与技能;坚持理论实践结合,提升学生的动手实践能力。在"互联网+"的时代背景下,打造复合型、宽口径"新闻传播+"人才,以适应用人单位对人才的需求。

(三)突出价值引领,加强学生职业理想信念教育

不管是就业指导还是教育教学过程中,突出价值引领应该始终是贯穿于高校人才培养全过程的一个基本导向,要把解决思想问题与解决实际问题结合起来。虽然当前行业唱衰,但主流媒体作为我国新闻传播事业发展的中流砥柱,仍应是而且永远应是新闻传播学专业学生就业的首要目标和主要市场。当前,受到国内外多元价值观和社会思潮的影响,学生在政治意识、价值观念、舆论导向等内核方面修炼不够,更愿意迎合市场学习实用导向为主的媒体技术,造成他们对主流媒体岗位就业动力不足,也缺乏必要的知识储备。要不断加强学生职业理想信念教育,组织学生学习深刻领会党的新闻舆论工作精神,引导学生充分认识坚持正确政治方向、新闻理想和职业精神的内涵意义,让做党和国家信赖的新

闻工作者成为更多学生的职业理想和价值追求。

(四) 着眼实效性，提升就业指导服务质量

然而面对竞争日益激烈的传媒就业市场，仅仅依靠学校开设的就业指导和职业生涯课程是远远不够的。各新闻传播院校特别是基层院系，应充分发挥主动性，在人才培养全过程中贯穿就业求职能力训练，尽可能将职业生涯指导、就业创业等课程前置。创新就业指导形式，通过主题教育、讲座论坛、个性咨询、优秀毕业生经验分享等方式来提高就业指导的针对性和实效性。要加强学界业界交流，将专业教育与职业生涯教育相结合，如聘请有多年从业经验的主要领导担任客座教授、邀请企业 HR 来校分享求职应聘经验等，让毕业生了解当前媒体行业的用人需求。与此同时，要加强学生就业观教育，逐步改变学生的择业观念。"慢就业"不可怕，怕的是随着时间推移发展成为"懒就业""不就业"。要动员毕业生接受"先就业后择业"的理念，提高毕业生的心理素质和适应能力，正确认识新形势下的择业与就业。

(五) 加强实习基地建设，不断拓宽就业渠道

新闻传播学类本身是一门实践性极强的学科，要求高校在教育教学中，要有意识地将实习实践摆在整个教学体系中的突出位置。同时，新闻传播行业普遍十分重视毕业生是否具有媒体实习实践经验，许多用人单位在筛选应届生求职简历时，最为看重的也是学生是否具有与岗位相匹配的工作经历。新闻传播院校要主动"走出去"，强化校企合作，将专业实习与学生就业挂钩结合。要更加重视实习实践基地的建设和合作，组织学生利用寒暑假开展"专业认识实践"，大三、大四时集中开展"专业大实习"。要创造条件出台政策，进一步鼓励学生前往主流媒体、传统媒体实习。一方面，能够锻炼学生实践能力，增加学生实践经验，让学生充分感知媒体业界生态，提高学生的职业适应性。另一方面，为毕业生与实习单位搭建更多桥梁，让学生提早与更多实习单位建立起联系，扩展就业范围，拓宽就业渠道。

参考文献

[1] 中华人民共和国教育部. 普通高等学校本科专业目录 [EB/OL]. (2023-04-04) [2023-04-06]. http://bmfw.www.gov.cn/jybptgdxxbkzyml/index.html.

[2] 胡正荣，冷爽. 新闻传播学类学生就业现状及难点 [J]. 新闻战线，2016(6 上)：27-30.

［3］智联招聘.2022大学生就业力调研报告［R］.2022.

［4］中华人民共和国教育部.2022届高校毕业生规模预计1076万人，同比增加167万［EB/OL］.［2021-12-28］.http：//www.moe.gov.cn/fbh/live/2021/53931/mtbd/202112/t20211229_591046.html.

［5］赵心.传媒类高校毕业生"慢就业"成因探析与应对策略［J］.老字号品牌营销，2022（2）：181-183.

［6］范赟，周围.新闻传播学类专业学生就业的现实困境及其对策——以高校学生工作为基本视角［J］.河北青年管理干部学院学报，2021，33（2）：29-33.

新工科背景下水利行业大学生生涯规划教育探索

邓力源[1]　陈曼雨[2]

（武汉大学水利水电学院）

摘要　在新工科建设的时代背景下，水利行业正发生着转型升级热潮，对大学生职业生涯规划教育提出了新的要求。本文分析了新工科背景下水利行业的就业特点、大学生生涯规划教育面临的挑战，提出了加强大学生生涯规划教育的举措，即树立全过程生涯指导理念，完善职业生涯规划课程体系；配齐配强专业化师资队伍，提高全方位生涯指导水平；加强师生全员参与意识，着力提升生涯指导质量。通过这些举措的探索，提升大学生职业生涯规划教育的成效，促进毕业生高质量地就业与发展。

关键词　职业生涯教育；新工科；水利行业；大学生

为应对新经济的挑战，从服务国家战略、满足产业需求和面向未来发展的高度，我国于2017年启动了新工科建设。传统水利行业面临着转型升级的挑战，构建新发展格局对高等教育高质量发展提出了新使命新要求，《关于深入推进世界一流大学和一流学科建设的若干意见》中提出，高层次创新人才供给能力不足，服务国家战略需求不够精准[1]。高校在培养人的全过程中，职业生涯规划教育对人才树立正确价值观、高质量发展具有重要作用，是落实立德树人根本任务的有效途径，是回答"培养什么人、怎样培养人、为谁培养人"之问的重要体现。

一、新工科背景下水利行业就业特点

（一）新工科概述

近年来，为进一步扩展工科新内涵、提升国际竞争力，主动应对新一轮科技革命与产

作者简介：1　邓力源，硕士，武汉大学水利水电学院，研究方向：大学生思想政治教育。
2　陈曼雨，博士，武汉大学水利水电学院，研究方向：大学生思想政治教育。

业变革，我国正大力推行新工科建设。2017年2月，教育部发布了《关于开展新工科研究与实践的通知》，自此新工科建设正式拉开序幕，随后各高校纷纷响应，以复旦大学、天津大学等高校为代表，全力探索形成领跑全球工程教育的中国方案、中国经验，形成了"复旦共识""天大行动"。

2017年2月18日，教育部在复旦大学召开高等工程教育发展战略研讨会，探讨了新工科的内涵特征、新工科建设与发展的路径选择，并一致认为，当前世界高等工程教育面临着新的挑战和新的机遇，而我国的高等工程教育改革发展站在了新的历史起点，亟须加快建设和发展新工科。

2017年4月8日，教育部在天津大学召开了新工科建设研讨会，共有60余所高校参与商讨新工科建设的愿景和举措，会上达成共识：要培养造就一大批多样化、创新型的卓越工程科技人才，为我国产业发展和国际竞争提供智力和人才支撑。

2017年6月9日，教育部在北京全面启动和部署新工科建设，与会专家审议通过了《新工科研究与实践项目指南》，提出新工科建设指导意见，强调更加注重理念引领、结构优化、模式创新、质量保障和分类发展。

复旦共识、天大行动和北京指南，构成了新工科建设的"三部曲"，提出了人才培养新方向，开拓了工程教育改革的新路径。至此，可以总结认为，新工科专业是指以互联网和工业智能为核心，以智能制造、云计算、人工智能、机器人等用于传统工科专业的升级改造，相对于传统的工科人才，未来新兴产业和新经济需要的是实践能力强、创新能力强、具备国际竞争力的高素质复合型新工科人才。

(二)特点

1. 本科生就业意愿逐步减弱

对水利类专业学生进行就业意愿调查结果显示，部属高校本科应届毕业生中约有60%~70%同学有升学出国意愿，考研继续深造意愿强烈。一方面，鉴于社会竞争压力增大，学生从个人发展角度和家庭角度考虑，攻读硕士学位人数在增多，越来越多的学生考虑通过读研的方式减轻就业压力，有就业意向的只占10%左右。另一方面，随着社会经济的发展，家庭条件的改善，经济压力不再成为大多数学生毕业后面临的首要压力，加之独生子女一代，存在父母对孩子的期许，更多的家庭也愿意支持孩子继续深造，提升学历和就业竞争力。以至于部分学生考研失利后也并不着急找工作，在家复习准备"二战"，某种程度上又增加了"慢就业"学生人数。

2. 毕业生就业意向功利性较强

在高校就业制度发生变化和改革的情况下，大学生的主体意识逐渐增强，毕业大学生的就业理念和就业取向发生了很大变化。毕业生在选择就业单位时会对工资水平、发展空间、地理位置以及社会地位等因素进行综合考虑，同时，到艰苦地区就业人数减少，在就业选择上逐渐呈现功利性强、岗位难以匹配需求等趋势，大学生的就业形势日渐严峻。尤其是水利行业就业更加明显，由于水利行业的特点，较多国家重大水利工程所在地较为偏远，环境较为艰苦，这些地区就业单位很难招聘到优秀的毕业生，即使有的单位工资待遇都非常不错，仍然得不到学生的青睐，造成基层工作岗位人才紧缺的情况下高校毕业生仍然找不到工作的供需矛盾。

3. 学生选择性困难突出

通过大量实践研究发现，水利类专业毕业生普遍面临就业选择性困难的问题，严重影响了他们的就业，耽误了很多宝贵的时间和精力。就业者不清楚自己未来该从事什么行业是就业选择性困难的主要形成原因，即使是水利专业的毕业生，也有部分学生会考虑跨行就业，比如公务员、银行、房地产，等等。究其原因，主要表现在几个方面：(1)对就业单位缺乏了解。长期在学校，缺少与社会的接触，也没有通过实习实践等活动了解就业单位的情况，缺乏对就业市场需求的认识。(2)毕业生较弱的自身水平。不论是个人综合能力，还是专业学习方面可能都有所欠缺，影响求职时的自信心，从而对找工作产生畏惧感，很难正确地选择就业方向。(3)存在就业跟风现象。不少毕业生还存在等待、观望心理，根据其他学生就业情况再来决定自己的就业选择，不愿尽早就业，部分学生还存在"骑驴找马"的情况，导致选择性困难突出。

4. 学生缺乏明确的职业生涯规划

从用人单位的反馈以及高校的反馈来看，水利类专业学生生涯规划教育的力度投入始终不足，不论是生涯规划课程的开设，还是相关实践活动的开展，都存在较大的缺口。因此部分毕业生往往在求职前甚至求职中仍不清楚个人定位及短期内职业规划，在需要求职时才开始思考求职方向与岗位，会导致求职迷茫的状态，从而出现"简历乱投、海投"的现象，一方面用人单位需要花费更大精力筛选匹配合适的岗位人选，另一方面，求职者也难以找到真正适合自己的工作岗位，这给用人单位及个人求职均造成一定的阻碍。

二、新工科背景下水利行业大学生生涯规划教育面临的挑战

(一)课程设立不规范

国内职业生涯规划教育课程起步晚，还处于摸索成长阶段。大多高校主要集中在毕业前开设培训课程，缺少统筹规划，轻视了大学全过程的职业生涯规划教育，也就无法形成完整科学的课程体系。这种在毕业前"临门一脚"的模式，会使得较多大学生在求职的时候才突然意识到自身能力和知识的不足，而即使投入大量时间精力来补上生涯规划的课，也只能在表面上理解职业生涯规划，无法更深层次领悟并掌握其内涵，同时也就无法在大学初期形成建立起正确的人生观和职业观，对于个人长远的发展十分不利。此外，目前的职业生涯规划教育内容主要针对应届生设立的，内容单调，侧重于就业形势的剖析，缺乏对就业能力的培养，大学生大多只能片面了解职业选择的相关知识，会造成求职能力不足从而影响就业。因此，我们应实施全过程多维度的职业生涯规划教育，贯穿于大学教育中，并作为长期可持续的项目坚持。

(二)教师队伍人才匮乏

在职业生涯规划教育的教师队伍方面，我国教育部规定，就业指导专职教师与在校大学生的比例要达到 1∶500，然而现状是，绝大多数高校职业生涯规划专职教师严重不足，现有教师队伍多数是学校管理人员，他们尽管工作在学生一线，熟悉学生心理和需求，但其职业生涯规划相关专业知识和技能方面十分不足，因此无法满足教育教学质量的要求。目前来看，大学生职业生涯规划教师在数量上和专业程度上都处在偏低水平，如果能配齐配强一支专业化和高水平的队伍，对于大学生的培养质量和未来发展水平，都有举足轻重的意义。相反，若高校未引起充分重视，大学生的职业生涯规划能力较弱，也会影响高校的综合教学质量。

以水利类专业为例，在新工科的背景下，已有的职业生涯规划教师队伍还未充分适应新形势对水利人才培养的要求，对于最新的行业发展趋势与方向未及时理解和掌握，尽管在授课前接受过较专业的培训，但限于培训大多为较宽泛内容，不具备较强针对性；以及教师队伍大多由分管学生工作党委副书记和辅导员组成，他们学生工作事务较繁重，对课程体系的认识和掌握还远远不够，这就使得无法给学生带去最前沿和最贴合专业实际的职业生涯规划教学内容。因此我们需要一批了解新工科发展趋势和行业前沿的就业指导教师队伍，因时而变，推陈出新，真正做到为学生的生涯规划保驾护航。

（三）大学生生涯规划意识不足

当前大学生处在大学的象牙塔里，对自我的认知不够，缺乏探索自我的主动意识，从而对个人未来职业生涯规划较为薄弱。大学生普遍缺少社会实践经验，同时依赖老师和家长，缺少主导意识，因此在自我评估时不可避免地理想化，无法做到针对自身特点和优势合理规划发展方向。部分学生对个人的职业生涯规划有较高期望，追求"钱多事少离家近"，同时又不脚踏实地为此做充分规划和准备，这使得职业生涯规划教育的开展效果不佳。

以水利类专业为例，国家对传统工科提出了新的要求，专业转型迫在眉睫。在新工科建设如火如荼的当下，一方面学生通过咨询学长学姐等渠道，较为熟悉以往的水利行业职业发展路径；另一方面，面对当今的专业大转型，对未来的形势和行业发展感到迷茫和无所适从。加上专业学习的难度较大，部分学生无暇顾及未来职业方向，而是认为先学好专业知识，就业等到毕业前再思考和行动。这种"两耳不闻窗外事，一心只读圣贤书"的模式容易导致学生自我认知和定位与行业需求和发展脱节，不利于个人长期职业生涯发展。

三、新工科背景下加强水利行业大学生生涯规划教育的举措

（一）树立全过程生涯指导理念，完善职业生涯规划课程体系

课程体系建设是做好大学生职业生涯规划的重要基础，就业指导课程是实施全过程生涯指导的重要途径。大学生职业生涯规划教育这一工作应贯穿于大学教育的全程，不应仅在毕业前的"临门一脚"，或仅是某个学期开设的一门课程，而是应该做好贯穿于从大一到大四的递进式课程体系建设，既符合学生的发展愿望，也符合市场人才需求。针对不同的年级阶段设置不同侧重点，使大学生在潜移默化中具备了丰富的生涯规划知识，形成正确的择业观和就业观，足以应对求职时变化不定的环境。具体而言，根据不同年级的学生特点，应采取以下措施：

一年级为探索期。一年级的学生刚从高中阶段进入大学，面对全新的学习和生活，常会产生迷茫和困惑的情况，对于未来的规划和方向没有目标。此阶段的生涯指导就应聚焦于帮助学生快速适应从高中到大学模式的转变，根据个人的特点，构想未来的职业规划，尽快找到人生的理想和追求。同时应减少技术层面的指导，更多地从认识自我开始，确立职业生涯目标，思考和探索人生规划。

二年级为夯基期。此阶段要引导学生更深入认识自己的同时，努力全面发展，提升综

合素质。在求职时，用人单位不仅考察学历和专业成绩等基本条件，也会非常看重学生的综合能力，作为在校大学生，综合能力通过学生干部经历、社会实习实践经历、科创赛事荣誉和各类技能证书等来评估。因此在引导学生扎实专业学习的同时，也要全面培养个人能力，扩展自身的知识面。高校应开展丰富的"第二课堂"内容，通过大力开展实习实践、文体活动等方式，培养学生良好的综合素质。

三年级为提升期。实践育人是高校教育引导学生主动将所学的理论知识与实践相结合，加深理论知识的理解，提高实践基本技能的重要内容，在此阶段需要在专业课学习中穿插职业方向和行业发展的内容，为学生创造实习实践的条件和机会，深入用人单位了解市场需求和行业特点，充分利用挂职锻炼、社会实践、就业实习等实践活动培养学生实践能力、提高学生社会职业素养和就业竞争力，培养"专业基础实、实践能力强、综合素质高"的满足我国经济社会发展的高层次应用型人才。同时，开设大学生求职技能方面的指导课程。深入剖析就业过程中的各个环节和要求，对此针对性地指导实践，让学生掌握求职的正确方法和技巧。

四年级为优化期。在此阶段的教学应查漏补缺，完善学生在生涯规划方面的知识缺陷和能力薄弱点，学生根据自身特点有选择性地强化提升。为学生提供个性化的职业生涯规划和就业指导咨询服务，针对学生具体困难困惑，开展特色化的专项教学与指导。

此外，在新工科背景下，水利类学科应顺应行业发展趋势，积极调整学科专业。当前，我国水利行业正面临新的机遇与挑战，高校发展也正面临着新发展的重要机遇。我国水利事业的发展进入了关键的转型升级时期，传统水利向智慧水利、城市水利、生态水利等现代水利转变；近20年的经济高速发展导致了水环境和水生态的急剧恶化，水环境的治理保护与水生态的修复成为当务之急；我国生态文明建设进入了以降碳为重点战略方向、推动减污降碳协同增效、促进经济社会发展全面绿色转型、实现生态环境质量改善由量变到质变的关键时期。高校应该顺应这些行业发展趋势，抓住新的机遇，积极调整学科专业和课程设置，适应就业市场需求，提升大学生就业力。

(二) 配齐配强专业化师资队伍，提高全方位生涯指导水平

高校辅导员在大学生职业生涯规划教育中扮演着十分重要的角色，因辅导员与学生沟通多、关系近，且最了解学生的想法和兴趣，是最适合担任生涯规划师的角色[2]。因此，这就要求辅导员自身有着较丰富的职业生涯规划理论知识和实践经验，能够较好地帮助自己的学生完成职业生涯规划。一方面，辅导员需要掌握系统化的职业生涯规划专业知识，结合大学生的实际需求和特点，为学生发展答疑解惑，助力做好职业选择与规划；另一方面，在新工科背景下，传统水利正悄然发生着巨大变化，水利行业处于转型升级的热潮

中，作为水利类学科辅导员，还需要时刻关注行业的需求，准确地把握社会动态和行业风向，根据行业变化和往届毕业生实例适时调整职业生涯规划的方向，做到理论与实践持续更新。

辅导员作为大学生思政工作和日常管理工作的负责人，事务繁杂、精力有限，仅仅依靠辅导员的力量还不足以做好大学生职业生涯规划教育。因此，还需要建设一支专职指导教师队伍，形成专兼结合的生涯规划师资队伍。一方面，在选拔和招聘环节严把入口关，严格审核指导教师的专业水平，开展定期培训与交流，促进教师队伍的自我提升；另一方面，与外界保持合作，加强引进高水平的企业家、人力资源部门资深专家等职业导师，提供专业的指导和咨询，与时代同频共振，共同为大学生职业生涯规划教育保驾护航。

(三) 加强师生全员参与意识，着力提升生涯指导质量

做好大学生职业生涯规划教育，既是高校和老师努力的方向，也应激发学生自身的内在动力，把被动地接受知识转化为主动地探索发现。一是加强理想信念教育，提升行业认知和热爱度。加强对在校学生的思想政治教育也是促进学生就业的一种很好的措施，可以帮助学生树立正确的人生观、价值观和择业观[3]。习近平总书记提出："绿水青山就是金山银山。良好生态环境既是自然财富，也是经济财富，关系经济社会发展潜力和后劲。我们要加快形成绿色发展方式，促进经济发展和环境保护双赢，构建经济与环境协同共进的地球家园。"水利行业关乎国计民生，高校在理想信念教育中，要不断加强爱国教育，大力弘扬社会主义核心价值，培植家国情怀，激发更多的毕业生以国家利益为重，以投身于祖国的水利事业为己任，不断增强职业认同感与自豪感，要培养学生具有社会治理的能力和视野。二是加强生涯意识引导，融入专业知识传授。专业课教师在学生中具有独特的人格魅力和专业权威，他们的引导和教育更具说服力[4]。因此鼓励专业课教师在授课中融入职业生涯规划的内容，提高学生对职业生涯规划的认识深度和接受程度[5]，以促进学生主动确立发展目标和规划实现路径，这样的"双向奔赴"会使学校的职业生涯规划工作取得更好的效果。

参考文献

[1]教育部 财政部 国家发展改革委关于深入推进世界一流大学和一流学科建设的若干意见[J].中华人民共和国教育部公报，2022(6)：8-13.

[2]陈洪.充分发挥高校辅导员在大学生职业生涯规划中的作用[J].黑河教育，2012，328(6)：39.

[3]于美玲.高校辅导员在大学生职业生涯规划中的作用[J].科教导刊(中旬刊),2016,260(8):168-169.

[4]王宇,李成智.高校思想政治教育与创新创业教育融合途径研究[J].思想教育研究,2019,304(10):138-141.

[5]马旭,高山.高校学生职业生涯规划研究[J].秦智,2022,7(1):53-55.

后疫情时代水利类大学生就业心态特点与应对策略

郭　喆[1]　左志香[2]

（武汉大学水利水电学院）

摘要　后疫情时代水利行业呈现出较为旺盛的生命力，用人市场需求进一步扩大，学生就业思想也随之有一些新的变化。针对水利类大学生就业心态特点开展问卷调研发现，学生呈现出就业信心不足、升学热情较高、就业选择更加多元、择业观念更加现实、就业准备明显不足、就业决策更加科学等特点，为此，高校应该将水利行业的新特征向学生宣传，增强学生就业信心，加强学生职业规划意识，引导形成正确的就业观念，全方位提升学生就业竞争力，为学生创造求职的优秀平台，助力学生高质量就业。

关键词　后疫情时代；水利类大学生；就业心态；应对策略

随着全国疫情防控形势向好发展，平稳进入"乙类乙管"常态化防控阶段，我们来到了后疫情时代，社会经济活力更加焕发，企业生命力更加旺盛，对大学生就业市场带来了积极的促进，就业形势和就业压力有所转变，使得大学生就业心理和就业思想发生了新变化。习近平总书记强调，要坚持就业优先战略，把解决人民群众就业问题放在更加突出的位置，努力创造更多就业岗位[1]。因此，把握后疫情时代大学生就业思想特点，精准化、精细化开展就业引导与帮扶工作，对于促使学生认清就业形势、提前做好就业规划、做好高质量就业工作，有着重要意义。

本研究以某水利类学院在校学生为对象，围绕后疫情时代水利类大学生的就业规划、就业态度、就业心理、就业准备情况、就业抉择影响因素等方面开展问卷调研，共回收有效问卷 418 份，其中，本科生 248 份，硕士生 102 份，博士生 68 份，男女比例为 5∶2。通过对数据进行分析，总结后疫情时代水利类大学生就业心态特点，并针对这些特点，联系当前就业工作实际，提出应对策略，促进高质量就业。

作者简介：1　郭喆，硕士，武汉大学水利水电学院，研究方向：大学生思想政治教育。
　　　　　2　左志香，硕士，武汉大学水利水电学院，研究方向：大学生思想政治教育。

一、后疫情时代水利行业就业形势

水利行业是以水利设施为依托的各种生产和经营事业相关的行业。包括江河湖泊治理、防洪除涝、灌溉、供水、水资源保护、水力发电、水土保持、河道疏浚、江海堤防建设等兴利和除害的所有规划、咨询、设计、建造、生产经营、运行管理、科学研究、信息服务，以及水库养殖、水上旅游、水利综合经营等。

为了减轻新冠疫情对经济的巨大冲击，国家开展了一批基础建设项目的建设，2020年，全国水利系统克服新冠疫情和多流域发生严重洪涝灾害影响，因时因势调整工作着力点和应对举措，千方百计稳投资、保增长，全年落实水利建设投资约7700亿元，创历史新高，展现了水利行业发展的巨大潜力。2021年我国完成水利建设投资7576亿元，水利基础设施建设扎实推进，150项重大水利工程累计开工62项，共完成中小河流治理1.1万公里，实施重点山洪沟治理175条，水利行业展现了旺盛的生命力，有效促进了经济社会发展。2022年全年完成水利建设投资10893亿元，比2021年增长43.8%，历史性地迈上万亿元台阶。可以看出，水利行业正处于蓬勃发展的阶段，有着旺盛的社会需求，从行业现状的需求端来看，水利行业正期盼着一大批高水平人才加入，投入到众多的项目建设中去。

"十四五"期间，国家提出"加快数字化发展，建设数字中国"。随着人工智能和第五代移动通信技术的兴起，信息化使水利必将迎来新的发展契机。为实现"双碳"目标，生态化将是社会经济发展的主基调，广泛形成绿色生产生活方式，推动绿色发展，促进人与自然和谐共生，实现美丽中国建设目标。长期以来，粗放型的经济发展造成了一系列的环境和生态问题，单靠水利工程不能解决所有的洪涝旱灾等问题，应该构建生态经济型的生态水利模式。生态水利全面系统研究和正确处理水资源开发、利用、保护、管理、经营和生态环境之间的相互关系，指引的将是一条绿色水利道路，真正实现绿色、健康、有机发展，将会有着广阔的发展应用前景。根据国家"完善新型城镇化战略，提升城镇化发展质量""坚持农业农村优先发展，全面推进乡村振兴"要求，城镇化、农业现代化成为我国未来社会经济发展的趋势，将直接影响水利行业的发展。随着城镇化的进一步推进，城市人口将进一步集聚，农村人口老龄化、空心化进一步加剧，农业现代化将进一步集约化、规模化，这些都对水利提出了更高的要求。城市内涝治理、城镇供排水管网升级改造、水环境综合治理、水利基础设施的现代化改造等都是对水利的必然要求，城市水利是未来行业发展重要的支柱。不难看出，新时代的水利行业还有许多事关人民福祉的挑战与问题亟待解决，从行业发展的前景来看，水利行业同样需要更多人才去探索行业前沿的科学、工程、社会问题，提升水利服务人民的能力[2]。

二、水利类大学生就业心态特点

(一)就业信心不足

疫情之后，应届毕业生的就业压力和风险意识明显上升，必然造成大学毕业生的就业信心和就业态度发生明显转变[3]。通过问卷调查，发现23.12%的学生对水利行业的就业前景表示积极乐观，21.02%的学生对水利行业的就业前景感到悲观，剩下55.86%的同学表示不好不坏。考虑传统工程行业近些年的网络舆论情况，水利类大学生们受到信息冲击较为严重，对行业发展的前景信心不足或者没有清晰认知。

(二)升学热情较高

在就业目标方面，51.35%的学生选择了国内升学，5.11%的学生选择了国外升学，10.81%的学生选择报考选调生公务员，16.22%的学生选择到事业单位就业，16.52%的学生选择到企业就业。选择升学的学生占比达一半以上，因为疫情、国际政治局势等原因，国外升学比例有所下降。选择升学的学生，其分布主要为：想要进一步提升就业竞争力的占68.09%；想要进一步做学术研究的占20.21%；认为当前就业环境不理想，希望升学再观望一段时间的占11.70%。从纵向趋势来看，随着我国高等教育的发展，高学历人才人数增多，在职业竞争中，学历的重要性逐渐凸显，选择升学的学生占比应该会持续增加，近几年调研高校考研"二战"学生比例可达到10%左右。就业学生因学历较低，市场提供的岗位与自身理想的岗位之间差距较大，往往选择进一步提升学历，而不是直接就业，这也造成了学生就业意愿不强。

(三)就业选择更加多元

在就业的学生当中，与以往学生基本全部前往企业就业的规律特点不同，不少学生选择报考选调生公务员和到事业单位就业，这也反映了疫情冲击下学生就业心态的明显转变，求稳心态更加突出，不再受所学专业限制，将专业对口在择业考虑的因素中比重降到了较低的水平。到企业就业的学生中，38.18%的学生选择到业主单位，36.36%的学生选择到设计院，16.36%的学生选择到施工单位，还有9.09%的同学选择前往行业外企业，充分反映了当下学生多元化的就业选择，行业外就业仍是小部分，说明就业学生对行业就业怀有一定期待。

(四)择业观念更加现实

在就业选择中，学生更加看重薪酬福利(占比 89.49%)、工作环境(占比 73.57%)这些传统意义上相对现实的因素，能够更加开放地去谈薪酬福利，这是心态上的一个重要转变。在这些因素之外，行业发展前景、地域分布、个人兴趣、工作强度等因素也在影响学生择业，越来越多的学生认为工作较为重要的一环是工作带来的幸福度，这反映了学生对于自我价值的一种认可，也迫切希望得到社会认可，能获得与自身水平相匹配的待遇。

(五)就业准备明显不足

在调研学生中，76.28%学生表示还没有较为清晰的就业规划，更多的是到了就业季前后，再去做深入了解。75.08%表示自己还没开始做就业准备，技能储备尚未与企业需求完全适配，简历等个人求职材料尚未开始制作，这反映了学生在求职过程中，缺少系统性谋划。在对学生意向薪酬的调研中，发现学生对于行业大致薪酬并未做过多了解，期望薪酬值超出行业一般水平较多，反映了学生对行业了解的有限。

(六)就业决策更加科学

在就业决策影响因素调研中，学生认为学校老师、辅导员的意见很重要(占比 75.38%)，师兄师姐(占比 63.66%)、父母亲人(56.16%)的意见次之，还有同学朋友、网络信息的参考意见也很重要，这反映了学生在就业决策时，更加理性，会参考更多他人意见，汇总各个角度的声音，得出更加客观的结论。

三、就业心态特点成因分析

(一)职业规划与行业发展不相匹配

当代大学生对社会缺乏完整的认识，人生阅历尚浅，对行业发展和企业现状没有清晰的了解，对个人的定位和人生目标也不明确，在面临就业这个人生最大的选择时呈现迷茫或跟风的状态。面对这个信息碎片化的时代，信息获取成本降低了，但信息识别成本却增加了，如何从繁杂的信息中拾取对自己有利的，是当代大学生缺乏的重要能力。反映在职业规划中，最突出的问题就是不清楚自己所在行业的具体业态，在判断是否行业符合自己兴趣时，容易把握不准，在做具体的职业规划时，容易脱离行业发展的实际情况。

（二）就业期望与市场供给不相匹配

随着国家脱贫攻坚战役不断向纵深推进，我国城乡居民收入不断增加，学生家庭条件普遍好转。水利类行业单位大多存在着地处偏远地域、条件艰苦等现实问题，与学生的就业期待产生偏差，这也是学生就业信心不足的主要原因，造成的主要问题是就业供求结构不平衡。一方面，一些企业常年缺工，存在着招工难的现象；另一方面，毕业生普遍反映就业难[4]。学生就业地域分布与行业发展并不相符，学生选择去西部省份就业，投身工程一线、深入基层支援西部水电事业建设的动力不足，毕业生去基层就业缺乏强有力的引导和鼓励，就业流向结构性失衡。

（三）就业信心与自身实际不相匹配

本次调研学生群体普遍反映出对行业前景的担忧，充分说明了学生的认知偏差。受疫情影响，主流媒体报道的主要是疫情冲击下的各行各业受到了巨大影响，员工失业、公司破产现象层出不穷，给学生传递了一种就业难的固有印象，影响了学生的主观判断，导致大部分学生认为各个行业都处于收缩期，工作难找，好工作更是难找[5]。同时，受网络舆论影响，轻易地认定水利行业是夕阳产业，工作较为艰苦，在就业选择时内心有较大的担忧。但实际上水利相关企业正处于上升期，这一实际情况与学生认知有较大偏差，造成了学生就业信心与自身实际的学历、行业状况不相匹配。

四、后疫情时代水利类大学生就业引导策略

（一）加强职业规划意识，引导形成正确的就业观念

高度重视大学生全过程生涯规划教育，分阶段分重点开展引导，大一以适应性教育为主，大二以能力提升为主，大三以确定生涯目标为主，大四以求职指导为主，充分发掘学生内在兴趣与能力，为学生适配合适的职业，从而提升学生就业的自主能动性。

配齐配强就业工作队伍，落实"一把手工程"。在学院层面成立毕业生就业工作领导小组，成员包括副书记、辅导员、班级导师、思政导师等。成立毕业生工作委员会，建立专门就业工作组，提供专项资金，设置毕业生助管岗位，建立值班机制，为工作开展提供组织保障。搭建就业信息QQ群、宿舍电子屏、微信群等平台，及时为学生提供就业信息。

探索创建行业概论选修课，梳理行业发展的技术方向、就业方向等，有针对性地邀请行业专家、企业高管为学生介绍行业发展情况，帮助学生认识行业的优点缺点，全面了解

行业最新技术与需求，引导学生在行业找到兴趣点，将在学校所学知识与生产实践有机结合起来，从而在行业找准目标，确立求职方向。

开展优秀毕业生论坛，定期邀请不同层次、不同单位的毕业生来校交流，分享工作内容、心得体会等，让学生提前了解未来的工作情况，打消学生对于未来的不确定性，扫清网络舆论的负面影响，正确看待行业特点。同时，在校期间即可有针对性地准备相关技能，既能提升岗位胜任力，也可缩短入职适应期。

深入推进毕业生就业动员工作，通过年级大会、班会、一对一辅导等形式，将就业形势向同学们讲清楚，说明白，让同学们感受到当前就业紧迫感，做好心理疏导，破除阻碍学生就业的心理问题。选树优秀典型，在毕业生中选拔优秀学子，通过人物专访、专题宣讲等形式，将优秀的择业就业经验向广大学子进行分享，以身边人、身边事帮助其他学子厘清思路。

强化与家长的沟通，促进家校协同育人。通过举办线上家长会、给家长的一封信等形式，密切与家长的交流，向家长介绍学校学院发展、行业动态等情况，解答家长对于学院教育管理方面的问题，倾听家长对于学院发展的建议，鼓励家长密切与学生的沟通，一同引导学生做好生涯规划。

（二）前置相关教育环节，提升学生就业能力水平

强化学风建设，提升学生专业素养。在校期间，向学生强调学习的重要性，通过开展课堂检查、集体晚自习、模拟考试等活动，建立良好的学风，引导学生踏踏实实学专业知识，认认真真练专业技能，为将来从事行业相关工作夯实基础，提升就业竞争力。

针对毕业生，分类开展就业指导活动，请往届优秀毕业生分享保研经验、出国经验、就业经验、考研经验、求职简历制作、面试技巧等经验，做好朋辈引领，提升毕业生就业信心与就业技巧。

建立实习基地，推动专业实习。广泛探索建立实习实践基地，在加强与这些单位交流合作、输送学生实习实践的基础上，扩大学生实习范围，将学生输送到专业一线、项目一线上去，促进学生专业能力提高，更加贴合市场需求。

广泛开展校园文化活动、科创比赛、实践活动等，鼓励学生积极参与各类活动，在活动中提升各项能力，丰富个人履历。健全学生骨干队伍建设，争取让每位学生都有班级、社团、学生组织骨干的经历，让学生在组织中锤炼个人本领。

鼓励学生投身基层建功立业。水利行业存在一些岗位需要学生到西部地区、基层单位工作，在校期间做好学生思想引导工作，宣传基层就业学生的先进典型，帮助学生做好政策解读，将国家对西部、基层的政策讲清楚，以优厚的政策、干事创业的广阔天地吸引广

大学生投身基层。

(三) 整合优势资源, 创造学生求职的优秀平台

1. 建立个人档案, 追踪就业情况

为毕业生建立个人就业档案, 询问学生就业意愿, 建立全体毕业生的个人详细信息以及就业意向数据库, 结合招聘信息, 为毕业生提供精准就业信息推送, 搭建毕业生与用人单位的精准对接。

2. 主动开拓市场, 促进多元就业

通过专任教师联系科研合作单位, 邀请来学校开展招聘活动。主动联系往届招聘用人单位, 询问其用人需求情况, 积极推荐毕业生。探索增设科研助理相关岗位, 扩展毕业生就业范围。依托社会实践, 加强对行业发展及人才需求调研工作, 利用寒暑期组建社会实践队, 带领学生前往全国各地开展形式多样的寻访、调查、宣讲活动, 宣传学院办学情况, 了解行业就业需求。

3. 收集就业信息, 丰富就业渠道

通过各种渠道收集就业信息, 重点以面向水利行业为主, 也可涵盖土建、电气、环境、地质、测绘、材料、自动化、房产、金融、教育等多种专业。建立就业学生交流群, 在群内分享相关招聘信息, 打通学生就业需求与用人单位招聘需求之间的隔阂。

4. 举办专场招聘, 搭建就业平台

通过发布网上就业信息, 开展空中宣讲, 建群交流等形式, 搭建毕业生与用人单位的网上招聘平台。广泛开展线下招聘活动, 针对小企业, 可探索组团式开展招聘会, 增加对学生的吸引力, 将学生引导到招聘现场。

五、结语

后疫情时代, 水利行业出现了新形势、新特点, 学生就业思想特点也呈现出了新的变化, 导致现在的"慢就业""缓就业"甚至是"不就业"现象频发。这些现象的出现主要是学生认知与行业现实的偏差造成, 学生的就业规划、就业期望、就业信心与现实脱节。针对学生出现的这些特点, 我们应该将水利行业的新特征向学生宣传, 增强学生就业信心, 加

强学生职业规划意识，引导形成正确的就业观念，全方位提升学生就业竞争力，为学生创造求职的优秀平台，助力学生高质量就业。

参考文献

[1] 习近平. 高举中国特色社会主义伟大旗帜，为全面建设社会主义现代化国家而团结奋斗——在中国共产党第二十次全国代表大会上的报告[M]. 北京：人民出版社，2022.

[2] 苑希民. 水利信息化技术应用现状及前景展望[J]. 水利信息化，2010(3)：5-8.

[3] 李春玲. 疫情冲击下的大学生就业：就业压力、心理压力与就业选择变化[J]. 教育研究，2020，4(7)：16.

[4] 周海燕. 探析高校大学生就业的思想误区与解决对策[J]. 教育与职业，2014(6)：104-105.

[5] 陈晓恋，周建鹏，张祎. 后疫情时代高校本科毕业生就业的思想特点与引导策略[J]. 教育探索，2022(11)：31-34.

当代医学毕业生"慢就业"现象的根源与破解路径研究

韩　婧[1]　刘雨田子[2]　左文静[3通讯作者]

(武汉大学泰康医学院(基础医学院)[1]　武汉大学医学研究院[2]

武汉大学泰康医学院(基础医学院)[3])

摘要　国家及社会发展对医学专业人才的需求，与医学生"慢就业"现象之间存在着供需矛盾。通过对"医学生慢就业"现象和破解路径的研究，有望帮助解决医学生就业意愿不强、就业难等实际问题，培养医学毕业生健康积极的就业动力和就业能力，构建适应新时代的医学生就业指导体系，降低"医学生慢就业"的消极影响。

关键词　慢就业；医学毕业生；就业指导

一、我国高校毕业生"慢就业"现状

十九大报告指出："就业是最大的民生。要坚持就业优先战略和积极就业策略，实现更高质量和更充分的就业。"青年就业尤其是大学生就业更是涉及千家万户的民生，他们能否合理就业既影响个体人生价值的实现和社会的和谐稳定，也对国家人才强国战略和"中国梦"的实现具有重要意义[1]。

高校毕业生"慢就业"是指在毕业后既无就业规划也无继续深造的准备，而是通过游历、陪父母、创业考察、等待创业机会等方式慢慢考虑人生道路的现象。在"中国期刊全文数据库"以"慢就业"为关键词进行检索，截至2021年11月，论文数量为389篇，总的来看，文献数量呈整体上升趋势，尤其是2019年疫情之后，"慢就业"问题又引起了社会

作者简介：1　韩婧，武汉大学泰康医学院(基础医学院)研究生辅导员。

2　刘雨田子，武汉大学医学研究院研究生辅导员。

3　左文静，武汉大学泰康医学院(基础医学院)本科生辅导员。

各界的关注，截至目前，2021 年共发布相关论文 74 篇，已超过 2020 年全年。从文献检索的结果来看，目前研究侧重于"慢就业"的现象、成因和对策。蒋利平表示"慢就业"现象体现了当代大学生对更高质量就业的期待。物质生活水平的整体提升、大学生职业发展的理性认知、高校就业服务的不平衡不充分等因素刺激"慢就业"现象的产生和蔓延[2]。刘宇文强调，高校毕业生"慢就业"的成因在于当代大学生自我认同的缺失、大学生职业发展认知的变化、高等教育发展不均衡的制约和社会非物质成本上升的影响[3]。王淑珍则表示"慢就业"现象有四个因素，一是社会经济快速发展的产物，二是高校毕业生结构性就业矛盾的体现，三是大学生职业生涯规划教育缺失的显现，四是大学生择业观偏离的表现[4]。刘心芝表示"95 后"商科毕业生"慢就业"现象形成的原因主要是学生对"应届生身份条款"过度重视，社会就业评价机制和专业对口率较低[5]。徐丽红表示，造成所谓"慢就业"一方面是大学生应对就业内卷化而采取的一种自我保护行为，隐藏着另一种理性，另一方面"慢就业"现象反映当代大学生对更高质量就业的期待，对美好生活的追求，本质是"人民日益增长的美好生活需要"的现实反映[6]。张宇轩在医学生就业研究中指出，随着近年来一线城市的大多数三甲医院招聘学历要求的提高，医学类硕士复试线也水涨船高，这在某种程度上增加了考研的难度，与就业行业对学历的高要求相互矛盾，助长了学生的"慢就业"心理[7]。

习近平同志在十九大报告中提出人民健康是民族昌盛和国家富强的重要标志，要完善国民健康政策，为人民群众提供全方位全周期健康服务[1]。国家及社会发展对医学专业人才的需求与日俱增。医学生在全面建立中国特色基本医疗卫生制度、医疗保障制度和优质高效的医疗卫生服务体系中与其他学科学生有重要区别。从已有研究来看，针对医学生的"慢就业"研究较少，在"中国期刊全文数据库"以"慢就业"和"医学生"为关键词进行检索，论文数量仅为 1 篇。故此，对医学生"慢就业"的现象根源和破解路径进行研究，可在一定程度上丰富理论研究成果，具有必要的意义。

二、调查对象与方法

本调查的调查对象为 W 大学医学部在读硕士生、博士生。调查问卷包括基本信息、就业观、就业现状认知、能力提升四个方面，详见表 1。数据收集采用问卷调查为主、随机询问调研为辅的方式进行，剔除掉信息填写不全的和错误的，共回收有效问卷 264 份。问卷信度效度检验是保证后续分析有效性的必要保障。在调研之前，采用 SPSS 软件对问卷信度和效度进行分析，信度检采用"可靠性检验"，效度分析采用探索性因子分析。本次问卷可以分为 3 个维度，其中基本信息和能力提升为非量表，就业观和就业现状为量表，

题目量为 10 个，使用 SPSS 软件测量 Cronbach'sα 系数来测量量表的信度，Cronbach'sα >
0.7，表示内部一致性可以接受。同时分析显著性和 KMO 值，计算显示显著性<0.05，说
明该问卷数据适用于做因子分析，KMO>0.7，说明问卷效度较好。

表 1　　　　　　　　　　**"慢就业"现象影响问卷主要内容及问题设计**

编号	主要内容	主要问题
1	基本信息	性别、学习阶段、毕业年份、社团参与、是否为独生子女、家庭背景
2	就业观	就业目标、就业薪资、就业心态、就业地域
3	就业现状	就业态度、就业形势、就业障碍
4	能力提升	能力提升最需要的帮助、建议

三、调查结果与分析

（一）"慢就业"态度调研

在对"慢就业"的了解程度的调查中，超过半数的被访者（59.84%）表示自己以前从未
听说过"慢就业"一词，有 32.19% 的被访者听说过但不了解该词的含义，7.95% 认为自己
听说过，周围就有慢就业的毕业生。此外，没有被访者表示自己就是慢就业的毕业生（见
表 2）。表 3 显示，在调研人群中，20.08% 的被访者有慢就业意向，这与文菲斐在《疫情会
让大学生更愿意选择"慢就业"吗》研究中的 18.51% 结果比较接近，说明"慢就业"已经成
为一种新的就业状态。

表 2　　　　　　　　　　**是否知道"慢就业"统计表**

选项	人数	占比（%）
以前从未听说	158	59.84
听说过但不了解	85	32.19
听说过，周围就有慢就业的毕业生	21	7.95
自己就是慢就业的毕业生	0	0

表3 **"慢就业"意向统计表**

选 项	人数	占比(%)
有慢就业意向	53	20.08
无慢就业意向	211	79.92

医学专业的学生大部分需要进行动物实验，整个实验环节复杂，周期长，同时实验中不稳定因素多，因此医学生在学校里将大部分时间投入到了科研与学术中，减少了对就业的关注。在调研关于"慢就业"现象的看法的过程中发现，超过一半的被访者(66.29%)保持中立的态度，其次有26.89%的被访者不看好此现象，认为是大学生就业的不良现象，需要及时采取措施加以控制，然后分别有4.55%的被访者对此现象表示看好，认为是未来的大趋势。仅2.27%的被访者对此采取无所谓、不关心的态度(见表4)。

表4 **对"慢就业"现象的看法**

选 项	人数	占比(%)
不看好，是大学生就业的不良现象，需要及时采取措施加以控制	71	26.89
保持中立	175	66.29
看好，将是未来大趋势	6	2.27
无所谓，不关心	12	4.55

关于当前选择不马上就业的原因，半数以上的被访者(51.14%)认为是竞争太激烈，找不到满意的工作，然后分别有24.24%、13.26%和7.95%的被访者认为是其他原因，想缓一段时间，没有做好就业准备以及有自己的梦想、可以凭自己闯出一片天地的原因。认为家庭能给予充分支持，不着急找工作的被访者占比最少，仅有3.41%(见表5)。

表5 **当前选择不马上就业的原因**

选 项	人数	占比(%)
竞争太激烈，找不到满意工作	135	51.14
有自己的梦想，可以凭自己闯出一片天地	21	7.95
家庭给予充分的支持，不着急找工作	9	3.41
想缓一段时间，还没做好就业准备	35	13.26
其他	64	24.24

(二) 就业观分析

由于专业特点,医学专业的研究生几乎全天待在封闭的实验室,并忙于开展实验,参与就业指导活动积极性低下,进而丧失了大部分就业信息的来源,同时也降低了学生进行正确自我评价、对社会就业压力的抵抗、对就业机制的正确理解。如表6所示,在对就业形势的认识方面,超过一半的被访者(56.06%)认为当前就业形势比较严峻,其次部分被访者(33.33%)认为就业难,然后认为形势正常、较好和就业容易的被访者的占比分别为4.92%、3.79%和1.36%。仅0.54%的被访者对于就业形势不了解。

表6   对就业形势的认知

选　项	人数	占比(%)
形势严峻	148	56.06
就业难	88	33.33
形势正常	13	4.92
形势较好	10	3.79
就业容易	3	1.36
不了解	2	0.54

只有做好充足的职业规划和就业准备,才能在众多毕业生中脱颖而出,达成高质量就业的目标。就业竞争力不足会使毕业生在激烈的就业竞争中淘汰,成为被动的"慢就业"者。从竞争优势调研来看(见表7),42.04%的被访者认为自己在职业市场竞争中具有一定的优势,其次41.29%的被访者认为自己优势一般,6.82%的被访者认为自己在职场竞争中比较没有优势,认为自己在竞争中有很大优势的被访者仅占6.06%,另有3.79%的被访者表示自己在竞争中几乎不存在优势。

表7   认为自己在职业市场中的竞争优势

选　项	人数	占比(%)
有很大优势	16	6.06
有一定优势	111	42.04
一般	109	41.29
比较没有优势	18	6.82
几乎没有优势	10	3.79

　　根据专业是否便于找工作的调查结果显示(见表8),大部分被访者(63.26%)认为专业方便自己找工作,而小部分被访者(36.74%)则表示专业不方便找工作。在就业目标与所学专业的相关度调查方面,大部分被访者(67.80%)期望能够找到专业对口的工作,但采取不强求的态度,然后有23.86%的被访者认为只要自己可以胜任该工作,无所谓专业对口与否,而4.55%的被访者十分看重专业对口,非本专业相关的工作不干。仅3.79%的被访者认为所学专业不重要,只要能找到工作就可以。医学生的就业相对复杂,除了公立医院、事业单位,还有私立医院以及其他盈利性质的医疗卫生组织,医学生所学专业除了临床医学外,还有基础医学学科、生物学学科、药学学科、生物医学工程学科,部分专业设置与市场需求存在偏差,导致学生对专业认可度低,一定程度上增加了被动"慢就业"的产生。另外大部分被访者还是希望从事与本专业相关工作,因此引导医学生熟知就业的政策、权益以及了解常规的就业心理调整方法具有重大意义。

表8　　　　　　　　　　　　　　　　　就业专业的影响

选　　项	人数	占比(%)
就业专业是否方便找工作		
方便	97	36.74
不方便	167	63.26
就业目标与所学专业的相关度		
只要可以胜任,对不对口无所谓	63	23.86
期望对口但不必强求	179	67.80
专业不重要,能找到工作就行	10	3.79
非本专业不干	12	4.55

(三)就业现状分析

　　从对"慢就业"影响的认知来看,如表9所示,"慢就业"行为对身边人产生的影响有很多种,包括选择"慢就业"人数增多(45.83%),增加父母压力(62.12%),重新思考自己未来的道路(37.88%),放大惰性、逐渐演变成"懒就业"(48.86%),内心更加迷茫、矛盾(53.41%),错失就业机会(56.06%),增加就业恐惧感(51.14%),与社会脱节(42.04%),延缓成长、浪费青春(37.12%),接受新的就业方式(14.77%)以及其他(9.85%)。由此可以看出被访者对"慢就业"的看法并不积极,超过一半的被访者认为存在消极影响。

表9	对"慢就业"影响的认知		
选 项		人数	频率(%)
选择"慢就业"人数增多		121	45.83
增加父母的压力		164	62.12
重新思考自己未来的道路		100	37.88
放大惰性,逐渐演变成"懒就业"		129	48.86
内心更加迷茫、矛盾		141	53.41
错失就业机会		148	56.06
增加就业恐惧感		135	51.14
与社会脱节		111	42.04
延缓成长、浪费青春		98	37.12
接受新的就业方式		39	14.77
其他		26	9.85

在疫情的影响下,各类企业为了节省开支减少用工成本,减少了对新员工的招聘。同时,由于高校采用封闭管理模式,招聘形式由线下转为线上,学生参与积极性降低,加重了毕业生的慢就业。此外,疫情的影响使得毕业生求职理念发生了转变,更趋向于稳定的工作,考公务员、事业编制、资格证书等的热情高涨,导致毕业生一直忙于复习和考试,错过了求职的最佳时期。表10显示,在毕业时还没找到满意的工作的情况下,大部分被访者(36.36%)采取不着急慢慢找的做法,其次有31.06%的被访者选择降低条件,随便找一家单位先就业,20.07%的被访者认为他们可以边工作边寻找合适的工作。而选择等父母或亲朋安排工作、自主创业或其他做法的被访者均不到10%,分别为1.89%、1.89%和8.73%,毕业生只看到了优势岗位的"优势",而没有看到竞争激烈的外部环境以及竞争对手的优势所在,一味地选择观望和挑选,只会造成"被动慢就业"现象愈发严重。综上所述,就业形势和求职理念的变化一定程度上减缓了就业进程。

表10	毕业时还没找到满意的工作的做法		
选 项		人数	占比(%)
降低条件,随便找一家单位先就业		82	31.06
不着急慢慢找		96	36.36
边工作边寻找		53	20.07
等父母或亲朋安排		5	1.89
自主创业		5	1.89
其他		23	8.73

表 11 显示，在促使选择就业的原因方面，大部分被访者(44.32%)认为是家庭经济需要，其次有 32.95% 的被访者认为是为了能够早日适应社会，有 12.88% 的被访者认为选择就业的原因在于对继续深造缺乏动力和其他。

表 11　　　　　　　　　　　　　　　促使就业的原因

选　　项	人数	占比(%)
家庭经济需要	117	44.32
早日适应社会	87	32.95
对继续深造缺乏动力	34	12.88
其他	26	9.85

(四)能力提升需求调研

现阶段，多数高校都开设了职业规划课程，但对其重视度不高，往往以选修课的方式出现，并且在课程内容方面偏重理论教育，对毕业生产生的实际作用不大。因此在调研职业规划需求方面发现(见表 12)，获取详细的求职信息是大部分被访者(48.86%)所需要的，其次 18.18% 的被访者需要职业生涯规划，17.80% 的被访者表示需要了解国家就业政策，然后分别有 6.06%、4.17% 和 4.92% 的被访者认为自己需要简历撰写指导、其他和就业心理辅导。

表 12　　　　　　　　　　　　　　　职业规划需求

选　　项	人数	占比(%)
获取详细的求职信息	129	48.86
了解国家就业政策	47	17.80
就业心理辅导	11	4.17
职业生涯规划	48	18.18
简历撰写指导	16	6.06
其他	13	4.92

四、"慢就业"问题破解路径分析

随着高等教育发展的不断深入，就业工作必须做到服务对象全覆盖，同时充分考虑就业服务的精准性，从群体服务、大众服务走向个体服务、个性服务，进一步推动大学毕业生就业工作均衡发展。结合问卷调查分析结果，从"慢就业"形成原因入手，抓住根源，逐个击破，从培养学生正确就业观、加强就业指导服务、提高培养人才的专业适配度等方面出发，帮助大学生提升就业质量，实现充分满意就业。

（一）个人

通过前面的分析可以发现，部分学生在校期间对于未来定位模糊，对于自身优势不明确，职业规划和准备不积极，是其就业缓慢的重要推手。医学生首先要认真学好专业知识，提高自己的专业素质和技能，充分发挥医学专业学科优势，增强自身竞争力。同时要积极参加各种大型赛事、社会实践、国际会议等多项活动，开阔视野，锻炼人际交往能力，提升自己的综合素质，才能在就业中脱颖而出。其次，医学生应该明确自身优势和当前就业形势，客观地对就业环境和就业职业进行筛选，尝试多种就业方式或职业并懂得进行合理择业。除此之外，保持积极的就业心态是就业之道，增强自身对各种复杂情况的应变能力，用沉着、冷静的心态面对挫折，减少盲目性，主动出击，从而能够更好更快地实现人生理想。

（二）高校

在高校政策方面，在进行毕业生就业工作时，应该把就业指导当作专业性的工作来做，做好顶层设计，突出三全育人导向，做到学校、学院、导师、班级导师、学生工作者全员、全程、全方位参与毕业生就业工作。建立学院党政领导与导师交流平台，对学院就业存在困难的学生，一方面由辅导员积极了解情况，另一方面加强与班级导师、研究生导师的沟通联系，帮助他们掌握必要的求职方法，同时鼓励和引导学生深入基层干事创业，加强对学生到基层就业的思想引领，通过身边榜样的力量积极开展基层就业相关政策的宣讲活动，对基层岗位的工作环境、工作内容、未来发展和待遇保障等学生关心的问题进行详细介绍和解答，还可引导学生考虑一些和医学相关的新兴行业，如：美容整形、康复保健、老年健康管理等，从而提高大学生的择业面和就业积极性。

在就业指导方面，面对本科、硕士、博士等不同的群体，可以设置符合学生特点的多类型就业指导课程进行针对性的指导，让毕业生提前对当前就业形势、就业政策和未来专业发展方向等有所了解，并指导学生根据实际情况制订个性化的职业生涯规划与就业目标。同时，注重了解学生个性需求，通过采用职业生涯规划各种探索工具，因材施教，针对不同学生制订特定的规划方案，实现精准指导。此外，多元化、专业化、体系化的职业规划师资建设也是十分必要的，倡导思想政治教育与职业教育相结合，培养新时期医者情怀，提高学生生涯规划和职业探索的质量和品质。

（三）社会

高校毕业生是国家宝贵的人才资源，毕业生就业事关千百万学生和家庭的切身利益，是关系到整个社会的民生工程，对于确保社会和谐稳定具有特别重要的意义。国家需要根据目前的就业形势，不断对就业大环境进行优化，营造积极向上的就业氛围，尤其是需要对那些能够为医学毕业生提供工作岗位的企业的发展提供坚实的保障，对多种新兴产业提供支持和帮助，对就业环境的不断优化，为毕业生进行多元化的就业和创业提供坚实的基础和有利的条件，为他们提供更多的选择。当前互联网上的就业信息鱼龙混杂，相关部门要不断加强对互联网就业信息的监管及网络舆论的引导，为毕业生提供真实可靠的就业信息来源。除此之外，国家和社会优化大学生就业创业的环境，提升扶植政策的执行效率。高校毕业生的就业创业环境需要进一步优化，完善就业政策，拓宽就业实习基地，为慢就业的毕业生提供更多就业机会，尤其是对于医学生来说，更适合"医学+X"的就业创新模式，将医学知识运用到其他相关领域，用创业带动就业。

参考文献

[1]习近平.决胜全面建成小康社会夺取新时代中国特色社会主义伟大胜利——在中国共产党第十九次全国代表大会上的报告[M].北京：人民出版社，2017：46.

[2]蒋利平.社会主要矛盾转化视角下大学生"慢就业"现象解读及治理[J].当代青年研究，2020（6）：70-76.

[3]刘宇文.当前高校毕业生"慢就业"现象研究[J].人民论坛·学术前沿，2019（20）：69-75.

[4]王淑珍.高校毕业生"慢就业"现象的成因及应对策略[J].中国林业教育，2021，39（1）：44-48.

[5]刘心芝，宋颖."双一流"背景下高校人才培养存在的问题及对策研究——以"95后"商科毕业生"慢就业"现象为例[J].中国市场，2020（28）：182，191.

[6]徐丽红.顶格应对：疫情防控常态化下大学生"慢就业"的应对之策[J].思想政治课研究，2021（4）：83-92.

[7]张宇轩.医学生就业观察[J].中国经济周刊，2022（11）：38-40.

第四篇　职业生涯教育与就业指导案例分析

浅谈大学生专业实习对职业生涯规划的影响

——以 W 大学新闻与传播学院 2019 级本科生为例

胡静文[1]　罗　伊　杨梦涵

（武汉大学新闻与传播学院）

摘要　随着高校毕业生数量屡创新高，应届毕业生的就业压力不断加剧，大学生就业已经成为社会关注的焦点问题以及国家亟须解决的重点问题。基于此，本文以 W 大学新闻与传播学院 2019 级本科生专业实习的实际为例，通过问卷调查与数据分析，探讨大学生专业实习对未来职业生涯规划的影响，帮助大学生更好地认识自己、认识职业世界，通过自身的专业实习形成正确的就业创业观，从而能够结合自我发展的需求与社会发展的要求对自己进行更加合理的职业生涯规划。

关键词　本科生教育；专业实习；职业生涯规划；问卷调查

一、引入

以习近平同志为核心的党中央高度重视教育事业，着眼于统筹推进"五位一体"总体布局和协调推进"四个全面"战略布局，对教育工作作出一系列重大决策部署。习近平总书记2021 年 4 月 19 日在清华大学考察时指出，党和国家事业发展对高等教育的需要，对科学知识和优秀人才的需要，比以往任何时候都更为迫切。这也对新时代高等院校的办学水平和教育质量提出了更高要求。

2018 年 10 月教育部联合中宣部下发的《关于提高高校新闻传播人才培养能力实施卓

作者简介：1　胡静文，博士研究生，武汉大学新闻与传播学院团委副书记、本科生辅导员，研究方向：大学生思想政治教育。

2　罗伊，武汉大学新闻与传播学院，在读本科生。

3　杨梦涵，武汉大学新闻与传播学院，在读本科生。

越新闻传播人才教育培养计划 2.0 的意见》中，提出"全面落实立德树人根本任务，坚持马克思主义新闻观，用中国特色社会主义新闻理论教书育人，培养造就一大批具有家国情怀、国际视野的高素质全媒化复合型专家型新闻传播后备人才"。专业实习作为新闻传播学类人才教学培养体系中的重要一环，在促进学生实际操作水平的提升、适应从校园到社会的环境转变以及对新闻传播行业认识水平的加深等诸多方面起着不可替代的作用。

就业是最大的民生工程、民心工程、根基工程。学校以习近平新时代中国特色社会主义思想为指导，全面贯彻落实党中央、国务院关于做好高校毕业生就业工作的决策部署，紧紧围绕立德树人根本任务和服务国家需要的最高追求，将毕业生就业创业工作贯穿于人才培养各个环节，努力实现更高质量和更充分就业。本研究希望探讨大学生专业实习对未来职业生涯规划的影响，帮助大学生加深对行业的理解，了解职场生活，感受社会氛围，掌握实践技能，提升综合竞争力，从而形成正确的择业就业观，更好规划自身未来职业生涯。

由于新闻传播学类属于偏应用专业的学科，专业实习作为本专业本科生基本完成专业基础课和专业必修课后进行的一次集中教学实践，是本专业本科教育培养计划中的重要一环，学院给予了其高度重视，并将其列入本科生培养方案中。考虑到本专业本科生学习的时间特点，本院选择将持续时间较长的专业实习安排在大三下学期进行，这样既可以保证前两年半先充分打好专业知识的基础，在大三下学期实习结束后，又可以通过大四一年的时间进行有针对性的查漏补缺，并且可以尽可能地降低实习对工作求职、保研考研、留学深造等需求的影响。本院本科生专业实习一般安排在每年的 2—6 月，共 4 个月；专业实习地点主要选择北京、武汉、长沙、广州、深圳和上海六地的网站、广播电台、广告代理公司、电视台、报刊社、大型企事业单位其他媒体或其他行业的宣传部门。

二、专业实习教学的目的及意义

专业实习是在我院本科生在基本完成专业基础课和专业必修课后，进行的一次集中教学实习，是每名学生的必修课，是整个本科教育培养计划的一项重要内容。专业实习是学生在进入社会前的一个综合训练，既是对他们在校学习成果的检验，又是对其适应社会、适应环境、适应工作岗位等各方面能力的总检阅。

在专业实习过程中，不同专业的侧重点不同。对于新闻学专业，学生应对新闻生产的流程、具体内容、媒体运营及新闻政策等方面具有较为全面而深入的了解，对新闻采访、新闻写作、新闻编辑、新闻评论、新闻策划、音像采集、后期编辑制作、媒体经营管理等职责及运作有较为深入的了解，特别应重点关注报社、期刊社、广播电台、电视台、通讯社及网站的新闻中心、编辑中心、运营中心等各部门的不同工作。

对于传播学专业，学生应对数字媒介内容表达与管理、数字产品策划与运营过程具有较为全面而深入的了解，特别应重点关注媒体(特别是网络媒体)的运作流程、采编流程、网络产品的策划与运营等工作。熟悉数字信息处理的基本概念、基本方法和基本过程，熟练掌握网站建设流程和基本的相关技术，学会运用多媒体工具软件(音频采集与处理、视频采集与处理、多媒体编辑、平面图像采集与处理、网页制作等)进行相关的工作，对媒体内部的采编部门和市场部门的职责及运作有较为深入的了解。

对于广播电视学专业，学生应对广播电视传播过程具有较为全面而深入的了解，特别应重点关注电台、电视台的运作流程、节目制作基本过程、其他行业广播电视宣传的基本流程和技能等，熟练掌握广播编辑与节目制作、电视摄像和编辑，以及其他类型节目制作流程和技术。

对于广告学专业，学生应对广告运动过程具有较为全面而深入的了解，特别应重点关注广告公司的运作流程、网站产品运营部门的运作过程、媒体广告部的运作过程或企业广告营销部的运作，适应广告公司、网站产品运营部、媒体广告部和企业广告营销部内各部门的不同工作，对广告公司内部的客户部、调研部、策划部、设计制作部和媒体部的职责及运作有较为深入的了解；

对于播音与主持艺术专业，学生应熟练掌握广播电视节目的播音、主持、配音等技能，掌握广播电视新闻制作和节目制作的基本流程和技能，掌握新闻采访、写作、编辑制作等相关技能，掌握广播编辑与节目制作、电视摄像和编辑，以及掌握其他类型广播电视节目制作的基本技能。

通过不少于四个月的专业实习，将对大学本科前两年半的专业学习进行检验，获得更多的有关新闻、传播、广播电视、广告、播音与主持等专业相关的知识和技能，培养相应的实践能力，通过了解报纸、广播电视、通讯社、广告公司、网站、媒体和企业等，接触社会实际，有利于学生通过专业实习，形成对自己未来职业的准确定位。

三、研究方法与研究对象

本研究通过查阅文献和前期预调查自行设计问卷，主要由基本信息、实习单位、实习地点、实习途径、过往实习经历、实习认同度、实习影响、实习压力感知、未来择业考虑8部分组成。

基本信息包括姓名、学号、专业等；实习单位包括单位类型如广告与公关、互联网公司、媒体、其他单位，以及具体实习岗位；实习地点为线上实习或线下实习单位所在城市；实习途径包括学院统一组织实习、自行投递简历等；实习经历为在专业实习之前的实习经历次数；实习认同度包括职业规划预想认同、未来职业规划认同、实习生活预想认同；实习影响包括提升简历背景、丰富职业认知，加深行业理解、积累工作技能，提升竞争能力、了解职场生活，感受社会氛围、规划职业方向，探索个人发展、发挥专业所学，增强专业认同、拓宽眼界增长见识、提升人际交往能力；实习压力包括工作强度、时间安排、个人工作技能、其他同学实习经历、上级领导或指导老师、单位同事或同期实习、人际交往、日常生活、经济成本；未来择业考虑因素包括地域、个人兴趣、平台、工作强度、上升空间、薪资、地域、专业对口等。

本研究选择新闻与传播学院20××级本科生为调查对象，于2022年8月23日—9月10日发放电子问卷，收回有效问卷224份。将对调查对象基本情况、实习收获与压力、专业实习与未来择业部分关键数据进行描述性比较分析并进行总结，同时基于被调查者对实习指导等工作的期待，帮助大学生更好地认识自己，形成正确的就业创业观，提出提升专业教育水平与学生未来职业规划的参考性建议。

四、调查结果

(一) 调查对象基本情况

本研究选择新闻与传播学院20××级本科生为调查对象，共回收有效问卷224份。其中，在专业实习之前没有实习经历的有121人(54.02%)，有1~2段实习经历的有91人(40.62%)，实习经历3段及以上的有12人(5.36%)。在实习单位的选择方面，136名被调查学生选择由学院统一组织安排(60.71%)，78名同学选择自行投递简历(34.82%)，也有8名同学选择亲友或老师推荐(3.57%)。绝大多数被调查同学进入了媒体(49.11%)和互联网公司(34.82%)实习，反映了我院的专业特色和社会就业热点。过半数学生选择在作为政治和经济中心的北京进行实习，也有部分学生选择在上海、深圳、武汉、长沙等经济较发达、媒体资源丰富的地区进行实习，此外，有19名学生在线上完成了专业实习，在一定程度上折射出当时的社会背景。详见表1。

表1   调查对象基本情况

维度	项目	分类	人数	占比(%)
学生背景	专业实习之前的实习经历次数	0段	121	54.02
		1~2段	91	40.62
		3段及以上	12	5.36

续表

维度	项目	分类	人数	占比(%)
专业实习选择	实习途径	学院统一组织	136	60.71
		自行投递简历	78	34.82
		亲友或老师推荐	8	3.57
	实习所在单位	媒体	110	49.11
		互联网公司	78	34.82
		广告与公关	17	7.59
		其他	19	8.48
	实习地点	北京	129	57.59
		长沙	23	10.27
		上海	18	8.04
		武汉	15	6.70
		深圳	5	2.23
		广州	4	1.78
		杭州	3	1.34
		线上	19	8.48
		其他(含其他城市及多地实习)	8	3.57

(二)专业实习收获与压力

调查结果显示,被调查学生认为专业实习与自身原有职业规划、工作状态、生活情况等较为契合,4项统计结果的均值超过 3.50、众数为 4。该数据表明,学生在进行专业实习选择时,大多能够进入与自己预期匹配的单位或岗位。同时,大多数被调查学生对于今后职业规划是否与专业实习工作方向一致持不确定态度,反映在统计结果上,均值为3.17,众数为 3。说明学生在经过专业大实习后对行业、职业的理解更加贴近现实情况,在实际感受中对未来的职业规划有了更加现实的思考,这也表明专业实习能够帮助学生更加深入全面地了解并做出更加正确、符合个人期待的职业选择。

上述 5 项统计结果的标准差均较小,可见统计能较好地反映绝大多数被调查学生的想法与状态。详见表 2 及图 1。

表2　　　　　　　　　　　　关于专业实习，在多大程度上认同以下说法

	最小值	最大值	均值	众数	标准偏差
专业实习的工作方向与我进行专业实习之前的职业规划一致	1	5	3.57	4	0.886
专业实习让我更加认同自己进行专业实习之前设想的职业规划	1	5	3.50	4	0.961
我今后的职业规划将与专业实习的工作方向一致	1	5	3.17	3	0.997
专业实习期间的生活情况与我预想的一致	1	5	3.51	4	0.975
专业实习的工作状态与我预想的一致	1	5	3.63	4	0.908

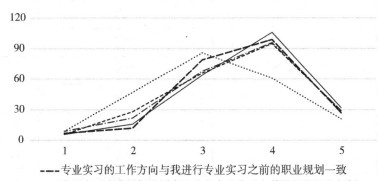

图1　关于专业实习，在多大程度上认同以下说法

　　对专业实习的认同度与之前的实习经历进行具体分析，可以看到之前没有实习经历的同学在专业实习与自身原有职业规划、工作状态、生活情况等5个方面一致性的认同度都偏低，有过1~2段实习经历的同学在专业实习与自身原有职业规划、工作状态等4个方面一致性的认同度都显著高于没有实习经历的同学，但在生活情况一致性认同度上略低。分析其原因，可能是由于有过1~2段实习经历的同学大部分之前的实习是在假期完成或者线上完成，生活上以住校或者住家为主，而为期4个月以上的专业实习大部分同学到一线城市需要自己租房生活，再加上疫情影响，因此该项数据略低。而有过3段及以上实习经历的同学在专业实习与自身原有职业规划、工作状态、生活情况等5个方面一致性的认同度都显著高于没有实习经历的同学以及有1~2段实习经历的同学。由此可以发现，实习

经历越丰富，专业实习与自身原有职业规划、工作状态、生活情况等 5 个方面一致性的认同度越高，对于自身未来职业规划与工作方向也会越清晰。详见表 3 及图 2。这也反映出，可以适当鼓励学生丰富线下实习经历，多实践多感受，帮助明确职业方向选择。

表 3 　　　　　　专业实习一致性认同度与实习经历之间的关系

	0 段实习 （均值）	1~2 段实习 （均值）	3 段及以上实习 （均值）
专业实习的工作方向与我进行专业实习之前的职业规划一致	3.40	3.73	4
专业实习让我更加认同自己进行专业实习之前设想的职业规划	3.43	3.52	4.17
我今后的职业规划将与专业实习的工作方向一致	3.08	3.22	3.67
专业实习期间的生活情况与我预想的一致	3.50	3.44	4.17
专业实习的工作状态与我预想的一致	3.59	3.63	4.17

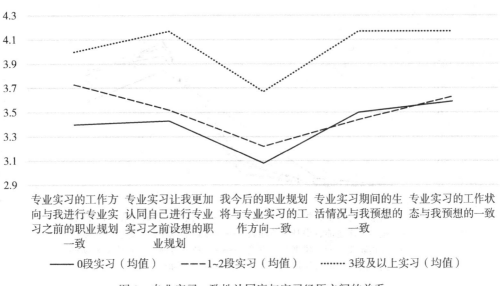

图 2 　专业实习一致性认同度与实习经历之间的关系

在增添实习经历、丰富职业认知、积累工作技能、了解职场生活等 8 项专业实习影响的统计均值都大于 4，且标准差较小，反映出被调查学生对于专业实习给自身带来的影响持明显的积极态度。详见表 4 及图 3。其中均值最高的两项分别是"丰富职业认知，加深行业理解"和"增添实习经历，提升简历背景"，在"大实习的影响"量表填写结果中，94.2%的学生表示同意或非常同意上述两项影响。

总体来看，绝大多数学生认为专业大实习能够从就业、能力提升、专业认同等方面帮助个人发展，尤其是与就业直接相关、最直观的内容，如简历背景和行业选择。这也表明目前的专业大实习能够较好满足学生在以上各方面的需求，当然也存在改进的空间。

表4	专业实习的影响				
	最小值	最大值	均值	众数	标准偏差
增添实习经历，提升简历背景	1	5	4.37	4	0.628
丰富职业认知，加深行业理解	1	5	4.39	4	0.647
积累工作技能，提升竞争能力	1	5	4.22	4	0.747
了解职场生活，感受社会氛围	1	5	4.31	4	0.702
规划职业方向，探索个人发展	1	5	4.23	4	0.694
发挥专业所学，增强专业认同	1	5	4.00	4	0.842
拓宽眼界，增长见识	1	5	4.32	4	0.659
提升人际交往能力	1	5	4.25	4	0.698

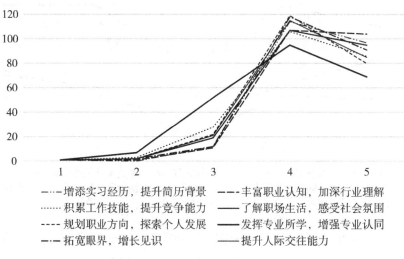

图3 专业实习的影响

依据调查数据，专业实习期间，被调查学生最大的压力来源是工作强度及时间安排，其次是个人工作技能不足、经济成本和其他同学的实习经历带来的压力。从单项来看，工作强度大、个人工作技能不足等是学生在专业大实习中面临的普遍问题，初入职场的大学生离开学校的学习环境需要更多精力和时间来适应实习生活和节奏，同时也表明专业实习确实能够从工作技能方面引起学生的反思并获得锻炼机会、不断提升。

对于上级领导或指导老师、单位同事或同期实习生、人际交往和日常生活，被调查同学感受到的压力普遍较小。从整体来看，以上 8 项的均值最大不超过 3.32，众数均为 3，可见大多数被调查学生在专业实习期间感受到的压力并不算大。详见表 5 及图 4。

表 5　　　　　　　　　　　　专业实习的压力

	最小值	最大值	均值	众数	标准偏差
工作强度，时间安排	1	5	3.32	3	0.900
个人工作技能的不足	1	5	3.11	3	0.938
其他同学的实习经历	1	5	3.07	3	1.126
上级领导或指导老师	1	5	2.71	3	0.927
单位同事或同期实习生	1	5	2.61	3	0.886
人际交往	1	5	2.78	3	0.958
日常生活	1	5	2.77	3	1.002
经济成本	1	5	3.09	3	1.113

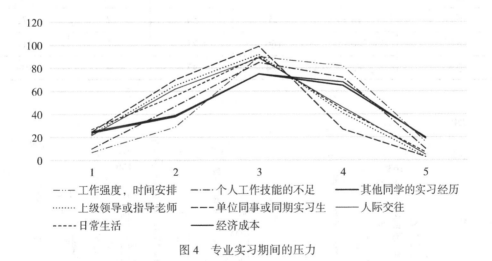

图 4　专业实习期间的压力

(三)专业实习与未来择业

问卷对经历专业实习后在未来毕业后可能考虑的择业因素进行了调查统计，经历专业实习后的被调查学生对工作强度、上升空间、专业对口、个人兴趣、平台、薪资、地域等

7 个择业因素进行了选择与排序。

在被调查学生的未来择业因素首选项中,大部分学生选择了地域(37.44%)、薪资(21.00%)与个人兴趣(19.63%)。在前三项中,大部分学生选择了薪资(25.78%)、地域(19.25%)、个人兴趣(14.91%)与平台(14.75%)。由此可见,在经历了专业实习后,学生未来择业将会更看重地域、薪资与个人兴趣。

而被调查学生的未来择业因素末选项中,大部分学生选择了专业对口(30.10%)、个人兴趣(25.24%)与工作强度(16.50%)。在后三项中,大部分学生选择了工作强度(21.08%)、专业对口(18.77%)与个人兴趣(17.48%)。由此可见,在专业实习后,被调查学生未来择业时倾向于把工作强度与个人兴趣因素的重要性降低,并对未来就业的专业对口度持较为消极的态度(见表6和图5)。

表6 专业实习后的未来择业因素

	首选项	前三项	后三项	末选项	总计
工作强度	9	53	82	17	163
上升空间	15	79	46	11	179
专业对口	10	31	73	31	111
个人兴趣	43	96	68	26	188
平台	14	95	54	7	172
薪资	46	166	21	2	211
地域	82	124	45	9	199

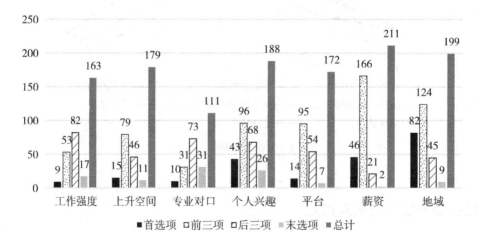

图5 专业实习后的未来择业因素

整体来看，被调查学生对 7 项择业因素均较为重视，在一定程度上折射出我院学生对未来就业的重视与信心。同时，也反映出当前大学生在就业选择时感性与理性兼具，一方面，专业是否对口并不是学生就业的首要关注因素，是否符合个人兴趣，满足情感需求是关注重点；另一方面，学生更加关注地域、薪资等涉及未来生活和发展的现实因素。这也表明学生对未来就业理想情况的憧憬——在喜欢的地方做喜欢的工作并获得至少与付出对等的回报。

五、讨论与建议

（一）教学中加强对学生专业技能的培训

在有关实习压力来源因素的选择中，被调查学生选择个人工作技能不足的情况较多，能够反映出学生在实习之前，虽然掌握了部分专业知识和理论，但是由于学院课程设置与业界现实需求还存在一定的差距，导致学生在实习过程中缺乏一定的实践能力，对实习中的工作缺乏信心。建议学院引入更加前沿的观点与案例，增加对新现象、新趋势、新发展的讲授，设置一些在今后会使用与涉及的理科类应用课程，增加实践课时，通过课程教学增加学生的实践专业性，培养学生对于业界工作与活动的热情。

（二）加强对学生学科兴趣与专业认同的培养

被调查学生的未来择业因素中，个人兴趣在首选项和末选项中均排名前三，而专业对口在首选项中排名靠后，反而在末选项中排名第一，可见个人兴趣在未来职业选择的考虑中比专业对口的作用更加重要。因此建议学院能够立足学科专业背景，增强学生的专业认同感。通过专业课程教育和实践活动等增强学生对本专业的认识和了解，提高学生的学习兴趣和能力。开展好专业认识教育，让学科带头人、各系主任、班级导师等走进第二课堂，通过各类与专业特色相结合的学生活动如读书会、讲座、比赛竞赛、用人单位走访等，培养学生的专业兴趣，树立学生的专业意识，进一步增强学生对于本专业的认同感和参与感。

（三）做好实习前的行业认知工作

可能出于个人兴趣及未来择业考虑，大部分学生在问卷中表示自己专业实习的方向或岗位均与自己原本的职业规划方向相接近，但实习结束后，表示依然认同自己原本职业规划的学生占比下降。一方面可能是亲身实践过后，对个人及行业都有了更清晰、真实、深入的认知，从而自然地做出职业规划的调整。另一方面可能是实习前自己对行业的认识不足，对具体岗位实际工作的了解不足，导致学生无法完全掌握实习岗位具体的工作信息，出现选择偏误。因此，为更好满足学生实习需求，提升专业实习在学生职业规划过程中的实际指导成效，应做好实习前的行业认知工作，帮助学生更好地选择自己真正想要尝试的岗位或方向。

参考文献

[1] 屠家宝．特质焦虑与大学生就业压力的关系：有中介的调节效应[J]．牡丹江师范学院学报（社会科学版），2022（2）：86-93.

[2] 付金柱，包晰莹，胡永杰．OBE 教育理念下大学生专业实习与就业状况反馈研究[J]．理论观察，2022（4）：158-164.

[3] 黄哲，楼梦倩，胡志明．本地实习对大学生在高校当地就业意愿的影响——基于金华7 所高校的问卷调查[J]．创新创业理论研究与实践，2022，5（7）：57-62.

[4] 李颖．新时代大学生就业观研究[D]．保定：河北大学，2021.

[5] 姚利民，张祎．大学生实习投入的调研分析与对策建议[J]．大学教育科学，2021（3）：63-73.

[6] 戴隆娥．大学生职业生涯规划与思想政治的融合互建[J]．人才资源开发，2021（6）：60-61.

[7] 欧阳润．大思政格局下大学生就业教育研究[D]．南昌：南昌大学，2020.

[8] 王兴．大学生职业价值观、职业生涯规划对就业质量影响分析[D]．太原：山西财经大学，2019.

[9] 王兴宇．我国高校毕业生就业与专业相关性研究[D]．厦门：厦门大学，2019.

高质量就业实现路径的实践与思考

——以 W 大学 Y 学院为例

杨志威*

（武汉大学遥感信息工程学院）

摘要 高校"双一流"学科在学界、业界和社会上认可度高、影响力大，毕业生在选择落实毕业去向的时候有更大的自主权和更多的选择机会。这一特点同时也导致"双一流"学科本科毕业生升学意愿强烈，保研率高、考研率高、出国率高、"二战"率高；就业意愿低，慢就业、不就业现象普遍。本文以 W 大学 Y 学院近年毕业生为例，通过解剖麻雀深度分析了"双一流"学科毕业生工作中存在的优势和痛难点问题，并针对性地给出了应对策略，即"稳住保研基本面、扩大考研录取主体面、挖掘协议就业潜力面、提高出国深造增量面"。以期能为相关学科做好毕业生就业工作提供参考和启发。

关键词 "双一流"学科；本科毕业生；就业

　　高校毕业生的就业问题一直以来都受到党中央和国务院的高度重视，高校毕业生的就业关系到民生福祉、经济发展和国家未来，是全社会都十分关注的热点和难点问题。然而，大学生面临的就业形势不容乐观，尤其是在后疫情时代，我国经济社会发展中的不确定因素增加，社会面大环境对高校就业工作造成强烈冲击，使得大学生面临的就业形势更加严峻复杂[1]。高校"双一流"学科本科毕业生有其自身的特点，由于学校、学科处于国际国内前列，在业界认可度高，因而毕业生在激烈的就业竞争中具有一定优势，然而，高校"双一流"学科本科毕业生就业工作也存在一些痛难点问题，比如慢就业、缓就业、不就业等问题突出。本文以 W 大学 Y 学院为例，通过对近年毕业生就业情况进行研究分析，提出一些合理性的意见建议，有助于进一步做好学院毕业生就业工作，同时能为相关院系学科做好毕业生就业工作提供参考和启发。

---

* 作者简介：杨志威，研究生学历，武汉大学遥感信息工程学院。

一、毕业生学科背景特点概况

大学毕业生是否能够高质量就业、落实满意的毕业去向，与毕业生所在的高校、学科背景以及人才培养质量等有着密不可分的联系，社会和行业认可度高的"双一流"高校和学科，毕业生在落实毕业去向方面有着更加多元化的选择机会，在激烈的就业竞争中也无疑有着天然的优势。

(一)学科特点

W 大学是教育部直属重点综合性大学，是国家"985 工程"和"211 工程"重点建设高校，是首批"双一流"建设高校。W 大学 Y 学院是集遥感、测绘、空间信息工程技术于一体的信息和工程类学院。自 1956 年以来历经 60 余年发展，在国内同类院校中始终名列前茅，向社会输送高级专门人才逾万人，被业界誉为中国乃至世界测绘遥感领域人才培养的摇篮[2]。高等教育评价专业机构软科发布的 2022"软科世界一流学科排名"，W 大学 Y 学院学科连续六年排名世界第一，入选教育部"双一流"建设学科名单。

(二)人才培养质量

学院重视人才培养工作，成功入选教育部"卓越工程师培养计划"，院士、珞珈特聘教授等长期坚持为本科生授课。学院现拥有国家级教学团队 1 支，国家级实验教学示范中心 1 个，"985"创新平台 1 个，"973"项目首席科学家 2 人，国家安全"973"项目首席科学家 1 人。3 门本科生课程被评为国家级精品课程和国家级精品资源共享课程[2]。

综上，W 大学 Y 学院的毕业生有着"双一流"的优势学科背景、高水平的人才培养质量，在学界、业界和社会上认可度高、影响力大，毕业生在选择落实毕业去向的时候有更大的自主权和更多的选择机会。

二、毕业生落实去向总体情况及特点分析

近年来，W 大学 Y 学院本科毕业生规模呈逐年上升趋势，毕业生工作面临着一些新情况新问题，做好毕业生就业工作仍面临巨大挑战。

(一)学院毕业生总体情况

Y 学院本科毕业生深造率高、留学机会多，毕业生考取研究生和出国(境)深造人数占

比约 70%。毕业生社会需求量大，用人单位岗位供需比可达 15∶1，毕业生一次性落实率为 90%。毕业生就业去向主要集中在测绘、遥感、电力、国土、城规、水利、信息化等机关部门和相关企业以及高校、科研院所，为国家建设和社会服务发挥着重要作用[2]。

(二) 近年毕业生去向落实情况

以 Y 学院 2022 届毕业生为例，毕业生规模大、就业质量高，充分体现出学院人才质量高、行业发展需求旺盛的特点。

从分毕业去向落实情况来看，学院毕业生去向具有"两高四低"的特点：一是推免率偏低，工科推免率普遍低于基础学科；二是出国率低，受疫情影响，出国深造学生人数不足疫情前年份的 1/3；三是协议就业率低，毕业生总体就业意愿不强，就业积极性不高；四是灵活就业率低，本科毕业生基本上没有自主择业创业的意愿；五是考研录取率高，学生升学深造提升学历的意愿十分强烈，考研动力强，考录比达到 35% 以上，远高于平均水平。六是"二战"率高，准备继续考研升学深造的学生约占未落实去向毕业生的 85%。不难看出，对高质量落实毕业生去向而言，只有考录率高是积极影响因素，毕业生就业工作仍面临着巨大的挑战。

从分性别落实率数据可以看出，男女生总落实率基本持平，与学院总体落实率一致。推免比率、考研录取比率、出国深造比率男女生也基本持平，与学院总体数据一致。协议就业率男生比女生高出约 7 个百分点，说明男生就业意愿比女生要高。

从分专业落实率数据可以看出，YG 方向总落实率低于学院平均水平，主要是协议就业率和推免率偏低，但是这个专业考研录取率高出学院平均水平 3 个百分点。KX 方向总落实高出学院平均水平 5 个百分点；GQ 方向总落实高出学院平均水平 7 个百分点，这两个专业总人数少，但是总落实率高，主要是协议就业率、推免率高，暂不就业拟升学人数少。

三、挖掘毕业生去向重点领域潜力的应对策略

对高校做好毕业生工作而言，有着"双一流"学科背景的毕业生，在保研、考研、出国深造、就业等方面无疑有着巨大优势，但同时也导致学生普遍有着强烈的升学深造意愿、就业期望过高等价值观念取向，造成学生慢就业、缓就业、不就业、"二战"学生人数过多等现象，这也成为困扰"双一流"学科毕业生工作中的难点、痛点问题。

如何破解这一难题，促进毕业生高质量就业？通过长期的实践摸索、结合当前面临的新形势，以及对毕业生去向结构特点分析，我们不难看出：推免率主要取决于各级推免指

标分配制度，政策性强，基本没有弹性空间；出国率主要是受到疫情等国际国内大环境影响，学生家庭环境是主要决定性因素，校方主动开展工作的空间也极其有限。考研录取率、协议就业率在学院毕业生去向中占比第一、第三，是落实毕业生去向的重中之重，在实际工作中还是可以采取一些措施，充分挖掘增长潜力。下面主要就这两个方面进行具体分析。

(一)选择考研升学深造成为"双一流"学科毕业生的刚性需求

1. 考研升学深造成为大学毕业生的新趋势

从全国范围来看，高校毕业生人数创历史新高，2022年全国高校毕业生人数激增，达到1076万人；2022年全国硕士研究生招生考试报考人数达457万，相较2021年增长80万，增幅为21%。与此同时，硕士研究生进一步扩招，2022年硕士研究生招生人数为110.7万，增幅为5.35%。尽管招生人数在增长，但考研人数明显增长更快[3]。即便如此，考研热度仍然持续升温，大学生选择考研深造的主要原因有：一是随着经济社会的发展，许多行业工作岗位对于毕业生的要求是硕士及以上学历，未来职业发展对于学历也有相应要求，拥有研究生和本科学历毕业生薪酬待遇差距较大，成为大学生热衷于考研的主要原因。二是随着我国经济的发展，家庭经济收入增加，大部分家庭不再有经济压力问题，家长对学生学历的期望也越来越高，让孩子拥有更高的学历继续攻读硕士博士学位，成为大部分家长的心声。三是对于部分毕业生来说，还存在职业发展迷茫、就业压力大等问题，导致出现慢就业、缓就业、不就业，读研无疑是延迟就业的最佳渠道，一来可以增加自身在未来就业市场的竞争力，二来也可以暂时缓解一下眼下面临的就业压力[4]。

从W大学Y学院来看，由于有着优势学科背景的环境长期熏陶、良好的教风学风和浓厚的科研氛围，培养出来的大学生继续升学深造的意愿十分强烈，具体表现在：一是意愿深造学生人数总体增多，计划深造(读研、出国出境)的学生比例不断增加，2021年计划深造的学生比例为70%，2022年计划深造的学生比例为74%。二是在报考研究生的同学中，报考本校的学生比较多，比例为61%；报考专硕的人数大于学硕人数，专硕人数占比58%。三是考研录取比例逐渐增加，2021年考研录取率约为34%，2022年考研录取率约为34.5%。因本院的研究生招生名额有限，考研调剂的学生比例比较大，占比约为37%；在考研调剂过程中，有部分学生愿意降低院校要求，选择"211"或者双非高校读研，出现"逆向考研"[5]的现象，这也说明部分同学面对考研激烈竞争和内卷，愿意选择"曲线救国"尽快"上岸"。

2. 做好考研服务保障,助力更多学子"上岸"

学院准确把握新形势新特点,从学生实际需求出发,重点围绕服务大学生考研精准发力,帮助毕业生实现梦想。一是在确定报考意愿阶段,及时收集汇总学生的毕业去向的意向,分类指导帮助学生了解相关意向的情况。邀请保研成功的学生为意向保研同学提供指导和帮助,邀请在国外读书的学生为意向出国出境学生解读出国出境相关情况,邀请考研至学院、科研院所、其他学校的同学为意向考研同学提供指导和帮助,重点做好报考院校、专业分流,避免扎堆内卷,提高命中率。二是在复习备考阶段,定期与考研的同学谈心谈话,舒缓压力,及时关注他们的备考情况,解决他们遇到的困难和问题。三是考前动员阶段,进行考试诚信教育,定制礼包并送上祝福,为他们加油打气。四是在考研录取调剂阶段,及时收集考分和划线信息,指导学生做好复试准备;提供舒适的复试场地,保障复试顺利进行;及时收集发布调剂信息,充分发挥学科优势和在学界的影响力,积极动员专业教师帮助调剂同学联系院校及指导老师。

(二)充分挖掘潜力,帮助更多毕业生满意就业

尽管部分学生就业意愿不强、积极性不高,但学院仍可以积极主动作为,变被动为主动,充分挖掘潜力,帮助毕业生找到适合自己的满意工作。

1. 就业结构形势分析

学院 2022 年直接就业参加工作的毕业生中,从就业单位性质流向来看,国有企业占比 20%;政府单位占比 8.33%;事业单位占比 10%;科研设计单位占比 5%;地方基层项目占比 1.67%;其他企业占比 35%;其他事业单位占比 11.67%;三资企业占比 6.67%。

从就业单位行业流向来看,信息传输、软件和信息技术服务业占比 46.67%;科学研究和技术服务业占比 16.67%;公共管理、社会保障和社会组织占比 8.33%;教育占比 6.67%;制造业占比 6.67%;建筑业占比 5%;金融业占比 5%;国际组织占比 1.67%;交通运输、仓储和邮政业占比 1.67%;居民服务、修理和其他服务业占比 1.67%;军队占比 1.67%。

从就业地域分布来看,湖北省占比 21.67%;北京市、广东省分别占比 15%;浙江省占比 6.67%;广西壮族自治区、福建省、陕西省、上海市、西藏自治区分别占比 5%;湖南省、山东省、四川省分别占比 3.33%;江苏省、江西省、辽宁省、新疆维吾尔自治区分别占比 1.67%。

综上,协议就业毕业生中,与单位签订就业协议是主体,其中互联网信息产业占比约

一半，是挖掘潜力的主攻方向。科研助理占有一定比重，说明学院动员教师参与解决毕业生去向成效明显。从地域上看毕业生主要流向湖北，以及北上广苏浙闽等经济发达地区，同时学院积极引导毕业生基层就业取得明显效果，部分同学自愿前往西部及边远艰苦地区就业，其中前往新疆、西藏就业学生占比 6.67%。

2. 主动拓宽就业渠道，有效衔接供需促进毕业生满意就业

协议就业遵循"双向选择、双方自愿"原则，只有在两个方面同时下功夫，促进就业供需双方有效匹配衔接，才能实现毕业生和企业双赢。

(1)岗位供给方面。一是随着信息技术的蓬勃发展，近几年互联网、新技术产业相关单位的岗位人员需求不断增多，秋招时间也逐渐提前，最早的单位大三学年暑假就开启招聘日程。二是传统行业单位在薪资、岗位、发展等方面与信息技术产业差距较大，学生应聘意愿不高，行业单位来校招聘的意愿也不断下降。

(2)岗位需求方面。总体来看，社会提供的就业岗位数供需比约为 15∶1，但是由于部分学生对于就业市场的认知不够全面，对于自我的认知不够清晰，不能很好地将个人的能力与就业市场的需求对接起来，导致对于就业市场期待过高，或者自身能力达不到企业岗位需求，不能形成有效匹配，导致双方无法落实签约。

(3)应对策略方面。一是切实做好生涯规划，开设本科生职业生涯规划课程，帮助学生提前做好规划。二是加强就业指导和宣传力度，有必要在大学生择业过程中给予引导，改变学生以地域和薪资为首要目标的就业意愿，引导其参加国家迫切需要人才的领域，为国家和社会做贡献。三是提高大学生就业服务质量，落实分类指导，精准掌握学生就业意向，帮助学生了解国情国策、行业发展，引导大学生树立正确的择业观念，调整好就业心态，对薪资与待遇有合理的预期，尽可能做到先就业再择业。四是及时发布就业信息，实现全覆盖，密切关注特殊群体及就业困难学生，建立"一生一档"，制订"一生一策"，帮助学生针对性推荐就业岗位。五是访企拓岗拓宽就业渠道，发挥学科优势在行业影响力，加强学校与企业在人才培养、学生实习就业、科研创新之间的合作。

四、结论与建议

高校"双一流"学科本科毕业生有着自身的特点，升学意愿强烈，保研率高、考研率高、出国率高、"二战"率高；就业意愿低，慢就业、不就业现象普遍。通过本文分析，建议做好就业工作的应对策略和思路为：稳住保研基本面、扩大考研录取主体面、挖掘协议就业潜力面、提高出国深造增量面。通过这一系列"组合拳"，能够有效帮助毕业生落实满

意毕业去向，促进毕业生工作高质量发展。

参考文献

[1]刘美玲.后疫情时代地方高校大学生就业意愿及影响因素研究[J].淮南师范学院学报，2022(5)：94-98.

[2]武汉大学遥感信息工程学院官网.学院简介[EB/OL].[2021-10].https://rsgis.whu.edu.cn/xygk/xyjj.htm.

[3]李晓贝.大学生考研内卷现状分析及改进方案探究[J].科学视界，2022(10)：35-37.

[4]张燕.考研热度攀升，上岸愈卷愈难[J].中国经济周刊，2022(11)：43-45.

[5]郑楠."逆向考研""反向留学"引关注[J].深度，2022(18)：54-56.

体验式教学在高校就业指导课中的应用

——以"面试求职实训"课的无领导小组讨论为例

陈 曦*

（武汉大学城市设计学院）

摘要 无领导小组讨论模拟面试作为情景教学的一种方式，将其应用到就业指导课程中，能引发大学生对团队合作的思考，激发学生的学习兴趣，提升其就业能力。本文以"面试求职实训"课的无领导小组讨论为例，阐述了无领导小组讨论的来源、概念、应用，以及笔者在其体验式就业课中教学环节的组织和实施步骤，通过课程前后的调查问卷用数据详细分析了其教学效果，并提出了关于教师在教学中的准备和应变、体验课对教学场地及教师配备的要求以及教师在课堂中"引导者"角色的定位等思考感悟。

关键词 体验式教学；无领导小组讨论；高校；就业指导课；调查问卷

自从《教育部办公厅关于印发〈大学生职业发展与就业指导课程教学要求〉的通知》将就业指导课列为必修课后[1]，各高职院校均开设大学生就业指导等课程，相比其他以理论知识为主的专业课，它更注重经验性内容的传授。就业指导课程应加强教学内容的实用性，从学生的角度出发，引入多样的教学方法。不仅要传授知识，更要培养学生的能力，完成学生向"职场人"的转变。然而，目前的就业指导课程还存在着对课程的重视程度不够，教师队伍的专业性不强，教师对课程的讲解不够透彻，教学内容理论性强，学习效果不高，学生的关注度不够，实践指导效果有限等问题。即使有些教师在课程中加入了求职面试辅导，但内容也仅限于求职面试礼仪、信息搜索等理论讲解，很少用实践课程来训练学生的求职面试能力。针对这些问题，本文主要研究了大学就业指导课程中模拟面试的教学实践，以"面试求职实训"程中的无领导小组讨论为例，鼓励学生将知识转化为实践能力，增加就业指导课程的实际针对性，加深学生对知识的理解，提高学习效果，为今后的

---

* 作者简介：陈曦，博士研究生，武汉大学讲师，大学生职业发展与就业指导课授课老师，全球职业规划师（GCDF），城市设计学院团委书记、本科生辅导员，研究方向：思想政治教育理论与实践。

求职打下良好基础。

一、体验式教学与高校就业指导课程

中国南宋诗人陆游有诗云"纸上得来终觉浅，绝知此事要躬行"，可见体验式学习的思想古已有之。而现代意义上体验式教学概念的提出发源于 19 世纪的美国。[2]美国教育家杜威倡导"在实践中学习"的理念，旨在强调人们通过实践获得知识的方式。[3]体验式教学是一种让学生体验课程内容的教学方法，通过符合不同学生个性特点的场景和体验，让学生主动理解知识，并将其转化为自己的技能和需求。这种教学方法不仅可以帮助学生提高实践能力，更好地认识自己和社会，还可以激发学生的自主性和创新性，促进职业意识的成长和发展。

在就业指导课上使用体验式教学可以增强教师和学生之间的互动。教师成为组织者，而学生成为参与者。在教师的指导下，学生积极参与，发散思维，探索解决问题的方法，以自我意识为主要学习方式，从而达到认知和情感体验的有机结合，大大提高了教学效果，使教育更加有效。

就业指导课程的教学过程包括各种形式的案例分析、经验分享、情景模拟、提问和团队训练。根据不同的形式，学生可以从不同的角度出发，根据情况选择个人行动或与他人合作的解决方案，并找到最适合自己的方式。下文以大学生求职面试中常见的无领导小组讨论为例，先对无领导小组讨论进行基本介绍，再以"面试求职实训"课的无领导小组讨论的课堂情况反馈和反思来探究高校就业指导课中体验式教学的应用。

二、无领导小组讨论的概况

（一）无领导小组讨论的概念

无领导小组讨论最初是在 20 世纪初的德国军事心理学中发展起来的，首先用于军事人员的选拔，第二次世界大战后，由于其有效性，它也被用于行政和管理人才的选拔。由于其效率和范围，它在公务员、职业和企业的招聘中越来越受欢迎。它是一种人事评估方法，通过对这些行为的定性描述、定量分析和人际比较，利用松散的小组讨论，快速引出人的某些行为，评估考生的个性特征。

所谓无领导讨论，是指事先不确定由谁来组织或领导讨论，领导在讨论中逐渐出现的一种讨论方式，因此，一组考生必须在不确定小组领导的情况下就某一问题展开讨论。一种是评分者不给考生分配任何角色，另一种是每个考生只被分配一个角色，与所有其他人一样，但不指定谁是领导，也不指定每个考生应该坐在哪里，而是由所有考生自己决定。自己安排和组织，评分者只安排考生的活动，观察每个考生的行为 评分者只安排考生的活动，观察每个考生的表现，并根据考生在面试中的语言和行为表现，评估考生的相关能力和能力特征。

最重要的特点是：第一，几个考官同时对几个考生进行比较评估；第二，考生之间的人际平等和互动；第三，考试的现实性，突出了考生的实际能力和水平。

(二) 无领导小组讨论的流程

无领导小组讨论一般是由 6~8 个人组成的小组，被赋予一个特定的话题，以激发自由讨论并最终达成共识，而面试官则观察并记录整个讨论过程，以选出理想的考生。无领导小组讨论的过程一般可以概括为"1+6+1"，即准备阶段、面试阶段(分组→入场→开场→自我陈述→自由讨论→总结发言)和附加阶段。

第一阶段是准备阶段，即面试的地点、时间等。

第二阶段是面试阶段，由 6 次会议组成。

1. 分组

到达面试地点后，公司将相同或类似工作的考生随机分组，每组 6~8 人，人数由抽签决定。

2. 入场

考生必须按照公司规定的顺序到达，并按号入座；不允许携带任何文件。面试会场的座位安排通常有以下几种类型：一是传统的经典考试形式，考生单独在一个房间里，围坐在一张圆桌上，面试官坐在房间旁边的单向玻璃墙边观察面试过程，单向玻璃的特点是考生看不到面试官，而面试官可以透过玻璃看到考生；二是专业考试形式，考生和面试官在一起，这也是学校设置中比较常见的类型，即考生形成一个弧形，面试官坐在弧形的对面，这样就可以非常直观地观察到整个面试过程，当然这种面试方式也给考生带来了更大的压力。

3. 开场

面试官首先宣读面试的问题和规则，然后给考生 5 分钟时间阅读问题。考生需要调整心态，快速思考，确定关键词，勾勒出答案，做出清晰的陈述，并符合逻辑。

4. 自我陈述

五分钟的提问环节结束后，面试官会要求考生随机进行 1~3 分钟的自我介绍和观点陈述，这给团队留下了第一印象，对接下来的讨论环节有重要影响。有两点需要考虑。首先，你的介绍要简明扼要，突出自己的特点和优势，要清晰、有条理、流畅地阐述自己的观点；其次，你要注意控制时间，不要超时。

5. 自由讨论

这个环节也是整个无领导小组讨论的核心，考生自由讨论设定的话题，讨论时间一般为 30~40 分钟，其间考生如要发言，发言的顺序和次数由小组决定。面试官会详细记录每个人的有效发言次数，每个人的平均发言时间应该在 5 分钟左右，自由讨论环节常有四个角色。其中领导需要设定小组讨论的框架，确定方向，围绕中心问题组织讨论，有序推动问题的解决。计时员要控制讨论的进展，并根据时间来推动讨论。需要很好地管理时间，引导团队成员简洁地表达他们的观点，并捕捉讨论的进展。总结者的任务是记录每个小组成员发言的要点，对其进行总结，最后制订并提出解决问题的有效方案。在团队中，每个角色都有不同的任务要完成，每个角色都必须有效合作。在自由讨论期间，还应该牢记以下几点。第一，即使你是一个内向的人，你也要主动出击，言简意赅地提出自己的观点；第二，你应该学会倾听，你不应该为了表达自己的观点而打断别人或否定别人的观点；第三，你应该有团队合作的意识，即使你自己是考生，在小组讨论中也要达成共识；第四，你应该控制个人情绪，在别人提出反对意见时不要打断他们，在别人反对时友好地进行谈判。

6. 总结陈词

自由讨论后小组需推荐一个人对题目答案和讨论过程进行 2~3 分钟总结汇报，有时面试官也会给其他人机会进行适当的补充。如果你有更深入或新颖的想法，你应该利用这个机会提出来，你也可能得到一些加分。

第三个阶段是附加阶段，即在总结陈词阶段之后再进行一轮提问。问题非常灵活，当然也很难回答，但并不是所有的公司都会有补充阶段，例如，你可能会被要求评价小组或个人的表现，也可能被要求选择最好和最差的表现，以测试考生的应变能力和表达能力。

(三)无领导小组讨论的题目、类型

无领导小组讨论题型分为有开放题、两难题、选择题、操作题、资源竞争题和材料分析题。

1. 开放式的问题

开放式问题是一种常见的面试形式，通常是开放式的，没有什么限制，没有标准答案。主要检验标准是考生的反映是否相关和全面，以及他或她对所提出的问题是否有自己的意见和看法。这些类型的问题不太可能是争论性的，但必须关注团队精神和合作。

2. 困境问题

两难问题是指考生在两个有利的答案中选择一个。考生在两个答案中选择一个没有错，但观点必须令人信服。需要注意的是，在这种类型的问题中，两个备选答案中的一个不能比另一个更具选择性，两个备选答案必须具有同等价值。要想在人群中脱颖而出，就需要有高度的控制力、洞察力和执行力，以及对自己的角色有清晰的认识。这种类型的问题很容易讨论，并允许考生在模拟的情况下展示他们的真实技能。

3. 多选题

多选题要求考生从一系列备选方案中选择几个有效的答案，或对备选方案的重要性进行排序，并在一定时间内进行讨论并达成一致。主要考验的是考生分析问题内容和把握问题本质的能力。这些问题的复杂性很高，需要大量的思考，熟悉他人的答案并快速分析。

4. 业务问题

操作题为考生提供了具体的材料、工具或道具，他们必须用这些材料、工具或道具共同完成考官设定的项目。它们测试考生的合作能力，使用他们自己的主动性，以及在实际任务或操作中发挥作用的能力。这种类型的问题更多的是关于考生的操作行为，对上下文的模拟程度相对较高，但对语言表达能力的要求较低。

5. 竞争性问题

资源竞争问题用于无领导小组讨论，在这种讨论中，处于同等地位的考生被分配有限的资源，并且角色是预先确定的。它们测试了考生分析问题、总结、口头表达以及对所说内容做出回应和激励的能力。处理这类问题的唯一方法是要有一定的解决问题的能力，首先要争取更多人的支持。第二，必须将大局意识与解决问题的意识相结合。在确保资源得到利用的同时，你需要确保团队的利益得到保障，但你不应该打断他人或显得过于激进，毕竟团队合作在工作中是很重要的。如果讨论变得过于激烈，必要时做出让步，以确保小组的利益和任务的成功完成。

6. 材料分析问题

材料分析题型是根据材料和信息来解决问题，让考生进行充分的讨论，这种题型是要求考生审题，快速分析和总结，迅速运用逻辑思维进行归纳，做出判断，对于考生提炼信息和解决实际问题的能力有很高的要求。

(四)无领导小组讨论与结构化面试的区别及其面试技巧

与传统的经验性面试不同，结构化面试是通过面试官和考生之间的口头交流，使用基于既定评估标准、评估指标和评估方法的特定问题，按照严格的程序对考生进行评估的标准化过程。结构化面试采用标准化的统计方法进行评估，并根据考生的得分进行排名。

无领导小组讨论和结构化面试的主要区别在于，无领导小组讨论的核心是基于众多考生在互动情况下的综合表现能力。

如果想在无领导小组讨论中脱颖而出，可以尝试掌握以下四个面试技巧。

1. 积极主动地表达

在面试过程中，应该有勇气表达自己的意见，但不应该先急于表达。先听听别人怎么说，保留对自己有用的信息，用别人的长处来弥补自己的短处，等自己的想法和回答问题的内容成熟后再发表，这样才能最终取得始于他人、高于他人的成果。

2. 争取更多的支持

一般来说，辩论中的各方都应该相互理解，并努力让对方接受自己，使自己成为能够赢得人们同意的核心人物，克服冲突的界限，调解双方的意见，控制整个局势。

3. 有技巧地处理冲突

在讨论冲突时，可以使用先肯定后转移的技巧，而不是对抗性的。如果对方提出自己不同意的观点，可以先肯定对方的说法，然后礼貌地拒绝。这种方法更容易被对方接受，不仅解除了如何反驳对方的困难，也使对方处于更和平的状态。

4. 抓住问题的本质

语言要简洁明了，要从问题的核心中提炼出主要观点，然后围绕主要观点展开讨论，演讲要简短，有说服力。综上所述，在职业咨询中自然而然地应用这两种无领导小组讨论的教学背景，可以有效地帮助毕业生提高他们在工作场所的应变能力，并对这种谈话做出正确的反应。要想在无领导小组讨论这两类需要适应性的工作面试中表现出色，不仅要多学习各种面试技巧，还要在平时多学习，每天多读书，勤思考，不断提高自己各方面的能力，在面试中发挥出最佳水平。下文以"面试求职实训"中的无领导小组讨论为例，来探究高校就业指导课中体验式教学的应用。

三、无领导小组讨论的组织和实施

笔者结合教学实际，"面试求职实训"中的无领导小组讨论体验式教学的组织和实施按照下面六个环节进行，既可以充分调动学生的积极性，又能提高教学效果。

(一) 准备阶段

本课程前，教师确定教学环节设计。

1. 题目设计

为让学生从劳动和社会保障部门的工作人员角度出发去考虑如何解决高校生的就业问题，充分发挥课堂思政的作用，拓宽学生就业渠道，打开就业思路，引发就业指导的讨论，笔者设计了一个人大代表关于解决应届毕业生就业问题方案讨论并每人进行 2 分钟就业指导方面演讲的题目。并按照人手一份的数量根据班级人数打印好纸质版的讨论题目。

2. 评分表设计

笔者按照以下四种评价维度，即交流与沟通、分析判断、团队协作和团队管理来考察，给出详细具体的评分依据说明，制作出评分表。然后，根据班级和分组情况，按照每6~8 人一个小组，每组一份的数量提前打印好纸质版表格。

3. 理论准备

准备无领导小组背景、概述、特点、面试技巧等理论指导，及讨论后的回顾总结评价等教学内容。

4. 问卷设计

为更好地检验上课效果，根据课程内容制作前测和后测调查问卷，放入课件中。

5. 联系方式

将自己的微信二维码保存并放入课件中，以便课后和同学们更深入地交流。

（二）实施阶段

课程中，开展无领导小组讨论。

1. 前测问卷

了解同学们的基本情况以及对面试的了解，对课题的期待，以及最想解决的问题，并分享问卷的答案。

2. 理论介绍

大概 1 小时介绍面试的概念、分类、技巧、工具等。

3. 全班分组

进入无领导小组实训，结合班级实际人数和区域，按照每 6~8 人进行分组。

4. 选定并培训观察员

班级分组后，讲解观察员的任务，即观察所在小组的同学的面试细则，在评分表上详细记录，打分，并在课后对每个同学进行详细点评，说出他们具体哪里做得好，哪里可以提升，给出打分理由。接着，采用自愿举手报名的方式，确定各组观察员，发放评分表，指导观察员如何更好地观察，如观察并记录第一位发言的同学、观察并记录同学们的肢体语言等。通过观察员这一角色，可以锻炼同学们从面试官的角度了解企业需要何素质的人才，同学们目前具备哪些素质，还欠缺哪些素质，以后从哪些方面进行弥补和学习。[4]

5. 调整座位

每个同学移动桌椅，使得一个小组的讨论组形成一个圆圈，观察者坐在距离小组一米左右处。

6. 发放题目

给每位同学发放讨论题目和面试规则，宣读完后会给出 5 分钟时间让同学们阅读题目。要求：（1）从给出的 6 个就业方案中，讨论选择出 3 个最重要的措施；（2）在最重要的措施中选择一个，商量详细执行步骤；（3）每人做 2 分钟就业指导方面的演讲，角度自选，可结合材料；（4）在 30 分钟内团队给出统一答案，并推举一位代表进行总结陈词，时间 3 分钟。

7. 自由讨论

每组学生开始进行讨论后，笔者轮流在各组观察记录。大部分小组采用同学们轮流发言，阐述自己的观点，时间一般不会太长；后同学们进入交叉自由讨论，或继续阐明自己的观点，或对别人的观点提出不同的意见，并最终得出小组的一致意见。整个过程大约 30 分钟。

8. 总结陈词

自由讨论后小组需推荐一个人对题目答案和讨论过程进行 2~3 分钟总结汇报。

(三) 附加阶段

讨论后，教师引导开展讨论总结、课程回顾及反馈等。

1. 观察员反馈

观察员对每个同学一一反馈，给出详细打分理由。在此环节，同学们有时会碍于情面，不好意思提出其他同学的不足，此时教师可以引导观察员至少对每个同学提出一个可以提升的具体意见。

2. 自由发言

同学们在听完观察员的发言后可以补充发言或提问。例如，一个同学问到如何在讨论中合适地推进，或礼貌地打断滔滔不绝、不给其他人发言机会的同学。教师可以引导其他同学先予以思考回答，最后再进行补充回答，给更多同学参与和思考的机会，调动课堂氛围。

3. 教师回顾总结

笔者在无领导小组讨论中观察记录的情况进行补充，总结回顾，针对同学们的不足提出解决建议和提升方法，例如，应该如何在讨论中找准自己的定位、掌控自己的小动作和微表情、化解"冷场"、"合作共赢"等，同学们都听得十分认真，并做记录。同时，将本节课前面讲到的理论核心知识进行回顾梳理，如面试技巧、面试礼仪、面试心理等，通过反复讲解，强化印象。

4. 投票选出最佳观察员

由于观察员十分认真，全程高度集中，且对每个成员评价详细得体，为给他们鼓励，征得全班同学意见，均评为"最佳观察员"，课后给予较高课堂表现成绩。

5. 后测问卷

进行后测问卷，了解同学们本次课程的投入程度、收获、感悟、新的困惑以及接下来准备采取的行动等，并及时公布分享后测问卷的结果，促进同学们的思考和行动。

6. 公布联系方式

笔者将联系方式公布在课堂上，添加了多名同学的微信，方便后续进一步的答疑指导。

课后，教师对前来咨询的同学进行现场答疑，给每个同学进行课堂讨论成绩的打分，并进行课程总结，不断完善课教学环节设计。

四、体验式教学的效果及思考感悟

(一)教学效果

通过课堂秩序、课后问卷调查、下课后的掌声等方式可以看出，同学们对此课程的体验环节兴趣浓厚、印象深刻，同时对他们提升就业面试能力也有显著的帮助。

其中，71%的同学表示全程投入听完培训内容，其余同学由于客观因素，部分内容没听到。同学们对求职面试的了解从课前的平均分 32.59 到课后的 76.88 分，有了显著提升。全体同学对实战演练环节印象最为深刻，82.35%的同学对演练后的分析环节印象最深刻。58.82%的同学参加课程的目的完全达到，其余同学表示大部分目的达到。76.47%的同学表示课后要主动去学习掌握更多面试技巧。70.59%学习演讲与口才。64.71%更多地注意讲话言简意赅，切中要点。58.82%学习微笑等肢体语言的得体表达。对于本次课程的收获和感受，表示学会"要在面试中找准自己的定位""学会了就业面试的一些技巧""论团队合作的重要性""认识到不足""对于 HR 的提问有了更深的理解，对于 LGD 有了更深的体会"等。

"面试求职实训"无领导小组讨论体验式教学打破传统教学"填鸭式"的枯燥，活跃了课堂气氛，调动了学生的积极性；使学生通过对面试经历的真实体验和感受，了解了进入社会后最需要掌握的部分，并引发思考团队合作的问题。虽然只是一次体验，但学生们对面试过程有了初步的了解，丰富了自己的知识。在这次活动的基础上，他们客观地确定了自己的优势和劣势，明确了未来努力的方向，提高了就业能力。同时，通过对就业方案的探讨，让他们对就业去向有了更多的认识和选择，能够站在不同的角度去思考就业问题，能够更加体会到学校和辅导员对其就业的指引，体现出课程思政的魅力。

(二) 思考感悟

1. 教师要针对课堂特殊情况做好充分准备和应变

由于体验式教学的特殊性，以及各个班级学生素质的差异，体验式教育课在实际实施过程中可能存在一些突发问题，需要教师提前考虑，做好准备和应对。例如：(1)部分同学讨论前没有对题目进行充分了解，造成讨论时间把控不准，部分小组没有做到要求的所有环节。(2)部分同学只顾自己发言，不给其他同学讲话机会，导致一些偏内向或不太积极的同学没有发言机会。(3)观察员能力不同，缺少深入指导，导致观察得不够全面，或评价得不够准确，也不够切中要害。(4)同学们到课率会影响小组讨论，需要根据现场人数进行重新分组。(5)若能邀请参加校内招聘的企业管理人员进入课堂，更能激发学生参与兴趣，也能获得真实面试体验。

2. 应完善体验式教学的场地和师资队伍建设

传统的教学场地以大教室为主要授课场所，远远不能满足体验式教学在大学生就业指导课的应用，以"大学生求职技巧"模拟面试课为例，无领导小组讨论需要桌椅可以移动，而结构化面试，还需要候场区和面试区。传统的教学场地无论布置和场所数量都无法满足此要求，因此需要完善校内教学基地建设，充分利用实践教学资源，加大教学基地建设。

其次，如果需要对每个同学进行点评指导，就需要控制各班级人数，进行小班分组教学，才能更有针对性，更好地提升学习效果，也就要求投入更多的具备专业能力的就业指导教师以及授课学时。加强教师队伍建设，才能满足人才培养的需要。[5]

3. 教师应明确学生始终是活动参与主体

教师不仅要帮助学生了解课程的目的和要求，带领他们初步掌握，而且还要在实践过程中维护好秩序，并鼓励引导学生进行更深入的思考，形成师生联动，激发学生求知欲和学习兴趣，引导他们课后继续学习和有所行动。教师的地位不再是"权威者"或"中立者"，而应是"指导者"和"引导者"角色，教师不能代替学生进行决策，学生应始终是活动参与主体。[6]

参考文献

[1]马瑞. 试论模拟面试在高职院校就业指导课程中的应用[J]. 就业与保障，2022(9)：151-153.

[2]汤佳鑫，姜玲. 体验式教学方式在大学生就业指导课中的应用[J]. 赤子(上中旬)，2017(4)：136-137.

[3]成文娟，成世勋. 杜威"从做中学"思想对我国教育实践影响研究[J]. 林区教学，2021(10)：31-34.

[4]史永凤，暴海忠，袁芳，等. 无领导小组讨论在应用型高校课堂团队教学中的应用研究[J]. 智库时代，2019(35)：196-197.

[5]谢国秀. 模拟面试在就业指导课程中的应用——基于一项教学反馈调查研究[J]. 开封教育学院学报，2016，36(10)：86-88.

[6]刘香玲，何平荣. 体验式教学在高校就业指导课中的应用——以"大学生求职技巧"模拟面试课为例[J]. 才智，2017(32)：14，16.

一种基于 GCDF 的研究生职业规划案例分析

闫丽萍*

（武汉大学经济与管理学院）

摘要 由于近年来社会经济受到疫情的严重影响，进一步加剧了高校毕业生就业的严峻形势，研究生作为关键就业群体，受到了广大教育工作者的关注。本文将通过一例研究生在进行职业选择时的生涯规划案例报告进行探讨，基于 GCDF 理论，采用霍兰德职业兴趣测试、MBTI 职业性格测试、生命线、职业技能分类卡、决策平衡单等规划技术，围绕个人的性格、兴趣、价值观和能力等多维度进行自我探索、职业探索，很好地帮助一名研究生完成职业生涯规划。

关键词 研究生；职业生涯规划；GCDF

一、案例背景

王某，女，25 岁，热能与动力工程专业研三学生。秋招时期，收到的 offer 主要有武汉的高校行政岗和北京的专业技术岗。一方面她认为专业技术岗与自己专业对口，之后即使转行政也比较容易，而且薪资待遇更高，北京离家更近；另一方面她又认为自己有学生干部经历，不太喜欢自己专业，也愿意从事高校行政岗，而且武汉相较于北京生活压力小。因此，王同学在地域选择和就业方向有很大的困惑，特此来寻求帮助。

二、GCDF 规划思路

结合王同学的《收纳面谈表》[1]与面谈获得信息，结合王同学实际需求，对本次生涯

---

* 作者简介：闫丽萍，博士，武汉大学经济与管理学院，辅导员，研究方向：就业理论与实践指导。

规划咨询做出规划，计划咨询共分 5 次展开，每周一次，下面是五次咨询的规划思路：

（一）收纳面谈，建立咨询关系，确立咨询目标。尽可能多地收集关于来访者的具体信息，并对其进行分析整理，明确来访者的问题症结所在。

（二）通过采用生涯规划相关技术[2]，帮助来访者进行自我探索，明确自己的兴趣、性格方面的优劣势，了解自己。

（三）引导来访者探索自我的职业价值观及职业能力，进一步加深对自己与职业之间匹配关系的深刻认识；

（四）帮助来访者进行职业探索，让来访者对工作现状和未来发展有具体详细的了解。

（5）结合之前的咨询结果，利用决策工具，积极协助来访者进行职业决策，引导其确立职业生涯目标。

三、规划过程

（一）第一次见面：建立关系，收纳面谈

首先与来访者建立初步联系，进行了收纳面谈。并结合收纳面谈表格，具体与来访者进行深入沟通，尽可能多地了解受访者，分析出受访者的矛盾疑难点。

据王同学自述，她是黑龙江哈尔滨人。本科来自哈尔滨工业大学，研究生就读于北京一研究所。在读研期间认识了现在交往 3 年的男朋友，但男友是湖北武汉人，比较坚定想要回武汉发展。他们俩一致认为留在北京压力较大，例如买房难，生活成本高，通勤时间长，家人过来支持受限，良好的教育资源往往享受不到，等等。但该女生是东北人，且长时间在北方生活及求学，人脉大部分都在北方；家里人希望该女生能够留在北方工作，不希望离家太远。

另外，该女生表示自己求学多年，若是真的去了武汉选择了高校行政岗，那该女生一直以来学的专业就毫无用武之地，放弃很可惜。而且她也看重周围人的看法，除了男友支持外，其他人都不太认可高校行政岗。但她也表示，自己并不是很喜欢自己的专业，不想工作对象是冰冷的机械，她更喜欢交流沟通，工作对象是人的工作。她觉得自己具有良好的亲和力和领导力，也组织过大型活动经历，认为自己可能更适合高校行政岗。因此，该女生第二个困惑就是第一份工作是选择技术岗还是行政岗？

在第一次见面交谈过程中，我对收纳面谈表格进行了认真的阅读与分析，并进行了思考。我在想，她的主要诉求和矛盾点在哪里？我该用哪些有效的职业规划工具来帮助他。在这个思考的过程中，我发现最初的见面咨询务必要有亲和力，要始终秉承以来访者为中

心的理念，这是最基础也是最为关键的一环，因为只有这样才能更好地明确来访者问题，明确来访者需求。而在思考解决方法和规划目标的时候不能急于求成，要循序渐进，明确更好的辅导效果是在与来访者进行深入探索和规划的动态过程中完成的。

为此，我进一步制订了规划方案：

（1）为王同学进行霍兰德职业兴趣和 MBTI 职业性格两大标准化评估方法帮助来访者进行自我的兴趣、性格的探索，并对评估结果进行详细分析与说明；

（2）采用职业价值观分类卡、技能分类卡及生命线方式，积极引导王同学进行职业价值观和技能探索，进一步了解自己与职业之间的匹配程度；

（3）与王同学共同探讨她所学专业的就业情况、行业及企业相关发展情况、企业分布情况等，更好地区分和理解专业技术岗和高校行政岗两者本质区别；

（4）基于以上探索结果，采用决策平衡单等工具，协助王同学进行职业决策。

方案明确后，我给王同学布置了一个任务，让她回去做标准化测试——霍兰德职业兴趣测试和 MBTI 职业性格测试，并约定在下一次咨询时进行具体分析。

（二）第二次见面：职业兴趣和职业性格探索

主要通过霍兰德职业兴趣和 MBTI 职业性格两大标准化评估方法[3]帮助来访者进行自我的兴趣、性格的探索。整个过程进行得比较顺利。

1. 兴趣探索

王同学带着霍兰德职业兴趣测试结果来到了我办公室。从测试的雷达图 1 可以看出，王同学属于 CESA 型。我帮助王同学分析了自身所具有的兴趣特征。

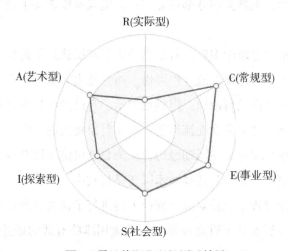

图 1　霍兰德职业兴趣测试结果

(1)王同学具有常规型(C)的兴趣特征：尊重权威和规章制度，喜欢按计划办事，细心、有条理。喜欢关注实际和细节情况，通常较为谨慎和保守，缺乏创造性，不喜欢冒险和竞争。喜欢要求注意细节、有条理，具有记录、归档、据特定要求或程序组织数据和文字信息的职业。

(2)王同学具有事业型(E)的兴趣特征：追求权力、权威和物质财富，具有领导才能。喜欢竞争、敢冒风险、有野心抱负。为人务实，习惯以利益得失等来衡量做事的价值，做事有较强的目的性。喜欢要求具备经营、管理、劝服、监督和领导才能，以实现机构、政治、社会及经济目标的工作。

(3)王同学具有社会型(S)的兴趣特征：喜欢与人交往、不断结交新的朋友、善言谈、愿意教导别人。关心社会问题、渴望发挥自己的社会作用。比较看重社会义务和社会道德。喜欢要求与人打交道的工作，能够不断结交新的朋友，从事提供信息、启迪、帮助、培训、开发或治疗等事务。

(4)王同学具有艺术型(A)的兴趣特征：渴望表现自己的个性，做事理想化，追求完美，不重实际。具有一定的艺术才能和个性。善于表达、怀旧，心态较为复杂。喜欢的工作要求具备艺术修养、创造力、表达能力和直觉，并将其用于语言、行为、声音、颜色和形式的审美、思索和感受。

听完我的分析，她对自己的兴趣点更加确信。王同学表示自己很符合 CESA 型。她分享道，从小到大自己都是比较乖的孩子，做事情的时候容易参照模板，不会有太多自己的想法和创新。自己很享受在一个组织中担任 leader 角色，并热衷于在公众场合演讲和朗诵。她提到自己在本科和研究生阶段，分别担任过校学生会文艺部部长、研究生会宣传部部长以及班级班长等职务。在自己做事情的时候，很喜欢以目的/结果为导向。除此之外，她自己喜欢结识新朋友，也很喜欢教导别人，希望通过自己的话语来劝解影响他人。最后，王同学谈到自己很喜欢画画，常常沉迷其中，忘记时间。

2. 性格探索

我结合 MBTI 职业性格测试进一步让王同学更深入地了解自己。图 2 为王同学的测试结果。

王同学是典型的管理型人格 ENTJ，具有以下人格特征：

· 坦诚、具决策力的活动领导者。

· 擅长于发展、实施广泛的系统，以解决组织结构的问题。

· 乐于经常吸收新知，且能广开信息管道。

· 易过度自信，会强势地表达自己的创见。

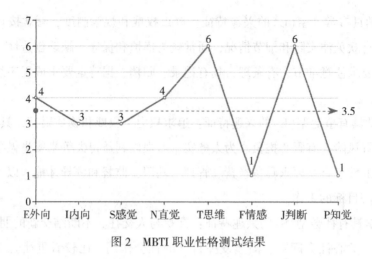

图2　MBTI 职业性格测试结果

- · 具内涵与智能的谈话能力，如对公众演讲。
- · 善于策划及目标设定。
- · 偏好领域：政界、金融和管理咨询、培训、专业性领域。如：政客、法官、经济分析师、融资律师、个人理财顾问、管理专员、销售主管、经理、技术培训人员、程序员等。

在向王同学讲解完她所属的性格类型特点后，她对自己逐渐有了自信。这样一个性格的人，很坚毅，容易将事情做成做好。因此未来无论是选择行政还是技术岗，只要在自己领域不断深耕，一定会有所作为。

（三）第三次见面：职业价值观和职业能力探索

在第二次见面后，明显感觉王同学轻松了不少，她说自己更了解自己了，所以很期待这次会面和咨询。我告诉她这次我们将主要围绕职业价值观和能力展开，将也是自我探索很关键的一个环节。

1. 价值观探索

我用"生命线"[3]的方式去引导，并与王同学一同分析了生命线上的各种重大事件。其中，我问哪一件事情是对自我正向影响最大的。她回答道：最幸福的是认识了现在的男友，并且与之相处非常开心和正向，感觉对方是可以相伴一生的伴侣。可见王同学很看重情感家庭。

我进一步采用了职业分类卡，我列出了11个关键词：工作强度，薪资待遇，企业文化，成长晋升，人际和谐，工作地点，工作稳定，领导风格，专业匹配，兴趣匹配。我让她将上述分类卡分别放到不同类别中，结果如表 1 所示：

表 1　　　　　　　　　　　　　价值观分类结果

重视程度	价值观	赋予权重
非常重视	工作强度、薪资待遇	50%
比较重视	专业匹配、成长晋升	30%
有时重视	兴趣匹配、工作地点	15%
很少重视	工作稳定、领导风格	5%
不重视	企业文化	0%

从王同学选择可以看出，她最重视的是生活工作平衡。王同学表明自己很看重生活质量，不想要工作填满生活。同时表示自己是女生，之后可能会考虑到孩子，所以想更多地将个人生活和工作平衡好。我反问道："既然你如此看重生活质量，那你认为选择北京和武汉或是选择高校行政岗和专业技术岗，哪一项才能更符合？"王同学毫不犹豫地表示："武汉更符合，而且高校行政岗相对专业技术岗的加班强度较弱，若单纯从这个角度看，武汉的高校行政岗更适合。"我进一步追问："那是什么导致你如此犹豫？"她回答道："主要是专业匹配和工作地点这两项，我认为也很重要。"为后续方便引导她做决策，我建议她加权求和，首先对每个重视程度赋权重（王同学赋权重结果表 1 所示），然后对每一项打分。这一过程让她明确在找工作过程中心中看重什么。

2. 能力探索

进一步引导来访者把握自己的个人能力[5]（专业知识、可迁移技能、自我管理技能），明确自己能力的优劣势。我首先通过成就事件询问，整理归纳了王同学所阐述的能力技能表（见表 2）。

表 2　　　　　　　　　　　　　王同学的技能概述

类别	具 体 技 能
专业知识技能	热能动力专业知识，撰写学术论文，本专业常用的研究方法
可迁移技能	计算机编程技能，CAD 等作图技能，英语文献阅读能力，倾听，演讲朗诵，绘画，逻辑分析能力
自我管理技能	冷静，理性，公平，坚定，努力，客观

从上述可知，多年的求学生涯获得了丰厚的专业知识技能和可迁移技能，若是能沿着对口专业找合适的工作是最为匹配的。而行政岗更多用到少部分可迁移技能和自我管理技能，因此从能力的角度分析，技术岗更加适合王同学。

(四) 第四次见面：职业探索

由于我与来访者就读相同的专业，所以对来访者未来就业情况比较熟悉。所以，来访者也非常期待我来跟她讲一讲目前的本专业的就业情况。

我首先分析了北京和武汉专业对口企业具体情况。总体而言，北京比武汉具有更多对口单位，且薪资待遇要好一些。在北京，王同学可以选择去各地航空院所、热力设计院研究院、各大与电力有关的企业、国家能源集团，等等。在武汉，对口企业有限，主要是部分船舶类研究所比如701、中核武汉、航天三江。工作强度大，一般月末会很忙，硕士生大多是负责画图纸、热力计算等工作。

同时我与她分享了目前我所在高校技术岗的具体情况，高校行政的薪酬比专业技术岗薪资待遇要低，且后续晋升发展较慢。优势是加班较少，有寒暑假，可以更好平衡工作与家庭，而且与自身的兴趣更加匹配。工作内容与人打交道，看重组织管理能力。

最后，我也推荐了一些就业信息网站[6]，王同学将在本次咨询结束后回家去进一步查看研究。

(五) 第五次见面：引导职业决策

明尼苏达工作适应论原理[7]认为，个人技能和价值观需要与企业的工作要求和增强系统相匹配，才更加合适。因此，在使用决策平衡单[8]过程中，进一步拓展，综合个人的关键因素，分析每个因素的加权百分比，并最终加权评估。具体为：

Step1：列出所有选择：高校行政岗与专业技术岗；

Step2：列出考虑因素：个人兴趣、性格、价值观、能力；

Step3：分析各因素权重分数，以重要程度计为 0~5；

Step4：设定各个选项的程度分数，−10~+10，视选择对于考虑因素与工作选择的匹配程度的大小而定；

Step5：加权并评估几项选择。

1. 兴趣评分依据：霍兰德适配性 Iachan 指标

前面测试结果得出王同学是 CESA 型，而高校行政岗需要 SEC 型，霍兰德适配性得分为 13 分，较为适中。专业技术岗需要 RIC 型人才，王同学对应的霍兰德适配性得分为 4

分，个人兴趣与工作所需不太适配(见表3)。

表3　　　　　　　　　　　　　　**霍兰德适配性得分**

	高校行政岗	专业技术岗
Iachan 指标	13	4
适配程度	适中	较差

从兴趣角度看，根据王同学的霍兰德适配性 Iachan 指标，判断高校行政岗更适配。

2. 性格评分依据：MBTI 测试结果

王同学属于 ENTJ 是典型的管理型人格，在各高校行政和专业技术均适合，差异性不大。根据 MBTI 测试类型表明，两者均较为适配，没有特别的倾向性。

3. 价值观评分依据：职业价值观分类卡赋权重得分

在第三次见面中采用了职业价值观分类卡，让王同学在见面后对其进行了加权分析，表4 为王同学的得分情况(满分制)。

表4　　　　　　　　　　　**不同岗位与王同学职业价值观适配得分**

不同重视价值观	高校行政岗得分	专业技术岗得分
非常重视(50%)	90	80
比较重视(30%)	60	90
有时重视(15%)	80	70
很少重视(5%)	100	100
总得分	80	82.5

从价值观的角度看，王同学可能更加适合高校行政岗。

4. 能力评分依据

从第三次见面的职业能力分析中得出，专业技术岗与王同学的适配性更高。

面对目前的分析结果，王同学表示自己越来越清楚自己内心的答案。我感到很是欣慰。根据以上分析结果的折合分数，最终采用决策平衡单的方式从综合的角度为自己加权打分，用客观数字来再次衡量一下心中的判断(见表5)。

表5 决策平衡单结果

考虑因素	高校行政岗	专业技术岗
兴趣(1.5)	7.6	2.4
性格(0.5)	9	8
价值观(3)	8.25	8
能力(5)	6	8
总得分	70.65	71.6

王同学看到这一结果后，一点也不意外。她反映其实在第四次见面交谈后就已经明确心中所想了。她计划接下来还是继续在武汉找对口的专业技术岗，若还是找不到合适的，她会选择高校行政岗，因为这份工作她自己是能胜任并且也是适合自己的。她表示，虽然整个过程中没有过多地分析地域，其实她自己内心很倾向选择武汉，而内心最大的纠结在于选择高校行政岗还是专业技术岗，心中也有答案了。

最后，她不希望这个咨询过程被透露给别人，我很认真地告诉她，那是当然，这是咨询过程中我们必须要遵守的道德规范原则[9]，请放心。王同学很开心地与我道别，并真诚地向我感谢，感谢这段时间一直以来的帮助。我很欣慰，看到她一路走来的变化。

四、案例总结提炼

(一)案例成功方面

(1)一切以"来访者"为核心，深入挖掘和剖析来访者所面临的"真正"问题，并在咨询过程中要始终围绕来访者面临的问题展开探讨。

(2)利用决策平衡单进行职业决策时，可不拘泥于传统的四维度(个人物质得失、个人精神得失、他人物质得失、他人精神得失)分析，本案例中按照来访者兴趣、性格、价值观和能力四个维度与工作的匹配度综合开展评估分析，实用性更强，与前期自我探索环节的衔接度较高，具有一定的推广借鉴作用。

(3)传统的决策平衡单各项打分大多依据自我感觉给出，本咨询过程中应用霍兰德职业兴趣测试、MBTI 职业性格测试、职业价值观分类卡等工具，各项打分均是根据测试结果计算得出，数据化强，减少了主观性成分，可信度高，能更好引导来访者做出职业抉择。

(4)咨询师与来访者所学专业相近，非常熟悉本领域的就业市场行情，可为来访者提供具体专业的相关就业指导信息。

(5)良好倾听技术和影响技术的使用可迅速与来访者建立信任，并捕捉到关键信息问题，同时要将提炼的有效信息应用到职业抉择的各个环节中去。

(二)案例需完善方面

(1)在引导过程中，由于本身教师身份，容易与规划师身份混淆。

(2)咨询过程中未留下太多文字记录，咨询结束后不容易总结分析和查漏补缺。

(三)案例启发

(1)时刻牢记"以来访者为中心"，这是一切咨询的基础与核心。

(2)熟练掌握职业发展理论与模型，并根据实际情况灵活改进应用相关模型。

(3)加强自己的专业知识应用，并在实践中不断练习提升，将靠主观感觉获得的结论尽可能多地转化成可评估的数据化结果，为来访者提供专业化、可信度高的职业规划服务。

(5)职业探索过程推进中要灵活应用助人技巧，通过咨询过程中倾听和影响技术，不断推进咨询过程前进。

参考文献

[1]王云红，吴静．用 GCDF 工具帮助大学生解决就业问题的探索[J]．思想教育研究，2009(S2)：211-213.

[2]赵天阳，蔡龙湖．一例基于 GCDF 的女研究生职业抉择生涯规划案例报告[J]．科教导刊(下旬)，2019(15)：165-167.

[3]肖雪，梁丽红，周凯．基于 GCDF 的大学生生涯规划辅导研究——以四川农业大学学生为例[J]．就业与保障，2020(23)：161-163.

[4]唐诗潮，黄怀宇，鲍金勇．大学生职业生涯规划：生涯规划咨询案例报告[J]．高教学刊，2018(15)：183-186.

[5]黄华，鲁晓华．大学生职业生涯规划：职业咨询案例报告[J]．西南民族大学学报(人文社会科学版)，2012，33(S2)：212-215.

[6]王华鑫，代金贵．基于 GCDF 理论的研究生生涯规划辅导研究——以华中农业大学二

年级硕士研究生为例[J]. 科教导刊，2021(35)：148-151.

[7]卢彤菲. 大学生职业生涯规划咨询案例分析[J]. 教育教学论坛，2018(52)：49-50.

[8]杜楚源. 基于 GCDF 的大学生职业生涯规划案例报告[J]. 生涯发展教育研究，2014(2)：42-47.

[9]张议元，徐宁. 大学生职业生涯规划咨询案例分析[J]. 职业时空，2013，9(4)：101-104.

测绘相关专业研究生职业生涯教育模式研究

——以 W 大学为例

迟宗宝*

（武汉大学测绘学院）

摘要 随着科技的发展，测绘相关专业的发展与过去相比发生了翻天覆地的变化，由传统勘测向高科技、智能化发展，测绘相关专业毕业研究生的就业选择更加多元化，W 大学测绘学科作为"双一流"建设学科，实力雄厚，在此背景下，深入开展测绘相关专业研究生职业生涯教育模式研究具有重要意义，建设职业生涯指导教师队伍，完善生涯课程体系，创新不同年级研究生生涯辅导模式，推动测绘相关专业职业生涯教育发展。

关键词 测绘专业；生涯教育；模式研究

测绘有着悠久的历史，测绘相关专业的历史也很长，但始终充满了技术创新，是一个既老又新的专业，尽管专业名称没有变化，但专业内涵和应用领域在发展过程中已经发生了巨大的变化。我国正在实施创新驱动发展战略，将创新驱动摆在了国家发展全局的核心位置，在这个背景下，习近平总书记提出了坚持面向世界科技前沿、面向经济主战场、面向国家重大需求、面向人民生命健康的"四个面向"，适逢人类发展进入信息时代，在新一代信息技术的推动下，引发了从思维、科技以及人类生产生活方式向数字化、网络化、智能化的重大变革。在此背景下，测绘相关专业研究生的职业选择范围大大拓宽，社会对于测绘相关专业毕业研究生需求非常大，毕业生职业选择多样化，对于职业生涯规划指导的需求也在增加。

一、测绘相关专业发展现状

测绘相关专业主要包括测绘工程、遥感科学与技术、导航工程、地理国情监测、地理

---

* 作者简介：迟宗宝，硕士，武汉大学测绘学院学生工作办公室主任，研究方向：高校党建、生涯教育、大学生心理健康等。

空间信息工程 5 个方面，测绘类专业是具有空间观测和数据科学性质的专业，主要研究卫星、航空、地面、海洋等时空信息观测、探测理论和技术，掌握时空信息感知、认知、表达、行为的理论和技术，培养时空信息、遥感、导航等方面领军型人才以及从事地理信息产业、数字经济、数字治理以及数字产业等技术研发和管理工作的人才。在 20 世纪 90 年代以前，测绘类专业分为工程测量、航空摄影测量、天文大地测量等专业，后来经过多次合并和调整，在 1998 年合并为测绘工程一个专业。随着卫星导航、遥感、地理信息工程在国民经济和社会发展中的重要性越来越大，又分化设立为今天的 5 个专业。发展到今天，专业内涵、技术手段以及应用对象、应用领域也发生了巨变，空间、卫星导航、遥感、信息、计算机等技术，使一个"艰苦专业"转变成为"高科技专业"，应用对象从土木、军事拓展到空间信息类领域，从专业性质上说，主要属于空间观测科学、数据科学领域。测绘类专业发展到今天，形成了地理空间信息与空间技术、人工智能等新一代信息技术高度融合交叉的信息专业，甚至与管理、社会学也融合交叉分化，形成了新的一些专业，从研究时空信息获取发展到时空信息利用、再发展到时空信息产业，广泛应用于自然资源、交通、城市、国防等领域。立足当下，拥抱未来，看一下测绘相关专业的未来，"时空信息"与大多数领域将交叉融合，由于卫星、航空、地面、水下以及人的行为传感器的高度发展，时空信息将成为基础的实时信息，机器代替人、时空信息将是实现精准控制的技术和过程控制数据，时空信息具备按需服务的能力，即精准服务，例如目前已经实现出行导航。导航专业要培养服务于国家北斗战略的人才。导航工程专业是一门多学科交叉的新兴工程学科专业，主要涉及导航基础理论、各种导航技术的基本原理与方法，导航传感器设备的集成及其应用，服务于航空、航天、交通、军事、公安等领域和部门，应用于无人驾驶、智能机器人导航、位置服务等方面。我国北斗已经在国内外实现了产业化，正在推动各领域实现技术的升级换代，因此需要培养研究型人才、应用型人才、产业型人才，特别是由于北斗全球应用的特点，还需要培养具有技术、产业、管理的复合型国际化人才。测绘类专业还需要培养遥感技术人才，就是要为国家高分遥感等国家战略培养人才，地球周围有大气圈、水圈、生物圈，人类发射了大量的卫星，已经形成了一个卫星圈，这个卫星圈大部分是导航、遥感卫星。遥感是涉及空间技术、信息技术、测绘技术以及其他数十个领域的交叉领域，主要涉及资源遥感、测绘遥感、环境遥感等遥感卫星基础理论、各种遥感成像技术的基本原理与方法，遥感数据—信息—知识的转化理论和方法，广泛应用于自然资源、国土空间、生态修复、军事等数十类应用领域。《中华人民共和国国民经济和社会发展第十四个五年规划和 2035 年远景目标纲要》，这里面既包含发展需求又指出了未来方向。在这个规划中，国家确立了数字化发展战略，其中在第九章中重点提到北斗卫星导航、遥感空间信息基础设施等，这些都是能够增强国家科技实力、也是大国激烈竞争的重要领域，也是测绘相关专业研究生研究的重要方向。数字化发展就是要实现物理世界的数字化，数据、信息是信息时代的生产要素与生产力，建立数字政府、数字城市，实现数字治理，发展数字经济与数字产业。

二、测绘相关专业研究生职业生涯教育现状

随着时代的发展，测绘相关专业完全不同于 30 年、50 年前，毕业生的职业发展路径大大扩宽，但测绘相关专业研究生职业生涯规划教育还存在很多不足，一方面是对于职业生涯规划教育的认识不够，和其他很多专业一样，没有对职业生涯教育引起足够的重视，仍然是以提高就业率和就业质量为主要工作目标，缺少对专业研究生职业生涯发展的长远思考和规划，毕业生在选择职业时，往往是根据就业地域、薪酬水平、工作环境来进行选择，缺少对于职业的深层次了解和对职业生涯的规划。其次是和专业相关的职业生涯教育师资力量不足，当前承担职业生涯教育工作的主要是辅导员，辅导员来自不同专业，一般没有在专业内企事业单位从业的经验，加之辅导员工作多而杂，很难有充沛的精力系统地学习掌握职业生涯教育相关理论和实践方法，很难对学生进行专业的职业生涯规划教育，师资力量不足。另一方面是缺乏职业生涯教育体系，当前测绘相关专业研究生职业生涯规划教育主要是针对毕业年级的就业指导，对于研究生一年级和二年级的职业规划教育很少，应用的职业生涯教育理论基本上都是从西方借鉴的，缺乏本土化、连续性、长期性、专业性，与专业贴合不紧密，无法面向测绘相关专业研究生进行系统科学而又有针对性的规划指导。面对当前快速发展的学科形势和亟待提升的测绘相关专业研究生职业生涯教育现状，探索适合测绘相关专业研究生职业生涯教育模式是非常必要的。

三、测绘相关专业研究生职业生涯教育思考

（一）出发点：以学生为本

教育的本质是培养人，学生是教育的主体，以学生为本就是把学生作为职业生涯教育的根本，就是时时处处把学生的切身利益放在职业生涯教育改革和发展的首位，就是从学生的立场和角度出发去开展工作。以学生为本更确切地说应该是以学生的发展为本，促进学生职业生涯更好地发展也是职业生涯教育的目的所在，在职业生涯教育过程中注重培养学生的就业格局、思考方式、求职方法、职业技能，注重学生职业生涯思考和选择的过程而不只是是否就业的结果，让学生领会长期发展和短期利益之间的关系，

学会借助霍兰德职业测评、生涯彩虹图等手段帮助学生进行职业生涯规划，掌握科学的生涯规划方法，着眼长远，培养学生各方面的能力，让学生的潜能得到最大限度发挥。注重因材施教，协调好所有学生的全面发展与每一个学生的个性需求之间的关系，从而把学生个性的职业发展作为生涯规划指导实施的着眼点和目标，而不是在职业生涯教育中强加生涯规划师个人观点或者一味地迎合甚至讨好学生。充分发挥学生的主观能动性，引导学生参与到职业生涯教育课程设置、课堂教学、个性指导全过程，提升职业生涯教育的效果，促进学生自我管理、自我规划、自我实施的能力，为学生毕业后职业生涯发展奠定基础。

(二)关键点：唤醒研究生生涯规划意识

部分研究生对当下学习、科研、工作无法产生兴趣，甚至产生厌烦心理，很大程度上是因为他们对未来自己的职业发展以及生活缺乏积极的想象和具体的设计，也就是缺乏生涯规划的意识。研究生不应只关注眼前的学习、考试、发文章，还应思考为什么要这么做，这么做对自己的未来会产生怎样的影响。在开展职业生涯教育过程中，唤醒研究生的生涯规划意识是开展研究生生涯教育的关键，人只有有了目标意识，才有更强的奋进动力。将引导研究生树立理想目标、进行生涯规划放在首位，并从研究生入学之初就思考自己的理想目标，可以从描绘40岁时的愿景出发，要在哪个行业做什么工作，过着什么样的生活，对社会的贡献有多大。按照"大目标、小步子"原则，分别设计35岁、30岁、25岁的阶段性目标及实现目标的方案。确立研究生阶段的学习目标和努力方向，分析自己的研究方向、个人技能与目标职业的匹配度，进而确定研究生阶段的自我提升计划。关于发展目标与生涯规划的设计，可以通过职业生涯辅导沙龙的形式进行，将自己的远景目标、近期目标、研究生阶段的努力方向写出来，研究生同学之间相互督促，共同进步。

(三)切入点：新生生涯规划教育

研究生一年级以课程学习为主，一般科研压力较小，积极性较高，抓住新生入学教育的黄金期开展新生生涯规划教育对于唤醒研究生职业生涯规划意识、思考未来发展至关重要，通过新生职业生涯教育，引导研究生深入了解自己和周围的职业世界，充分了解测绘相关专业可能的发展方向及要求，结合所学专业及个人技能，逐渐明确未来可能选择的职业方向和职业目标，通过研究生阶段有计划地学习和开展实践活动，不断提升职业素质。职业生涯规划对未来全面和长期的发展计划，具有战略性、激励性和方向性，新生及早进行生涯规划，可以帮助他们带着方向感从事科研和实践，少走弯路，实现个人研究生学习与毕业后职业生涯发展的有机统一。

（四）结合点：专业知识与生涯规划结合

研究生作为我国国民教育的最高学历，经过了本科阶段的专业知识学习，拥有较扎实的专业基础知识，在开展职业规划教育时，不能忽略专业只谈职业规划，职业规划教育应与专业教育相结合，一方面可以以专业课程为载体进行职业生涯规划教育，测绘相关专业课程内容一般都与行业岗位紧密联系，在专业课教学中进行适当的职业生涯规划教育能使研究生对今后的就业岗位、工作内容、素养要求及晋升迁移等有一定的了解，便于研究生针对自身情况做出合适的职业规划。其次，职业规划教育可以激发研究生学习专业知识的动力，教师在进行专业课教学过程中可以指导学生找到符合自己的专业兴趣发展方向和职业发展路径，从而帮助研究生树立正确的学习目标，有效地激发学生的内在动力。此外，职业生涯规划教育有利于艰苦工作岗位相对应的专业课程教学。测绘相关专业研究生毕业之后部分人会在生产一线，有些岗位工作环境较差，研究生在进行相对应专业课学习中会误认为将来工作就是那样，没有发展前途，但是在专业课程中如果进行正确的职业生涯规划引导，拓宽学生对于岗位的认知，使学生认识到一线岗位技术积累和经验对于今后职业发展的重要性，就可以促进研究生提高学习的积极性。

（五）落脚点：搭建生涯规划教育平台

当前，生涯规划教育主要集中在本科生群体中，针对研究生群体的生涯教育平台偏少，以学生为本，唤醒研究生生涯规划意识，从研究生新生生涯规划教育切入，将专业知识与生涯规划结合，落脚点在搭建研究生生涯规划教育平台，一方面可以借助微信公众号、视频号、QQ 空间等自媒体手段，推出研究生生涯规划建议、优秀研究生典型、职场人谈生涯、学长学姐与你分享等生涯教育版块，以视频、海报等喜闻乐见的形式，推动职业生涯教育在研究生中间生根发芽，形成良好氛围。另外，通过建立职业生涯规划工作室，充分发挥导师、生涯规划师、辅导员、管理人员、毕业校友作用，借助生涯规划沙龙、生涯规划咨询、毕业校友对你说等形式，加强生涯规划团体辅导和一对一个性化咨询指导。另一方面，推出针对测绘相关专业研究生的生涯规划教育课程，在充分调研的基础上，开发针对测绘相关专业研究生的生涯规划课程，包含理论教学、案例分析、生涯畅想、实地调研等教学版块，提供启发思考、促进实践的优质课程。

四、测绘相关专业职业生涯教育路径探索

(一) 加强生涯规划教育教师队伍建设

生涯规划教育的专业性、复杂性和动态性要求教师必须具备学科、教育、社会、心理、管理等多学科综合知识与能力，正因为如此，当前生涯规划教育师资队伍力量薄弱，亟须协调相关资源，从体制机制入手，建立一支专业化的教师队伍来承担学校生涯规划教育的重任，为每一名研究生的生涯发展提供适合的指导。整合多元化资源，建设一支专兼结合的生涯规划教师队伍，通过对生涯规划师、辅导员进行测绘相关专业知识培训，了解专业的发展情况，有利于将专业知识与生涯规划结合，有针对性地开展生涯规划教育，通过对部分积极性较高的导师、专业课教师进行职业生涯教育理论培训，帮助他们掌握生涯规划的相关理论，有助于在日常指导研究生以及专业课教学时融入生涯规划教育内容，更好地帮助到学生。生涯教育覆盖的领域多、方向广，校内师资不足以胜任所有的生涯教育工作，生涯教育师资力量不应局限于校内，而要充分借助测绘相关专业更专业、更全面的校外资源，组建校外专家团队，邀请校外职业发展辅导专家、企事业单位人员、校友等在内的各行业资深人士、专家、学者进校开展培训和指导，开设生涯讲座，分享职业经验和人生感悟，丰富研究生对职业的认知和体悟，形成专业性强、多元合力的生涯教育师资兼职队伍。

(二) 构建研究生不同阶段生涯规划体系

生涯规划如果只在毕业年级开展就变成了单纯的就业指导，从研究生入学开始，生涯规划教育就应该开展，针对不同年级，侧重点不同。研究生一年级是学业适应和职业了解期，在此期间，唤醒研究生生涯规划意识是重点，通过新生入学教育等形式，让新生充分认识所学专业方向以及未来可能的职业发展方向，在学习专业课程的同时，探索自己的职业兴趣点，加入研究生会等组织锻炼自己的能力。研究生二年级是学术产出和职业对比期，此时研究生根据所学专业知识和研究方向进行专业学术论文写作，对于自己未来可能从事的职业有了更多的认识，结合自己的性格特征、未来期待的生活等，对比各个职业备选项，进行针对性的实习实践，为研究生三年级的职业选择做好准备。研究生三年级是学业完成和职业选择期，此时研究生阶段的专业课程已经完成，主要精力放在毕业论文的写作和求职上，经过前两年的准备，对于自己的职业选择有了清晰的认识，需要的专业资格、实习经历等已经具备，可以自信满满地进行求职。

(三)提升毕业研究生职业素养和求职技能

研究生阶段，绝大部分研究生将精力主要放在学术科研上，对于自己职业素养和求职技能的锻炼比较欠缺，而研究生又是距离自己的职业生涯最近的阶段，容易在求职过程中不尽如人意，特别是像测绘相关专业的工科研究生，科研任务重，偏技术性，对于职业素养和求职技能更是欠缺，在生涯规划指导过程中，需要通过开展职场礼仪、企业文化等讲座提升研究生职业素养，通过开展简历培训、面试技巧培训、朋辈求职经验分享活动等提升研究生求职技能，为研究生顺利进入职场做好铺垫。

(四)发挥校友传帮带作用

校友资源往往是容易被忽略的资源，测绘相关专业学科实力强劲，各行各业校友资源丰富，在开展生涯规划教育过程中要充分挖掘各行各业校友资源，近几年毕业的校友可以与研究生分享在校期间生涯规划经验及求职经验技巧，毕业时间五年左右的校友可以与研究生分享不同职业选择的利与弊以及如何尽快适应职场生活，毕业时间更长的校友可以与研究生分享职场中的心得感悟。可以邀请校友担任在读研究生的校外生涯规划导师，对研究生学业和职业发展进行指导，充分发挥传帮带作用。

五、结语

测绘相关专业研究生职业生涯教育应该充分认识到专业发展所带来的职业选择与发展的巨大变化，以学生为本，唤醒研究生生涯规划意识，加强生涯规划教育教师队伍建设，发挥校友传帮带作用，从研究生新生生涯规划教育切入，将专业知识与生涯规划结合，搭建研究生生涯规划教育平台，构建研究生不同阶段生涯规划体系，提升毕业研究生职业素养和求职技能，为测绘相关专业研究生生涯发展助力。

参考文献

[1]张秋梅. 中日高校职业生涯教育途径比较研究[D]. 延吉：延边大学，2019.

[2]徐静娴. 新工科背景下电气类专业职业生涯教育模式研究[J]. 科教导刊(上旬刊)，2019(31)：40-41.

[3]王国辉. 日本大学从就业指导向职业生涯教育转型探析[J]. 教育科学，2009，25(6)：82-88.

[4]朱诵贵.基于易班开展大学生职业生涯教育研究[J].吉林农业科技学院学报,2022,31(5):47-51.

[5]龚呈卉.工科大学生职业生涯教育之思考——以光电信息类专业为例[J].佳木斯职业学院学报,2015(10):251-253.

[6]翟继军,赵丽媛.工程认证视域下工科大学生生涯教育改革路径探讨[J].湖北师范大学学报(哲学社会科学版),2022,42(5):134-138.

[7]程克坚,贺利,高霞.高校就业指导与生涯教育理论研究和实践现状评析[J].思想理论教育,2010(15):63-68.

[8]钟铁铮.大学生职业生涯教育现状的思考[J].教育观察(上旬刊),2015,4(3):75-76.

[9]詹一览.构建高校大学生职业生涯规划教育体系研究[J].中国多媒体与网络教学学报(上旬刊),2022(5):161-164.

[10]夏玲雅.日本职业生涯教育经验对我国大学生职业生涯教育的启示[J].延边教育学院学报,2020,34(5):68-70,73.

职业素养取向的团体辅导在临床医学专业学位硕士中的应用

胥 欣*

（武汉大学中南医院/第二临床学院）

摘要 临床医学专业学位硕士在医教协同培养模式下，临床工作和科研训练同步开展，学业压力和职业倦怠感增加。本文采用团体辅导的方式，围绕职业环境、职业压力、职业关系、职业目标四个主题，在我院 2021 级 199 名临床医学专业学位硕士中开展团体辅导活动。团体辅导活动学生满意度得分为 93.89 分（满分为 100 分），学生反馈印象最深刻的活动是压力、十年后的自己、解压、巴林特小组、希望曼陀罗等；学生最喜欢参加的活动是讨论、交流、聊天、放松、真诚；学生建议此类活动时间可以适当增加、可以不用每次都重新分组、多增加讨论的时间等。职业素养取向团体辅导让学生通过交流、讨论、分享，让学生获得支持、方法和力量，有必要在所有学生中推广。

关键词 职业素养；团体辅导；临床医学专业学位硕士

2014 年 6 月教育部、国家卫生计生委、国家中医药管理局、国家发展改革委、财政部、人力资源社会保障部等六部门联合印发了教研〔2014〕2 号《关于医教协同深化临床医学人才培养改革的意见》，指出要推进临床医学硕士专业学位研究生培养改革，2015 年起，所有新招收的临床医学硕士专业学位研究生，同时也是参加住院医师规范化培训的住院医师，其临床培养按照国家统一制定的住院医师规范化培训要求进行，同时调整临床医学专业研究生招生规模，改善医生职业发展前景，多途径提高卫生计生岗位吸引力。临床医学硕士专业学位研究生在医教协同培养模式下，面临着学业和临床工作双重压力，学生在临床工作中常常面临着与患者、家属、带教老师以及导师的关系问题，较易产生职业疲

* 作者简介：胥欣，硕士，武汉大学第二临床学院研究生辅导员，研究方向：医学生党建与思想政治教育、医学生心理健康教育、医学研究生培养体系构建等。

怠和职业倦怠感、职业成就感降低、职业幸福感下降、职业目标动摇等情况。

团体辅导是以团体为对象，运用适当的辅导策略与方法，通过团体成员间的互动，促使个体在交往中观察、学习、体验、认识自我、探索自我、调整改善与他人的关系，学习新的态度与行为方式，以促进良好的适应与发展的助人过程。团体辅导是在团体情境中提供心理帮助与指导的一种心理教育、咨询与治疗的形式[1]。目前团体辅导在大学生职业生涯规划中有较为广泛的应用。但目前结合医教协同模式下，临床医学专业学位研究生在学习过程中产生的职业成就感降低、职业压力大、职业关系紧张、职业目标动摇等新问题，亟待进行干预。本研究围绕以上四个方面问题，设计职业素养取向的团体辅导活动，在我院 2021 级临床医学专业学位研究生中开展，提升学生们的职业素养，缓解职业压力，帮助他们确立明确的职业目标，提升职业幸福感和成绩感。

一、临床医学专业学位硕士职业素养培养的必要性

1. 医学生职业素养教育是建设健康中国的重要内容

国家一直重视医学生职业素养培养，1991 年，原国家教育委员会高等教育司颁布的医学生誓言提出恪守医德、救死扶伤；2008 年，教育部和原卫生部颁布的《本科医学教育标准——临床医学专业（试用）》明确指出医学毕业生思想道德和职业素质必须达到 12 条要求。2012 年教育部和原卫生部发布的《关于实施临床医学教育综合改革的若干意见》提出重点培养医学生的临床能力和职业素养。2016 年，教育部颁布的《中国本科医学教育标准——临床医学专业（2016 年）》指出临床医学专业本科毕业生应达到的基本要求中包含职业素养。

2017 年 7 月国务院办公厅印发《关于深化医教协同进一步推进医学教育改革与发展的意见》，指出医教协同推进医学教育改革与发展，加强医学人才培养，是提高医疗卫生服务水平的基础工程，是深化医药卫生体制改革的重要任务，是推进健康中国建设的重要保障。强调要把思想政治教育和医德培养贯穿教育教学全过程，推动人文教育和专业教育有机结合，引导医学生将预防疾病、解除病痛和维护群众健康权益作为自己的职业责任。2018 年 9 月教育部等三部委发布《关于加强医教协同实施卓越医生教育培养计划 2.0 的意见》指出，建设健康中国是实现国家实力全面提升和中华民族伟大复兴中国梦的重要基础，并强调要全面加强德医双修的素质能力培养。把德育作为医学人才培养的首要内容，将思想政治教育和职业素养教育贯穿教育教学全过程，进一步加强以医学职业道德、职业态度和职业价值观为基本内容的职业素质教育，着力培养学生"珍爱生命、大医精诚"的救死扶

伤精神，引导学生将预防疾病、解除病痛和维护群众健康权益作为从医的神圣职责，将医学生职业素养教育提到了更高的要求。

2. 医学生职业素养教育是和谐医患关系构建的重要保障

随着社会的进步和经济的发展，社会对医疗卫生服务的需求在不断加大，对医生的临床诊治水平和职业素养也提出了更高的要求。医患矛盾时有发生，产生的原因大致可以分为三类：医生技术水平差、医生职业素养差、患者的不正确认识。部分医疗纠纷不是医疗事故，而是医患关系失衡引起的，所以医学教育必须增加大量社会科学知识，加强人文医学职业技能的培训，增强医学研究生的人文关怀精神和医患沟通能力[2]。医患沟通是医学生职业素养教育的重要组成部分，良好的医患沟通是医疗行为的催化剂，可以使病人及家属信任医生，配合治疗。医学生誓言和希波克拉底誓词中"恪守医德""救死扶伤"也无不体现着医德。教研〔2014〕2号《关于医教协同深化临床医学人才培养改革的意见》指出，2015年起所有新招收的临床医学硕士专业学位研究生，同时也是参加住院医师规范化培训的住院医师，其临床培养按照国家统一制定的住院医师规范化培训要求进行。临床医学硕士专业学位研究生作为住院医师，在临床工作一线负责救治患者，抚慰家属，是构建和谐医患关系的重要途径。医学生职业素养教育，通过提升学生的医患沟通、医患交往能力，助力构建和谐医患关系。

3. 医学生职业素养教育是工作和学习压力的排解剂

医教协同改革体制下，专业学位研究生与住院医师培训相衔接，要求研究生在临床实践轮转33个月，而且要参与轮班和值班。在每个轮转科室都规定了要学习的病例、临床技能，并且要求每个科室都有出科考核。如此高强度、高压力的工作节奏会使研究生们身体和精神上高度紧张，需要良好的心理素质帮助研究生们适应临床实践并合理地排解压力。近几年医学教育改革从上海、北京等地试点，2015年在全国全面铺开。国家连续出台了一系列医学改革政策，这也使医学生们应接不暇、适应障碍，造成部分学生心理动荡，对未来医疗充满困惑，这些需要心理辅导和职业指导的帮助。同时目前医患矛盾紧张也为医学生职业心理带来巨大的影响和冲击，医学生对于未来继续从事医生的决心发生的动摇。另外，医学研究生还面临毕业的压力，在繁忙的临床实践中需要抽出时间做研究生课题、发文章，对于他们来说很困难，也需要调节和疏导。所以培养医学生良好的心理素质和适应能力迫在眉睫，坚定他们从事医疗卫生职业的决心和信心，这样才能培养出一批批优秀医学人才服务于社会。

4. 医学生职业素养教育是医疗行为的暖化剂

传统的医学教育注重学生的临床技能，不注重医患间的人文关怀。然而随着医学模式由生物医学模式向生物-心理-社会医学模式转变，健康也不仅是没有疾病，而是身体、心理和社会上的完好状态。医学研究生不仅仅要学习医学技术治疗病人，而且要用爱心关怀病人。社会在呼唤人文回归，医学研究生只有把临床能力与人文关怀相结合才能真正成为人民群众需要的好医生，社会需要的人才，促进以人为本的和谐社会的构建[3]。美国纽约东北部的萨拉纳克湖畔，E. L. Trudeau 医师的墓志铭镌刻着"To Cure Sometimes, To Relieve Often, To Comfort Always."。翻译为"有时，去治愈；常常，去帮助；总是，去安慰"。安慰是一种责任，体现出了医学生及医生的人文关怀。在临床诊治过程中，没有几种疾病是可以完全治愈的，只能暂时缓解。在这样的情形下，人文关怀的作用就体现出了它的优势，人文关怀不仅可以增进与病人之间的感情和信任，也是疾病治愈的暖化剂。

二、职业素养取向的团体辅导方案设计

本研究结合临床医学专业学位硕士培养特点和学生需求，结合学生访谈和调研，选取了职业素养中的四个关键要素，设计了职业环境、职业压力、职业关系、职业目标四个主题的团体辅导活动方案。每个主题的团体辅导活动时间为 90 分钟。具体方案如表 1 所示。

表1　　　　　　　　　　　　　**职业生涯取向的团体辅导方案**

主题	内　容	时间(分钟)	总时间(分钟)
主题一：职业环境（认识自我与职业环境）	找相似，分组	10	90
	小组相互认识，姓名糖葫芦串，选组长定组规	10	
	《让我自豪》(发现自己的性格优势)	20	
	画一幅你临床工作的场景图并分享	20	
	你觉得你哪种性格优势能让你在临床工作中更得心应手(写出 3 个并说明理由)	20	
	小组总结，一人一语，牵手道别	10	

主题	内容	时间(分钟)	总时间(分钟)
主题二：职业压力（认识压力与应对策略）	成长四部曲	10	90
	分组，相互认识	10	
	临床工作中，我最大的压力是	10	
	遇到困难和压力，我是如何应对的？	20	
	每组抽一个最想解决的压力，头脑风暴（压力解决方法）方法越多越好	20	
	压力解决26式	10	
	小组总结，一人一语，牵手道别	10	
主题三：职业关系（改善人际和医患沟通）	热身、分组	10	90n
	关于医患关你最大的困惑或困扰是？ 每小组讨论选一个学生分享一个具体医患困扰案例及自己的困扰，想要解决的问题	20	
	作为患者/患者家属/医生/护士等不同角色，我感觉到/我脑海中的画面是？	50	
	汇报人分享收获，总结	10	
主题四：职业目标（坚定理想信念、筑梦起航）	热身、分组	10	90
	学医以来自己印象最深刻的时刻	20	
	榜样的力量 我心中的医生榜样是？	10	
	我想成为什么样的医生？绘画10年后的自己	20	
	需要怎么做才可以达到目标	20	
	小组总结，一人一语，牵手道别	10	

三、职业生涯取向的团体辅导开展与实践

本研究在2021级199名专业学位硕士研究生中开展职业素养取向的团体辅导活动。将199名专业学位硕士研究生随机分为4组，1~3组每组40名同学，第4组39名同学。每组同学参加以上四个主题的团体辅导活动，每周一次，一次90分钟，共计参加4次。每一组学生参加完4次团体辅导活动后，调查学生满意度、参与团体辅导活动印象深刻的活动或话题、学生最喜欢和最不喜欢的地方、学生对于团体辅导的建议等情况。具体结果如下。

(一)学生参加团体辅导的满意度评分

199 名学生参加完活动后进行满意度评分，最终满意度得分为 93.89 分(满分为 100 分)。

(二)学生印象深刻的活动或话题

四次团体辅导活动后学生反馈印象最为深刻的活动或话题，分析词频发现学生提到的最多的词语分别是压力、十年后的自己、解压、巴林特小组、希望曼陀罗、你的目标是什么、缓解压力、医患关系、医患矛盾、情景模拟、小鸡成长、开火车等。具体见图 1。

图 1　学生提到的高频词

(三)学生最喜欢或最不喜欢的地方

四次团体辅导活动后学生反馈最喜欢或最不喜欢的地方。汇总分析后发现学生最喜欢的是讨论、交流、聊天、放松、真诚、敞开心扉、表达自己的看法、认识不同专业的同学等。大部分是没有不喜欢的，有部分学生提到不喜欢冷场、不喜欢迟到、不喜欢尬聊等。

(四)学生对于团体辅导的建议

四次团体辅导活动后收集学生对于团体辅导活动的建议，学生提出了活动时间可以适当增加、可以不用每次都重新分组、多增加讨论的时间、多结合学生的实际情况等建议。

四、职业生涯取向的团体辅导的推广与应用

《关于加强和改进新形势下高校思想政治工作的意见》提出，要推进高校思想政治工作改革创新，强调要贴近师生思想实际，以改革创新精神做好高校思想政治工作，在平等沟通、民主讨论、互动交流中进行思想引导，有的放矢、生动活泼地开展工作。以团体辅导形式开展职业生涯和职业素养教育符合学生们的学习需求。团体辅导是个体在团体活动中通过充分分享、交流，在积极互动中增进了解，在分享经验和感受中提高成员应对实际问题的能力。团体辅导贴合学生实际，为学生们创造了一个自由、开放、友善、安全的环境，强调学生的直接体验，设计了很多贴合实际的场景，让学生们愿意在团体内打开自己、解放自己、面对自己、改善自己，是学生们愿意参与并能够积极投入的学习方式，因此以团体辅导形式开展职业生涯和职业素养教育值得在全体学生中进行推广。

在社会主义核心价值观的导向之下，综合当代学者的观点，职业素养的内容概括为忠诚、敬业、爱岗、诚信、务实、合作、创新、学习[4]。大学生的职业素养则可以归纳为爱岗敬业精神、团队合作、人际交往、解决问题、创新能力等五个方面[5][6]。相关研究结果表明以职业素养为取向的团体辅导能有效提高大学生自我效能感与学习投入，降低学业倦怠与考试焦虑[7]。也有相关研究表明，团体辅导活动课，可以培养学生隐性职业素养，对提升职业素养起到了积极的作用[8]。本研究结合临床医学专业学位硕士研究生职业特点，有针对性地设计了职业素养取向的团体辅导活动主题，将活动内容聚焦在探索自我性格优势、职业压力、人际交往、职业目标方向等四个部分，这四个部分均属于职业素养范围的重要内容。本研究实践表明，学生们对于这四个内容的接受度、需求度、关注度等均很高，总体获得学生的一致认可，学生认为很有必要开展此类职业素养取向的团体辅导活动，可以让他们更好地梳理自己的优势，并将自身优势和实际学习工作相结合，运用到日常具体的学习工作中，有效改善学生的人际交往和人际沟通能力、团队协作能力，让学生更清晰地探索自己、学会方法、明确方向，能够做出更清晰的职业生涯规划，在学校更好地完成学业，更好地做人民健康的守护者。

结合本研究实践情况，下一步我们将根据临床医学本科生、研究生的不同特点、不同需求，优化团体辅导方案，在所有临床医学本科生、研究生中推广开展职业素养取向的团体辅导活动，并结合实际进一步深入推进研究，探索职业素养取向团体辅导对临床医学硕士研究生职业精神的影响。

参考文献

[1]樊富珉. 团体心理咨询[M]. 北京：高等教育出版社，2006：8.

[2]曾雪琴，朱隆清，温雪萍，等. 社会主义核心价值体系与医院文化建设见中国当代医药[J]，2014，21(25)：151-152，155.

[3]胡红娟，傅宇彤，傅行礼，等. 浅谈新时代加强医学生人文素质教育的重要性及其影响因素[J]. 卫生职业教育，2015，33(4)：13-15.

[4]王杨. 职业素养教育：当为、必为、可为[J]. 职教论坛，2016(8)：14-18.

[5]董睿. 大学生职业素养的培养[J]. 思想政治教育研究，2008(3)：113-116.

[6]伍大勇. 大学生职业素养[M]. 北京：北京理工大学出版社，2011：3-7.

[7]许琳玲. 职业素养取向团体辅导对学业倦怠大学生的干预研究[J]. 北京化工大学学报（社会科学版），2019(4)：97-102.

[8]陈湘萍. 开展团体辅导活动提升高职学生隐性职业素养[J]. 当代职业教育，2014(2)：56-58.

高等院校工科专业选调生培养工作探索与思考

——以某学院为例

左志香[1]   郭   喆[2]

（武汉大学水利水电学院）

摘要   选调优秀毕业生到基层工作，是培养中国党政领导干部后备人选的重要途径，某学院积极引导毕业生去基层建功立业，鼓励学生报考选调生。开展了一系列形式多样、内容丰富、具有实际意义的选调生就业引导、指导工作，不断探索选调生培养选拔工作。本文通过梳理某学院 10 年来选调生工作的具体情况，着重分析该学院在选调生培养工作上的经验与教训，思考如何更有效地引导和培养学生报考选调生，并从高校层面提出改进选调生就业服务工作的合理化建议。

关键词   高等院校；选调生；培养机制

选调生，是各省党委组织部门有计划地从高等院校选调品学兼优的应届大学本科及其以上毕业生到基层工作，作为党政领导干部后备人选和县级以上党政机关高素质的工作人员人选进行重点培养的群体的简称。选调生制度是我党根据我国的具体实情提出的一种后备干部选拔培养制度，其目的在于为党和国家选拔、培养优秀的年轻储备干部。2000 年，中央组织部发布了《中央组织部关于进一步做好选调应届优秀大学毕业生到基层培养锻炼工作的通知》；2008 年 2 月，习近平同志在全国组织工作会议上强调"要坚持和完善选调生制度，精心挑选优秀大学生到基层艰苦岗位和复杂环境去锻炼"，随着 2008 年中组部下发《选调优秀高校毕业生到基层培养锻炼工作暂行规定》；2018 年，中组部印发《关于进一步加强和改进选调生工作的意见》（组通字〔2018〕17 号）。经过多年实践，我国选调生已成

作者简介：1   左志香，硕士，武汉大学水利水电学院，研究方向：大学生思想政治教育；
2   郭喆，硕士，武汉大学水利水电学院，研究方向：大学生思想政治教育。

为一个优秀"品牌"，逐渐成为干部队伍的一股中坚力量。

　　某学院作为一个工科院系，积极响应中央号召，紧紧围绕新时代就业工作任务，结合学校提出的总体要求，积极引导毕业生去基层建功立业，将青春之花绽放在祖国最需要的地方，鼓励学生报考选调生。为此，学院开展了一系列形式多样、内容丰富、具有实际意义的选调生就业引导、指导工作，不断探索选调生培养选拔工作，10 年来学院考取选调生人数不断提升，积累了一定的工作经验，同时也发现了一些不足。本文通过梳理该学院 10 年来考取选调生的具体情况，着重分析该学院在选调生培养上采取的举措和思路、总结的经验与教训，深入探讨目前高校选调生工作现状，思考如何更有效率地引导和培养学生考取选调生，并从高校层面提出改进选调生就业服务工作的合理化建议，为党和国家输送出优秀的年轻储备干部，为中华民族伟大复兴提供源源不断的生命力。

一、某学院选调生工作现状

(一)某学院近 10 年的毕业生选调生录取情况

　　2013—2022 年，经过学院的不断努力，学生报考选调生的意愿和录取率得到大幅提升，10 年来学院共有 111 名本硕博同学录取为选调生。具体详见图 1。

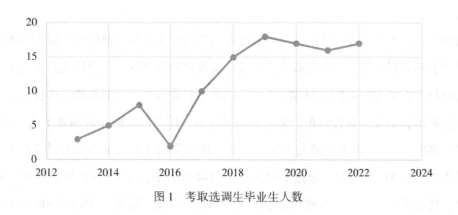

图 1　考取选调生毕业生人数

　　111 名毕业生共分布于全国 20 个省份。其中，以重庆市(20 人，占比 18.0%)、四川省(16 人，占比 14.4%)、贵州省(14 人，占比 12.6%)、广西壮族自治区(11 人，占比 9.9%)四个西部省份居多。具体详见表 1。

表1   毕业生选调生的省份分布情况

省份	人数	占比(%)	省份	人数	占比(%)
重庆市	20	18.0	安徽省	3	2.7
四川省	16	14.4	河南省	3	2.7
贵州省	14	12.6	福建省	2	1.8
广西壮族自治区	11	9.9	甘肃省	2	1.8
广东省	8	7.2	山西省	2	1.8
浙江省	7	6.3	北京市	1	0.9
江苏省	5	4.5	内蒙古自治区	1	0.9
湖北省	4	3.6	青海省	1	0.9

111名毕业生中，主要以本、硕毕业生为主，博士考取选调的毕业生特别少。其中，硕士人数最多，共计61人，占比55.0%；本科人数其次，共计46人，占比41.4%；在性别比例上，男生考取选调的比例远远高于女生。其中，男生为72人(占比64.9%)，女生为39人(占比35.1%)。具体详见表2。

表2   毕业生选调生的学历与性别分布情况

学历	人数	占比(%)	男生		女生	
			人数	比例(%)	人数	比例(%)
博士	4	3.6	3	75.0	1	25.0
硕士	61	55.0	39	63.9	22	36.1
本科	46	41.4	30	65.2	16	34.8
合计	111	100.0	72	64.9	39	35.1

(二)某学院选调生工作的主要做法和亮点

1. 学院高度重视

该学院充分认识到选调品学兼优的应届大学毕业生到基层工作，事关全局、事关长远，从入学教育，党员发展、干部培养、学生指导、就业工作全程灌输选调生概念；学院书记、院长、导师、学工队伍全员支持选调生工作并纷纷担任就业班主任；学院鼓励教师前往基层挂职锻炼，以身示范，为学生树立良好的榜样。

2. 搭平台创条件

该学院为了进一步做好选调生的引导和指导工作，积极为毕业生搭建平台，创造条件，牢牢弹好就业工作四部曲：早动员早定位，让学生尽早认清就业形势，及早做好个人就业规划；勤交流勤座谈，通过开展就业沙龙、毕业生交流会、选调生讲座、选调生座谈会、校友访谈录等方式，积极拓宽学生的就业视野，更早锁定考取选调生的就业目标；勤学习勤思考，通过举办简历制作大赛、模拟招聘会、无领导小组培训及实战演练大赛等，提升就业能力；多指导多帮扶，提高服务质量。每年学院编印17万字的就业经验合集，制作近5年学生毕业去向统计表，一本书、一份数据为学生求职提供了重要参考。

3. 树典型广宣传

2013年，该学院2011级硕士研究生李晓（化名）成功入职广西壮族自治区定向选调生，在基层一线工作中成绩突出，2020年任副处级领导职务。作为优秀选调生典型，每年都会安排他作为广西壮族自治区定向选调生的代表回母校参加校园宣讲，在同学们中的影响力较大。该学院对李晓的选调事迹进行了广泛的宣传，每年学院都会邀请他回学院与在校学生面对面交流座谈，给学生讲他的选调故事。通过一次次座谈及他的优秀事迹宣传报道，激励了一大批该院学子对选调生事业的向往。2016年，该学院博士研究生王义（化名）成功考取广西壮族自治区选调生，成为该学院第一位博士研究生选调生，开启了博士研究生考取选调生的新起点。在他的影响下，学院共计11名毕业生先后前往广西壮族自治区从事选调生事业。

4. 发扬党支部"传帮带"精神

该学院以课题组、实验室为单位，纵向设置研究生党支部。学院充分利用纵向设置研究生党支部，"支部不消失"的优势，发扬党支部"传帮带"精神，提升学生就业影响力。金杯银杯不如师兄师姐的口碑，在师弟师妹的咨询下，他们能了解选调生工作的第一手资料信息，充分了解认识选调生工作的实际情况。能快速了解校友所在地发布的选调生招考信息，及时获取师兄师姐备考选调生的各种经验和教训。且在入职以后，还能继续加强工作上的沟通与交流，与师兄师姐探讨工作中遇到的问题与困难。在党支部"传帮带"精神的影响下，毕业的选调生校友作为无声的宣传员加入了学院的就业工作中，使得该学院选调生的宣传和指导工作在学生群体中更加容易入脑入心。

5. 锁定目标群体，提高工作效率

选调生是作为党政领导干部后备人选进行招录的，不仅要求品学兼优，还要有"全心全意为人民服务"的情怀、良好的组织协调沟通协作等能力。该学院把选调生的苗子瞄准学生干部和生源地学生，通过早挖掘、早引导、早培育，精心打磨，提升选调生考取率。尤其是对重庆、四川、贵州、广西等生源地的学生重点开展选调生宣讲与培训工作，进而不断提高学生政治站位，提高综合素养。积极鼓励生源地学生回家乡从事选调生工作，为家乡建设贡献自己的青春力量。

6. 关注跟踪，校企互动

该学院为工科院系，行业就业特征明显。学院毕业从事选调生的校友也有部分继续从事本行业工作，学院依托行业优势，与他们之间还保持着紧密联系。学院通过发动导师、校友单位，及时关注选调生毕业生的最新动态，关心他们的成长，也经常性地邀请选调生校友回学院为在校学生传经授宝。2017 年暑假，学院辅导员老师带领 10 余名本科生前往广西南宁、北海、钦州等地，与多位选调生校友开展交流座谈，让学生实际感受选调生工作。2019 年暑期，学院领导带领学生组成调研实践团队一行 10 人赴广西区水利厅、区委组织部、桂林市水利局、来宾市委组织部、来宾市兴宾区五山镇等地进行专题调研交流，增强与行业、校友的交流沟通，服务学生就业创业，推进学院选调生工作。

(三) 某学院选调生工作的不足

该学院为工科院系，学生学业、科研压力大，学习投入时间特别多：本科生课程学分多，基础课程难度大；硕士研究生工程项目多；博士研究生科研任务重。用来备考选调生的时间非常有限，同时因为工科学生学习任务的繁重，导致人文知识的学习时间有限，人文素养相对较弱，文笔和口才相对文科学生存在明显的短板。虽然学院加大了选调生备考技能的培训和面试准备工作，但是该院学生在选调生考试、面试中依旧优势不明显。

二、高等院校选调生工作思考

(一) 充分认识到选调生培养的重要性

习总书记高度重视基层工作，对青年提出了殷殷嘱托，深入群众一线，了解社情民意，在实践中增长才干。而其中选调生工作是党和国家为高素质干部队伍建设所实施的一

项重要举措。持续做好选调生培养选拔工作，有利于党和国家事业的高质量发展，是一项具有战略意义的重点工作。

习近平总书记多次强调，我国高等教育发展方向要同我国发展的现实目标和未来方向紧密联系在一起，做好"四个服务"。2018 年 4 月，中组部印发《关于进一步加强和改进选调生工作的意见》要求，各地每年选调的应届优秀大学毕业生，一般应占本年度公务员考录计划的 10% 左右。截至 2023 年 2 月 1 日，全国共 26 个省份(区、市)发布了 2023 年公务员联考公告，招录 16 万人，比去年增加 2.3 万人。加上非联考省份，如：深圳、山东、北京、上海、浙江、江苏，2023 年全国公务员总招录约为 19.48 万人，去年为 16.84 万人。2023 年选调生数量将达到 2 万左右。选调生目前受到较多大学毕业生的广泛关注和追求，给高校组织选调生培养工作创造了较好条件，同时也对高校的人才培养质量也提出更高的要求。

(二)点面结合，加大宣传动员力度

首先，从制度、政策上要给毕业生讲透讲清。对于国家的选调生政策变化与发展历史，国家对选调生工作的重视等，要通过多种途径向毕业生传达。要注重引导学生对选调生工作和基层工作有正确的认识，将"服务基层、奉献社会"的价值理念传达到学生生涯发展的全过程，营造毕业生愿意去、主动去、争着去的良好氛围。同时把国家对基层单位就业的优惠政策宣传到位。根据《国务院办公厅关于进一步做好高校毕业生等青年就业创业工作的通知》(国办发〔2022〕13 号)、《财政部 教育部 人力资源社会保障部 退役军人部 中央军委国防动员部关于印发《学生资助资金管理办法》的通知》(财科教〔2021〕310 号)有关规定，对到中西部地区、艰苦边远地区、老工业基地县以下基层单位服务满 3 年的中央部署高校应届毕业生，实行学费补偿或国家助学贷款代偿。及时发布各个省份的选调生计划、通知要求，并配合出台校级相关支持和鼓励性政策文件，形成价值引领氛围。通过学校、院系、班级三级联动机制，保障政策文件的宣传到位。充分借助多种新媒体渠道和形式，对选调生工作进行跟踪报道，加大宣传力度，如不少高校设立了专门的选调生公众号，就业网站设立了专门的选调生专栏，等等。

其次，要树立榜样和典型，让价值理念活性传播。政策讲解是静态的，但是历届选调生校友的成长历程及典型事迹是生动活泼的，可以借助就业网站、微信公众号、简报、宣传展板、毕业典礼、事迹报告会、选调生经验交流会、暑期社会实践走访选调生校友等多种方式宣传典型人物及其事迹，线上线下相结合，直接对话选调生，彰显榜样的力量，拓展宣传的效果，鼓励和引导大学生选择基层就业、选择选调生事业。

最后，在选调生的动员对象上，不能局限在传统概念里的人文科学和社会科学等专

业，还要看到理工医等专业的优势，尤其是在专业对口的定向选调生选拔上占有非常大的优势。拥有理工医等专业的专业背景和学科优势，在综合素养、应试能力上达标被录取以后，在基层的实际工作中，有时候能发挥出更大的建功立业、服务基层的优势，如本研究中的某学院，因为行内就业优势，在从事选调生工作后，还能从本专业学科优势出发为当地基础事业建言献策，为当地人民谋福利。

（三）建立完善的培训机制

对于想从事选调生工作的大学生要建立完善的培训机制，这包含思想素质、工作能力、应试技巧等三个方面。为了让毕业生更快精准上岸，不少高校在选调生政策解读、应试技巧等上面花了大量的时间、精力进行培训工作，如各省份选调生政策讲解、选调生模拟笔试、选调生模拟面试、无领导小组面试、公文写作，等等。容易忽视对思想素质的培训，出现重技能轻内核的培训模式。

选调生作为党政领导干部后备人选，其良好的思想素质是第一位的。作为党的干部，要有坚定的政治立场，要有全心全意为人民服务的家国情怀和奉献意识，时刻保持头脑清醒，警钟长鸣，自觉做到自省自律，坚持做到"慎权""慎欲"，任何情况下都能抵得住诱惑，站得住立场，确保人民赋予的权力始终为人民服务。能以饱满的热情投入到基层建设当中，不怕苦不怕累，能适应基层的艰苦环境，听从党的指挥，哪里需要哪里去。避免产生考试成绩好、面试成绩好，到了基层却不适应、不能吃苦、不服从组织安排、犯政治错误的情况。因此思想上的培训必须是首位的，必须注重培养大学生的政治素养、家国情怀、吃苦耐劳和奉献精神。

思想上的培训还不能仅仅只停留在学校、课堂里，应该同实践相结合。目前大学生的实践种类较多，在校期间的社团工作、学生干部工作、专业实习实践、暑期社会实践等，都有利于学生融入社会，提升学生的综合素养和干事能力。但是学校如果能够积极与各地方政府对接联系，签订战略合作协议，为学生提供更多到基层挂职锻炼、到社会基层实习实践的机会，让大学生提前进入选调生工作范畴内进行社会实践，能够切实感受到选调生工作的实际，体会到选调生工作的意义、价值，在社会实践的过程中明确自己的就业目标和规划，充分培养学生的政治意识、服务意识。

除了思想上的培训外，选调生工作能力的培养也显得尤为重要，这决定着毕业生工作以后能不能适应选调生的工作。选调生其实是一种公务员体系中培养干部的形式，需要先在基层进行锻炼，然后根据在实际工作中的表现来决定之后的工作岗位，属于后备干部。因此选调生的工作能力除了公务员所具备的基本能力外，还需要在最基层跟人民群众打交道的能力。这就要求选调生具备良好的写作能力、组织协调能力、人际沟通能力和表达能力。

只有真正从思想上培育好，从能力上培养好，从应试技巧上培训好，才能为我国党政领导干部选送出合格的后备人选。

(四)加强校地互动机制

目前，高校与地方之间的联系不够紧密，地方需要高校，高校也需要地方，而选调生刚好是可以连接高校与地方的中间纽带，而这种互动也有利于选调生的成长。

首先，选调生深入基层一线，深度了解地方的需求，最能反映社会民生的真实面貌。选调生离开高校到地方工作后，看到了地方需要什么，也清晰地知晓高校拥有什么，可以很快成为校地合作的桥梁和纽带。高校有其智力优势、科研优势，可根据地方经济社会发展的需求，为地方政府、企业和群众提供来自高校的方案、建议，助力工作地的全面发展。通过选调生这一桥梁，高校与地方可以在党建合作、乡村振兴、产业发展、课题研究、技术升级改造、人才互动交流、技术支持对接等方面促成良好的合作。

其次，高等院校及时跟进、全面掌握、综合分析各省市选调生群体的工作生活情况和成长路径，能够更好地为今后的选调生培养工作提供宝贵的经验资料和参考数据。只有真实了解到基层选调生工作需要什么样的能力和素养，高校才能知晓在选调生培养工作中的侧重点和发力点，真正培养出立大志、明大德、成大才、担大任，能够堪当民族复兴重任的时代新人。

再次，选调生朝气蓬勃，是党和国家事业发展的生力军，同时也是一支特殊的毕业生队伍，年纪轻、经验少、任务重，需要高等院校在常规的校友联络、关怀措施基础上，给予特别关心和跟踪培养。高校院校的毕业生就业管理部门要与选调生所在地方组织部门保持密切联系，定期走访选调生，开展选调生校友座谈会及调研工作，深入了解地方选调生工作情况和发展状况，继续助力选调生，为选调生的发展提供智力库，帮助选调生解决在工作上遇到的实际困难与挑战，解决选调生在基层"留得住、干得好"的问题。

参考文献

[1]孙幼波，王嘉忆，曹野.新时代大学生家国情怀培养方式探索——以选调生工作为例[J].科教文汇，2020(4)：2.

[2]周琪.优化高校选调生就业服务工作机制与对策研究——以W大学为例[J].中国大学生就业，2018(19)：7.

[3]张云飞.新时期高校选调生培养路径探索——以浙江大学生工食品学院为例[J].创新

创业理论研究与实践, 2019(3): 2.

[4] 邵颀. 我国"双一流"高校研究生基层就业现状, 趋势及改善路径研究——基于对 Z 大学 2009—2019 年研究生基层就业数据的分析[J]. 中国大学生就业, 2022(3): 11.

[5] 汪卫平, 牛新春, 郑雅君. 为什么要去做定向选调生? ——基于某"双一流"建设高校毕业生的质性研究[J]. 中国高教研究, 2020(8): 7.

[6] 邸飞, 张笑慈, 李珉琳. 高校毕业生定向选调生工作探析[J]. 河南教育: 高教版(中), 2021(5): 2.